疯狂阅读

CRAZY READING

最美文特辑 2

杜志建 / 主编

浮生纪

云入梦里，
你只一瓣梨花的轻。

故事里有一池秋，
倒映苍茫无数。

汕頭大學出版社

图书在版编目(CIP)数据

最美文特辑. 2 / 杜志建主编 . -- 汕头 : 汕头大学出版社 , 2023.7
ISBN 978-7-5658-5052-3

Ⅰ. ①最… Ⅱ. ①杜… Ⅲ. ①阅读课 - 中学 - 教学参考资料 Ⅳ. ① G634.303

中国国家版本馆 CIP 数据核字 (2023) 第 121698 号

最美文特辑. 2　　ZUIMEIWEN TEJI. 2

主　　编：杜志建
责任编辑：闵国姝
责任技编：黄东生
封面设计：马俊洁
出版发行：汕头大学出版社
　　　　　广东省汕头市大学路243号汕头大学校园内　邮政编码：515063
电　　话：0754-82904613
印　　刷：河南瑞之光印刷股份有限公司
开　　本：787mm × 1092mm　1/16
印　　张：14
字　　数：400千字
版　　次：2023年7月第1版
印　　次：2023年7月第1次印刷
定　　价：29.80元
ISBN 978-7-5658-5052-3

声明

基于对知识和创作的尊重，本书向所选文章、图片的作者给予补贴。因条件所限未能及时联系的作者，我们在此深表歉意，当您看到本书时，请与我们联系，以便我们向您支付补贴和赠送样书。因篇幅有限，部分文章有删节，敬请谅解。

联系方式：0371-68698015

目录

祝君好

这是很长很好的一生

朝暮集

闲看人间二三事

寻常客

你应该是自己的那座山

小团圆

看天上的月，梦人间的糖

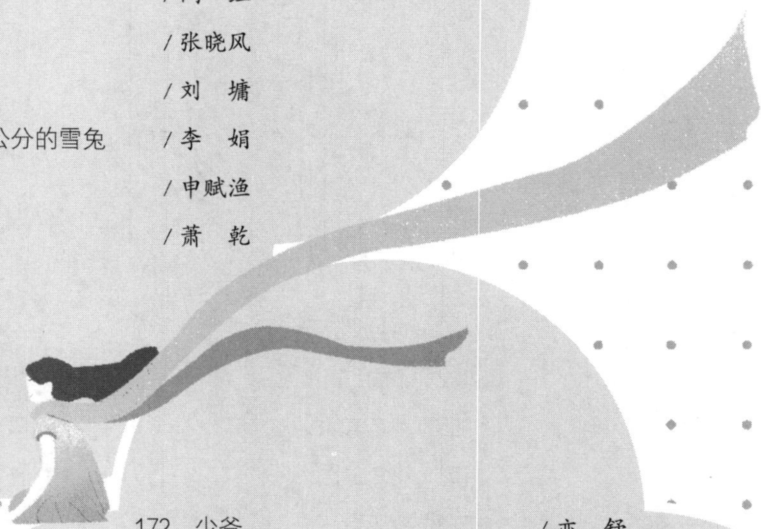

愿相随

我想和你一起生活

祝君好

这是很长很好的一生

不一定非得长成玫瑰，

你乐意的话，

做茉莉，做雏菊，做千千万万。

那山那人那狗

彭见明

村里的老人说，背得动爹，儿子就长成了。

他真想抱一抱儿子，亲一亲他。可是，儿子长大了。他想对儿子说几句感激的话，可是，说不出来。夸耀的句子，他一辈子没用过呢！

父亲对儿子说："上路吧，到时候了。"天还很暗，山、屋宇、河渠、田野都还蒙在雾里。

父亲审视着儿子阔大的脸庞，心里说："你不后悔吧？这不是三天两日，而是长年累月的早起哩！"

桌上摆着两个整整齐齐的邮包。邮包已经半旧。父亲在浆洗得干干净净之后，庄严地移交给儿子，并教他怎样分门别类装好邮件，教他如何包好油布。山里雾大，邮件容易沾水。

父亲小心地拿过一条不长的、弯弯的扁担，熟练地系好邮包。于是，在父亲肩上度过了几十个春秋的扁担，带着父亲的体温，移到了一个厚实的、富有弹性的肩膀上。这肩膀很有些力量，像父亲的当年。父亲满意这样的肩膀。

父亲觉得，自己的手有些发抖，特别是手脱离儿子肩膀的那一刻。眼睛有些模糊，屋里的摆设忽然间都模糊了，把儿子高大的身影也融到了墙那边。心里梗得厉害，他赶紧催促儿子："上路吧，到时候了。"

父亲和儿子的手背，同时拂过一抹毛茸茸的东西——是狗，大黄狗，它早起来了。狗紧挨着老人，它对陌生的年轻汉子表示诧异：他怎么挑起主人的邮包？主人的脸色怎么那样难看？这究竟发生了什么事？

不管怎样，是要出发了，像往常一样。远处，有等待，有期望。

吹灭灯，轻轻地带上邮电所的绿色小门。黄狗在前面引路，父亲和儿子跟着，上路了。出门就是登山路。古老的石阶，一级一级朝雾里铺去，朝高处铺去，朝远处铺去……

在很漫长的日子里，只有他和狗，悄悄地划破清晨的宁静。现在，是两个人——他和儿子。扁担和邮包已经换到另外一副肩膀上，这是现实，想不到"现实"的步子来得这么快。支局长有一回上山来，对他说："你老了。"

老了吗？什么意思？他不理解。不久前，支局长通知他出山。在喝过支局长的香片茶以后，支局长按着他的肩膀，把他带到大立柜上的穿衣镜跟前，说："你看看你的头发。"

他看见一脑壳半"霉"的头发，心里略顿，想：年岁不饶人哪，是老些了。

支局长捋起老人的裤管，抚着膝盖上那红肿的地方，说："你看你这腿。"

不假，腿有点毛病。这算什么呢？人到老年，谁也不能保证自己没个三病两痛哩。

支局长看着老人，说："你退休吧！"

老人急了："我还能……"

"莫废话了。你有病，组织上已经做了决定。"在找老人谈话之前，支局长就暗地里让他儿子检查过身体，填过表，学习训练了半月有余。

让儿子顶替，他能顶替吗？仅仅是往各家各户递信送报吗？没那么简单。仅仅是凭着年轻血性，爬山过岭吗？没那么容易。

于是，要带班，要领他走路，要教他尽职，还要告诉他许多许多。

晨雾在散，在飘，没声响地奔跑着，朝一个方向劈头盖脸倒去。最后留下一条丝带、一帕纱巾、一缕青烟。这时分，山的模样，屋、田畴、梯田的模样，才有眉有眼——天亮了。近处有啁啾的小鸟，远处和山垅里回荡着雄鸡悦耳的高唱。

父亲发现，从平川里来的年轻人满脸喜色，眼睛朝田野里乱转。是啊，对于他，山里的一切都是新奇的。

父亲想告诉儿子：要留神脚下。脚下是狭窄的路、湿滑的青石板，怕失脚。但没说，让他饱览一番吧，让他爱上山，要与山过一辈子，要爱呢！

他告诉儿子：他跑的这趟邮路，有两百多里。在中途要歇两个晚上，来去要三天。这第一天要走八十里上山路，翻过天车岭，便是望风坑；走过九斗垄，紧爬寒婆坳；下了猫公嘴，中午饭在薄荷冲；再过摇掌山，夜宿葛藤坪。这一天最累人，最辛苦，所以要早起。走得紧，才不至于摸黑投宿。

"不可以歇在其他地方？"

"不能。第二天、第三天不好安排。"父亲说。

狗在前面慢慢走。它走的是老乡邮员曾经走的速度。儿子嫌狗走得慢，便用膝盖在狗屁股上顶了一下。父亲说："不要贪快哩，路要均匀走。远着哩。暴食无好味，暴走无久力哩。"

狗越过陌生汉子，看看老人的眼色。它没看出要加速的示意。它不理睬年轻人的焦虑，它依旧平衡着它的速度。

老人从狗的步子里，知道速度和往常一样。但是，他发觉自己的双腿已经不适应这种步子了。他不理解，两肩空空，光身走路竟会这样。倘若没人来接班，倘若今天还是自己挑担送邮，倘若支局长不催着自己退休，那会是个什么样子呢？是不是因为有了寄托，思想上放落了一身枷，病痛抬头了，人就变娇了呢？是的，一定是。唉唉，人啊人，是这么个样子。

儿子从父亲的呼吸里听出了什么。他站住双脚，稳稳地用双手扶着扁担换换肩。他看着父亲，眼睛在皱起的眉毛底下流露出不安。在父亲那风干了的橘皮样的脸庞上，浸出豆大的汗珠，脸色呢，极不好看。

他对父亲说："爸，你累了。"

父亲用袖子揩去汗珠子："走热的。"

"爸，你不行，你走不动了，转身回去吧。"

"没什么，年纪不饶人哩。"

"你回去吧，放心，我晓得走的。俗话说，路在嘴巴上。"

父亲脸色一沉，快生气了。

于是，这才继续着行程。

狗站在金色的峰峦上，站在那块最高的岩石上，朝山那边高声叫着。那声音在山谷间碰撞，成了这天地里最动听、最富有生气的乐句。

想不到，这沉默的、温驯的狗竟有这么响亮的嗓门。双耳耸起、昂首翘尾，竟有这么威武、神气。父亲说，它在"告诉"山里的人，说什么人来了，将有什么山外边的消息和信件带给他们。

对于盼望，任谁都可能觉得，每一分钟都是漫长的。狗在预告，在减短这讨厌漫长的时间。

在山顶，在金色的、温柔的阳光里，父亲、儿子和狗停住了。这儿有一块歇脚的宽大的青石板。父亲指着山的那面，告诉儿子这叫什么地方，有多少大队、生产队，需要分门别类发放的报纸书刊的类别和数目。这笔细细的流水账，好像刻在他那有着花白头发保护层的大脑里。

在谈完业务以后，父亲特别叮嘱儿子："倘若桂花树屋的葛荣荣有信，那就要不惜脚力，弯三里路给送去。他和大队秘书关系不好，秘书不给他转信。"

"哪个桂花树屋？"

"你看。"父亲用手带着儿子的眼睛在山下的冲里、垄里、屋场间穿梭。

"木公坡的王五是个瞎子。他有个崽在外面工作，倘若来了汇票，你就代领了，要亲手交给王五。他那在家的细崽不正路，以前曾被他瞒过一回汇款。你记住了？"

"记住了。"

"螺形湾这两年养了兔。去送信时，要喊住狗，莫作野兽咬，狗还没习惯……"

还有许多。父亲让儿子靠在他身边，详尽地讲解着他的业务、经验，还有他曾经注意过的事情和有必要引起注意的事项。每说一宗，他要问儿子一句："记得不？"看儿子认真地点过头，他才接着说。他甚至背出了马上就要通过的几个大队的干部、党员、民办教师、重要人物、经常性服务户的人的名字。儿子是否都点过头？都记得牢？老人已不大追究了。他觉得，一些话，应该说，应该让儿子知道。他不是来顶父亲的班吗？父亲知道的，接班的怎么可以不知道呢？

儿子很像父亲。笑的模样、语气、利索干净的手势、有条有理的工作，都像。父亲高兴，乡亲们更高兴。父亲向人们说，今后这一带得由儿子来跑邮。于是，大队干部马上带头鼓掌欢迎。人们自然问起老乡邮员的去路，老人没说退休的事，他撒谎说，将来也是跑这一带，和儿子轮流跑。说这话时，他觉得眼圈那儿一热，他赶紧掏出手帕擦擦鼻子借以掩饰。

邮包掏空了一些，但很快又塞满了。有要寄包裹的、要发信的、要汇款的，都准备好放在学校民办教师那里。

其实，只隔三天没来，父亲就像隔了半年似的，没完没了地打听山里的情况：牛啦，猪啦，结亲嫁女啦，鸡毛蒜皮，面面俱到。

夜快降临时，黄狗倏地跑过山坳，"汪汪"一阵吠，然后兴奋地摇着尾巴跑转回来。儿子猜想：葛藤坪到了。

葛藤坪有一片高低不等的黑色和灰色的屋顶，门前有一条小溪。小溪这边菜田里，有人在暮色里挥舞锄头，弓着腰争抢那快流去的光阴。

黄狗又跑到一个穿红花衣服的女子身边停下来，不走了，高兴地在她身边转着。红花衣女子伸起腰，拿眼睛在路上寻找老乡邮员，用生脆的嗓子高喊着他的名字，并放下手中活计，奔跑过来，去接年轻人的担子。

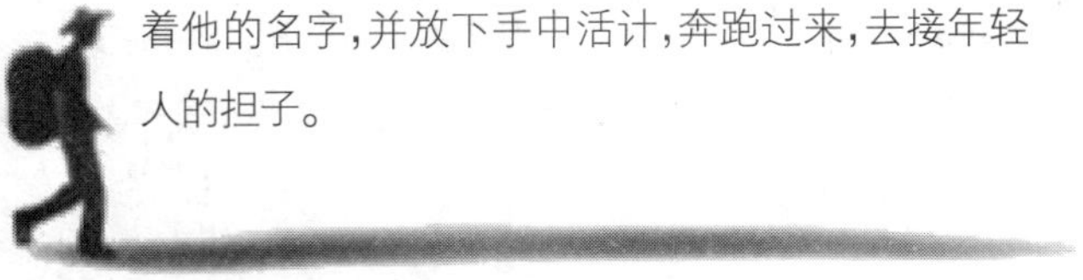

老人向那姑娘介绍说，身边这位是他的儿子，是刚上任的乡邮员，壬寅年出生的……说这些干什么呢？儿子狠狠地白了父亲一眼。

他回想起自己年轻时节在平川里跑邮的时候，由于经常在一栋大屋里歇脚、吃中午饭，引起了一个年轻女子的注意。于是，那年轻女子竟限时限刻站到枫树底下等他。后来，又偷偷地送他。最后，偷偷地在那绿色的邮包里塞了一双布鞋和一双绣着并蒂莲的鞋垫——这女子后来成了儿子他娘。

他对不起儿子他娘。几十年来，他跑他的邮，女人在家里受了百般苦楚。人家的丈夫是棵大树，为女人避风挡雨；他只做了个名誉丈夫，更多的只给女人带来想象。回去一趟，做客一样住上一两个晚上。

父亲过去的经历会不会在儿子身上重演呢？说不准。你看那女子，那欢喜劲儿。老人后悔没想到这一层，为什么不住到别人家去。他真不愿儿子重演自己过去的一幕。

第二天，换了一身更合体的红花衣裳的姑娘坚持要送父子俩一程。年轻人好像还有些话要说，父亲便退后一截独自走。

父亲哼一段打口腔给儿子听："过了曲江是禾江，禾江下去是浊江；浊江、南江连丽江，背江、横江、矮子江，末末了是婆婆江。"

这是这一天的行程，是这一天的拦路虎。七十里弯弯路，不平坦也不陡险，就是难过那挡路的九条江。山里没大河，"江"是尊称。其实只算得上小溪流。春夏季节，水足溪满，一场暴雨，猛涨三尺，溪面丈余，浊浪翻滚，架不成桥，砌不成墩。冬秋之季呢，滩干水浅，河床干涸，遍布鹅卵石。不怕路远山险，不怕风霜雨雪，倒是怕这无足无头水，怕这变幻莫测的恶流。对于山里人，并不具很大威胁，涨水便不过河或绕道而行。对于乡邮员呢？必须毫不犹豫地脱袜卷裤下河，严寒也罢，急流也罢，必须通过。有时，还要脱掉裤子过河，把邮包顶在头上送过去。说不定，老人的关节炎就是这样长年累月而积下的。

支局长跟过一次班，体谅他，要给他请功，考虑给他换换地段，让年轻人来。他不。他担心人家不熟悉哪儿水大，哪儿水浅。

在平川里，他家乡近旁有大河，儿子是水里好汉。可是，儿子不一定能过好小溪，不一定能在生满青苔的滑石板上踩得稳脚跟。他要一一告诉儿子过溪的方法，告诉他每条溪下水的合适方位，告诉他在某种情况下河水的大体深浅。肩膀上挑的是千斤重担，这不是儿戏啊！

儿子有一双粗实的有茧的脚，有着庄稼人稳重的步伐。他从容地涉过小溪，把担子放在溪那边干净的草地上，又过溪来背老人——他不让父亲脱鞋袜。该是父亲结束下冷水的时候了。

狗不肯先过河。它历来是伴着老乡邮员过河的。它用它的身子吃力地抵挡着水流，极力在减缓急流对老人日渐消瘦的腿的冲力。

老人没脱鞋袜，狗在一旁感到惊讶。

狗看着陌生汉子把邮包放好以后，又涉水过来。粗壮但冻得通红的双脚稳稳地踩在岸边浅水里，略弓着背，把双手朝后抄过来……

就这样，父亲弯着腿，双手搂着儿子的颈根，前胸、腹部紧贴着儿子温热的厚实的背。儿子那粗大而有劲的双手则牢牢地托着老人的双膝。

狗高兴地“嗷嗷”叫着，游在水里的身子紧傍在儿子的脚上方，拼力抵挡着水流。

父亲有一瞬间的眩晕。他怀疑这不是现实。当他睁开眼，看见溪面在缩，水推着狗的“哗哗”声在变小——这显然是过河了，快靠岸了。而脚呢？确实是温暖的，没有半点历史留下的那种感觉。啊，竟然，对过去只留下了记忆。老人流下了一滴眼泪。儿子的颈根一缩。儿子扭过脑壳，嘟哝了句什么。

几十年独身来往于山与路、河与田之间，和孤单、和寂寞、和艰辛、和劳累、和狗、和邮包相处了半辈子，其间的酸楚，现在被一种甜蜜的感触全部融化了。父亲的这滴老泪，是对过去万般辛苦的总结，还是为告别这熟悉的一切而难过呢？

上岸了。狗“汪汪”地朝老人喊，告诉他，别痴痴呆呆，该要做什么了。

是的，差点糊涂了。老人和狗急忙奔进河沿的树林子里。这一会儿，狗奔跑着给年轻乡邮员衔来一把茅草，又闪电似的奔进林子。儿子刚找到父亲准备的火柴，点燃暖脚的茅草，狗又拖来一小把枯树枝。

篝火已燃起，父亲把火拨旺，好让儿子把冻红的脚暖过来。狗在远处使劲抖着身子，把水珠子从毛里甩出去，然后躺在火边烤着，温存地用舌头舔着年轻汉子的手背——它觉得他不陌生了，他是好人，他驮着它的主人过了河，它感激他。

狗叫着，跑着，朝被墨绿色的大山挤压得十分可怜，而又被暮霭搅得七零八落的村庄跑去。远远地，引来一群人。

父子俩已经闻到了晚炊和铺盖底下稻草的气息。

乡邮员不能轮休，只能歇星期天。和儿子跑完一趟邮后的第二天，恰好是星期天。今天有太阳，父亲和儿子搬来椅子，坐在后院菜园子里当阳的地方。狗躺在一旁，用脚爪和蝴蝶闹着玩。

父亲要对儿子说的，说了三天，似乎已经说完了。但还是说个没完，也许全是重复，父亲记不起了，儿子也不厌烦。

父亲说完了，儿子才开始说。

在山上，新上任，他没有资格多说。父亲现在要回平川里的农村去代替自己的位置。他出来工作了几十年，一切对他来说都是陌生的，一切都要重新做起，他是生手。应付那一揽事务，将是极不容易的呢。

“爸，回乡以后，要多去上屋场老更叔公那儿坐坐。困难时节，他照顾了我们家不少呢。借他家的油、粮食，计数不清了。后来他一概都不让还。”

“这人不错，是得去感谢。”

“感谢倒不必。他是个好爱面子的角色，平素说你架子大，没去他家坐过。”

“哪能呢？抽不出时间嘛！”

“是倒是，今后你得注意。”儿子又说，“爸，大队长是个厉害角色，千万不要得罪，看不得听不惯的事情权当耳边风，莫要惹翻了人家父母官。他要给你好处，容易；要给你难看，你得忍气吞声。”

“这人我听说过，不正路，莫非是只老虎？”

“爸，你管他什么虎。”

“你莫管，人家说老虎屁股摸不得，我看要摸的该摸，我是国家干部。”

儿子急了，说：“你不知道，将来种子、化肥、农药都要求人家。撕破了脸皮不好办！”

“嘿，我看，没那么多要求的。人不求人一般大。”

父亲性子倔，儿子不好多说，但露出了恳求而固执的目光。

父亲理解少年老成的儿子，缓和地说：“当然，我也不是个蛮人子，乱干一气。”

儿子告诉父亲，一家四口人，包了三丘水田。水田他来顶职前已经委托给了同辈好友。他要父亲答应：不理水田里的事，不下水——儿子担心父亲的腿病。

“爸，你保证不下水吗？”儿子问。

“就不下。”

儿子说：“母亲曾经咯过一口血，冬天里气喘得厉害，她不吃药，也不肯请郎中看。你回家后，定要带她到县里去检查一次，县里你熟。”

父亲点点头。

……

“这回乡下去，会有这么复杂啊。”父亲想。

父亲痛惜地望着早熟的儿子。十几岁时，就已必然地、无可推脱地挑起家庭重担，默默地像牛一样劳作。为在远山奔走的父亲解脱，为操劳过度的母亲分忧，他过早地放弃了学习，他没有得到过独生子所能得到的娇惯。那厚实的然而仍是幼嫩的肩膀竟压着这么沉重、这么复杂的担子。

这过早的重荷，完全是自己的缘故啊。他真想抱一抱儿子，亲一亲他。可是，儿子长大了。他想对儿子说几句感激的话，可是，说不出。夸耀的句子，他一辈子没用过呢！

父亲最后为儿子装好两只绿色邮包。这邮包是他一生中装得最满意的。但装的时间太久，老人的手已经十分不听使唤了。

父子俩睡在一张床上。几天的疲劳加上傍着儿子强壮的身躯所放出的热量，老人应该是香甜地睡去的。但，没有。很久很久还睁着眼睛。夜风轻轻地敲打着玻璃的声音，不知名的草虫“唑唑”的叫声那么清晰、那么顽固地灌进耳朵……

若不是狗用嘴巴在扯蚊帐，并“嗷嗷”地呼唤，差点睡过时辰。

老人“骨碌”一下爬起了床，三五下穿好衣服，用力推醒酣睡的儿子。

默默地煮熟饭，和狗一道吃过。父亲把扁担放到儿子肩膀上，吹熄灯，关拢门，走向还眨着星星的旷野。

下完门槛的石阶，父亲踉跄了一下，他不知道是怎样挪开步子的，是怎样踉跄了一下，他只知道身子往下一沉。他赶忙撑住儿子的肩膀才没倒在地……

于是，他决计不再送了。他对儿子说：“你……小心，走吧。”

儿子默默地点点头。鼻子里酸酸地吸了一下。但，他仍没开步。

于是，父亲转过身去。

狗呢？站在桥的当中，“嗷嗷”地着急地叫着。父亲返身走上桥，蹲下身抱着狗的颈根。像小孩子一般地对它说：“你去，跟他去，他会待你好的。你去吧，他需要你，要你做伴，要你做帮手；过河需要你；过丝茅源需要你带路，不然，他会迷路的；没有你，他斗不过拦路的蛇；还有，山里的人要听你的声音，也……舍不得你的。听见了？听清了？啊，啊……”

“汪汪汪。”狗着急地喊。说不愿意？还是要跟老人去？

“你去吧，去！”老人猛喊。

儿子在逗狗：“嗬，嗬。”

父亲猛地扭转头，径直往回走了。狗略一踌躇，也跟了去。在老人身边“嗷嗷”叫着。

老人突然捡起根竹棍，朝狗屁股上抽去。“汪——汪汪。”狗负着痛，朝桥那边跑去。

老人把竹棍丢进透明的跳跃的山溪水里，喉咙里猛地堵上一块东西。好一阵，他觉得一股热气直扑膝盖。他睁开眼一看，是狗！狗在吻他的膝盖骨。

他又俯下身，从口袋里掏出手帕，替狗擦去眼泪，轻轻地喃喃地说：“去吧。”

于是，一支黄色的箭朝那绿色的梦里射去。

颐和园的寂寞

✽叶广芩

人生如在雾中行，只有眼前的一片才是看得见的，远望是茫茫大雾。人生如一人到高山顶立，只能听见自己的呼吸，四周是寂静无声。

1

我之所以喜欢《打渔杀家》，是因为这出戏我们叶家的人都会唱。不只是唱，而且还要演，那一招一式，一板一眼，都十分地道。至今，我的影集里还有我的大哥叶广厚和大姐叶广英在家里演此剧的“剧照”。照片上演教师爷的大哥光着膀子，系着带长穗的腰带，装出了一脸的凶恶；演萧恩的大姐戴着髯口，梳着小髽鬏，更是一脸的认真。照片出自20世纪20年代父亲的德国相机，相当清晰，画面上的大哥有十岁，大姐最多不过五六岁。五六岁的小姑娘也能粉墨登场，除了可以看出叶家众子弟的多才多艺以外，也足见《打渔杀家》在叶家的深入。如今，照片上的两位“演员”都早已作古，那悠悠的琴声与唱腔却传了下来，一直传到了我这儿。

父亲曾在国立北平艺术专科学校教书，那是今日中央美术学院的前身，旧时在京城是一座很有名的学校，校长是徐悲鸿，著名画家齐白石、徐燕荪等也都任过该校教师。我的三大爷也在这所学校工作，老哥儿俩打小居住在一起，没有红过脸，没有分过家，兄弟孔怀，为小辈们做出了好榜样。老哥儿俩不唯画画得好,而且戏唱得好,京胡也拉得好。晚饭后,老哥儿俩常坐在金鱼缸前、海棠树下,拉琴自娱。那琴声脆亮悠扬,美妙动听,达到一种至臻至妙的境界。我的几位兄长亦各充角色,生旦净末丑霎时凑全,笙笛锣镲也是现成的,呜里哇啦一台戏就此开场。首场便是《打渔杀家》,《打渔杀家》完了就演《空城计》,然后《甘露寺》接着《盗御马》,《吊金龟》接着《望江亭》,戏一折连着一折,一直唱到月上中天。

母亲说:"狐仙都出来了,散了吧。"

我们家院深房大,老北京传说大凡这样的大宅门都有狐仙与人同时居住,狐黄白柳灰是家神,是不能轻易得罪的。据说,我们家的狐仙晚上常常变成白胡子老头出来在院里各处溜达,有人还听到过狐仙的咳嗽和踢踢踏踏的脚步声,逢有这种情况就要早早地回避,不要撞克了。

听母亲说狐仙出来了,大家这才收家伙,各回各的屋。

弟兄们这么热闹的时候我还没有出生。

我比我的大哥整整小了三十六岁。

生我的时候我父亲已经六十多岁了,他是光绪十四年生的人。

虽然没有和父兄们在家里唱大戏的荣幸,但我却敢大言不惭地对兄长们夸口,说我在德和园的大戏台上唱过《打渔杀家》,德和园的戏台不是等闲之辈能上的,那是杨小楼、梅兰芳一代宗师们给西太后唱戏的地方。我至今尚能背诵出戏台两侧的楹联:

山水协清音,龙会八风,凤调九奏;

宫商谐法曲,象德流韵,燕乐养和。

这副对联是西太后过六十岁生日时,亲自撰写的。我父亲教我认字,就是从这几个字开始一天五个一天四个地认起的,也只是识字,至于那意思,是一点也不明白的。

2

为什么我能在德和园出乖露丑呢?这还要从我的三哥说起。

我的三哥叶广益和三嫂鲍贞都在颐和园里工作,我很多时候是和他们住在那座美丽的大园子里的。德和园大戏台东边有个夹道,那里有几个相同的小门,我们就住在其中的一个门里。门小院子却大,里面北房一排,前廊后厦,高大宽敞,连那睡觉的雕花木炕也是嵌在北墙里,古色古香,十分与众不同。我仔细地观察过,小院不少,小孩子却没有一个,这使我感到寂寞。我渴望着回到城里,回到父母身边,但我也深谙父母无暇顾及我的难处,母亲在不久前又为我增添了一个叫作叶广荃的小妹妹。

我们家别的不多,就是孩子特多,按大小排行起来,大大小小一共十四个,七男七女,我是第十三个。孩子多了就不珍贵,也不娇气,多是有一搭没一搭地捎带着养。我常想,那时候我不过四五岁,家里把我撂在颐和园怎么就那么放心呢?负责照看我的三哥对我更是大松心,他和三嫂白天上班,让我一个人可着园子到处乱跑,到哪儿去他连问也不问,好像这个园子就是我们的家,让人放心极了。所以,在颐和园,我像大草原上的羊一样,每天只要在吃饭的时候到颐和园东门口的职工食堂找到买饭的三哥即可。后来,三哥雇了一个很能干的、清瘦的老太太给他做饭,老太太做的饭很有水平。冬日的下午,老太太常常坐在火炉边一边跟我聊宫里的故事,一边捏小点心,她烤出的小点心花样繁多,小猫小兔小鸟形态生动活泼,别说吃,就是玩也很有意思。原来,老太太的丈夫是宫里御膳房的厨子,死了。她无儿无女,没别的特长,只会做饭,被号称美食家的三哥接到家里来。这样,我随时都有点心吃了,再不用记着钟点跑食堂,这对我来说真是一件再幸福不过的事了。

这都是题外话。

一个被叶家的人叫作"王八丫丫"的很淘气的小姑娘在园子里孤寂地住着,那实在是一段磨人性情的岁月。知春亭畔有元朝宰相耶律楚材的祠和墓,祠内供奉着耶律楚材的塑像,是个穿白袍的老头儿,三缕黑髯垂在胸前,很和蔼可亲。三哥对我说,当初西太后修复颐和园的时候,认为自家的花园里搁着个外人的坟有点不伦不类,就想把它迁走。耶律楚材给太后托梦说:"你修你的园子,我住我的家,咱们总要有个先来后到。就是你们的乾隆建园时都没把我请出去，你能把我怎么样？”西太后从此再不敢提迁坟的事，这座坟就理直气壮地在皇上的家里待下来了。我听了以后，很佩服耶律楚材的勇敢，把他看作和萧恩一样的人物。当然，那时对这位为元朝立赋税、设郡县、建户口的历史名臣并无一点了解，所见只是个白袍子，就叫他白大爷。没事儿就往白大爷那儿跑，去跟白大爷说话。白大爷是这座园子里我能看得见的、肯陪我聊天的好老头儿。久而久之，我们家的人都知道了白大爷，三哥常问我："今天没上白大爷那儿去吗？"

3

有一回在西堤，我看见有一对情人掉到湖里，男的淹死了，浑身青紫，被抬到东门口的门诊部，用席子盖着，搁在墙根儿，跟他一块儿来的女的坐在台阶上哭。本来，逛颐和园是一件很高兴的事，却死了一个，那一个怎么能不悲伤呢？我看那个女的哭，就也在一边陪着她哭。因为，我觉得这实在是一件很让人伤心的、很想不通的事情。看热闹的人很多，人们多把我当成了死者的家属，劝那个女的说："你不要哭了，你也要为身边的孩子想想。"也有的人说："唔，孩子还这么小，爹就淹死了，真惨！"我想，那个女的虽然没说什么，心里一定对旁边这个陪哭的感到莫名其妙。我哭着想，我们家的人怎么就不怕我被淹死呢？假如席子底下躺着的不是那个男的而是我，我三哥该如何向父亲交代？于是，我就很希望我也能死一回，不为别的，就为让他们也为我好好哭一回，省得我在家里老像被人忘掉了一样。

我的生活单调又无聊，西苑有飞机场，飞机每每到了这里已经趋于降落，飞得很低很低了。从我头顶飞过的飞机，不但机翼上的号码看得一清二楚，有时连里面的驾驶员也能看得见。只要外面飞机一响，哪怕正在吃饭，我也要把饭碗推开，飞快地跑出屋门，向每一架路过的飞机热情地挥手致意。现在想想实在是没意思，但有一段时间它竟成了我生活的全部。我每天都在焦躁地等待着飞机的到来，来一架，我在"大前门"的香烟盒上记一架，天长日久，记了好几张烟纸，都是飞机的号码。以我的文化水平，能认识的也就是那几个简单的阿拉伯数字。可笑的是，我在记录一架飞机和一架飞机的号码时没有断开意识，所以，记到最后，竟是满篇的、毫无头绪的1234567890的数字，分不清谁是谁。

这大概与那次陪哭有异曲同工之妙。

大戏台所在的德和园是去后山和通向排云殿的通道，一度是我的娱乐场。记忆中的大戏台远没有现在这般鲜丽辉煌，更没有这么多熙熙攘攘的游客，那时的人似乎很少。大戏台上的青石条和起伏不平的木板台面给我留下了深刻的印象，除此之外，就是薄暮时分喧闹嘈杂的燕子了。"依依宫柳拂宫墙，楼殿无人春昼长"，傍晚，游人都出园了，大戏台前只剩下我和那些燕子时，双方便都显示出了难以抑制的兴奋和活跃。燕子们这时就故意撩逗我，从我耳畔嚓地飞过，掠起一阵风——它们不怕我这个小人儿。我自然也按捺不住表现的欲望，跑上台去，对着那空旷的院落，对着那些黄黄的琉璃瓦，表演我的《打渔杀家》。

我拉着架势扯开了嗓子吼道："江湖上叫萧恩不才是我——"

没人喝彩。四周寂然无声。

"我本是出山虎，独自一个——"

没有掌声。头顶小燕啾啾。

稚嫩的细嗓，柔弱的小丫头，与那古旧庞大的戏台、恢宏的殿宇，实实不相称，而那叱咤风云的气势，那乳犊不惧虎的精神却留下了辉煌的篇章。

4

父亲来了。

我像过节一般高兴。

晚上，父亲和我睡在外间屋的炕上，我给父亲看那些飞机的号码，歪歪扭扭的铅笔字让父亲很是为难了半天，他说："你这是什么呀，鬼画符吗？"

父亲看不懂，我很伤心。

后来，父亲就开始教我大戏台上的楹联了。再后来就走到哪儿讲到哪儿，那真无异于一堂堂美好的文化讲座，一曲曲流动的音乐。整个园子，数谐趣园的楹联最为清丽秀美："菱花晓映雕栏日，莲叶香涵玉沼波。”“窗间树色连山净，户外岚光带水浮。”如那景色一样，这些都是让人永难忘却的佳作。

父亲从不在三哥这里多住，一则因为工作，二则他说睡觉的炕使他净做噩梦。父亲说，这炕自砌成以来，不知睡过多少恩恩怨怨的人，百年前的事都到梦里来了。为此，三哥借了玉澜堂门首西边一张床让父亲去睡。那里是值班室，没有古老的恩恩怨怨的炕，只有两张木板床，但父亲在那里大概只住了一宿就回来了。他对我说，戊戌政变后，慈禧在玉澜堂的霞芬室和藕香榭殿内砌了高墙，专作关押光绪之所，不宜人住，特别不宜我们姓叶赫那拉的人住。在玉澜堂只睡过一晚上的父亲，竟能借此而发挥，编出了一个他在夜里与光绪品茗谈古论今的故事。应我的要求，那晚自然又有萧恩和他的女儿桂英、孙悟空和猪八戒来凑热闹，甚至连自沉于昆明湖的一代文豪王国维也由水中踏月而出，加入清谈之列。于是，出自父亲口中的玉澜堂之夜，热闹非凡，实实地让人向往了。如此看来，父亲以其艺术家的想象力，深入浅出地为他的小女儿编撰着一个又一个宁愿信其有、不愿信其无的故事。多少深厚的历史文化知识，由玉澜堂之夜溢出，潜入一个孩子的纯净心田。

三哥见我每天闲得实在无聊，就给我找事，让我去后山挖取开紫花的兰草，嘱我一定要连土弄回，栽在南墙背阴处。这种草在后山大片地长着，有很多，只半日工夫，我便弄回不少，沿墙栽了数排。尚不过瘾，又从后湖偷来睡莲，养在洗衣服的绿瓦盆内。彼时虽不懂“寂寞梧桐深院”的风雅，却也有“似此园林无限好”的追求，很为小院的美化花了一番功夫。

睡莲死，幽兰枯，满园秋风萧瑟时，父亲来看我。我吵着闹着要跟他回家，我说我实在不愿在这不是人待的地界住下去了。那时我还不会说什么“保护少年儿童身心健康”“培养少年儿童健康成长”一类很有水平的话，我只是一味地闹。记得是在谐趣园的知鱼桥上，父亲望着阴冷的水、枯败的荷叶说：“此景难得，此境难寻。景为水残，时为秋残，这是千古文人能够享受和欣赏却难以解释和理解的心境，你这个小东西置身于绝美之中却茫然不觉，实乃愚钝不可教也。”这些话我自然听不懂，但我知道这不是什么好话，是教训我的话，心里更是十二分不平。

三哥在一旁说：“您说这些话是对牛弹琴，这孩子混沌着呢，她根本听不懂，每天只是傻吃傻玩。夏时挖回一院子马莲，以为是兰草，揪回一盆荷叶，都是没根儿的。”

5

父亲告诉我，颐和园里有一种叫作哈拉闷的东西，这东西时而有形，时而无形，荡于园中各处，常为人所见。又说因了哈拉闷的存在，这园子才有了生机，有了灵气。

我说：“我要去寻找哈拉闷，找到了捉回来，蛐蛐儿一样地养在罐里。”

父亲说如此甚好。

第二天，父亲亲自陪着我在颐和园里寻找哈拉闷。

在后湖的绿水中，在大殿的螭吻上，父亲几次说他见到了哈拉闷，我则一无所见。

父亲回去了，留下了继续寻找的我。在以后的时光里，我已无心对付燕子和兰草，而将一腔热情扑在哈拉闷上，我发誓要找到那个父亲看得见我却看不见的精灵。颐和园由东向西，自南至北，从龙王庙的码头到北宫门的石阶，从西堤六桥的桥墩到仁寿殿的流水沟眼儿，这些人迹难到的所在都被我细细地窥探过，不能说找得不认真。

一个炎热慵懒的夏日中午，我拒绝午睡，要去寻找哈拉闷。三哥无奈，将我扯至后山四大部洲的藏庙遗址前，指着散落在荒草中须弥石座上雕刻的光身小怪说：“这就是你要找的哈拉闷。”

我说：“不是，哈拉闷是活的！”

我的语气之坚定使三哥没有反驳的余地，他气愤地将我扔在太阳下那堆红色的断壁残垣中，独自回去了。

我执拗的脾气不招人待见。

在这里，我不得不说点题外的话。三哥其实不是我父亲的孩子，严格地说他应该是父亲的侄子。但是，他的父母早早就故去了，由我的父亲将他抚养成人，他是我们众多孩子中身世最为坎坷的一个。

三哥是个很重感情的人，他把我的父亲看作他自己的父亲，把我们也看作他的亲兄妹。在七个哥哥中，我最喜欢的是三哥，我对他的依赖，是女儿对父亲的依赖。1994年，他七十一岁，患了癌症，临终前他忍受着病痛给我写了一封长达八页的信，信的最末一句话是："丫丫，你是我抱大的。"万语千言的疼爱尽在这一句话之中。

长大以后与文学有缘，也有了一把年纪和阅历，便明白那哈拉闷是父亲用来哄小孩子的东西。文学造诣精深的父亲让他的孩子去寻觅一种精怪，从寻觅中感受中国文化艺术的底蕴，认识艺术魂魄的神奇魅力，经历只可意会不可言传的民族文化体验。

我的聪明的父亲，他对孩子的教育竟然是这样的。

6

1955年的中秋节，父亲恰住园中，那晚他携了我与三哥三嫂同去景福阁观月。

景福阁原名昙花阁，位于万寿山脊东端，乃听雨赏月的绝佳之地，最受乾隆喜爱。后来，西太后重修改建成厅堂，赐名景福阁。中秋那晚，年少的我，无赏月雅致，而为三嫂所带糕饼吸引，一门心思只在吃上。

父亲见状对三嫂说："我花甲之年才得此女，自然怜爱有加，虽他日为鸡为凤不可预期，然资禀尚不愚笨。今放逐园中，如野马笼头，驯致为难，实出无奈，还盼鲍贞耳提面命，严加教训，否则，恐终成猪犬。"

三嫂说："小丫丫才六岁，正是混沌未开之时，为人一世，快活也就是这几年罢了，何苦拗她。"

当时我口啃糕饼，偎依在父亲怀抱，举目望月，银白一片。居月光与亲情的维护之中，此情此景竟令我这顽劣小儿也深深地感动了。以后读了苏东坡的"明月几时有，把酒问青天"，更觉那逝去光阴的可贵，以至每每见月，便想起景福阁。那美妙绝伦的景致还当存在，而那恬静温馨的亲情却是再不会有了。

那夜的月似乎给了我某种启示，父亲第二天要返回，说是要去河北彭城。我从内心突然生出难以割舍的依恋，这种依恋的深重超出了一个六岁孩子的经历。那天，我执意要跟父亲同归，任谁怎么劝也不听。我死死地拽住父亲的衣襟，整整五个小时没有松开，这使本应吃过中午饭就离开的父亲一直拖到了晚上。我那反常的举动使大人们无措，他们不知我那天是怎么了，为什么那么不听话，咧着嘴肆无忌惮地哭。

三哥说："今儿这孩子是邪了。"

那晚，我的目的终于达到了，父亲答应领我回家。

我和父亲手拉着手向颐和园的东门走去，那天的月亮又圆又亮，照着我和父亲以及我们身后那些金碧辉煌的殿宇。那晚，父亲穿着深灰色的春绸长袍，白色的胡子在胸前飘着，一手拄着他的藤拐杖，一手拉着我，一老一小的身影映在回家的路上。我把父亲的大手攥得紧紧的，心里真怕他突然变卦，又把我送回园子里去，尽管我当时仍止不住一下下地抽泣，但还是带有讨好性质地跟他说了不少笑话。我想让他因为我的存在而愉快，而幸福，而不感到我的多余。

7

回到家，母亲的惊奇是可想而知的。小妹妹在发烧，老七叶广宏又逃了学，他把书包藏在了警察楼子里，自己跑得不见了踪影。警察按照本子上的地址找到学校，又找到家，我们到家的时候，那个肇事者还没有回来。到半夜，七哥才回家，一问说是到动物园看猴去了，没钱坐车，是从西郊走着回来的。

母亲一个晚上都在抹眼泪，那个叫广荃的妹妹在床上不停地哼哼，她不闹，很乖也很懂事，睁着一双大眼睛恐惧地看着训斥儿子的父亲……

这就是家，这就是生活，从这我也隐隐地感到了家里为什么总是希望我住在颐和园。我在这个家里只能添乱，我也不是个省油的灯。

第二天，父亲就去彭城了。

我和母亲把他送到大门外，母亲怀里抱着软弱得抬不起脑袋的小妹妹，小妹妹伸出小手跟父亲再见。

父亲走了几步又回过身来说："回去吧。"

我和母亲都没有动。我无法揣度父亲当时的心情，他是个事业型的人，对于离别、对于亲情似乎并不在意，那一句轻轻的"回去吧"便是告别，与妻儿的告别。

当时我鬼使神差地追上了父亲，接过了他背上的小包袱，我说我要送他一程，送他上车。我背着小包袱将父亲送到北新桥，送上了开往前门火车站的有轨电车。

没有经验的我竟然跟着父亲上了车才将包袱交给他，车要开了，父亲把着车门拨开众人大声说："让我的孩子下车！"

车开了，父亲站在车尾向我挥手，示意我快些回家。我的泪水夺眶而出，在我那颗小小的心灵里充满了悲哀。

那一别，竟成了生死的诀别。

我是父亲的孩子当中最后见到他的一个。

8

有一天，突然说姥姥得了急病，将母亲叫去。

我是后来随着三哥广益、四哥广明、五哥广延一块去的，我不明白姥姥病了却让这么多哥哥去干什么。路上，三哥难过地抚摸着我的头说："要紧的是今后这些小妹妹怎么办……"

三个哥哥站在黑暗的胡同里只是唏嘘。

我感到了家里发生了什么大事，但我绝没有想到是父亲，因为一个星期前三大爷还给我母亲读了父亲写给他的信，信里说在彭城那个小地方竟然还能看到京剧，行头好，唱功也好，演的是《鸿鸾禧》和《打渔杀家》……

到了姥姥家，姥姥很健康，没有一点生病的样子。

我说："姥姥，您不是病了吗？"

姥姥没说话，大舅把我拉过去说："丫儿，你得懂事。你不能哭，你得为你妈想想，广荃还小，你别吓着她。"

我懵懵懂懂跟着大舅进了屋，屋里有一桌子纹丝未动的酒菜，这种非同一般的阵势让人的心底一阵阵发凉。

母亲见到我，哭了。

母亲说："你父亲殁了。"

我一下蒙了。我已记不清当时的我是什么反应，没有哭是肯定的，从那时我才知道，悲痛至极的人是哭不出来的。后来，我见到书上有"抚棺临穴而无泪"的说法，觉得它太贴切了。

原来，父亲突发心脏病，倒在彭城陶瓷研究所他的工作岗位上。

母亲那年四十七岁。

母亲是个没有主意的家庭妇女，她不识字，最大的活动范围就是从娘家到婆家，从婆家到娘家，临此大事，只知道哭，将父亲的后事全部托付给在彭城工作的堂兄——我的六哥叶广成。因直系血亲没人来奔丧，六哥就和研究所商量，将父亲的棺木暂时囚封在峰峰矿区滏阳河岸，以待不日来人扶柩回京。

原以为是数月的事，孰料，父亲的棺木在那陌生之地，一囚就是二十年。

父亲的亲儿子们谁也没想起接父亲回家，我至今对此百思不得其解。

母亲当时这一失策之举，酿成了她终生的遗憾。

母亲是父亲的第三位妻子，父亲去世时非我母亲所生的哥哥们已经成家立业，各人有各人的日子，顾及不到我们。而我母亲所出的五姐广芸、七哥广宏，以及我和小妹妹广荃，最大的不到十五岁，最小的不到三岁。弱息孤儿，所恃已为活者，唯指父亲，今生机已绝，待哺何来？

我怕母亲一时想不开，走绝路，就时刻跟着她，为此甚至夜里不敢熟睡，只要母亲半夜稍有动静，我便忽地坐起来，这些我从没对母亲说起过。母亲至死也不知道，在她那些无数凄苦的不眠之夜中，有多少是她的女儿暗中和她一起度过的。

年年寒食，我都与母亲在大门外烧些纸钱，祭奠千里之外父亲的亡魂；岁岁中秋，奠香茶一杯，月饼数块，徒作相聚之梦。随着岁月的迁延，年龄的增长，内心负疚愈深。对父亲，我生未尽其欢，殁未尽其礼，实是个与豚犬无异的不孝孩子。

9

人的长大是突然间的事。

经此变故，我稚嫩的肩开始分担了家庭的忧愁。

就在父亲去世的那一年，我带着一身重孝走进了北京方家胡同小学。

这是一所老学校，在有名的国子监南边，著名文学家老舍先生曾经担任过它的校长。我进学校时，绝不知道什么老舍，连当时的校长是谁也不知道，只知道我的班主任叫马玉琴。在课堂上，她常常给我们讲她的家，讲她的孩子大光、二光，这使她和我们一下拉得很近。

我的忧郁、孤独、沉默、敏感，很快引起了她的注意。有一天课间操以后，她向我走来，我的不合群在这个班里可能是太明显了。

马老师靠在我的旁边低声问我："你在给谁戴孝？"

我说："父亲。"

马老师什么也没说，她把我搂进怀里。

我的脸紧紧贴着老师，我感觉到了由她身上散发出来的温热和那好闻的气息，我想掉眼泪，但是我不想让别人看见我的泪，就强忍着，喉咙像堵了一块大棉花，只是抽搐、发哽，马老师轻轻用手拍着我的背。我知道，那时候我只要一张嘴，就会"哇"的一声哭出来。

老师什么也没问。老师很体谅我。

一年级期末，我被评上了"三好学生"。

为了生活，母亲不得不进了一家街道小厂，这就为我增添了一个任务，即每天下午放学后将三岁的妹妹从幼儿园接回家。

有一天，轮到我做值日，扫完教室天已经很晚了，我匆匆赶到幼儿园，小班教室里已经没有人了。我以为是母亲将她接走了，就心安理得地回家了。到家一看，门锁着，母亲加班，我才感到了不妙，赶紧转身朝幼儿园跑。从我们家到幼儿园足有汽车四站的路程，直跑得我两眼发黑，进了幼儿园差点没一头栽到地上。推开小班的门，我才看见坐在门背后的妹妹，她一个人一声不响地坐在那儿等我。阿姨把她交给了看门的老头儿，自己下班了；那个老头儿又把这事忘了。看到孤单的小妹妹一个人害怕地缩在墙角，我为自己的粗心感到内疚。

我说："你为什么不使劲哭哇？"

妹妹噙着眼泪说："你会来接我的。"

那天，我蹲下来，让妹妹趴到我的背上，我要背着她回家，我发誓不让她走一步路，以补偿我的过失。我背着她走过一条又一条胡同，妹妹几次要下来我都不允许，这使她的心感到了较我更甚的不安，像当年我讨好父亲一样，她也开始讨好我。她在我的背上为我唱那天新学的儿歌，我还记得那儿歌是：

洋娃娃和小熊跳舞，
跳呀跳呀一二一。
小熊小熊点点头呀，
点点头呀一二一。

路灯亮了，天上有寒星在闪烁，胡同里没有一个人，葱花炝锅的香味由别人家里溢出。我背着妹妹一步一步地走，我们的影子映在路上，一会儿变长，一会儿变短。一行清冷的泪顺着我的脸颊流下，淌进嘴里，那味道又苦又涩。

妹妹还在奶声奶气地唱：

洋娃娃和小熊跳舞，
跳呀跳呀一二一。
……

是第几遍重复了，不知道。

那是为我而唱的，送给我的歌。

这首歌或许现在还在为孩子们所传唱，但我已听不得它。那欢快的旋律总让我有一种强颜欢笑的误解，一听见它，我的心就会缩紧，就会发颤。作家唐君毅说得好，人周围往往构成一片无限的寂寞苍茫的氛围，"以此氛围为背景，而后把我们有限的人生，烘托凸显出来。人生如在雾中行，只有眼前的一片才是看得见的，远望是茫茫大雾。人生如一人到高山顶立，只能听见自己的呼吸，四周是寂静无声。人生又若黑夜居大海中灯塔内，除此灯光所照的海面外，是无边的黑暗，无边的大海"。那时，我年纪虽小，已经感到了雾的迷蒙，山的孤寂，夜的恐怖……

但我至今不能忘记在我人生之路上给予我理解和爱的人们，这种刻骨铭心的记忆将伴我终生，珍藏至永远！

没有人给他写信的上校

✽加西亚 · 马尔克斯

每个人都有一封等不到的信。

1

上校打开咖啡罐，发现罐里只剩下一小勺咖啡了。他从炉子上端下锅来，把里面的水往地上泼去一半，然后用小刀把罐里最后一点儿混着铁锈的咖啡末刮进锅里。

上校一副自信而又充满天真期待的神态，坐在陶炉跟前等待咖啡开锅，他觉得肚子里好像长了有毒的蘑菇和百合。已是十月。他已经度过了太多这样的清晨，可对他来说，这天的清晨还是一样难挨。自上次内战结束以来过了五十六年了，上校唯一做过的事情就是等待，而等到的东西屈指可数，十月算是其中之一。

妻子见上校端着咖啡走进卧室，便撩起了蚊帐。昨天夜里，她的哮喘病又发作了，人到现在还昏昏沉沉的，她勉强坐起身，接过了咖啡。

“你的呢？”她问道。

“我喝过了，”上校撒了个谎，“刚还剩一大勺呢！”

这时，镇子上响起了一阵阵丧钟声，上校早已把今天要出殡这事忘到脑后去了。妻子喝咖啡的时候，他摘下吊床的一头，卷到门后的另一头上去。女人想起了那个过世的人。

“他是一九二二年生的，”她说，“四月七号，正好比咱们的孩子小一个月。”

她艰难地喘着气，在喘息稍定的间歇里喝一口咖啡。这老太太简直就是由几块白色软骨构成的，靠一根僵硬、弯曲的脊柱勉力支撑；呼吸困难使得她问话的口气就像在陈述事实。直到喝完咖啡，她还在想那个死去的人。

“十月份下葬一定很可怕。”她说。可是上校没留神听她说话。他打开窗子。十月已经来到了这个小院。草木葱茏，地面上到处是蚯蚓拱起的小土堆，看着这些，上校的肠道又一次感到，十月这个不祥的月份真的来临了。

雨淅淅沥沥地下个不停。上校本打算裹上毯子躺到吊床上睡个回笼觉，可那破钟一个劲儿地响，终于让他记起了出殡的事。“十月到了。”他咕哝着走到房子中央，这才蓦地想起公鸡还在床腿上拴着。这是一只斗鸡。

妻子犯了哮喘病，白上衣没熨好，上校只好决定穿那件结婚以后只在特别隆重的场合穿过几次的黑呢外衣。他费了好大事才从箱底翻出那件用报纸包着、里边还放了防蛀卫生球的衣服。妻子躺在床上，还在想那个死者。

“这会儿他该已经碰见咱们的阿古斯丁了，”妻子说，“他该不会把咱们在阿古斯丁死后的处境告诉他吧？”

“他们这会儿恐怕正在谈论斗鸡的事。”上校说。

他从箱子里翻出一把很大的旧雨伞。这伞是他妻子在他那个党某次筹集经费的政治摸彩中赢得的奖品。那天晚上，他们还看了场露天演出，虽说下了雨，演出并没有中断。上校、妻子和他们当时只有八岁的儿子阿古斯丁，都挤坐在这把伞下坚持看完了最后一幕。可现在，阿古斯丁已不在人世，当年发亮的绸伞面也已被虫蛀得百孔千疮。

“你瞧咱们这把马戏团小丑的伞现在成什么样子了。”上校过去就老这么形容这把伞。他在头顶撑开了那个奇异的金属骨架。“现在只能用它来数天上有多少星星了。”

上校微微一笑，可妻子看也没看一眼那把伞。“凡事都这样，”她低声说道，“咱们还活着，可这把老骨头已经朽了。”她闭上双眼，好更加专注地想那个死者。

2

星期四，这天上校本打算在吊床上躺一整天，可还是起来去侍弄那只公鸡。这几天雨下个不停，整整一周，上校的肚子都胀鼓鼓的。一连好几夜，妻子那哨音一般的呼吸声也把他折腾得够呛。到了星期五下午，难得十月里雨竟停了。阿古斯丁过去的伙伴们——他们和阿古斯丁一样，都是裁缝铺的伙计，也都是斗鸡迷——抽空过来把那只鸡检查了一番：情况正常。

家里只剩下上校和妻子的时候，上校回到卧室。妻子的病已经好点儿了。

“他们说什么了？”她问道。

“他们兴高采烈的，”上校告诉她，“都在攒钱，要往这只鸡上下注呢！”

“我真不明白，他们看上这只丑公鸡哪点了，”妻子说，“我总看它像个怪物：和爪子比，它的头也太小了。”

“都说这是全省最棒的一只公鸡，”上校说，“大概值五十个比索。”

他确信这一点足以证明他留下这只公鸡的决定是正确的。这是他们的儿子九个月前在斗鸡场上因散发秘密传单而被乱枪打死后留下的遗产。“哪有那么值钱，你简直是在说梦话，”妻子说，“我看等这点玉米喂完了，咱们就得用自己的肝来喂它了。”上校这时一面在衣柜里找他那条粗布裤子，一面也在暗自忖度。

“也没几个月了，”他说，“听说斗鸡会在一月份举行，过后咱们准能把它卖个好价钱。”

裤子还没熨。妻子把它摊在炉台上，用两只经炉火加热的铁熨斗熨。

“你这会儿忙着出去有什么事？”妻子问道。

“上邮局去。”

“我都忘了今天是星期五了。”她边说边回到卧室。上校已穿好其他衣服，但还没穿裤子。她打量着上校的鞋。

“这双鞋早该扔了，”她说，“还是穿那双漆皮靴吧！”

上校顿感凄凉。

“那双就像是没爹没妈的孩子穿的一样，”他抗议道，“我每次穿上它们就像刚从收容所里逃出来似的。”

“我们本来就是没儿没女的孤老嘛！”妻子说。

上校赶在船拉响汽笛前向码头走去。他脚上穿着漆皮靴，白色的裤子上没系腰带，衬衣上也没套假领子，脖颈处用那枚铜扣子扣住。他站在叙利亚人摩西的店前看着船靠岸。乘客们已在船上一动不动地坐了八个钟头，到下船时都疲惫不堪。还是那几个老乘客：几个跑小买卖的，外加几个上星期出去现在又如期返回的镇上居民。

邮船在最后面。上校心事重重地看着它靠岸。他认出了舱顶的邮袋，系在蒸汽管上，盖着油布。十五年的等待使上校的直觉变得越来越敏锐，正如那只公鸡使他日益忐忑不安一样。从邮电局长上船解下邮袋背在背上的那一刻起，上校便目不转睛地盯住了他。

与码头平行的有一条街，那里简直是一座迷宫。到处是陈列着五光十色的货物的店铺和货摊。上校跟在邮电局长身后，沿着这条街走着，和往常一样，他满怀着既期待又害怕的心情。

局长连头都没抬。

“没有给上校的任何东西。”局长说。

上校觉得不好意思。

“我没在等什么，”他撒了个谎，带着天真无邪的神情，“没人给我写信。”

妻子放下蚊帐，嘴里嘟囔着说：“唉！人世间什么都烂透了。”上校未作任何评论。临睡前，他把鸡拴在床腿上，关上门，又在房间里喷了杀虫剂，然后把灯放在地上，挂好吊床，这才躺下来看起报来。

他按日期一份一份、从头到尾地看，连广告也不放过。十一点整，宵禁号响了，上校又看了半个钟头，这才放下报纸，起来打开了院门。屋外夜色深沉，饿蚊成阵。他对着柱子解了手，又回到房里，妻子还没睡着。

“没提到你们这些老兵吗？”她问道。

“没有，”上校说，他熄了灯，爬上吊床，“起先他们至少还把新领退伍金人员名单登一登，这五年倒好，干脆什么也不说了。”

午后暖洋洋的天气使女人精神焕发。她坐在过道里的秋海棠间，守着那只旧衣箱，又开始表演她那不用新布料就能缝制新衣的绝技。她把袖子改成领子，又用后背的布做成袖口，再用五颜六色的布头拼成完美的方形补丁。院子里，一只蝉唧唧地叫个不停。太阳西坠，但她没有注意到秋海棠上的落日余晖渐渐暗淡。直到天黑时上校回到家里，她才抬起头来，用手揉了揉脖子，活动活动浑身的筋骨，说：“我脑袋都木了。”

“你那脑袋从来都是木的，”上校说，接着发现妻子浑身披挂着花布片，“你活像只啄木鸟。”

“要给你做件衣服，还真得有半个啄木鸟的本事。”她说着展开了一件用三种颜色的布料拼接起来的衬衣。“等过狂欢节的时候，你把外套一脱就成了。”

六点的钟声打断了妻子的话。“主派天使告知马利亚。”她一面大声祈祷，一面收拾衣服走进卧室去。上校则同那些放了学跑来看鸡的孩子们聊天，他猛然想起明天就没有玉米喂鸡了，便走进卧室向妻子要钱。

“咱们恐怕只剩下五十生太伏了。”她说。

钱被她包在手帕里，打了个结，藏在床垫底下。这是阿古斯丁那台缝纫机换来的钱。九个月来，他们一生太伏一生太伏地花着这笔钱，养活了自己，也养活着那只公鸡。可现在只剩下两枚二十生太伏的和一枚十生太伏的硬币了。

“去买一磅玉米，”妻子吩咐道，“用找的钱买点咖啡明天喝，再买四盎司干酪。”

“再买只纯金的大象，挂在咱家门口。”上校接过话头说，“光是玉米，一磅就得四十二生太伏呢！”

他们沉思了半晌。“鸡只是畜生，可以凑合几天。”妻子先开口说道，可丈夫的脸色使她不得不再考虑。上校坐在床沿，胳膊肘支在膝盖上，把钱在手心里掂得叮当乱响。“这事由不得我啊！”他终于开口了，“要是依我的性子，今天晚上就把它炖了。一顿吃五十比索，吃伤了也是好的。”他顿了一下，拍死了一只叮在脖子上的蚊子，然后看着在屋里转来转去的妻子。

“我担心的是那些可怜的小伙子都在攒钱呢！”

妻子沉思着，在屋里喷了一圈杀虫剂。上校发觉她神思恍惚，仿佛正把家里的鬼祟召集在一起商量。末了，她把喷雾筒搁在有石印版画的小祭台上，栗色的眼睛直视着上校那同样是栗色的眼睛。

“那就买玉米吧，”她说，“上帝知道我们该怎么混下去。”

3

上校担任革命军马孔多军区司库时，曾牵着一头骡子，驮了满满两箱军款，艰苦跋涉了六天，最后硬是在协定签署前半小时，拖着那头饿得半死不活的骡子赶到了尼兰迪亚兵营。奥雷里亚诺·布恩迪亚上校——当时革命军大西洋沿岸的总军需官——给他开了张收据，把那两箱钱列入了投降上缴的物资清单。

十一月的下半月，他正犯愁这畜生再有两天吃不上玉米恐怕就得完蛋，这时猛然记起七月间他曾把一小包菜豆挂在了炉子上面。他于是剥去豆荚，放了一小罐干豆子给鸡吃。

“你过来一下。”妻子说。

“等一等。”上校观察着鸡的反应，嘴里应了一声，“饿急了吃什么都香。”

他看见妻子想在床上支起身来，羸弱的病体散发出一股草药的气味。她把早已想好的话一字一顿地说了出来：“你马上把这只鸡脱手。”

上校早就料到会有这么一天。自从那天下午，他们的儿子被打死，而他决定留下这只公鸡，他就一直在等待这个时刻。他早就考虑过这个问题了。

“现在卖划不来，”他说，“再过三个月就要斗鸡了，那之后咱们准能卖个好价钱。”

“不是钱的事，”妻子说，“等那帮小伙子来了，你让他们把鸡带走，爱拿它怎么办就怎么办吧！”

“我是为了阿古斯丁，”上校说出了他事先想好的理由，“你想想，要是能回家来告诉我们他的鸡斗赢了，他该有多高兴！”

事实上妻子的确在想儿子。

“就是这些该死的鸡把他给毁了，”她喊了起来，“一月三号那天，他要是待在家里就不会把命都搭上了。”她伸出干瘦的手指，指着大门口喊道，“我到现在好像还看见他夹着这只鸡出门的情景。我叫他不要去斗鸡场触霉头，可他却把牙一龇，对我说：‘别说了，今天下午咱们会大捞一笔的。’”

她筋疲力尽地倒在了床上。上校轻手轻脚地把老伴的头挪到枕头上。两双一模一样的眼睛对视着。“你尽量少动。”上校说，觉得老伴那哨音般的呼吸声就像是从自己的胸膛里发出来的一样。妻子陷入了短暂的昏迷，双眼紧闭。当她再次睁开眼，呼吸已经平稳多了。

“我这是为咱们的处境着想，”她说，“拿咱们的口粮去喂鸡，那是作孽！”

上校用床单给她擦了擦额上的汗珠。

“谁也不会因为再多等三个月就饿死的。”

“可这三个月咱们吃什么？”妻子问道。

“我不知道，”上校答道，“我们要是会饿死，早就饿死了。”

那只公鸡此时正精神地站在空罐子前面，看见上校就扬起脖子，咯地叫了一声，真像是人在说话。上校心领神会地对它笑笑：“伙计，日子不好过啊！”

4

不用打开窗子，上校就知道已经到了十二月。他在厨房剁喂鸡的水果时，浑身的筋骨就把这个消息告诉了他。然后，他打开门，屋外的景致也证实了他的感觉。院子里美极了，小草、树木，以及那间当厕所用的小屋，仿佛都在离地面一毫米处，飘浮在阳光里。

妻子起来时心事重重。他们互道了早安，便坐下来默默无语地吃早饭。上校喝了杯不加牛奶的咖啡，吃了块奶酪和一片甜面包。他一上午都耗在裁缝铺里。一点钟回到家，只见妻子正坐在秋海棠间缝补衣服。

“该吃午饭了。”他说。

“没有午饭。”她说。

上校耸了耸肩。他设法堵上了院子围墙的破口，免得孩子们又跑进厨房里来。等他再回到过道，饭菜已经在桌上摆好了。

吃午饭时，上校看出妻子一直在强忍着不让自己哭出来，这教他颇为吃惊。他知道妻子生性倔强，而四十年的苦日子把她磨炼得更倔强了。就连儿子死的时候，她也没掉一滴眼泪。

他责怪地看着她的眼睛。只见她咬住嘴唇，用衣袖擦了擦眼睑，接着又吃起饭来。

“你太伤人心了。”她说。

上校没有说话。

“你任性，死脑筋，还伤人的心。”她又说了一遍，

“我啃了一辈子黄土，到头来还不如一只鸡。”

“这是两码事。”上校分辩道。

“一码事！”妻子反驳道，“我活不了多久了，这你早就知道。我得的不是小病，我是快入土的人了！”

上校吃完饭前没再说一句话。

“如果大夫能打保票，说卖了这只鸡你的哮喘病就能好，我马上就去卖了它，”最后他这样说，“但是不能打保票，我就不卖。”

宵禁号响过之后，她还在叽里咕噜地做着晚祷。上校准备熄灯，她不让。

“我可不愿黑咕隆咚地死掉。”她说。

上校把灯放在了地上。他累极了，恨不得忘掉这一切。一口气睡上他四十四天，然后一觉醒来发现正好是一月二十号下午三点——斗鸡场里放鸡的时刻。但他知道妻子并没有睡，正盯着自己呢。

“还是老样子，”过了一会儿，她终于说话了，“咱们挨饿，却让别人吃得饱饱的。四十年了，一直是这样。”

上校默不作声，直到妻子停住话头问他醒着没，他才回答说醒着。妻子又说了下去，语气平静、流畅，但又无比强硬：

“除了咱们，谁都能从这只鸡身上赚到钱。只有咱们连一分一厘下注的钱也没有了。”

“鸡主有权抽百分之二十的赢头。”

“过去在大选中，人家让你拼死拼活卖力气的时候，你也有权给自己弄个差事，”妻子反驳道，“内战时你连命都豁出去了，所以也有权拿退伍金。现在大家都有安生日子过，可你却快要孤苦伶仃地饿死了。”

“谁说我孤苦伶仃了。”上校说。

他还想再解释几句，但睡魔征服了他。妻子一直哑着嗓子唠叨，过了很久才发现丈夫早就睡着了。于是她钻出蚊帐，在黑黢黢的堂屋里走来走去，嘴里还唠叨个不停。天快亮的时候，上校叫了她一声。

她出现在卧室门口，奄奄一息的灯光自上而下地照在她身上，让她看上去活像个幽灵。进蚊帐前她先熄了灯，但还在嘀咕着什么。

“要不咱们这么办吧！”上校插了一句。

“咱们能办的只有一件事，就是把鸡卖掉。”妻子说。

“也可以卖钟嘛！”

“没人买。”

“那就卖那张画。”

再听见妻子的声音时，她已经又站在帐子外面了。上校从她的鼻息里闻到一股草药的气味。

“没人买。”

“等着瞧吧。”上校轻声轻气、语调平和地说，“现在快去睡觉，要是明天什么都卖不出去，再想别的办法。”

他竭力想睁开眼皮，可睡意终于压倒了他。他深深陷入了一种没有时空概念的状态中，妻子的话语此刻听上去完全变了样。但不一会儿，他又被摇醒了。

“你回答我的话呀！”

上校弄不清是在梦中还是醒后听见的这句话。天色已经发白了。窗口映入星期天的绿色晨曦。他觉得自己又发烧了，眼睛胀得发疼，费了好大劲儿才清醒过来。

“要是到头来什么也卖不出去，你还有什么办法？”妻子又问。

“那就该到一月二十号了，”上校说，已经睡意全消，“到那天下午，他们就会付给我们百分之二十的赢头。”

“那也得鸡斗赢吧，”妻子说，“可是它也许会输。难道你没想过它可能会输吗？”

“这只鸡不会输。”

“可如果输了呢？”

“还有四十五天才轮到考虑这件事情呢。”上校说。

妻子绝望了。

“那这些天我们吃什么？”她一把揪住上校的汗衫领子，使劲摇晃着。

上校活了七十五岁——用他一生中分分秒秒积累起来的七十五岁——才到了这个关头。他自觉心灵清透，坦坦荡荡，什么事也难不住他。他说：

“吃屎。”

纪念三姐先明以及我们的童年。

第六只手指

✽白先勇

有人说童年的事难忘记，其实也不见得，我的童年有一半时间是在跟病魔死神搏斗，病中岁月，并不值得怀念，倒是在我得病以前7岁的时候，在家乡桂林最后的那一年，有些琐事，记得分外清楚。那是抗战末期，湘桂大撤退的前夕，广西的战事已经吃紧，母亲把兄姐们陆续送到了重庆，只留下明姐跟我，还有六弟七弟。两个弟弟年纪太小，明姐只比我大3岁，所以我们非常亲近。大人天天在预备逃难，我们不懂，几个人在一起玩儿得很开心。那时候我们住在风洞山的脚下、东镇路底那栋房子里，那是新家，搬去没有多久。我们老家在铁佛寺，一栋阴森古旧的老屋，长满了青苔的院子里，猛然会爬出一条半尺长的金边蜈蚣来，墙上壁虎虎视眈眈，堂屋里蝙蝠乱飞。后来听说那栋古屋还不“干净”，大妈搬进去住，晚上看到窗前赫然立着一个穿白色对襟褂子的男人。就在屋子对面池塘的一棵大树下，日本人空袭，一枚炸弹，把一个泥水匠炸得粉身碎骨，一条腿飞到了树上。我们住在那栋不太吉祥的古屋里，唯一的理由是为了躲警报，防空洞就在邻近，日机经常来袭，一夕数次。后来搬到风洞山下，也是同一考虑，山脚有一个天然岩洞，警笛一鸣，全家人便仓皇入洞。我倒并不感到害怕，一看见风洞山顶挂上两个红球——空袭信号，就兴奋起来，因为又不必上学了。

新家的花园就在山脚下，种满了芍药、牡丹、菊花，不知道为什么，还种了一大片十分笨拙的鸡冠花。花园里养了鸡，一听到母鸡唱“下蛋歌”，明姐便拉着我飞奔到鸡棚内，从鸡窝里掏出一枚余温犹存的鸡蛋来，磕一个小孔，递给我说道：“老五，快吃。”几下我便把一只鸡蛋吮干净了。现在想想，那样的生鸡蛋，蛋白蛋黄，又腥又滑，不知怎么咽下去的，我却吮得津津有味儿。明姐看见我吃得那么起劲儿，也很乐，脸上充满了喜悦。几十年后，在台湾，有一天我深夜回家，看见明姐一个人孤独地在厨房里摸索煮东西吃。我过去一看，原来她在煮糖水鸡蛋。她盛了两只到碗里，却递给我道：“老五，这碗给你吃。”我并不饿，而且也不喜欢吃鸡蛋了，可是我还是接过她的糖水蛋来，因为实在不忍违拂她的一片好意。明姐喜欢与人分享她的快乐，无论对什么人，终生如此，哪怕她的快乐并不多，只有微不足道的那么一点儿。

没有多久，我们便逃难了。风洞山下我们那栋房子以及那片种满了鸡冠花的花园，转瞬间变成了一堆劫灰，整座桂林城烧成焦土一片。离开桂林，到了那愁云惨雾的重庆，我便跟明姐她们隔离了，因为我患了可恶的肺病，家里人看见我，便吓得躲得远远的。那个时候，没有特效药，肺病染不起。

抗战胜利后，我们回到上海，我还是一个人到上海郊外去养病。我的玩伴是两条小狮子狗，一白一黑。白狮子狗是我的医生林有泉送给我的，他是台湾本地人，家里有一棵三尺高的红珊瑚树。林医生很照顾我，是我病中忘年之友。黑狮子狗是路上捡来的，初来时一身的虱子，毛发尽摧，像条癞皮犬。我帮它把虱子捉干净，把它养得胖嘟嘟的，长出一身黑亮的卷毛来。在上海郊外囚禁3年，我并未有过真正的访客，只有明姐去探望过我两次，大概还是偷偷去的。我喜出望外，便把那条黑狮子狗赠送给她，明姐叫它米达，后来变成了她的心肝宝贝，常常跟她睡在一床。

1948年我们又开始逃难，从上海逃到了香港。那时明姐已经成长为十五六岁的亭亭少女了，而我也病愈，归了队，就住在明姐隔壁。可是我常常听到明姐一个人锁在房中暗自哭泣。我很紧张，但不了解，更不懂得如何去安慰她。我只知道明姐很寂寞。那时母亲跟父亲到台湾去了，我的另外两个姐姐老早到了美国，家中只有明姐一个女孩子，而且正临最艰难的成长时期。明姐念的都是最好的学校，在上海是中西女中，在香港是圣玛丽书院，以功课要求严格出名，然而明姐并不是天资敏捷的学生，她很用功，但功课总赶不上。她的英文程度不错，发音尤其好听，写得一手好字，而且有艺术的才能，就是不会考试，在圣玛丽书院留了一级。她本来就内向敏感，个子长得又高大，因为害羞，在学校里没有什么朋友，只有卓以玉是她唯一的知交，留了级就更加尴尬了。

明姐是17岁到美国去的。当时时局动乱，另外两个姐姐已经在美国，父母大概认为把明姐送去，可以跟随她们。赴美前夕，哥哥们把明姐带去参加朋友们开的临别舞会。明姐穿了一袭粉红长裙，腰间系着蓝缎子飘带，披了一件白色披肩，长身玉立，裙带飘然，俨然丽人模样。其实明姐长得很可爱，一双凤眼，小小的嘴，笑起来，非常稚气。可是她不重衣着，行动比较拘谨，所以看起来，总有点羞赧失措的样子。但是那次赴宴，明姐脱颖而出，竟变得十分潇洒起来，那是我最后一次看到明姐如此盛装，如此明丽动人。

明姐1955年终于回到台湾家中，是由我们一位堂嫂护送回来的。回家之前，在美国的智姐写了一封长信给父母，叙述明姐得病及治疗的经过情形，大概怕父母着急，说得比较委婉。我记得那是一个冬天，寒风凛凛，我们全家都到了松山机场，焦虑地等待着。明姐从飞机上走出来时，我们大吃一惊，她整个人都变了形，身体胖了一倍，本来她就高大，一发胖，就变得庞大臃肿起来，头发剪得特别短，梳了一个娃娃头。她的皮肤也变了，变得粗糙蜡黄，一双眼睛目光呆滞，而且无缘无故发笑。明姐的病情，远比我们想象的要严重，她患了我们全家都不愿意、不忍心、畏惧、避讳提起的一个医学名词——精神分裂症。她初回台湾时已经产生幻觉，常听到有人跟她说话的声音。堂嫂告诉我们，明姐在美国没有节制地吃东西，体重倍增。她用剪刀把自己头发剪缺了，所以只好将长发修短。

明姐的病，是我们全家一个无可弥补的遗憾、一个共同的隐痛、一个集体的内疚。她的不幸，给父母晚年带来最沉重的打击。父母一生，于国于家，不知经历过多少惊涛骇浪，大风大险，他们临危不乱，克服万难的魄力与信心，有时达到惊人的地步，可是面临亲生女儿遭遇这种人力无可挽回的厄难时，二位强人，竟也束手无策了。

明姐得病后，完全恢复了她孩提时的天真面目。她要笑的时候就笑了，也不管场合对不对。天气热时，她把裙子一撩便坐到天井的石阶上去乘凉，急得我们的老管家罗婆婆（罗婆婆在我们家现在已有50多年的历史）追在明姐身后直叫："三姑娘，你的大腿露出来了！"明姐变得"性格"起来，世俗的许多琐琐碎碎，她都不在乎了，干脆豁了出去，开怀大吃起来。明姐变成了美食家，粽子一定要吃湖州粽，而且指定明星戏院后面那一家。开始我们担心她变得太胖，不让她多吃，后来看到她吃东西那样起劲儿，实在不忍剥夺她那点小小的满足，胖一点儿，又有什么关系呢？

明姐刚回台湾，病情并不乐观，曾经在台大医院住院，接受治疗，注射药物，电疗，受了不少罪。护士替明姐换上了一袭粗糙黯淡的绿布袍，把明姐关到了铁闸门的里面，跟那一群被世界遗忘了的不幸的人锁在一起。那天走出台大医院，我难过得直想哭，我觉得明姐并不属于那个悲惨世界，她好像一个无辜的小女孩儿，走迷了路，一下子被一群怪异的外星人捉走了一般。

明姐出院后，回到家中休养，幸好一年比一年有起色。医生说过，完全恢复是不可能的，不恶化已属万幸。明姐在家里，除了受到父母及手足们额外的关爱外，亲戚们也特别疼惜她。父母过世后，他们常来陪伴她，甚至父母从前下属的家人，也对明姐分外地好，经常会到我们家里，带些食物来送给明姐。亲戚旧属之所以如此善待明姐，并不完全出于怜悯，而是因为明姐本身那颗纯真的心，一直有一股感染的力量，跟她在一起，使人觉得人世间，确实还有一些人，他们的善良是完全发乎天性的。

每年明姐生日，我们家的亲戚、旧属及老家的人们都会回来，替明姐庆生。他们会买蛋糕、鲜花以及各种明姐喜爱的零食来，给明姐当作生日礼物。明姐那天也会穿上新旗袍，打扮起来，去接待她的客人。她喜欢过生日，喜欢人家送东西给她，虽然最后那些蛋糕食物都会装成一小包一小包仍旧让客人们带走。明姐的生日，在我们家渐渐变成了一个传统。父母不在了，四处分散的亲戚、旧属以及老家人都会借着这一天，回到我们家来相聚，替明姐热闹，一块儿叙旧。明姐过了40岁也开始怕老起来，问她年纪，她笑而不答，有时还会隐瞒两三岁。事实上明姐的年龄早已停顿，时间拿她已经无可奈何。她生日那天，最快乐的事是带领罗妹妹以及其他几个她的小朋友出去，请她们去看武侠电影，夹在那一群十几岁欢天喜地的小女孩儿中间，她也变成了她们其中的一个，可能还是最稚气的一个。

然而明姐的生活终究是很寂寞的，她回到台湾20多年，大部分的时间，仍然是她一个人孤独地度过。我看见她在房里，独自坐在窗下，俯首弯腰，一针又一针在勾织她的椅垫面，好像在把她那些打发不尽的单调岁月一针针都勾织到椅垫上去了似的。有时我不免在想，如果明姐没有得病，以她那样一个好心人，应该会遇见一个爱护她的人，做她的终身伴侣。

明姐得病后，我们在童年时建立起的那段友谊并没有受到影响，她幼时的事情还记得非常清楚，有一次她突然提起我小时候送给她的那条小黑狮子狗米达来，而且说得很兴奋。

有一次回台湾，我带了一盒十二块细纱手帕送给明姐，每张手帕上都印着一条狮子狗，十二条条条不同，明姐真是乐了，把手帕展开在床上，拍手呵呵笑。每次我回台湾，明姐是高兴的。头几天她就开始准备，打扫我的住房，跟罗婆婆两人把窗帘取下来洗干净，罗婆婆说是明姐亲自爬到椅子上去卸下来的。她怕我没有带洗漱用品，老早就到百货公司去替我买好面巾、牙膏、肥皂等东西。她肯掏腰包替我买那些牙膏肥皂，罗婆婆说我的面子算是大得很了。其实我洗脸从来不用面巾，牙膏用惯了一种牌子。但明姐买的不能不用，因为她会查询，看见她买的牙膏还没有开盒，就颇为不悦，说道："买给你你又不用！"

然而我每次返台与明姐相聚的时间并不算多，因为台湾的朋友太多，活动又频繁，有时整天在外，忙到深夜才返家，家里人多已休息，全屋黯然，但往往只有明姐还未入寝，她一个人坐在房中，孤灯独对。我走过她房间，瞥见她孤独的身影，就不禁心中一沉，白天在外的繁忙欢娱，一下子都变得虚妄起来。我的快乐明姐不能分享丝毫，我的幸福更不能拯救她的不幸。我经过她的房门，几乎蹑足而过，一股莫须有的歉疚感使得我的欢愉残缺不全。有时候我会带一盒顺成的西点或者采芝斋的点心回家给明姐当作消夜，那也只能稍稍减轻一些心头的负担罢了。眼看着明姐的生命在漫长岁月中虚度过去，我为她痛惜，却爱莫能助。

每天晚上，明姐都会坐在电视机前从七八点看到十一点最后报完新闻为止。如果没有电视机，我无法想象明姐那些年如何能挨过漫漫长夜。白天明姐跟着罗婆婆做家务，从收拾房间到洗衣扫地。罗婆婆年事已高，跟明姐两人互相扶持，分工合作，把这个家勉强撑起。到了晚上，两人便到明姐房间，一同观赏电视节目，明姐看得聚精会神，而罗婆婆坐在一旁，早已垂首睡去。前年罗婆婆患肺炎，病在医院里，十几天不省人事，我们都以为她大限已到，没料到她奇迹一般又醒转过来，居然康复。罗婆婆说她在昏迷中遇见父母，她认为是父母命令她回转阳间的，因为她的使命尚未完成，仍需照顾三姑娘。我们时常暗地担心，要是罗婆婆不在了，谁来陪伴明姐？有一次我跟智姐谈起，明姐身体不错，可能比我们几个人都活得长，那倒不是她的福，她愈长寿，愈可怜，晚年无人照料。没想到我们的顾虑多余，明姐似乎并不想拖累任何人，我们十个手足，她一个人却悄悄地最先离去。

7月中，有一天，我突然发觉明姐的眼睛眼白发黄。我自己生过肝炎，知道这是肝炎病征，马上送她到中心诊所，而且当天就住了院。然而我们还是太过掉以轻心了，以为明姐染上的只是普通的B型肝炎，住院休养就会病愈。

明姐回到家中休养，毫无起色，而且病情越来越严重，虽然天天到中心诊所打针，常常门诊，皆不见效。后来因为六弟认识长庚医院张院长，我们便把明姐转到长庚去试一试，由肝胆科专家廖医生主治。第三天检查结果出来，那晚我正在一位长辈家做客，突然接到六弟电话，长庚来通知明姐病情严重，要家属到医院面谈。我连夜赶到林口，六弟也赶了去，医生告诉我们，明姐患的肝炎非B型，亦非A型，是一种罕有病例。治愈的机会呢？我们追问，医生不肯讲。

那天晚上我回到家中，心情异常沉重，彻夜未能成眠。敦化南路那个家本来是为明姐而设，明姐病重入院，家中突然感到人去楼空，景况凄凉起来。

那几天，在台的手足大姐、大哥、六弟、七弟我们几个人天天轮流探病，好像啦啦队一般，替明姐加油打气，希望她度过危机。明姐很勇敢，病中受了许多罪，她都不吭声，二十四小时打点滴，两只手都打肿了，血管连针都戳不进去，明姐却不肯叫苦，顽强地躺在病床上，一副凛然不可侵犯的模样。她49岁生日那天，亲戚朋友、父母的老部下、老家人还是回到了我家来，替三姑娘庆生，维持住多年来的一个老传统，家里仍旧堆满了蛋糕与鲜花。大家尽量热闹，只当明姐仍旧在家中一般。那天我也特别到街口顺成西点铺去订了一个大蛋糕，那是明姐平日最喜爱的一种，拿到医院去送给她。明姐很乐，吃了蛋糕，在床上玩弄她的礼物，一直笑呵呵。那是她最后一个生日，不过那天她的确过得很开心。

我离开台湾，并没有告诉明姐，实在硬不起心肠向她辞行。我心里明白，那可能是最后一次跟她相聚了。回到美国，台北来的电话都是坏消息，明姐一天天病危，长庚医院尽了最大的努力救治，仍然回天乏术。10月23号的噩耗传来，虽然心里早已有了准备，仍旧悲不自胜。我悲痛明姐的早逝，更悲痛她一生的不幸。她以童贞之身来，童贞之身去，在这个世上孤独地度过了49个年头。

我把明姐逝世的消息告诉她学生时代唯一的好友卓以玉。卓以玉写了一篇文章纪念明姐，追忆她们在上海中西女中时的学生生涯。卓以玉说："明姐可以说是善良的化身。"她写了一首诗，是给明姐的，写我们一家十个手足写得很贴切，我录了下来：

十只指儿/怀先明/大哥会飞常高翔/二姐能唱音韵扬/你呢/你有那菩萨心肠/最善良最善良/大姐秀俊又端庄/二哥三哥名禄交游广/你呢/你有那菩萨心肠/最善良最善良/四弟工程魁异邦/五弟文墨世世传/你呢/你有那菩萨心肠/最善良最善良/六弟忠厚七弟精/爸妈心头手一双/十只指儿有短长/疼你那/菩萨心肠/最善良最善良

明姐弥留的时刻，大嫂及六弟都在场。他们说明姐在昏迷中，突然不停地叫起“妈妈”来。母亲过世20年，明姐从来没有提起过她。是不是在她跟死神搏斗最危急的一刻，她对母爱最原始的渴求又复苏了，向母亲求援？他们又说明姐也叫“路太远好冷”，或许母亲真的来迎接明姐，到她那边去了，趁着我们其他九个人还没有过去的时候，母亲可以有机会补偿，她在世时对明姐没有给够的母爱。

女儿是家累，是赔钱货，但是美丽的女儿向来不在此例。

琉璃瓦

✽ 张爱玲

姚先生有一位多产的太太，生的又都是女儿。亲友们根据“弄瓦、弄璋”的话，和姚先生打趣，唤他太太为“瓦窑”。姚先生并不以为意，只微微一笑道：“我们的瓦，是美丽的瓦，不能跟寻常的瓦一概而论。我们的是琉璃瓦。”

果然，姚先生大大小小七个女儿，一个比一个美，说也奇怪，社会上流行着古典型的美，姚太太生下的小姐便是鹅蛋脸。鹅蛋脸过了时，俏丽的瓜子脸取而代之，姚太太新添的孩子便是瓜子脸。西方人对于大眼睛、长睫毛的崇拜传入中土，姚太太便用忠实流利的译笔照样给翻制了一下，毫不走样。姚家的模范美人，永远没有落伍的危险。亦步亦趋，适合时代的需要，真是秀气所钟，天人感应。

女儿是家累，是赔钱货，但是美丽的女儿向来不在此例。姚先生很明白其中的道理；可是要他靠女儿吃饭，他却不是那种人。固然，姚先生手头并不宽裕。祖上丢下一点房产，他在一家印刷所里做广告部主任，薪水只够贴补一部分家用。支持这一个大家庭，实在不是容易的事。然而姚先生对于他的待嫁的千金，并不是一味地急于推卸责任。关于她们的前途，他有极周到的计划。

他把第一个女儿静静嫁给了印刷所大股东的独生子，这一头亲事静静原不是十分满意。她在大学里读了两年书，交游广阔，暂时虽没有一个人是她一心一意喜欢的，有可能性的却不少。自己拣的和父母拣的即使是不相上下的两个人，总是对自己拣的偏心一点。况且姚先生给她找的这一位，非但没有出洋留过学，在学校的班级比她还低。她向姚先生有过很激烈的反对的表示，经姚先生再三敦劝，说得唇敝舌焦，又拍着胸脯担保：“以后你有半点不顺心，你找我好了！”静静和对方会面过多次，也觉得没有什么地方可挑剔的，只得委委屈屈答应了下来。姚先生依从了她的要求，一切都按照最新式的办法。不替她置嫁妆，把钱折了现。对方既然是那么富有的人家，少了实在拿不出手，姚先生也顾不得心疼那三万元了。

结婚戒指、衣饰、新房的家具都是静静和她的未婚夫亲自选择的，报上登的：

熊致章　　小儿启奎

为　　结婚启事

姚源甫　　长女静静

却是姚先生精心撰制的一段花团锦簇的四六文章。为篇幅所限，他未能畅所欲言，因此又单独登了一条“姚源甫为长女于归山阴熊氏敬告亲友”。启奎嫌他啰唆,怕他的同学们看见了要见笑。静静劝道:“你就随他去吧!八十岁以下的人,谁都不注意他那一套。”

三朝回门,静静卸下了青狐大衣,里面穿着泥金缎短袖旗袍。人像金瓶里的一朵栀子花。淡白的鹅蛋脸;虽然是单眼皮,而且眼泡微微有点肿,却是碧清的一双妙目。夫妻俩双双向姚先生姚太太磕下头去。姚先生姚太太连忙扶着。

才说了几句话,佣人就来请用午餐。在筵席上,姚太太忙着敬菜,静静道:“妈!别管他了。他脾气古怪得很,鱼翅他不爱吃。”

姚太太道:“那么这鸭子……”

静静道:“鸭子,红烧的他倒无所谓。”

静静站起身来布菜给妹妹们,姚先生道:“你自己吃吧!别尽张罗别人!”

静静替自己夹了一只虾子,半路上,启奎伸出筷子来,拦住了,他从她的筷子上接了过去,筷子碰见了筷子,两人相视一笑,竟发了一会儿呆。静静红了脸,轻轻地抱怨道:“无缘无故抢我的东西!”

启奎笑道:“我当你是夹菜给我呢!”

姚先生见他们这如胶似漆的情形,不觉眉开眼笑,只把胳膊去推他太太道:“你瞧这孩子气,你瞧这孩子气!”

旧例新夫妇回门,不能逗留到太阳下山之后。启奎与静静,在姚家谈得热闹,也就不去顾忌这些,一直玩到夜里十点钟方才告辞。两人坐了一辆三轮车。那时候正在年下,法租界僻静的地段,因为冷,显得分外洁净。霜浓月薄的银蓝的夜里,唯有一两家店铺点着强烈的电灯,晶亮的玻璃窗里品字式堆着一堆一堆黄肥皂,像童话里金砖砌成的堡垒。

启奎吃多了几杯酒,倦了,把十指交叉着,搁在静静肩上,又把下巴搁在背上,闲闲地道:“你爸爸同妈妈,对我真是不搭长辈架子!”他一说话,热风吹到静静的耳朵底下,有点痒。她含笑把头偏了一偏,并不回答。

启奎又道:“静静,有人说,你爸爸把你嫁到我家里来,是为了他职业上的发展。”

静静怒道:“我爸爸即使是老糊涂,我不至于这么糊涂!我爸爸的职业是一时的事,我这可是终身大事。我可会为了他芝麻大的前程牺牲我自己吗?”

启奎又凑过来问道:“那么,你结婚,到底是为了什么?”

良久,静静问道:“你还是不相信我?”

启奎道:“不相信。”

静静咬着牙道:“你往后瞧吧!”

从此静静有意和娘家疏远了,除了逢年过节,等闲不肯上门。姚太太去看女儿,十次倒有八次叫人回说少奶奶陪老太太出门打牌去了。熊致章几番要替亲家公谋一个较优的位置,都被儿媳妇三言两语拦住了。姚先生消息灵通,探知其中情形,气得暴跳如雷。不久,印刷所里的广告部与营业部合并了,姚先生改了副主任。老太爷赌气就辞了职。

经过了这番失望,姚先生对于女儿们的婚事,早就把心灰透了,决定不闻不问,让她们自由处置。他的次女曲曲,更不比静静容易控制。曲曲比静静高半个头,体态丰艳,方圆脸盘儿,一双宝光璀璨的长方形的大眼睛,美中带着点犷悍。姚先生自己知道绝对管束不住她,打算因势利导,使她自动地走上正途。这也是做父母的一番苦心。

一向反对女子职业的他,竟把曲曲荐到某大机关去做女秘书。那里,除了她的顶头上司是个小小的要人之外,其余的也都是少年新进。曲曲的眼界虽高,在这样的济济人才中,也不难挑出一个乘龙快婿。选择是由她自己选择。

然而曲曲不争气，偏看中了王俊业，一个三等书记。两人过从甚密。王俊业是靠薪水吃饭的人，势不能天天带她出去，因此也时常登门拜访她。姚先生起初不知底细，待他相当客气。一旦打听明白了，不免冷言冷语，不给他好脸子看。王俊业却一味做小伏低，曲意逢迎，这一天晚上，他顺着姚先生口气，谈到晚近的文风浇薄。曲曲笑道："我大姊出嫁，我爸爸做的骈文启事，你读过没有？我去找来给你看。"

王俊业道："正要拜读老伯的大作。"

姚先生摇摇头道："算了，算了，登在报上，错字很多，你未必看得懂。"

曲曲霍地站起身来道："就在隔壁的旧报堆里，我去找。"她一出门，王俊业便跟了出去。

姚先生端起宜兴紫泥茶壶来，就着壶嘴呷了两口茶。回想到那篇文章，不由地点头晃脑地背诵起来。他站起身来，一只手抱着温暖的茶壶，一只手按在壶盖上，悠悠地抚摸着，像农人抱着鸡似的。身上穿着湖色熟罗对襟褂，拖着铁灰排穗裤带，摇摇晃晃在屋里转了几个圈子，口里低低吟哦着。背到末了，却有两句记不清楚。他吸了一口茶，放下茶壶，就向隔壁的餐室里走来。一面高声问道："找到了没有？是十二月份的。"一语未完，只听见隔壁的木器訇訇有声，一个人逃，一个人追，笑成一片。姚先生这时候，却不便进去了，只怕撞见了不好看相。急得只用手拍墙。

姚先生没法子，唤了小女儿瑟瑟过来，嘱咐了几句话，瑟瑟推门进去，只见王俊业面朝外，背着手立在窗前。旧报纸飞了一地，曲曲蹲在地上收拾着。

瑟瑟道："二姊，妈叫你上楼去给她找五斗橱的钥匙。"曲曲一言不发，上楼去了。

这一去，姚太太便不放她下来。曲曲笑道："急什么！我又不打算嫁给姓王的。一时高兴，开开玩笑是有的。让你们摇铃打鼓这一闹，外头人知道了，可别怪我！"

姚先生这时也上来了，接口冷笑道："哦！原来还是我们的错！"

曲曲笑道："以后我不许小王上门就是了！免得气坏了爸爸。"

姚太太道："这还像个话！"

曲曲接下去说道："横竖我们在外面，也是一样的玩，丢丑便丢在外面，也不干我事。"

姚先生喝道："你敢出去！"

曲曲从他身背后走过，笑道："爸爸，你就少管我的事吧！别又让人家议论你用女儿巴结人，又落一个话柄子。"

这两个"又"字，直钻到姚先生心里去。他眼看着曲曲对着镜子掠了掠鬓发，取出一件外套，翩然下楼去了。

从那天起，王俊业果然没到姚家来过。可是常常有人告诉姚先生说看见二小姐在咖啡馆里和王俊业握着手，一坐坐上几个钟头。姚先生的人缘素来不错，大家知道他是个守礼君子，另有些不入耳的话，也就略去不提了。然而他一转背，依旧是人言籍籍。到了这个地步，即使曲曲坚持着不愿嫁给王俊业，姚先生为了她底下五个妹妹的未来的声誉，也不能不强迫她和王俊业结婚。

别的不要紧，吃亏了姚先生，少不得替她料理一切琐屑的俗事。王俊业手里一个钱也没有攒下来。家里除了母亲还有哥嫂弟妹，分租了人家楼上几间屋子住着，委实再安插不下一位新少奶奶。姚先生只得替曲曲另找一间房子，买了一堂家具，又草草置备了几件衣饰，也就所费不赀了。曲曲嫁了过去，生活费仍旧归姚先生负担。姚先生只求她早日离了眼前，免得教坏了其他的孩子们，也不计较这些了。

幸喜曲曲底下的几个女儿，年纪都还小，只有三小姐心心，已经十八岁了，然而心心柔驯得出奇，恪守闺范，一个男朋友也没有。姚先生过了一阵安静日子。

姚太太静极思动，因为前头两个女儿一个嫁

得不甚得意，一个得意的又太得意了，都于娘家面子有损。一心只想在心心身上争回这口气，成天督促姚先生给心心物色一个出类拔萃的。姚先生深知心心不会自动地挑人，难得这么一个听话的女儿，不能让她受委屈，因此勉强地打起精神，义不容辞地替她留心了一下。

做媒的虽多，合格的却少。姚先生远远地注意到一个杭州富室嫡派单传的青年，名唤陈良栋。姚先生有个老同事，和陈良栋的舅父是干亲家，姚先生费了大劲间接和那舅父接洽妥当，由舅父出面请客，给双方一个见面的机会。姚先生预先叮嘱过男方，心心特别怕难为情，务必要多请几个客，凑成七八个人，免得僵得慌。还有最重要的一点，宴席的座位，可别把陈良栋排在心心隔壁。初次见面，双方多半有些窘，不如让两人对面坐着，看得既清晰，又没有谈话的必要。姚先生顾虑到这一切，无非是体谅他第三个女儿不擅交际应酬，怕她过于羞答答的，犯了小家子气的嫌疑。并且心心的侧影，因为下颌太尖了，有点单薄相，不如正面美。

到了介绍的那天晚上，姚先生放出手段来：把陈良栋的舅父敷衍得风雨不透，同时匀出一只眼睛来看陈良栋，一只眼睛管住了心心，眼梢里又带住了他太太，唯恐姚太太没见过大阵仗，有失仪的地方。散了席，他不免筋疲力尽。一回家便倒在藤椅上，褪去了长衫，衬衣、只剩下一件汗衫背心，还嚷热。

姚太太不及卸妆，便赶到浴室里逼着问心心："你觉得怎么样？"

心心对着镜子，把头发挑到前面来，漆黑地罩住了脸，左一梳，右一梳，只是不开口。隔着她那藕色镂花纱旗袍，胸脯子上隐隐约约闪着一条绝细的金丝项圈。

心心道："我有什么可说的！"

心心把头发往后一撩，露出她那尖尖的脸来。腮上也不知道是不是胭脂，一直红到鬓角里去。乌浓的笑眼，笑花溅到眼睛底下，凝成一个小酒窝。姚太太见她笑了，越发熬不住要笑。

心心低声道："妈，他也喜欢看话剧跟电影；他也不喜欢跳舞。"

姚太太道："喜欢就喜欢，不喜欢就不喜欢，怎么老是'也'呀'也'的！"

姚先生在那边房里接口道："人家是志同道合呀！"

心心道："他不赞成太新式的女人。"

姚太太笑道："你们倒仿佛是说了不少的话！"

心心放下了桃红赛璐珞梳子，掉过身来，倚在脸盆边上，垂着头，向姚太太笑道："妈，只是有一层，他不久就要回北京去了，我……我怪舍不得您的。"

姚先生叫道："你见了鬼吧？胡说八道些什么？陈良栋是杭州人，一辈子不在杭州就在上海，他到北京去做什么？"

心心吓怔住了，张口结舌答不出话来。

姚先生问道："你说的，是坐在你对面的姓陈的吗？"

心心两手护住了咽喉，沙声答道："姓陈，可是他坐在我隔壁。"

姚先生喉咙也沙了，说道："那是程惠荪。给你介绍的是陈良栋，耳东陈。好不要脸的东西，一厢情愿，居然定到北京去了，舍不得妈起来！我都替你害臊！"

姚太太见他把脖子都气紫了，怕他动手打人，连忙把他往外推。姚太太道："认错人了，也是常事，罚她请客就是了！本来也应当回请一次。这一趟不要外人，就是我们家里几个和陈家自己人。"

姚先生听得清楚，也觉得这话有理，向心心正色道："我明天回报他们，就说你愿意再进一步，做做朋友。明后天我邀大家看电影吃饭，就算回请。他们少爷那方面，我想绝对没有问题。”

心心索性叫喊起来：“把我作弄得还不够？我就是木头人！”

姚太太道：“也许她没有看清楚陈良栋的相貌，不放心。”

心心蹬脚道：“没有看清楚，倒又好了！那个人，椰子似的圆滚滚的头。头发朝后梳，前面就是脸，头发朝前梳，后面就是脸——简直没有分别！”

姚先生指着她骂道：“你别以为你长得五官端正些，就有权利挑剔人家面长面短！你大姊枉生得齐整，若不是我替她从中张罗，指不定嫁到什么人家，你二姊就是个榜样！”

心心双手抓住了门上挂衣服的铜钩子，身体全部的重量都吊在上面，只是号啕痛哭。背上的藕色纱衫全汗透了，更兼在门上揉来揉去，揉得稀皱。

姚太太扯了姚先生一把，耳语道：“看她这样子，还是为了那程惠荪。”

姚先生咬紧了牙关，道：“你要是把她嫁了程惠荪哪！以后你再给我添女儿，有一个我淹死一个！还是乡下人的办法顶彻底。”

程惠荪几次托了姚先生的熟人，一同上门来谒见，又造了无数的借口，谋与姚家接近，都被姚先生挡住了。心心成天病恹恹的，脸色很不好看，想不到姚先生却赶在她前头，先病倒了。中医诊断说是郁愤伤肝。

这一天，他发热发得昏昏沉沉，一睁眼看见一个蓬头女子，穿一身大红衣裳，坐在他床沿上。他两眼直瞪瞪望着她，耳朵里嗡嗡乱响。

姚太太叫道：“怎么连静静也不认识了？”

他定眼一看，可不是静静！烫鬈的头发，多天没有梳过，蟠结在头上，像破草席子似的。敞着衣领，大襟上纽扣也没有扣严，上面胡乱罩了一件红色绒线衫，双手捧着脸，哭道：“爸爸！爸爸！爸爸你得替我做主！你——若是一撒手去了，叫我怎么好呢？”

姚太太站在床前，听了这话，不由得生气，骂道：“多大的人了，怎么这张嘴，一点遮拦也没有！”

静静道：“妈，你不看我急成这个模样，你还挑我的眼儿！启奎外头有了人，成天不回家，他一家子一条心，齐搭伙儿欺负我。我这一肚子冤，叫我往哪儿诉去！”

姚太太冷笑道：“原来你这个时候就记起娘家来了！我只道雀儿拣旺处飞，爬上高枝儿去了，就把我们撇下了。”

静静道：“什么高枝儿矮枝儿，反正是你们把我送到那儿去的，活活地坑死了我！”

姚先生听她们母女俩一递一声拌着嘴，心里只恨他太太窝囊不济事，辩不过静静。待要插进嘴去，狠狠地驳静静两句，自己又有气没力的，实在费劲。赌气翻身朝里睡了。

静静把头枕在他腿上，一面哭，一面唠唠叨叨诉说着，口口声声咬定姚先生当初有过这话：她嫁到熊家去，有半点不顺心，尽管来找爸爸，一切由爸爸负责任。姚先生被她絮聒得五中似沸，也不知过了多少时辰，好容易蒙眬睡去。一觉醒来，静静不在了，褥单被她哭湿了一大块，冰凉的。问姚太太静静哪里去了，姚太太道：“启奎把她接回去了。”

姚先生这一场病，幸亏身体底子结实，支撑过去了，渐渐复原了，可是精神大不如前了。病后他发现他太太曾陪心心和程惠荪一同去看过几次电影，程惠荪还到姚家来吃过便饭。姚先生也懒得查问这笔账了。随他们闹去。

但是第四个女儿纤纤，还有再小一点的端端、簌簌、瑟瑟都渐渐地长成了——一个比一个美。她太太肚子又大了起来，想必又是一个女孩子。亲戚们都说：“来得好！姚先生明年五十大庆，正好凑一个八仙上寿！”可是姚先生只怕他等不及。

他想他活不长了。

有些东西在年幼的时候无法理解，就像我们无法理解偷东西吃的小平为什么想要当警察去抓小偷。

我、外婆、小平

✲赵　挺

1

暑假，我和外婆睡在一个大房间里。半夜，被响动惊醒。

我说："外婆，有响动。"

外婆回道："没事，肯定是阿呆。"

我说："阿呆是谁？"

外婆翻了一个身说："是只猫，睡吧。"

第二天醒来，吃的东西就少了一些。放钱的篮子被叼到了角落，钱倒是一分没少。阿呆是只流浪猫，白天徘徊在小吃店的后院里。我还装模作样地教训它，不许再来偷东西吃。后来我就经常喂它，晚上也在门口放一些东西，很长时间内阿呆再也没有进入过小吃店。

有一天深夜，我说："外婆！有响动！"

外婆说："阿呆又来了，睡吧。"

我说："我把吃的都放门口了。"

外婆说："吃光了吧。"

我蹑手蹑脚地走到门边，打开一丝门缝查看，竟然在黑夜里看到一个人影，我本能大喊一声："抓贼！"

外婆过来，捂住我嘴巴，嘘了一声。刹那间，黑影就从窗口逃走了。

我看着外婆说："不是阿呆，是贼。"

外婆打开灯，把窗户关上说："不是贼，是饿了的人。"

外婆说的这个"饿了的人"就是小平。其实，外婆早就发现是小平来偷东西吃，只是一直没有说出来，那个简陋的窗户木插销也一直没有换。

外婆笑着说："窗门关得那么严实，猫怎么进得来呢？"

我说："难道一直让他偷吃吗？"

那年头，大家都不怎么富裕，村里经常有那么几户贫困人家，大家最大的希望就是每天能吃饱饭，或者稍微吃些像样的东西。有时候，外婆也会做几个好吃的菜，让小平过来吃。小平身体正值发育期，身壮如牛，饭量惊人，经常觉得没吃饱。

外婆告诉我："这个世界上有两种贼，第一种，好吃懒做，专偷金钱财宝，第二种，饥饿难耐，只偷点吃的东西。”

外婆又想了想说：“第二种不应该叫贼吧，叫饿了的人。”

我说：“偷东西的都是贼。”

外婆说：“他只偷点吃的，放钱的篮子虽然动了，但是里面的钱一分都没少。”

我说：“那也是偷。”

外婆说：“小吃店再开十年也就十年，一晃而过，他也会长大，生活也会改变，不会一直饿下去的。”

外婆卖完了早餐，正慢慢地做着午饭。有糖醋带鱼、麻辣豆腐和四季豆炒香肠。小平晃荡在门口，香味一直吸引着他往里面看。

外婆拿着锅铲，看到了小平就说：“进来一起吃吧。”

等到吃饭的时候，小平一口气就吃了两碗饭。

外婆说：“多吃点，长身体的时候。”

小平边吃边憨憨地说：“是的，长快点。”

外婆说：“长大了想去干什么？”

小平说：“当警察。”

外婆说：“为什么想当警察？”

小平说：“去抓贼。”

我那时候脱口而出：“天哪，还抓贼？好几次晚上在小吃店……”

我还没说完，外婆就用一块带鱼堵住了我的嘴。

外婆顺着我的话说：“好几次晚上小吃店都被那只叫阿呆的流浪猫偷吃东西了，你有空帮我抓住那只猫，先当个小警察。”

小平捧着碗看了看外婆说：“好的。”然后放下碗说，“我吃完了。”擦了两下嘴就走了。

外婆看着啃着带鱼的我说：“以后别说人家偷吃的事情，小心噎着你。”

我说：“还想当警察呢，自己都偷东西啊。”

外婆说：“你不也经常趁我不注意偷吃东西，你还不是饿了，你是嘴馋。”

我狡辩说：“那我也没想以后当警察。”

外婆说：“你知道他为什么想当警察想抓小偷吗？”

我说：“一定想抓他自己呗。”

外婆摇摇头说：“有些生活你没过过，好好吃带鱼吧。”

的确，有些东西在年幼的时候无法理解，就像我们无法理解偷东西吃的小平为什么想要当警察去抓小偷。

2

小平是单亲家庭，身患重疾的母亲一直勉强维持着生活。在小平还很小的时候，母亲借了钱，和小平一起去城里的医院看病。从公交车下来的时候，发现看病的钱被偷了。小平的母亲当场崩溃，坐在大街上放声大哭，毫无脸面。在众多的围观人中，年幼的小平茫然地看着这一切。

这就是小平为什么会来小吃店偷点吃的，却想当警察去抓贼。

也许我们会觉得矛盾，这正如外婆说的那样，有些生活你没有过过。

小平曾经和另一个同学说，外婆小吃店窗户插销很容易打开，自己好几次饿了都偷吃过里面的东西。这件事情就在同学之间默默传开。有一次，班里同学的一个文具盒没了，几个男生立即怀疑是小平偷的。

小平说：“我没有偷。”

几个男生说：“你都偷过小吃店的东西。”

小平说：“没有。”

于是几个同学就把小平架到外婆的小吃店，要他当面承认自己偷吃过东西。那时候，外婆正在做晚饭，看到一大帮小孩过来，说：“哎哟，不要吵啊，过来吃饭啊。”

带头的男生说：“快说，有没有偷过店里的东西。”

小平看着外婆，外婆愣了一下说：“偷什么呀，谁偷东西了？”

带头男生说：“以前你店里东西少了，都是他偷的。”

外婆笑笑说：“我店里从来没有少过东西啊，怎么会被偷。”

男生继续说：“他自己说晚上在店里偷过东西。”

外婆说："开玩笑的，东西有没有被偷，我怎么会不知道。好了，散了散了啊，赶紧回家去，别乱冤枉人啊。"

外婆说着就把那些人轰出了门外。

小平一个人走出门外，回头看看店内，又慢慢走进来，外婆看着他说："怎么？饿了？"

小平低着头说："外婆，我偷过。"

外婆说："孙悟空还偷过仙桃呢，就当你是孙悟空吧。"

3

小平捧着一束油菜花，跌跌撞撞跑进了外婆的小吃店。

外婆正在和面，见小平进来了，说："走路带风啊。"

小平一下子钻到了桌子底下，外婆一回头说："这是干什么？"

小平竖起手指说："嘘，我偷了阿三家的油菜花，被他打了。"

外婆突然发现，小平满脸污渍，衣服也破了，于是蹲下来说："多大的事，赶紧出来。"

小平缩了缩身体说："他正在找我。"

外婆一把将小平从桌子底下拉出来，说："摘两朵油菜花而已，怎么跟猫捉老鼠似的。"

外婆拿来毛巾帮小平擦着脸，小平吓得手脚还在发抖，外婆撩起他的衣服一看，青一块紫一块，外婆说："这是阿三打的？"

小平害怕地点点头。

外婆拉着小平直冲阿三家，用脚踹门，大声嚷嚷着要让阿三出来给小平道歉。

阿三探出脑袋说："你这老太太这么猛干什么？偷东西还有理了？"

外婆说："偷什么了？偷油菜花？这油菜花都是野生的。"

阿三说："这块地是我的，上面拔一根草也是偷我家的东西。"

外婆说："这地还是国家的呢，还是天上的天王老子的呢。"

阿三说："你别多管闲事，这种从小就偷鸡摸狗的人，就要打他。"

旁边围观的人越来越多，不乏几个小平的同学，他们也在旁边帮腔："小偷，小偷，从小就偷。"

外婆说："明天把你地里东西全拔了。"然后指着那几个同学说，"再说小偷，把你们全做成包子。"

说完就拉着小平回小吃店了。

外婆给小平涂着红花油，小平喊着疼。

外婆说："还说要当警察呢，这点疼都受不了，唉，对了，你偷油菜花干什么？又不是小姑娘。"

小平说："我看着好看，就想摘来送给你。"

外婆听了，摸摸小平的头说："送给我干什么呀？"

小平说："一束给你，一束给我妈妈，我妈妈很喜欢油菜花，但是现在她走不动。"

外婆说："以后别送我东西了，好好念书，长大好好对你妈就行。"

小平说："我以后再也不偷东西了。"

外婆说："你还偷过什么？"

小平说："文具盒不是我偷的，油菜花我不知道是阿三家的，偷吃小吃店是因为实在太饿了。"

外婆说："那你就不是小偷。"

外婆温了一碗莲子汤给小平，小平慢慢喝着汤，说："外婆，你今天对阿三真凶。"

外婆说："要不是大家都在，我早就把他家门踢飞了。"

小平终于露出了笑容，说："那你要赔门了。"

外婆说："没事，我有的是钱。"

小平放下碗说："你也就几十块钱，不够赔的。"

外婆说："你怎么知道？"

小平说："晚上我偷吃东西的时候，就看见篮子里的钱，每次就那么几十块钱。"

外婆说："你还仔细看了？你怎么每次把我钱篮子放到角落，钱倒是没少。"

小平有点不好意思地笑了笑。

外婆说："没有想过偷钱？"

小平摇摇头说："我是实在太饿了，但我不想成为小偷。"

是的，某种意义上，他不想成为偷走他妈妈救命钱的那些人，他想抓住那些人。

外婆笑笑说："你妈妈还好吗？"

小平说："医生说还能活半年。"

外婆听了一把将小平搂到怀里说："不会的，长大了当警察，孝敬妈妈，你妈妈一定会很开心的。"

此时，灯光昏黄，周围一片安静。

4

小平贴着白纱布，走到小吃店里说："外婆，一碗馄饨，五个煎饺。"

外婆看着小平说："又怎么了？"

小平突然一笑，拿下脸上的纱布块说："哈哈，已经好啦。"

一星期前，小平给妈妈去城里拿药。在公交车站，看到了小偷在行窃。那一刻，对小平而言，似乎一下将时光拖回到好几年前，好像他正在偷妈妈的救命钱。小平本能地上前阻止，用力将小偷推开。恼羞成怒的小偷，对弱小的小平拳脚相加，小平被打得鼻青脸肿，一边大喊一边死拽着不放手，在路人的帮助下，小偷终于被送进了派出所。

小平说："这是我第一次抓到小偷。"

外婆拿着白纱布说："以后悄悄报警就好，你还太小，万一对方有刀就更危险了。"

小平说："有刀也不怕，不然我怎么当警察。"

外婆又看了看小平的脸说："那现在不还没当上警察，你有个三长两短，你妈妈怎么办？"

小平说："我就是想着我妈妈，我才想要把他抓住。"

外婆笑着端来馄饨和煎饺说："好好吃吧，这个不收钱，算奖励你的。"

小平心满意足吃完之后，说："外婆，你能帮我一个忙吗？"

外婆说："抓小偷啊？我可跑不动了啊。"

小平说："他们老说我是小偷，现在你能不能告诉他们，我抓了小偷。"

外婆笑着说："好呀，每个来小吃店的人，我都跟他们说一遍。"

小平把那块白纱布递给外婆说："如果他们还不相信我，你就给他们看这个，上面有我流的血。"

外婆接过白纱布，仔细看了看，摸摸小平的头，微笑着说："我会一直存着它，告诉所有人你抓小偷的故事。"

小平说："外婆，要是他们还是不信呢？"

外婆说："把他们家门全都踢飞。"

小平开心地笑着，伴随着太阳的最后一点余晖。

小平的妈妈还是走了。那是一个黄昏，她身边还有小平摘来的干瘪的油菜花。她再也没有看到新鲜的大片的油菜花。

小平去了城里舅舅家生活。

从这一天开始，小平没有再来外婆的小吃店了。

当有些人和事物成为你生活的一部分，但是在某一刻又戛然而止，这也许就是所谓意外。

有一天外婆看见一个穿着白T恤的少年，骑着自行车从小吃店门口一闪而过，外婆觉得有一种熟悉感从眼前掠过。

外婆慢慢地走到店外，看着那个白衣身影疾驰而去，她默默地在心里喊了一声：小平。

一个小孩子会长得这么快吗？时间能在某一刻让人快速长大吗？小平还是那个小平吗？外婆也不知道，夏天的阳光晃眼，白衣少年瞬间就不见了。

5

外婆继续开着小吃店，有时候人很多，有时候下午一个人也没有。外婆就一个人静静地坐在店里，就这样看着太阳慢慢落山，在灶头慢慢做一些自己喜欢吃的东西。

那一天，小吃店昏黄的灯光亮起，外婆正在炒年糕。炒完，盛了一碗，坐着慢慢吃。一抬头，一个高大的少年走了进来。

"是小平吗？"外婆很熟悉，但不太确定。

"外婆，我考上警校了。"高大的少年说。

外婆放下碗筷，站起身，曾经可以摸摸头的少年，如今已经要抬头仰视了。

外婆擦了擦手，拿来一个碗说："小平，坐，一起吃。"

小平坐下来，吃了一口年糕说："你晚上就吃年糕吗？"

外婆说："年纪大了，吃得简单点。"

小平说："可是你会做很多很好吃的菜。"

外婆说："那是做给你们吃的。哦，对了，我给你炒两个？"

小平摆摆手说："我白天在镇上有事，刚忙完，就过来这里看看。"

外婆慢慢吃着年糕说："我们好几年没见了。三年还是五年？"

小平说："我来过一次，没有进来，那时候妈妈去世，我很难过。"

外婆又给小平加了一点年糕，说："以后真的当警察了，回来给我看看，看看你穿警服的样子。"

小平拿着筷子，有点哽咽地说："妈妈看不到了，我一定让你看到。"

外婆本能地又伸手去摸了摸小平的头说："妈妈一定也会看到的。"

小吃店昏黄的吊灯在微微摇晃，夏夜微风轻拂，星空明朗。

2012年的春天，小平作为一名警察在执行公务的时候受了伤。他穿着警服，手臂缠着白纱布，站在村庄边一大片的油菜花前。旁边站着外婆。

小平说："我妈妈要是能活到现在，一定会很开心。"

外婆笑着说："你妈妈在另一个世界也会替你开心的。"

小平面对着夕阳下的大片油菜花说："外婆，你相信有另一个世界吗？"

外婆说："相信啊。"

小平说："你说我妈妈现在在干吗？"

外婆说："和我们一起看油菜花。"

太阳落山的时候，外婆和小平回到小吃店。外婆做了酱爆鸡丁、鲫鱼汤、肉末茄子。

外婆和小平坐在小吃店内，灯光安详。

好像一切回到过去，但是一切又马上要过去。

外婆问："手臂好了点儿没？"

小平说："快好了，一点儿事没有。"

外婆说："你以前那块白纱布我现在还留着呢。"

小平笑笑说："那是第一次工伤。"然后说，"外婆，我没有那么多时间来这里了。"

外婆吃着菜说："工作忙对吧，有空再来吧。"

小平说："嗯，我也不知道什么时候能来。"

外婆吃了几口菜，突然想到什么，问："你不会要去做卧底警察吧？"

小平喝了一口汤说："能不能再加点汤？"

外婆拿着勺子从锅里又倒了点鱼汤，尝了尝说："电影里都是这么放的。"

小平喝了几口汤说："我告诉你一个秘密。"

外婆问："什么秘密？"

小平说："其实我偷吃的时候，我同学和阿三也在外面，我不想偷太多，但他们不同意，后面他们就自己进来了，我怕他们偷走你的钱，所以我后来把你的钱篮子藏到角落里了。"

外婆说："都过去了，好好当个警察，回来再给你做好吃的。"

小平说："要是明年清明我没回来上坟，你记得给我妈摘点油菜花。"

外婆说："赶紧吃吧，汤凉了就不好喝了。"

外面夜色浓郁，月光就像给冷寂的大地披了一件温暖夜衣，而许多人正从这件夜衣下离开。

外婆问："还有什么秘密吗？"

小平说："有机会回来再告诉你。"

外婆一直都没有再见过小平。清明的时候，外婆给小平的妈妈摘过油菜花。

小吃店没人的时候，外婆会看着巨大的落日落下去。

春天成片金黄的油菜花。

夏天四处蝉鸣的绿树荫。

秋天拾穗。

冬天落雪。

外婆也会在小吃店门口，往村口的方向看看，饿了的少年，受伤的少年，穿着警服的少年，他们都没有再回来。妈妈在这里，外婆的小吃店也在这里。

如果有些旅程注定越走越远，越走越散，我们只能相信下辈子还会再见。

金鲤鱼的百裥裙

她一直在想，怎么让这条金鲤鱼跳过龙门！

✲林海音

金鲤鱼有一条百裥裙，大红西洋级的，前幅绣着“喜鹊登梅”。金鲤鱼就喜欢梅花，那上面可不是绣满了一朵朵的梅花。算一算，足足有九十九朵。两只喜鹊双双停在梅枝上，姿势、颜色，配得再好没有，长长的尾巴，高高地翘着，头是黑褐色的，背上青中带紫，肚子是一块白。梅花朵朵，真像是谁把鲜花撒上去的。旁边两幅绣的是蝴蝶穿花，周边全是如意花纹的绣花边。

裙子是刚从老樟木箱子里拿出来的，红光闪闪地平铺在大沙发上。珊珊不知怎么欣赏才好，她双手抚着胸口，兴奋地叹着气说：

“唉！不得了，不得了，我从来没有见过这么美丽的百裥裙！”

她弯下腰伸手去摸摸那些梅花，那些平整的裥子，那些细致的花边。她轻轻地摸，仿佛一用力就会把那些娇嫩的花瓣儿摸散了似的。然后她又斜起头来，娇憨地问妈妈：

“妈咪！这条百裥裙是你结婚时穿的礼服吗？”

妈妈微笑着摇摇头。这时爸爸刚好进来了，妈妈看了爸爸一眼，对珊珊说：

“妈咪结婚已经穿新式礼服喽！”

“那么这是谁的呢？”珊珊又一边轻抚着裙子一边问。

“问你爸爸吧！”妈妈说。

爸爸并没有注意她们母女在说什么，他是进来拿晚报看的，这时他回过头来，才注意到沙发上的东西。他扶了扶眼镜，仔细地看了看，并没有看出什么来。

“爸，这是谁的百裥裙呀？不是妈咪跟你结婚时穿的吗？”珊珊还是问。

爸爸只是轻轻摇摇头，并没有回答，仿佛他也闹不清当年结婚妈咪穿的是什么衣服了。但是停一下，他像又想起了什么，扭过头来，看了那裙子一眼，问妈说：

“这是哪里来的？”

“哪里来的？”妈咪谜语般地笑了，却对珊珊说：

“是你祖母的呀！”

“祖母的？是祖母结婚时穿的呀！”珊珊更加惊奇，更加地发生兴趣了。

听说是祖母的，爸又伸了一下脖子，把报纸放下来，对妈咪说：

“拿出来做什么呢？”

“问你的女儿。”妈妈对女儿讲“问爸爸”，对爸爸却又讲“问女儿”了，总是在打谜语。

珊珊又耸肩又挤眼的，满脸洋表情，她笑嘻嘻地说：

“我们学校欢送毕业同学晚会，有一个节目是服装表演，她们要我穿民初的新娘服装呢！”

“民初的新娘子是穿这个吗？”爸爸不懂，问妈妈。

“谁知道！反正我没穿过！”妈咪有点生气爸爸的糊涂，他好像什么事都忘记了。

“爸，你忘了吗？”珊珊老实不客气地说，“你是民国十年才结婚的呀！结了婚，你就一个人跑到日本去读书，一去十年才回来，害得我和哥哥们都小了十岁（她噘了一下嘴）。你如果早十年生大哥，大哥今年不就四十岁了？连我也有二十八岁了呀！”

爸爸听了小女儿的话，哈哈地笑了，没表示意见。妈妈也笑了，也没表示意见。然后妈妈要叠起那条百裥裙，珊珊可急了。说：

“不要收呀，明天我就要拿到学校去，穿了好练习走路呢！”

妈妈说：“我看你还是另想办法吧！我是舍不得你拿去乱穿，这是存了四十多年的老古董咧！”

珊珊还是不依，她扭着腰肢，撒娇地说：

“我要拿去给同学们看。我要告诉她们，这是我祖母结婚时穿的百裥裙！”

“谁告诉你这是你祖母结婚穿的啦？你祖母根本没穿过！”妈妈不在意地随口就讲了这么一句话，珊珊略显惊奇地瞪着眼睛看妈咪，爸爸却有些不耐烦地责备妈妈说：

“你跟小孩子讲这些没有意思的事情干什么呢？”

但是妈妈不会忘记祖母的，她常说，因为祖母的关系，爸爸终于去国十年回来了，不然的话，也许没有珊珊的三个哥哥，更不要说珊珊了。

爸爸当然更不会忘记祖母，因为祖母的关系，他才决心到日本去读书的。

在这里，很少人可以说简直没有人认识当年的祖母，当然更不知道金鲤鱼有一条百裥裙的故事了。

六岁来到许家

许大太太常常喜欢指着金鲤鱼对人这么说：“她呀，六岁来到许家，会什么呀？我还得天天给她梳辫子，伺候她哪！”

许大太太给金鲤鱼的辫子梳得很紧，她对金鲤鱼也管得很紧。没有人知道金鲤鱼的娘家在哪儿，就知道是许大太太随许大老爷在崇明县的任上，把金鲤鱼买来的。可是金鲤鱼并不是崇明县的人，听说是有人从镇江把她带去的。六岁的小姑娘，就流离转徙地被卖到了许家。她聪明伶俐，人见人爱。虽然是个丫头的身份，可是许大太太收在房里当女儿看待。许家的丫头多的是，谁有金鲤鱼这么吃香？她原来是叫鲤鱼的，因为受宠，就有那多事的人，给加上个“金”字，从此就金鲤鱼金鲤鱼地叫顺了口。

许大太太生了许多女儿，大小姐，二小姐，三小姐，四小姐，五——还是小姐。到了五小姐，索性停止不生了。许家的人都很着急，许大老爷的官做得那么大，他如果没个儿子，很别扭。因此老太太要考虑给儿子纳妾了。许大太太什么都行，就是生儿子不行，她看着自己的一窝女儿，一个比一个标致，如果其中有一个是儿子，也这么粉团儿似的，该是多么不同！

那天许大太太带着五个女儿，还有金鲤鱼，在花厅里做女红。她请了龚嫂子来教女儿们绣花。龚嫂子是湖南人，来到北京，专给宫里绣花的，也在外面兼教闺中妇女刺绣。许大太太懂得一点刺绣，她说顾绣虽然翎毛花卉山水人物无不逼真，可是湘绣也有它的特长，因为湘绣参考了外国绣法，显得新鲜活泼，所以她请了龚嫂子来教刺绣。

龚嫂子来了，闺中就不寂寞，她常常带来宫中逸事，都不是外面能知道的。所以她的来临，除了教习以外，还让许大太太多了一个谈天的朋友。

那天许大太太和龚嫂子又谈起了老爷要纳妾的

事。龚嫂子忽然瞟了一眼金鲤鱼，努努嘴，没说什么。金鲤鱼正低头在白缎子上描花样。她这时十六岁了，可个子不大，小精豆子似的。许大太太明白了龚嫂子的意思，她寻思，龚嫂子的脑筋怎么转得那么快，眼前摆个十六岁的大丫头，她以前怎么就没想到呢！

金鲤鱼是她自己的人，百依百顺，逃不出她的手掌心。把金鲤鱼收房给老爷做姨太太，才是办法。她想得好，心里就畅快了许多，这些时候，为了老太太要给丈夫娶姨太太，她都快闷死了！

六岁来到许家，十六岁收房做了许老爷的姨太太，金鲤鱼的个子还抵不上老爷书房里的小书架子高呢！这不要紧，她才十六岁，还在长哪！可是，年头儿收的房，年底她就做了母亲了。金鲤鱼真的生了一个粉团儿似的大儿子，举家欢天喜地，却都来向许大太太道喜，许大太太高兴得嘴都合不拢了。

许大太太不要金鲤鱼受累，奶妈早就给雇好了。一生下，就抱到自己的房里来抚养。许大太太没有什么可操心的了。许大老爷，就让他归了金鲤鱼吧！她有了振丰——是外公给起的名字——就够了。

有许大太太这样一位大太太，怪不得人家会说："金鲤鱼，你算是有福气的，遇上了这位大太太。"

金鲤鱼也觉得自己确是有福气的。可是当人家这么对她说的时候，她只笑笑。人家以为那笑意便是表示她的同意和满意，其实不，她不是那意思。她认为她有福气，并不是因为遇到了许大太太，而是因为她有一个争气的肚子，会生儿子。所以她笑笑，不否认，也不承认。

无论许大太太待她怎么好，她仍然是金鲤鱼。除了振丰叫她一声"妈"以外，许家一家人都还叫她金鲤鱼。老太太叫她金鲤鱼，大太太叫她金鲤鱼，小姐们也叫她金鲤鱼，她是一家三辈子人的金鲤鱼！金鲤鱼，金鲤鱼，她一直在想，怎么让这条金鲤鱼跳过龙门！

绣个喜鹊登梅吧

到了振丰十八岁，这个家庭都还没有什么大改变，只是这时已经民国了，许家的大老爷早已退隐在家做遗老了。

这一年的年底，就要为振丰完婚。振丰自己嫌早，但是父母之命难违，谁让他是这一家的独子，又是最小的呢！对方是江宁端木家的四小姐，也才不过十六岁。

从春天两家就开始准备了。儿子是金鲤鱼生的，如今要娶媳妇了，金鲤鱼是什么滋味？有什么打算？

有一天，她独自来到龚嫂子家。

龚嫂子不是当年在宫里走动的龚嫂子了，可是皇室的余荫，也还给她带来了许多幸运。她在哈德门里居家，虽然年纪大了，眼睛不行了，不能自己穿针引线地绣花，可是她收了一些女徒弟，一边教，一边也接一些定制的绣活，生意很好，远近皆知。交民巷里的洋人，也常到她家里来买绣货。

龚嫂子看见金鲤鱼来了，虽然惊奇，但很高兴。她总算是亲眼看着金鲤鱼从小丫头变成大丫头，又从大丫头收房做了姨奶奶，何况多多少少，金鲤鱼能收房，总还是她给提的头儿呢。金鲤鱼命中带了儿子，活该要享后福呢！她也听说金鲤鱼年底要娶儿媳妇了，所以她见了面就先向金鲤鱼道喜。金鲤鱼谢了她，两个人感叹着日子过得快。然后，金鲤鱼就说到正题上了，她说："龚嫂子，我今天是来找龚嫂子给绣点东西。"

于是她解开包袱，摊开了一块大红洋缎，说是要做一条百裥裙，绣花的。

"绣什么呢？"龚嫂子问。

"就绣个喜鹊登梅吧！"金鲤鱼这么说了，然后指点着花样的排列，她要一幅绣满了梅花的"喜鹊登梅"，她说她就爱个梅花，自小爱梅花，爱得要命。她问龚嫂子对于她的设计，有什么意见？

龚嫂子一边听金鲤鱼说，一边在寻思，这条百裥裙是给谁穿的？给新媳妇穿的吗？不对。新媳妇不穿"喜鹊登梅"这种花样，也用不着许家给做，端木家在南边，到时候会从南边带来不知道多少绣活呢！她不由得问了：

"这条裙子是谁穿呀？"

"我。"金鲤鱼回答得很自然，很简单，很坚定。

只是一个“我”字，分量可不轻。

“噢——”龚嫂子一时愣住了，答不上话，脑子在想，金鲤鱼要穿大红百裥裙了吗？她配吗？许家的规矩那么大，丫头收房的姨奶奶，哪就轮上穿红百裥裙了呢？就算是她生了儿子，可是在许家，她知道得很清楚，儿子归儿子，金鲤鱼归金鲤鱼呀！她很纳闷。可是她仍然笑脸迎人地依照了金鲤鱼所设计的花样绣个满幅喜鹊登梅。她答应赶工半个月做好。

喜鹊登梅的绣花大红百裥裙做好了，是龚嫂子亲自送来的。谁有龚嫂子懂事？她知道该怎么做，因此她直截了当地就送到金鲤鱼的房里。打开了包袱，金鲤鱼看了看，表示很满意，就随手叠好又给包上了，她那稳定而不在乎的神气，真让龚嫂子吃惊。龚嫂子暗地里在算，金鲤鱼有多大了？十六岁收房，加上十八岁的儿子，今年三十四喽！到许家也快有三十年喽，她要穿红百裥裙啦！她不知道应当怎么说，金鲤鱼到底该不该穿？

金鲤鱼自己觉得她该穿。如果没有人出来主张她穿，那么，她自己来主张好了。送走了龚嫂子回到房里，她就知道“金鲤鱼有条百裥裙”这句话，一定已经被龚嫂子从前头的门房传到太太的后上房了，甚至于跨院堆煤的小屋里，西院的丁香树底下，到处都悄声悄语在传这句话。可是，她不在乎，金鲤鱼不在乎。她正希望大家知道，她有一条大红西洋缎的绣花百裥裙子。

很早以来，她就在想这样一条裙子，像家中一切喜庆日子时，老奶奶、少奶奶、姑奶奶们所穿的一样。她要把金鲤鱼和大红百裥裙，有一天连在一起——就是在她亲生儿子振丰娶亲的那天。谁说她不能穿？这是民国了，她知道民国的意义是什么——“我也能穿大红百裥裙”，这就是民国。

百裥裙被收在樟木箱子里，她并没有拿出来给任何人看，也没有任何人来问过她，大家就心照不宣吧。她也没有试穿过，用不着那么猴儿急。她非常沉着，她知道该以怎么样的沉着去应付那日子——她真正把大红绣花百裥裙穿上身的日子。

可是到了冬月底，许大太太发布了一个命令，大少爷振丰娶亲的那天，家里妇女一律穿旗袍，因为这是民国了，外面已经兴穿旗袍了，而且两个新人都是念洋学堂的，大家都穿旗袍，才显得一番新气象。许大太太又说，她已经叫了亿丰祥的掌柜的来，做旗袍的绫罗绸缎会送来一车，每人一件，大家选吧。许大太太向大家说这些话的时候，曾向金鲤鱼扫了一眼。金鲤鱼坐在人堆里，眼睛望着没有人的地方，身子扳得纹风不动，她真沉得住气。她也知道这时有多少只眼睛向她射过来，仿佛改穿旗袍是冲着她一个人来的。空气不对，她像被人打了一闷棍子。她真没想到这一招儿，心像被虫啃般痛苦。她被铁链链住了，想挣脱出来一下，都不可能。

到了大喜的日子，果然没有任何一条大红百裥裙出现。不穿大红百裥裙，固然没有身份的区别了，但是，穿了呢？不就有区别了吗？她就是要这一点点的区别呀！一条绣花大红百裥裙的分量，可比旗袍重多了，旗袍人人可以穿，大红百裥裙可不是的呀！她多少年来就梦想着，有一天穿上一条绣着满是梅花的大红西洋缎的百裥裙，在上房里，在花厅上，在喜棚下走动着窸窸窣窣的声音，是从熨得平整坚实的裙裥子里发出来的。那个声音，曾令她羡妒，令她渴望，令她伤心。

一去十年

当振丰赶到家，站在他的亲生母亲的病榻前时，金鲤鱼已经在弥留的状态中了。她仿佛睁开了眼，也仿佛哼哼地答应了儿子的呼声，可是她什么都不知道了。

这是振丰离国到日本读书十年后第一次回家——是一个急电给叫回来的。不然他会待多久才回来呢？

当振丰十八岁刚结婚时，就感觉到家中的空气，对他的亲生母亲特别的不利，他也陷入痛苦中。他有抚养着他的母亲，宠惯着他的姐姐，关心着他的父亲，敬爱着他的亲友和仆从，但是他也有一个那样身份的亲生母亲。他知道亲生母亲有什么样的痛苦，因为传遍全家的“金鲤鱼有一条百裥裙”的笑话，已经说明了一切。在这个新旧思想交替和冲突的时代和家庭里，他也无能为力。还是远远地走开吧，离开这个沉闷的家庭，到日本去念书吧！也许这个家庭没有了他这个目标人物，亲生母亲的强烈的身份观念，可以减轻下来，那么她的痛苦也说不定会随着消失了。他是怀着为人子的痛苦去国的，那时的心情只有自己知道，让他去告诉谁呢！

他在日本书念得很好，就一年年地待下去了。他吸收了更多更新的学识，一心想钻研更高深的学问，便自私得顾不得国里的那个大家庭了。虽然也时时会兴起对新婚妻子的歉疚，但是结果总是安慰自己说，反正成婚太早，以后的日子长远得很呢。

现在他回来了，像去国是为了亲生母亲一样，回来仍是为了她，但母亲却死了！死，一了百了。可是他知道母亲是含恨而死的，恨自己一生连想穿一次大红百裥裙的机会都被剥夺了，对她是一件多么残酷的事。她是郁郁寡欢地度过了这十年的岁月吗？她也恨儿子吗？恨儿子远行不归，使她在家庭的地位，更不得伸张而永停在金鲤鱼的阶段上。生了儿子应当使母亲充满了骄傲的，她却没有得到，人们是一次次地压制了她应得的骄傲。

振丰也没有想到母亲这样早就去世了，他一直有个信念，总有一天让这个叫"妈"的母亲，和那个叫"娘"的母亲，处于同等的地位，享受到同样的快乐。这是他的孝心，悔恨在母亲的有生之年，并没有向她表示过，竟让她含恨而死。

这一家人虽然都悲伤于金鲤鱼的死，但是该行的规矩，还是要照行。出殡的那一天，为了门的问题，不能解决。说是因为门窄了些，棺材抬不过去。振丰觉得很奇怪，他问到底是哪个门嫌窄了？家人告诉他，说的是"旁门"，因为金鲤鱼是妾的身份，棺材是不能由大门抬出去的，所以他们正在计划着，要把旁边的门框临时拆下一条来，以便通过。

振丰听了，胸中有一把火，像要燃烧起来。他的脸涨红了，抑制着激动的心情，故意问：

"我是姨太太生的，那么我也不能走大门了？"

老姑母苦笑着责备说：

"傻孩子，怎么说这样的话！你当然是可以走大门……"

振丰还没等老姑母讲完，便冲动地，一下子跑到母亲的灵堂，趴伏在棺木上，捶打痛喊着说：

"我可以走大门，那么就让我妈连着我走一回大门吧！就这么一回！就这么一回！"

所有的家人亲戚都被这景象吓住了。振丰一直伏在母亲的棺木上痛哭，别人也不知道该怎么劝解，因为太意外了。结局还是振丰扶着母亲的棺柩，堂堂正正地由大门抬了出去。

他觉得他在母亲生前，从没有能在行为上表示一点孝顺，使她开心，他那时是那么小，那么一事不知，更缺乏对母亲的身份观念的了解。现在他这样做了，不知道母亲在冥冥中可体会到他的心意？但无论如何，他沉重的心情，总算是因此减轻了许多。

现在算不得什么了

看见妈妈舍不得把百裥裙给珊珊带到学校去，爸爸倒替珊珊说情了，他对妈妈说：

"你就借她拿去吧，小孩子喜欢，就让她高兴高兴。其实，现在看起来，这些都算不得什么了！那时，一条百裥裙对于一个女人的身份，是那样重要吗？现在想来，真是不可思议的。看女学生只要高兴，就可以随便穿上它在台上露一露。唉！时代……"

话好像没说完，就在一声感喟下戛然而止了。而珊珊只听了头一句，就高兴得把百裥裙抱了起来，其余，爸爸说的什么，就完全不理会了。

妈妈也想起了什么，她对爸爸说：

"振丰，你知道，我当初很有心要把这条百裥裙给放进棺材里，给妈陪葬算了，我知道妈是多么喜欢它。可是……"

妈也没再说下去了，她和爸一时都不再说话，沉入了缅想中。

珊珊却只顾拿了裙子朝身上比来比去，等到裙子扯开来是散开的两幅，珊珊才急得喊妈妈：

"妈咪，快来，看这条裙子是怎么穿法嘛！"

妈拿起裙子来看看，笑了，她翻开那裙腰，指给爸爸和珊珊看，说：

"我说没有人穿过，一点儿不错吧？看，带子都还没缝上去哪！"

生活中虽然有烦扰，但身处热闹人间，总有一些深藏的温暖、隐约的牵绊，如天边的一颗星子，指引人心。

天边一星子

✽ 邓安庆

1

想起表弟灿，浮现出的第一个画面是：我们在吃一盘青椒炒豆豉。画面的背景是我家的灶屋。青椒一点儿都不辣，多肉，再配上豆豉的味道，简直是太好吃了！我们夹了一块又一块，不一会儿，盘子空了大半。灿还想夹起一块时，我忽然把盘子收了起来："不能再吃咯，否则我妈回来吃么子？" 灿讪讪地收起筷子，看我把菜收到碗柜里去。午饭是我们合力做的，我煮了一锅粥，炒了三盘菜，灿帮我烧火。等父母从地里回来的时间，我们就这样吃了起来。看灿意犹未尽的眼神，我说："下一次你来时，我再多炒一点儿，好啵？" 他点头说好。

晚上，母亲安排我跟灿睡一张床，这本来也是自然而然的事情。在灿家里，我一直都是跟他睡的。我们洗好了澡，母亲铺好床单后，我们上了床。我说："晚上撒尿么办？" 晚上黑漆漆的，出门方便总归有些怕。母亲又从后厢房拎来了尿桶，整个房间充满了尿骚味。顿时，我不太想在这间房睡了。母亲离开房间时，我跟着下了床，穿上鞋子，转身对灿说："你在这里睡，我换个床。" 母亲瞪了我一眼，知道我又要小性子，我不管。表弟十分吃惊，连连摇头。我装作没看见，抱起自己的被子就出去了。

多年后，他讪讪的神情和摇头的动作，一直在我脑海中挥之不去。那天晚上，他是怀着什么样的心情一个人睡在那里的，我无从得知。这是印象中他最后一次来我家。

而他的家，我经常去。只要我到了他家门口，小舅母也好，外婆也好，外公也好，都会习惯性地冲屋里喊一声："灿，庆儿来咯！" 很快，他会从自己的房间里出来，穿过阴暗的堂屋，走到我面前，笑吟吟地说："你来得正好，我有个题要考考你。" 我们常玩的游戏就是互相给对方出考题，比如说历史题和地理题。他家有一本厚厚的《上下五千年》，我们都完整地看完了。这本书也成了我们的题库。李白出生于哪一年？西安做过几个朝代的首都？京杭大运河是哪个朝代挖的？……历史方面经常是他赢，他过目不忘。而长江流经哪几个省份？中国最大的淡水湖是哪个？……地理方面，通常是我赢，我喜欢地理。

不仅是在知识面上较量，我们在各个方面都有较量。我们在屋后面的场地上打羽毛球，打得大汗淋漓，谁也不让着谁。风有时候吹过，球会被吹得偏离方向，我们会争辩这个球没有接到是因为风。有时候我来找他，他正跟他的朋友打游戏，或是玩玻璃弹珠，我会涌起小小的忌妒心，觉得他背叛了我们的结盟。这其实是没有道理可言的，毕竟经常跟他玩的是他这些伙伴，而不是我。但他见到我，都会非常高兴，远远地跑过来，抛弃他的伙伴，来继续我们独有的游戏较量。

较量有输有赢，而在较量中我一直处于下风的，便是学习成绩。那时我们小学毕业，进了同一所初中。他可以说是我们家族的"明星"，成绩之好，有目共睹：初一期末考试，全校第一。全校排名的成绩单贴在学校的公示栏上，所有人都能看得见。小舅母高兴地搂着他，让他再接再厉。我坐在一旁看，既羡慕又妒忌。

有一次我来找他，外婆遗憾地说："哎哟，灿不在屋里。"我心里好失落，但还是嘴硬地说："我哪里是找他。"那时天气正热，骑车过来满头的汗，外婆让我洗把脸。我把毛巾敷在脸上，擦着擦着居然没有控制住，哭了起来，连自己都吃惊。我不好意思拿下毛巾，而外婆偏偏在边上看着我，我越发觉得难过。那样一个上午，外面的阳光，池塘边的洗衣声，树上的鸟鸣声，都混杂成一团怨恨的情绪：你为什么不在？为什么？虽然这也是毫无道理的。但我不管，因为我出了这么大的一个糗。

到了暑天时，我们躺在三楼的竹床上，看着天上的繁星。从江边来的晚风时有时无地吹拂过来。我们靠在一起，不停地说话，有时候为了一个课外的知识点，有时候为了一个字的用法，有时候为了一只鸟是什么颜色……话题不用刻意去找，它简直是源源不断地向外涌。外婆晾晒好的衣服在我们后头飘起，时有蝙蝠在头顶飞来飞去，偶尔谁家电视的声音传来。有时候夜里月光清朗，我们下楼在池塘边互相追逐打闹，看着各自的影子忽而长忽而短，也会较量来较量去。外婆站在楼顶，高声地喊我们的名字，催我们上来赶紧睡觉。

大家都知道我们相好，也鼓励这份好，并在嘴上说出来。我们反倒难为情起来，相互之间故意走得远一些。因而大人在时，我们各玩各的，他们一走开，我们迅速地黏到一起，说起只有我们知道的话题。大人们一出现时，我们又迅速地分开。

2

从什么时候开始，我们从假装分开变成真正分开的呢？没有一个确切的时间点，连日常的对话都容易发生摩擦。我们是如此容易闹矛盾，大人让我们做一件事情，我们相互看不顺眼，他无论说什么话，我都生气。看到他低头沉思的神情，我也莫名地气不打一处来。想必他看我也是。大表哥奇怪地看我们两个："你们做什么事了？你们之前很好很好的啊。"

我们自己也吃惊：原本融洽无间，现在却渐生嫌隙。

原本我们的较量是不分高下，他数学厉害，我语文不错；他脑子好，我记忆力也不差。可一旦放到同一个班级，只靠成绩一项来判定，他就成了当然的明星，在家里有人宠着，在学校也被老师百般看重。我算什么呢？我成绩好坏家人无所谓，老师也不会注意到我。灿正如他的名字一样是灿烂耀眼的，而我是他背后的一抹阴影。

我们初中的生源来自附近几个村的小学，因而我们班既有我原来的小学同学，也有灿原来的小学同学。一开始，大家会找各自的小学同学玩，慢慢地有了一个班级的感觉后，大家就不再分是哪个学校来的了，逐渐按照成绩的好坏来找玩伴。有一天，我看到灿跟含坐在一起热火朝天地聊天，我恼火极了。含是我的小学同学，一直是我们班上成绩最好的学生，不知道为什么他总是看我不顺眼，有事没事总要欺负我一下。很倒霉，到了初中，我又和他分到一个班上。这也就算了，我远离他就好。现在，我最好的朋友，居然跟这个人玩到一起去了，我有一种被背叛的感觉。我远远地看着他们，那一段时间他们好得不得了，灿甚至带他到自己的家里去。那个我们曾经一起度过童年时光的地方，现在被一个我最讨厌的人侵犯了。我生气，太生气了。

在那段相互不理睬的时间里，他坐在靠窗户的那边，我坐在教室的中间。大部分同学不知道我们是表兄弟，我们也没有在教室里一起说过话。上课时，我却经常能感觉到他朝我这边看过来。我十分厌恶他这种偷偷扫过来的目光，回家我跟母亲抱怨，母亲不耐烦地说："你要是不看他，怎么晓得他看你？"一下子把我问住了。我是不是也常看他，而不自知？我们隔着四排同学，相互观看，却不再交流。我们各自成了少年，独自长出了自己的棱角，只要碰到一起，就会相互刺伤，是这样吗？

也是在那一段时间，我们有了各自的心事。我记得以前写心事，生怕别人看到，还特地把那一页粘起来，灿会趁我不在时偷偷用尺子把那一页弄开。他只要一打开，就会看到我写的一句话："谁偷看，谁就是小狗！"他依旧偷看不误。现在他再也不会这样了，我们有了自己的隐私，有了微妙的距离。

初一暑假，我邀请灿去江西我父母种地的地方住上一段时间。我们住在半山腰的小木屋里，父母去地里干活，我们就在屋里看《三国演义》，看烦了还可以去山下的村庄散步，或是去丘陵地的田埂上闲走。也许，我们之间的隔阂会因为这一段时间的相处而消失。晚上我们睡在竹床上，很久很久，我们没有在一起睡了。天气闷热，竹床黏黏的，翻来覆去，总也睡不着，还有蚊子的嗡嗡声。灿起身往外面走去，我以为他是去方便。等了半晌，他没回来。我也跟了出去，他坐在屋外的水泥地上，山间的晚风时不时吹来一阵，比在屋里的确是凉爽了好多。我悄声问他："你睡不着？"他指了指天空，我抬头看，忍不住惊叹了一声：深蓝色的天幕上，繁星密布。我让他跟我一起走。沿着屋后的排水管一路往上，到了山顶，风大了起来，放眼望去，茅草如海浪一般起伏。我们坐了下来，什么也没说，有时看星星，有时看远处隐没在夜色里的山峦。

第二天，姨娘突然出现了。当时我在屋里看书，姨娘一见我便问："灿呢？"我说他在山后面，姨娘忙说："你赶紧把他找出来。"她说话的口气听起来非常着急，我问究竟是怎么回事，姨娘说："灿家里有点儿事情，现在需要跟我回去一趟。"我看着灿拎着小小的行李包跟姨娘出了小木屋，走下山坡，直至消失。他没有回头跟我说再见，我也不知道发生了什么事情。我一个人坐在屋里，他那本《三国演义》没带走，书上还有他的字迹，然而他已经走了。我心里空落落的。

父母回来后，我才知道事情的原委：灿的母亲，也就是我的小舅母，失踪了。小舅在江阴做生意，让小舅母过去。小舅母坐长江轮渡，等到了应该到的时间，小舅去接，却没见到人。那时候也没有手机，只能干等着。等了一天，也没见到人。小舅打家里的座机，家里人说小舅母是坐的哪一班轮渡过去的，当时还有人去送，亲眼看着她上的船，这个时间论理早该到了。这么一说，两边都慌了。姨娘带走灿之后，父母也赶紧带我回去了。天气热得发烫，大人们心焦地讨论来讨论去，我去看灿，他坐在一角，有时候抬头看大人们，有时候低头，脚搓着地面。我很想走过去安慰他些什么，但我又能安慰什么呢？如果我自己的母亲失踪了，任何安慰都是苍白的。因而我最终没有过去。

一周后，我们接到小舅母的来信。她在信中说自己在去江阴的船上碰到一个人，那人说有一家工厂招工人，薪资待遇都不错，说得她心动了，便跟那人去了那家工厂。一看地址，工厂就在江阴对面。看完后，亲人们都炸开了，气愤之情溢于言表。小舅得到我们这边的消息后，赶紧去了那家工厂，蹲点了几天，总算"逮"住了小舅母，二话不说把她带回了江阴。事情总算告一段落，但小舅母在亲戚中的名声败坏了。那时候灿在哪里呢？我搜索我的记忆，没有关于他的片段。他像是躲了起来，在整个事件中他都是沉默寡言的。

我总记得小舅母抱住他的场景，她一脸自豪地说："灿啊，你要好好读！考上名牌大学，我脸上就有光咯。"小舅母也是一个爱看书的人，这在几乎都是农民的亲戚之中是个异数，只是因为年代的关系，她没能念多少书。她把全部的期望都放在灿的身上。我也记得灿又是害羞又是不耐烦地推开小舅母。在大家都纷纷痛骂小舅母时，他会为自己的母亲在心里辩解吗？还是独自承受这深深的耻辱感？这些我不得而知。他像是隐身了一般，没有跟任何人说起自己的感受，包括我在内。

3

小舅母是小舅的第二任妻子，小舅头婚时生了一个儿子，叫清，大我和灿两岁。清一直是外婆这边带大的，跟小舅母常起冲突。有时候小舅母在灶屋一边烧火，一边说清在外面惹下的各种祸端，清听着听着暴脾气上来，在外面抽出一根大木棍，就要打过来。有一天晚自习，清忽然来到我们教室门口，光着膀子，靠在门框上。班主任很紧张，过去问他有什么事情，他往教室里看了一眼："灿，回去！有事！"灿也没多话，起身就跟着走了。

第二天清晨从宿舍出来，一直在外种地的父亲忽然出现在教学楼前，等我走近，他让我上完早自习就去小舅家："你家婆去世了。"外婆去世，对我来说是异常沉重的打击，从小到大，是她照顾每一个孙子孙女，还有我这个外孙。我忽然明白清昨晚为什么来叫灿了，那该是外婆的弥留之际，但清没有叫我，只叫了灿，我也因此错过了外婆生命的最后时刻。不知道这是幸还是不幸，也许我不用直面一个挚爱的亲人从弥留到去世的过程，而灿面对了。外婆一直跟小舅一家住，灿也是她一手带大的。我在外婆的棺材前哭得不能自已，灿在一边不说话。我没有见他哭过。

自从外婆去世后，我很少到小舅家里去。小舅和小舅母出去做生意，清东飘西荡，经常不见人，屋里常常只有外公一个人坐在那里发呆，平日的饭菜是由大舅这边送去的。而灿与妹妹明搬到姨娘家去住，由姨娘照顾。现在回想起来，这一年对灿来说，真是分崩离析的一年。一直以来万般宠爱他的这个家，顷刻间就没有了。他没有跟我说起这些。他从姨娘家过来，我从宿舍过来，我们就在同一个班上遥遥相望，却无话可说。他不跟我说话，也不跟任何人说话，他也不看书，也不出去跑动。之前跟他玩耍的含，也不来往了。

外婆去世一年后，外公随之而去。大家忙碌地准备吊唁的事项，我站在姨娘家的门口，看灿远远地从大舅家那边走过来，手上端着托盘。天气很热，他满头满脸都是汗。我细细地看他：他童年时代有些婴儿肥的脸瘦了下来，嘴巴紧抿，眉头下沉，整个神情是淡漠的。他走过我面前，没有看我一眼，也没有看任何人，沿着闪着金光的池塘往自己家走。我蓦地在心底起了一阵恨意：我恨他无动于衷的样子。好像发生的这些事情，就像一枚枚炸弹在他生命中炸开，他都无所谓似的。他就淡淡地往前走，连哭一声都不肯。他跟童年时代的那个人，像是两个人了。

他的这种异样，不仅我察觉到了，慢慢地连老师也察觉到了。连续几次模拟考试，灿的成绩排名从前三名滑落到后十名。他最强的英语和数学，居然都没有及格，这太叫喜欢他的老师们吃惊了。班主任找他谈了好几次话，各个任课老师也在分发批改好的试卷时，不点名地说起某些同学要专心，不要想七想八的。老师说完后继续上课，我远远地看到他淡漠的神情。他心不在这里，我太熟悉他这个走神的表情了。我一下子恼火了：他怎么能这样？完全就是堕落！虽然我的成绩向来不好，但我在努力，不是吗？你这么聪明，却如此放任自流，实在是太叫人失望了。

放假去姨娘家做客，姨娘说：“灿在上面。”我说：“好，我去找他。”姨娘说“好”，又补充了一句：“他现在老把自己锁在房里不出来，有时候叫他出来吃饭，他都说不饿。”我上到二楼，有半年我就寄宿在这里，现在轮到他来寄宿。从他的房间传来音乐声，我敲门，没有人回应我。推推房门，是锁着的。我在外面等了等，里面除了音乐没有其他的声音，我只好又下了楼。姨娘问我：“他没让你进去？”我点点头，姨娘叹气：“不晓得出么子鬼咯？他现在大变样了。”他一定听到我的敲门声了，就是故意不开。我走在回去的路上越想越生气。他身上像是结了厚厚一层壳，任谁也进不去。

从初二暑假开始补课，到初三每周一次模拟考试，我们的参考书在课桌上越摞越高，而灿的成绩越考越差，连我都远超他的排名了，老师们也懒得说他。有一天，他没来；第二天，他还是没来；连续一周，他的位置都是空的。到了下一周，老师让几个同学帮忙把灿的桌椅搬到教室的角落。我这才知道，灿已经退学了。我惊讶得不知道说什么好。跑到姨娘家去看，姨娘告诉我，他已经坐船到江阴找他父母去了。我上二楼进到他的房间，床上被子叠得整整齐齐，书桌上放着他的课本，还有几本我们以前一起去新华书店买的世界名著，那个放音乐的播放机不见了，想必是他带走了。他就是这样把自己关在房间里，也许坐在这把快散架的椅子上，也许是躺在床上，也许站在窗边呆呆地看着外面……我们这几年，是怎么了？相互生气，进而疏远，而今他已经离开了，我心里忽然空了一大块。

4

中考我考得很差，别说重点高中，连普通高中的录取分数线都差了八十多分。父亲托人找关系，给学校交了一笔钱后，我进了市郊的一所高中。姨娘家还收到了灿的录取通知书，是市里一所职高，估计那学校很缺生源，连灿这样没有参加中考、分数为零的都要。我拿着他那张通知书，心想要是灿照着初一那个成绩下去，现在恐怕已经进省重点高中了，哪里轮得到这种学校。

高中三年，几乎没有听闻任何关于灿的消息。小舅一家连过年都不回来了。高考结束后，大学的录取通知书迟迟未到，我在家里百无聊赖地等待着。母亲说："你不如到江阴小舅那边玩一趟，反正到江阴的车天天都有。"跟小舅那边联系好后，我便坐车过去了。小舅在他们做生意的大批发市场门前迎接我。他开着电动三轮车，让我坐在上面。在路上，小舅问我父母身体怎样、考得如何之类的问题，我心不在焉地回答。随着离灿越来越近，我心里也越来越激动。

那是一栋三层高的民宅，前门出去是稻田，后门过来是池塘。小舅一家租了二楼，小舅先上去，冲着屋里喊一声："灿，庆儿来咯！"好久好久没有听到这样的喊话了，灿在上面应了一声："我在房里！"我穿过客厅，走到房门口时，他正在搬床板，我叫了他一声："灿。"他回头，还像以前那样笑吟吟地叫我："庆儿！"他胖了不少，脸上、身上都有肉了，穿着宽松的短袖，正在给我架床。他问我一路上累不累，现在饿不饿，要不要休息一下。我说一点事儿都没有，多年未见，再看到他，还是熟稔的亲切。

天气太热，晚上我们在阳台上铺上席子。隔着黑魆魆的一片田野和树林，远处有一条金线浮出，小舅说那里是江阴城区，长江大桥已经通车，来去都很方便。小舅母摇着蒲扇，啪啪啪地拍身上的蚊子，明在跟隔壁的租户聊天。我们又一次像是在老家小舅的阳台上那样，说着闲话，等晚风吹来。我看了一眼坐在旁边的灿，他抬头看天，半明半暗的月亮，零落的几颗星星。我忽然想起我们在山顶看星空的那一次，他有我熟悉的坐姿和眯眼的方式。

灿说起当年退学的原因，是因为他生病了。他说了一个词，我之前从未听说过：抑郁症。症状严重时，看不进去书，不想说话，不想吃饭，不想见到任何人，每天都失眠，每天都想哭，每天……我讶异地听他描述发病的状态，心里一点点被愧疚填满。我一点儿都不知道，也从来没有真正关心地问过他，我只是在不断地积攒对他放任堕落的厌恶。实在熬不下去时，他决定退学，来找小舅。"我爸带我去了好多医院治疗，花了好几万块，总算治好了。"他笑着说。不知道是因为胖了，还是心态变了，初中时他沉默的神情再也未见，反倒是常常对我笑。我又一次想起小时候我们在一起聊天的场景，说着说着哄的一下笑个不停。只是，他的眼神里再也没有小时候的灵气了。

小舅在批发市场的门店，主要是从义乌倒一些便宜的小商品过来卖，小舅负责进货，小舅母、灿、明三个人负责看摊。非节假日，整个批发市场空空荡荡，小舅母跟对面的摊贩聊天，灿带我在市场周遭转悠。灿把该问的话都问完了，我们一时间不知道说些什么好。他努力找一些我们过去玩的游戏，比如说背古诗词，这是我们小时候经常较量的保留项目。"我还记得好多！"他仰起头，随口背了起来，"春江潮水连海平，海上明月共潮生。滟滟随波千万里，何处春江无月明……"背完《春江花月夜》后，他又背《代悲白头翁》，杜甫的《兵车行》《秋兴八首》……这些我几乎都忘光了，而他每一首都能熟练地背诵下来。他又拿起初中的数学题库："这里的每一道题我都会做。那些东西，我都没有忘。"

回去后，家里人打电话过来，说大学录取通知书到了，我被录取了。那是一所很普通的大学，但对我这种成绩一直一般的人来说，能考上就不错了。因为知道自己考上大学了，我在小舅这边一天也待不住了。第二天，我就收拾行李要赶回去，好实实在在拿起那张录取通知书。小舅挽留我，灿也说在这里多玩几天，我都听不进去。第二天清晨，小舅开着电动三轮车，把我送到搭车的地方。灿因为要去店铺里处理一些事情，没有来。虽然有这个解释，我不免还是回头看看，没准儿他处理完，会赶过来呢。直到我上车，他都没有出现。

5

有一天晚上，我忽然接到他打来的电话。那时我正参加公司组织的一场活动，手机响起，看到显示的是他的电话，颇感意外。虽然我们有对方的联系方式，除了过年互道祝福之外，平日再无联络。在上大学那几年，我也曾见过他一次。他那时回来是为了结婚的事情。联姻的那家也开了店铺，跟小舅的店铺隔得不远，有一个跟我们同龄的女孩叫秋香，相互之间都认识。举办婚礼时，由于我还在上学，便没有去参加。

我从喧闹的活动现场出来，走到走廊上，接了他的电话。他熟悉的声音又一次在耳畔响起："庆儿。"我回他一句："灿。"他停了一下，接着说："秋香马上要生了，现在在产房，我有点儿紧张。"我忙安慰他没事的，肯定会母子平安。他深呼吸了一口气，说："希望是如此啊。"我笃定地说："肯定是如此！你莫担心。"他连说好。我走到走廊尽头靠窗的位置，陪他说了一会儿话。窗外风吹树林唰唰作响，街边店铺招牌上闪着霓虹灯，空旷的篮球场上还留着昨天下过雨后的水洼。挂了电话，第二天早上收到他发来的短信："生了。男孩。"

没想到他在人生的重要时刻，第一个想到的是给我打电话，每想到此，我心里便一阵温暖。我想象他在产房外面的走廊上焦急地走来走去的场景，他需要找个人倾诉，他第一个想到了我，这个童年时代几乎无话不说的伙伴。然而后来的事情，他却没有跟我说。我是从母亲那里知道的：他的孩子，还没到一岁，就夭折了。至于原因，不太清楚，但结果如此，叫我心惊。我很想打电话给灿，却不知道能说什么。而他如果真想跟我说的话，手机不是在那里吗？

有一年，过年回家，没有买到票，母亲说你不如去江阴搭车回来，我想也是。既然去江阴，少不得去小舅家看看。晚饭前，我坐在他们新房的客厅里，小舅在厨房忙着炒菜，小舅母整理房间，灿和秋香陪着孩子玩。第一个孩子夭折后，第二年他们又生了现在这个男孩。吃饭时，小舅母夹起一块肉要给孩子吃，灿忙说："不要喂了！肉太大了。"小舅母尴尬地放下，过了一会儿，又夹起土豆片递过来，小舅又说："你莫喂了，要是又噎到了，怎么办？"小舅母小心翼翼地说："不会咯，我会注意的。"小舅说："你要是注意的话，第一个……"话没有说完，大家低头吃饭。我忽然明白了些什么。灿在吃饭前主动提起过第一个孩子夭折后的心情："我每天都在哭，不管做么事都会哭起来。倒是秋香特别镇定，劝我把心放宽，第一个没了，还可以生第二个。"现在，第二个孩子被灿抱到怀里，问孩子想要吃什么他给夹，菜给孩子吃之前，碾碎吹冷再喂。

吃完饭，问起这些年的情况：小舅和小舅母年龄大了，做过手术，现在都退居二线。小舅找了一个看门保安的工作，店铺交给灿来经营。小舅说："灿现在是一家之主。"说完看了一眼正抱着孩子玩的灿，我也看过去。要是在以前，真的很难想象灿会成为一个家庭的核心。渐渐地，两个老人，还有孩子，都需要灿和秋香来养。店铺的生意在网络时代越来越不好做了，他该怎么撑起这个家呢？我不知道。

为了赶回家的第一班车，天微微亮，我就醒了。提前跟小舅他们说了，我走得早，让他们不用特意起来送我。我收拾好行李后，到了客厅，灿已经在那里等我了。他二话没说，拎起我的行李。抬头看天上，还有半片白净的淡淡月亮和几颗似有似无的星点，空气清冷湿润。他在前头走，我跟在后面。他的影子拖到我的脚下，我忽然想起小时候在月光下比影子长短的场景，不禁笑出了声。他回头疑惑地问我笑什么，我说了，他想了想摇头道："我一点儿都记不起来咯。"我又说起以前在山顶看星空的事，他也不记得了。

我问他还记得什么，他想了想："我记得你做的那盘青椒炒豆豉，好吃得要命。吃到一半，你说不能再吃，再吃就没有了。你还说等我下一次来你家，你专门做给我吃。"我记得这件事："可惜之后你再也没有来我家了。"他抿了一下嘴："是的咯，之后发生了太多事情。"我们走到等车的地方，月亮越来越淡，星星已经消失，太阳渐渐升了起来。我们没有什么话可以说了，沉默在我们之间变成固体一般的存在。我希望车子快点儿来，好结束这样的沉默，又希望车子慢点儿来，哪怕这样一起等着，也是好的。

街上没有什么人，偶尔有一两辆车子飞速地跑过。路对面有块路牌，显示从这里到长江大堤还有多远距离。我说："这里离长江好近。"他突然冒出来一句："君住长江头，我住长江尾。"这也是我们过去常背诵的诗句，用到这里意外地贴切。车子终究还是来了，我上去后，他把行李递给我。我说："你要多保重啊。"他挥挥手："好，你也是啊。"车子开动了，过了一会儿我回头看，他还站在那里，没有动一下。

我带炖肉去看你

故园风雨前

人真是很怪，而且过了四十越来越怪，那些年发生过多少国家大事，我自己也经历了不少人生大事，却都记不清，倒是一些眉末小事可谓人生碎渣，我倒记得清清楚楚，还越来越清楚。

1

上个月回北京的时候去探望了大伯，他住在京郊一家敬老院。刚住下半个月。

“他不大喜欢那里，嫌远，说朋友们看他不方便。吃得也不满意，菜不合口味。没交到新朋友，反正聊不到一起去。但也不想再去跟儿子一家住，他怕打扰他们——其实更怕他们打扰他。”我爸在电话里告诉我。他们两兄弟已经通过一个很长的电话，大伯大吐苦水。我爸说完沉默了一下，想是心疼他大哥。

“他有说缺什么吗？我带什么东西去呢？”我问。我也知道这是不着四六的话，虽然看上去很“懂礼数”，但大伯缺的东西我哪里拿得出来。

“你不要提前告诉他要去看他啊！”我爸叮嘱我，“你先告诉他，临时却又有事去不了，这不是叫他空盼一场吗？”

“不会，没什么事比看他更重要。”

“好吧。东西他说他什么也不缺。”

要说我们这边的亲戚里，最熟悉最了解大伯的人可能是我，因为我大学四年的大部分周末，是在大伯家过的。说出来也难为情，我当时自觉已是顶天立地的一条“好汉”，但家里对我独自去北京念书还是不放心，觉得我“昏”，拜托大伯照管我。所以大伯有监护之责权。四年中我跟着他去魏公村自由市场买菜买鱼，去中华书局买书买画册，去中关村买碟买唱片。冬天冒着鹅毛大雪到他老同学家吃大菜。夏夜从西单音乐厅出来没赶上320末班车，淋着细雨徒步回家。我们曾站在街角一起撸过串儿，那时北京兴吃一种电油锅炸的羊肉串。我们曾一起顶着大风追过无照经营的破卡车，因为车斗里是他志在必得的春笋。那几年大伯的生活，假如按场景分，大致无非分成两半，一半是工作日在办公室伏案，另一半我上面基本概括完了。

我也怀疑家里亲戚长辈最了解我的人是大伯，因为大学四年中我的生活账目全归他督查审批，大小考试的成绩也要向他报告。难死了，我这四年，一角一分，多少次我企图瞒报谎报，哪次又成功了？“你这个月底没钱是因为上上个星期你连着吃了四次馆子，去看展览你是打的去的，超支严重。”“古代汉语怎么八十分都拿不到？我叫你看的那两本书你看了没有？绝对没有。”

我跟大伯的关系，老实说，并不像想象中的伯慈侄孝，根本不怎么亲和温暖。他对我像是在研究工作上带一个学生，那种成绩稀烂但走后门硬塞给他的学生，他不得已，常常无话可说是因为不得不憋着满腹牢骚。我对他像宝玉对贾政，战战兢兢，时刻都有东窗事发的忧惧，又或者像方鸿渐与老父方遯翁，每每被他看穿：“汝托词悲秋，吾知汝实为怀春，难逃老夫洞鉴也。”然而微妙的是，我们逐渐也都知道对方怎么看自己，他知道我当他是贾政，我也知道他当我是关系户差等生……反正啥都知道了，知道之后我们形成了一种很新型的亲属关系，我背着他斗胆说一句：像搭档。我们是逗哏和捧哏的关系，他负责嘲讽、下套儿和指点迷津，我负责聆训、拍马屁和茅塞顿开。后来久了，他允许甚至喜见我掺了假的毕恭毕敬、我唯唯诺诺的笑里藏刀，大概觉得滑稽有趣。时常我也给他来一句，他受了窘不仅不生气还乐，好像为自己竟然也能感受到窘这种滋味而新奇惊喜。

2

我工作以后虽然定居北京，但成天出差，去看望他并不多。这个嘛，倒不完全赖我，我一般一到周末就会打电话给他，为了显得懂事，有心有肺。但我大伯，真不是一个常规的大伯。

“大伯，我出差回来了，星期天我来看看您？”我说。

“不要来，我要去同学家吃饭。”他说。或者“不要来，我冰箱里没东西了”，意思是不能做饭给我吃，而他又不大肯出去吃。或者“不要来，老扈老郑老朱他们要来”，意思是做了水晶肘子可没我的份儿。或者“不要来，我忙死了，一篇稿子在收尾”。

“那咱们就去白石桥那儿吃个饭吧，新开了一家羊蝎子。”我说，饭总是要吃的啊。

“没时间没时间，我要收尾——什么叫羊蝎子？”他都不知道羊蝎子。

“就是羊脊椎骨，很香的啦。”

“以后再说吧，我要收尾。”他说，留了个“活话儿”。

这事儿我印象很深，果然又过了一星期我再打电话，他竟然同意出来吃羊蝎子了。我先回家里接他，一见面吓我一跳。他戴了一个充气脖圈，形状像三个甜甜圈摞起来，他钻进洞里伸出头。最顶上的甜甜圈已经抵住他的下巴，强迫他一直半仰着头。原来他近期伏案太多，终于惹翻了颈椎病，不仅颈椎，整个脊椎都受到压迫牵连。他独自跑了一趟医院，拿回这么个器械，医生说：“不许摘。”所以他一直就忍着疼不敢摘。开心的是稿子终于收尾。

他一边换鞋找帽子一边往外走，不能低头，只能两个眼睛使劲往下看。平常他很少戴帽子，想来是为了掩耳盗铃遮一遮脖圈。脖圈确实很抢眼，鼓，里面充满了气，旁边还有一根细细的尼龙绳子垂下来，绳梢坠个塑料头儿，悬在他肩膀上面轻轻晃着，灯绳似的。他把阔檐帽往头上一扣，眼睛都快被挡住了，灯罩似的，笑道：“我像不像莎士比亚。”他是指自己的脖圈很滑稽，像莎士比亚那个累赘的花边领子。这就算自嘲了。

“不，大伯，您像盏台灯。”

等羊蝎子上来，那一大盆看着痛快，我欢快地啃着，他却很迟疑，撕下几丝肉之后就停了，把手里的骨头反复端详。羊蝎子的肉确实不多，因是专为筋头巴脑爱好者发明的菜肴，乐趣不在大块吃肉而是探幽索隐。

“这盆是不是上桌客人啃过一遍的？”他说。他好不容易论文收了尾，脖子都坏掉了，到头来却吃不上一块肉……我也没有脸再啃下去。结完账我灰溜溜地要走，他叹气道：“下周我们吃生炒排骨吧，我准备一下，刚好一个广东同事送了我沙茶酱。”

人真是很怪，而且过了四十越来越怪，那些年发生过多少国家大事，我自己也经历了不少人生大事，却都记不清，倒是一些屑末小事，可谓人生碎渣，我倒记得清清楚楚，还越来越清楚。我们往回走到民院南路的路口，我打算去坐车了，临行前他说，生炒排骨用沙茶酱腌足一小时，比什么调料都出色。街边霓虹灯很耀眼，他帽檐以下的脸上映出红黄蓝绿的油光，大概也是想到排骨的缘故，他睁得很大的眼睛也亮闪闪的，像年节里的彩色灯泡。“下周回来吃吧。”这盏华丽的台灯说。

然而后来我没能去吃，因为又临时出差了。

3

敬老院在郊外，也还算好找。虽然离大路不远，但已经是乡村风景。田里种麦，麦上蜂虻嘤嗡。路边杨树叶子哗哗闪烁，泛着青光银光。沟里没水，遍布牵牛葎草，卷须横流像波涛。岸上密密生着一长溜鬼针、苣荬和蓟草，零零星星开几点黄花紫花。麦田上来的风吹在脸上像烘干机里喷出的热气，人一下就蔫了，直想找地方躲。这就是北方的盛夏，强烈、粗犷、辛辣、辽远，风里有亘古如此的气息，二十多年前我第一次来北京就被这气息震慑了。

我也曾问过大伯，为什么会留在北京，为什么当年没有回上海，为什么再也没回上海。好像一般上海人总想回他们上海的。大伯的回答是，不回答。当时我们刚刚吃完饭，他一时还没离开，抱着两臂，与我闲话。话头是我们议论那些在北京很难买到的上海菜蔬，他表示非常怀念。我不明白他与其在北京上天入地地找，为什么不干脆回上海生活，就问他。他不回答。抱着臂，不看我，看对面的墙，我以为他在思考怎么回答，结果半天他垂下眼帘，说：“收了吧。”叫我收拾碗筷。其实我大略也能推断出不回的原因，毕业分配啦，工作单位啦，结婚生子啦等，但实际上我后来逐渐意识到，在这些原因之上他还有一个最根本的原因，他愿意，他爱北京。他是我知道的极少数爱他乡远超爱家乡的上海人，能回去也不回去的上海人。是即使老了，除了偶尔回去探探亲戚，他也不想做所谓落叶归根的上海人。

我推门进了大堂，工作人员问我来看望谁，我说了大伯的名字，刚要描述一下他的情况以便他们了解，话还没出口呢就有三四个护士说：“噢，杨爷爷啊！”立刻就有人带我上楼。真没想到他在此间会这样出名。电梯门一开，我尚不及出去，一男一女两个慌慌张张的人先冲进来，差点撞上，只见后面传来一个声音说：“您二位还回屋吗？我看张奶奶好像还等着呢……你们跟她说好这就走了吗？”原来是位护工，追到电梯门口。我出电梯时听见女人在背后声气低哑地说：“那个，我们就不再进屋了，她今天一直说要跟我们回家，说了一整天。这要不是说出来上厕所，我们根本别想出来了。”她话还没说完电梯门已经关上了。

这不是我第一次到敬老院，也不是第一次见这类情形听这类话，但我还是觉得刺心。有时在那些没能及时入睡的夜里，这类情形和这类话会自动占据我的脑子，我会不由自主去跟随它想象它，等腾地意识到，已经晚了，恐惧和伤痛已经折磨了我很久，很逼真很具体很扎实。

护士带着我穿过二楼大厅，大厅里空空荡荡，只靠窗的角落里有一桌老太太们打麻将，还三缺一。也不热闹，远远听见一句断断续续的老北京话：“你什么……时候打的啊，我……都没看着……”

又拐了两个弯，护士先进门通报，我往里一看，大伯拄拐站着，他两边还各站着一位老人，左边的我认得，是扈阿姨，右边的我也见过，反正是大伯的朋友。大伯看见是我，愣住了，瞪着眼睛不说话。我叫他，他才说话：“哎呀，没说要来啊？”又介绍他的朋友给我，让我叫人。我都四十多岁的人了，他还按照早先的规矩让我叫伯伯阿姨。我一边叫一边观察，似乎他这两位朋友正要离开，我进来之前他们必定正在惜别。果然扈阿姨说：

“没关系的，外面马上就能叫到车子，很便当的呀。”她说着就把手机拿到大伯眼前，要给他看桌面。“我女儿给我弄的一个软件，晓得吧，专门叫车子的。”口气美滋滋。

大伯一看就搞不清状况，问：“那么要是人家出租车司机不肯来呢？嫌太远呢？”

“不是出租车是私人的车，现在允许私人的车子载客的。我叫的车子就在附近。”

“我讲，黑车还是不要去坐啊，没有保证的啊。”对不是出租却想拉活儿的车，大伯的认识还停留在黑车上，不知滴滴为何物。

“不是，人家合法的！不跟你讲了，这是新事物——新——事物。”扈阿姨很得意。旁边的伯伯跟我大伯差不多大，却没有拄拐，想是相当硬朗。“合法的合法的，老杨你放心，合法的。”他附和。

大伯根本听不进去他们的话，大概是多少年来在他们那个小圈子里做权威做惯了。他本来一筹莫展，忽然想起我，笑道：“好了！”转头对扈阿姨他们说：“她送你们回去！”不等他们反应，他又转回来对我说：“扈阿姨住在劲松，毛伯伯你还得送他回北大。他们两个一东一西，你辛苦跑一趟吧！”我还没来得及回答，他又转向他们：“我侄女送你们，解决了！”

这叫什么话，我刚到啊！大伯，坐都还没坐，连话还没说一句呢，哪有这样的啊？我心里嚷，又好气又好笑。但压根插不进嘴，他一直朝他们说：“这下问题都解决啦，这不是两全其美吗？”他沉浸在喜悦中。

“不要来……”“不要来……”“不要来……”我想到他以前常跟我说的这句话。这老头当真古怪。

然而扈阿姨他们坚决不要我送，一是他们马上就开始演示叫车并且立刻就成功了；二是人家这才叫通达人情世故，都说：“你侄女那么大热天大老远来看你，你水也不请她喝一杯吗？”扈阿姨连声叫我坐。我大伯亲眼看到扈阿姨手机软件上显示的叫车成功，见证了新事物的厉害，一时也讪讪的，笑着说：“坐吧。你——吃葡萄。”桌上有一盘葡萄。

我赔笑拣了一个正要吃，瞥见果蒂竟然有点霉，只得悄悄扔了。又凑上去检查，把几个不新鲜的都扔进垃圾筐里。我估计大伯现在这眼神是发现不了这些细小的问题了。他们又寒暄了一阵才离开。大伯硬要送人家去电梯。一边走一边还解释：“不是不是，没有添麻烦，她可以送你们的，她送你们我还放心——我这侄女是比较稳妥的。”

听到他这最后一句，我呆住了，我认识大伯这么多年，从没听他对我有这样一句夸语。他并不是一个严苛刻薄的人，他只是不爱褒贬，也很少对着人流露情感。

“比较稳妥。”说我。

我又忽然想起二十几年前，大伯对我其实就有过评价，不过当时的情况，有点儿尴尬。那是1992年，我大二暑假，他早早计划好要把几个子侄，也就是我的堂姐、表妹、堂弟几个人一起约到北京来，趁他有空，要带我们去游览北京名胜。一天晚上，我听见他在电话里同我大姑妈，也就是他自己的大姐说：“她已经放暑假了，我叫她去火车站。”我听出来这是说我，因为次日大伯上班，他打发我去接堂姐她们。大概电话那头表示了怀疑，我又听大伯笑道：“是的，是惯得不像样，现在家家都惯得不像样——但办这种事情她没问题，她脑子很活络，就是北京话讲，机灵。她比那两个机灵多了。”

我正在客厅里看书，看的是大伯指定的《约翰·克利斯朵夫》，这种高级货我根本看不进去，那时最喜欢的是“飞雪连天射白鹿”。听见他夸我机灵，我差点美哭了，差点唱出来，真的，感恩的心。要说我堂姐表妹，这两个人我不知道是谁把她们派进我们家族、安插在我两边的，一文学霸，一理学霸。多少年来我好好地在成都待着，跟她们千山万水隔着，却怎么也躲不开她们在学业上捷报频传。后来我脸皮也老了，也常跟她们打趣，向表妹说：“汝姐不如吾姐。”向堂姐说：“汝妹不如吾妹。”套用孔鲤说孔子孔伋的话，卖弄取笑一番，但心里总还是酸楚的。今天忽然听见大伯替我说话，真激动不已。然而他话还没说完：

“那两个是读书人。”

我不是读书人吗？我还是高兴得太早。我垂头看书，愤愤地。他打完电话走过来，也找了本书，落座道：“看到哪里了？”

“快完了，他又回了法国。”终于熬到解脱，我想。

“怎么样，喜欢读吗？”

“嗯嗯，喜……欢。”

“读完这个就去继续读《傅雷全集》吧。”他轻描淡写。我转头看着书柜，整整一排啊，灰色布壳子的

《傅雷全集》。

“啊——”我不小心叹气出声。

“怎么？不是说喜欢读的吗？”他诘问。

我想下周末决计不能回来，拼着不吃罗宋汤吧，太苦受不住了。然而忽然又意识到自己果然不是“读书人”，他并没有说错，“难逃老夫洞鉴也”。

扈阿姨他们到了也没要我送。扈阿姨还朝我苦笑，表示大伯这么落伍这么顽固咱们年轻人可太无奈了。我记得她比大伯也就小一岁，她是他在上海的中学同学呢。真为她高兴，听说她什么都会，在朋友圈很活跃，拍图发图配字幕配音乐，还做了好几个山头的群主。而大伯连智能手机都没有呢——连不智能的手机都没有呢。她一边说笑一边系纱巾一边背包一边往外走，这么多动作一气呵成，干净利落得像个印度舞蹈演员，连后脑勺、后脖颈、后背、后腰、后脚跟都生机勃勃，以至于她出门半天了我眼前还有她的一个人形和一缕裙纱。

转头再看大伯，他正在把几本书收回书架，一只手拄着拐杖，一只手拿着书努力往里面塞。房间里骤然就静下来了。尽管已经到夏末，却还是有点燥，他们之前把窗帘拉上了，没拉拢，留了一道缝儿。就这一指宽的明亮已经很耀眼。他逆着光，在暗色窗帘的背景上整个人被金边压缩小了，比以前小了不止一号。他背对着我，一直不转头，恐怕不是很想说话，但也许他是忘了我在房间里。我一时也找不出话，埋头收拾他们吃残的水果碟子。这里的静不是安静，是寂静了。

4

“上个月老朱走了。”他忽然转过来说。我看不清他的脸，他好像有一点点微笑，眼睛却不看我，看着手里的书。

“啊！朱伯伯？”

“对的。你记得吧？”

“记得啊，怎么不记得。”

“上个月初。他们刚才来讲的。”他又转过去塞书，半天塞不进去，手举着书悬在半空里。

朱伯伯是大伯最好的朋友。从大学开始，二十岁玩到八十岁。每次家里请客都有他，不用特意去请，他的席位是长年固定的，甚至在餐桌上的位置也几乎是固定的，离厨房近，因为偶尔要他搭把手运输菜肴，或者他们遣他去灶上看火候。本来这项工作是他做，后来他移交给我了，我印象很深。他对大伯也是一样。那时大伯一个人在北京生活，多少年夜饭他都一定要他去家里，不去也得去，他就不让他一个人过年。

他去世后一个月他才听说。没有手机就这个不方便啊，人家打他家的座机总没人接听，多几次也就放弃了吧。特别相熟的人知道他辗转了好几个地方，终于还是住进了敬老院，彼时尚在适应，料想心绪也不会太好，也都不愿意把坏消息及时通报给他，宁可暂时不联系。所以大概就这样拖了一个多月。

“我跟他最后一次见面总有大半年了，之后呢，我们两边身体都多少有一点问题，再也没见过。”

“我记得他比您大两三岁吧？”

“一岁零三个月。他以前还打篮球呢，都以为他不知要长寿到多少岁了。”

“是，我记得他黑黑的，好像很矫健的样子，他那时候也有六十多了呀。”但我知道朱伯伯是喜欢抽一点烟的，背着朱伯母。有次他藏在橱柜顶上的半包烟被发现了，朱伯母发好大脾气，星期六晚上打电话给我大伯，历数他几十年来的种种违规胡闹，叫大伯帮忙规劝，肯定多少也有点一下大伯的意思。那晚我们正在看电影频道演的《007之金手指》，快到最关键的时候。大伯在电话这头不停地说：“哎呀怎么会？居然这样？哦哦对对。这样下去怎么行！”口气很吃惊很义愤。等放下电话我又听他自言自语道：“怎么放到橱柜顶上了……原来都放在书柜顶上的啊……”看见我看他，他又道：“抽烟是不对的！糟糕极了！早就跟他讲过多少遍！这老朱确实不像话——害得我电影也看不好。”

“我给你的那本雨花石的书是他送我的。”大伯说。

那本《雨花石图谱》我曾经爱不释手，得不到石头看看图片也行啊，原来旧主是朱伯伯。对了，他喜欢玩石头，大伯书桌上的一块贺兰石也是他送的，上面有一条粉青色的斑迹，像浓浓一笔重彩画上去的，很别致。大伯原说要拿去请人雕砚台，后来发现做水晶肘子时用来压肉更合适，分量、形状可谓天造地设。然而另作他用却没有告诉朱伯伯，是我不小心说漏嘴的，朱伯伯一开始直跺脚，一定要讨回去，大伯心虚不理他，他说了几句也就算了，大概也是想到水晶肘子的美味，终究吃人家的嘴软。

朱伯伯走了，大伯没能送他。

书柜里大概没有余地，大伯费力半天，终于还是把手里那本书撂在茶几上，坐回沙发里，好像有点累。我拿起书来翻了一下，看见封二的作者照片，是朱伯伯。

“你要看吗？你不会要看的。太专业了。”大伯说。我翻到后面一看，果然是我看不了的。我没答话，只把书塞进书柜。书柜哪里没地方了，有的是地方。

阳光太强，我眯着眼睛才能看清楚窗外的风景。并没什么风景。只有几棵旱柳蓬头散发地站在那儿忍受着炙烤，远处传来知了叫，嗓子都叫劈了。旱柳树老让人联想起干枯的河滩，茫茫白地，北方平原的荒凉。

“最后他是脑梗。”大伯说朱伯伯，“他们说他血脂高，其实他还没有我高呢！”他有点愤愤不平，替朱伯伯冤。“但是我也有一点后悔，年轻的时候太没节制！肥的、油的、甜的吃得太多。”他抬头看我，“你要吸取教训哪！我们家的人全都有这个问题。尤其你，你说你有没有？”忽然火星落在我头上。

我算起来这辈子爱吃的几样菜，多数都是他之笑谓“粗鱼笨肉”，不由愧悔。但马上又想到，咦，都是大伯您带领我走上歧途的啊！红烧牛尾、油焖大虾、生炒排骨、水晶肘子、拆烩鱼头、罗宋汤这些的，我不都是跟您学的。怎么叫尤其我。

“我现在认识到大概已经太晚了。”他沮丧道。

“不晚啊，上次体检医生也没有格外警告这个问题啊。可见没有严重到那个程度。”

“是没有说更多，但我总还是要改变。”他叹，“我还要多喝水——你把那杯水给我。”马上接过去喝了几口，表示从此洗心革面。我受到感染，也翻出包里的矿泉水猛喝。房间里很静，能听见两组清晰的“咕嘟咕嘟”。喝罢我们都不吭气儿，各自发愣。好一会儿我清醒过来，才想起今天来了到现在，连一句正式的问候都没有呢，探访的步骤全给打乱了。

“您在这边还住得惯吗？”他住进来已经有半个多月，我爸说他一开始不喜欢，不知现在适应得怎么样了。

“这里什么都好，人家服务很好，随叫随到的。”大伯说。我放下心，回去禀告爸妈好教他们也放心。

“就一个，我吃不惯。”

“没有肉吗？”我很了解他。

“不能讲完全没有，不客观，但是都切成肉丁肉丝了。”

依我们家的说法，凡切成肉丁肉丝的肉就不能再叫肉，不配，丧失了肉的名誉，被逐出肉门，甚至是一种对肉的糟蹋和辱没。

“是不是人家有规定啊，要控制血脂胆固醇之类的？”

“难吃极了。”他跺了一下手里的拐杖，地上发出闷闷的“咚”的一声。

好了。这就是最坏的评价了。大伯虽然不大夸人，批评人的词也一样贫乏，他平生只顾讲理，认为诸事皆可讲理，皆须讲理，道理讲明好坏立刻自现，他的评价感慨都在讲的过程中蜻蜓点水般闪一下，而情绪化的表述在他实在是罕见的。所以“难吃极了”我一听就咯噔一下，知道他必已忍受很久，快要忍受不了了。

“啊！我怎么没想到！”我很懊恼，心里狠狠搡了自己一下子，这次毫无准备，等下从敬老院出去还要赶飞机，再多恨憾今天只得先压着。“下次我带来。”我简短道。

“你带什么？”大伯微微抬头。

“我带炖肉？”

“怎么炖？”

“就原来您在家里那么炖嘛——行不行？”

他点了一下头，就一下。

“买的时候不要选柴的。该放什么都放进去好了。糖不能太少，不然不对了。要浓一点。”他说。

一对金手镯

琦君

我忽然觉得我们虽然靠得那么近，却完全生活在两个世界里，我们不可能再像我第一次回家乡时那样一同玩乐了。

1

我心中一直有一对手镯，是软软的赤金色，一只套在我的手腕上，另一只套在一位亲如同胞的异姓姐姐的手腕上。

她是我乳娘的女儿阿月，和我同年同月生，她生于月半，我生于月底，所以她就取名阿月。周岁前后，这一对“双胞胎”就被同一位慈母抱在怀中，挥舞着小拳头，对踢着两双小胖腿，吮吸丰富的乳汁。母亲因为没有奶水，所以把我托付给三十里外乡村的乳娘。一岁半以后，伯母坚持把我抱回来，于是我和母亲被接到杭州，这一对“同胞姐妹”就此分了手。临行时，母亲把舅母送我的一对金手镯取出来，一只套在阿月的手上，一只套在我的手上，母亲说：“姐妹俩都长命百岁。”

到了杭州，大伯看我像黑炭团，塌鼻梁加上斗鸡眼，问伯母是不是错把乳娘的女儿抱回来了。伯母生气地说：“她亲娘隔半个月就去看她一次，怎么会错？”母亲解释说：“小东西天天坐在泥地里吹风晒太阳，怎么能不黑？斗鸡眼嘛，一定是二人对坐着，白天看公鸡打架，晚上看菜油灯花，把眼睛看斗了，阿月也是斗的呀。”说得大家都笑了。我渐渐长大，皮肤不那么黑了，眼睛也不斗了，伯母得意地说：“女大十八变，说不定将来还会变观音面哩。”可是，我仍常常被伯母和母亲当笑话谈论着，每回一说起，我就吵着要回家乡看姐姐阿月。

2

七岁时，母亲带我回家乡，第一件事就是去看阿月，把我们两个人谁是谁搞个清楚。乳娘一见我，眼泪扑簌簌直掉。我心里纳闷：你为什么哭，难道我真是你的女儿吗？我和阿月各自依在母亲怀中，远远地对望着，彼此都完全不认识了。我把她从头看到脚，觉得她没我穿得漂亮，皮肤比我黑，鼻子比我还扁，只是一双眼睛比我的大，直瞪着我看。乳娘过来抱我，问我记不记得吃奶的事，还絮絮叨叨说了好多话，我都记不得了。那时我心里只有一个疑团，一定要直接跟阿月讲。吃了鸡蛋粉丝，两个人不再那么陌生了，阿月拉着我到后门外的矮墙头坐下来。她摸摸我的粗辫子说："你的头发好乌啊。"我也摸摸她细细黄黄的辫子说："你的辫子像泥鳅。"她噘了下嘴说："我没有生发油抹呀。"我连忙从口袋里摸出个小小的瓶子递给她说："给你，香水精。"她问："是抹头发的吗？"我说："头发上、脸上、手上都可以抹，好香啊。"她笑了，她的门牙也掉了两颗，跟我一样。我顿时高兴起来，拉着她的手说："阿月，妈妈常说我们两个被抱错了，你是我，我是你。"她愣愣地说："你说什么我不懂。"我说："咱俩不像双胞胎吗？大妈和乳娘都搞不清楚谁是谁了，也许你应当到我家去。"她呆了好半天，忽然大声地喊："你胡说，你胡说，我不跟你玩了！"说完，她就掉头飞奔而去，把我丢在后门外，我吓得哭了起来。母亲跑来带我进去，怪我做客人的怎么跟姐姐吵架，我愈想愈伤心，哭得抽抽噎噎说不出话来。乳娘也怪阿月，并说："你看小春如今是官家小姐了，多斯文呀。"听她这么说，我心里好急，我不要做官家小姐，我只要跟阿月好。阿月鼓着腮，还是很生气的样子。母亲把她和我都拉到怀里，捏捏阿月的胖手，她手上戴的是一只银镯子，我戴的是一对金手镯。母亲从我手上脱下一只，套在阿月的手上说："你们是亲姐妹，这对金手镯，还是一人一只。"乳娘说："以前那只金手镯，我收起来等她出嫁时给她戴。"乳娘从蓝衫里掏了半天，掏出一个黑布包，打开取出一块亮晃晃的银圆，递给我说："小春，乳娘给你买糖吃。"我接在手心里——还是暖烘烘的——眼睛看着阿月，阿月忽然笑了。我好开心。两个人手牵手出去玩，我再也不敢提"两个人被抱错"那句话了。

我在家待到十二岁才再去杭州，但和阿月却不能时常在一起玩。一来因为路远，二来她要帮妈妈种田、砍柴、挑水、喂猪，做好多好多的事，而我天天要背古文，不能自由自在地跑去找阿月玩。不过逢年过节，不是她来就是我去。我们两个肚子都吃得鼓鼓的，跟蜜蜂似的，彼此互赠了好多礼物：她送我用花布包着树枝的坑姑娘（乡下女孩子自制的玩偶）、从小溪里捡来的均匀的鹅卵石、细竹枝编的戒指与项圈；我送她大英牌香烟盒、水钻发夹、印花手帕。她教我用指甲花捣出汁来染指甲。两个人难得在一起，真是有说不完的话。可是我一回到杭州，彼此就断了音信。她不认得字，不会写信。我有了新同学也就很少想起她。但每当我整理抽屉，看见阿月送我的那些小玩意时，心里就有点怅惘。我一天天长大，自己没有年龄接近的姐妹，就不由得时时想起她来。

3

再见时，母亲双鬓已斑白，乳娘更显得白发苍苍。乳娘紧握我的手，她的手是那么粗糙，那么温暖。她眼中泪水滚落，只是喃喃地说："回来就好，回来就好，总算我还能看到你。"我鼻子一酸，也忍不住哭了。阿月早已远嫁，正值农忙，不能马上来看我。十多天后，我才见到记忆中的阿月。她背上背着一个孩子，怀中抱着一个孩子，一袭花布衫裤，泥鳅似的辫子已经盘在脑后。十八岁的女孩已经是两个孩子的母亲了。我一眼看见她左手腕戴着那只金手镯，我却嫌土气没有戴，心里很惭愧。她竟喊了我一声："大小姐，多年不见了。"我连忙说："我们是姐妹，你怎么喊我大小姐？"乳娘说："长大了要有规矩。"我说："我们不一样，我们是吃您的奶长大的。"乳娘说："阿月的命没你好，她十四岁就做了养媳妇，如今都是两个女儿的娘了。只巴望她肚子争气，快快生个儿子。"我听了心里好难过，不知怎么回答才好。

当晚我和阿月并肩躺在大床上，把两个孩子放在当中。我们一面拍着孩子，一面聊着别后的情形。她讲起婆婆嫌她只会生女儿就掉眼泪，讲起丈夫，倒露出一脸含情脉脉的娇羞,真希望她婚姻美满。我也讲了一些学校里有趣的故事给她听,她有时咯咯地笑,有时眨着一双大眼睛出神,好像没听进去。我忽然觉得我们虽然靠得那么近,却完全生活在两个世界里,我们不可能再像我第一次回家乡时那样一同玩乐了。我跟她说话的时候,都得想一些比较普通,不那么文绉绉的字眼来说,不能像跟同学一样,嘻嘻哈哈,说什么彼此马上就懂。我呆呆地看着她的金手镯,在橙黄的菜油灯光里微微闪着亮光。她爱惜地摸了下手镯,自言自语道:“这只手镯,是你小时候回来那次,太太给我的。周岁给的那只已经卖掉了。因为爸爸生病,没钱买药。”她说的太太指的是我母亲。我听她这样称呼,觉得我们之间的距离又远了,只是呆呆地望着她没作声。她又说:“爸爸还是没救活,那时你已去了杭州,我想告诉你却不会写信。”她爸爸长什么样子,我一点印象都没有,只是替阿月难过。我问她:“你为什么这么早就出嫁?”她笑了笑说:“不是出嫁,是我妈叫我过去的。公公婆婆借钱给妈做坟,婆婆看我还会帮着做事,就要了我。”说这些话的时候,她的眼睛一直半开半闭的,好像在讲一个故事。过了一会儿,她睁开眼来,看看我的手说:“你的那只金手镯呢?为什么不戴?”我有点愧赧,讪讪地说:“收着呢,因为上学不能戴,也就不戴了。”她叹了口气说:“你命真好,能去上学。妈说得一点儿不错,一个人注定的命,就像钉下的秤,一点儿没得反悔。”我说:“命好不好是由自己争的。”她说:“怎么跟命争呢?”她神情有点黯淡,却仍旧笑嘻嘻的。我想,如果不是同吃她母亲的奶,她也不会有这种比较的心理,所以还是别把这一类的话跟她说得太多,免得她知道太多了,以后心里会不快乐。人生的际遇各有不同,我们虽曾同在一个怀抱中吃奶,我却因家庭背景较好,有机会接受教育。她呢?能安安分分、快快乐乐地做个孝顺媳妇、勤劳妻子、生儿育女的慈爱母亲,就是她一生的幸福了。

婴儿啼哭了,阿月把她抱在怀里,解开大襟给她喂奶。她用手轻轻拍着,全神贯注地注视着婴儿,一脸满足的样子。我真难以相信,眼前这个只比我大半个月的女孩子已经是一位成熟的母亲了。而我呢?除了啃书本,就只会跟母亲闹别扭,跟自己生气,我感到满心惭愧。

阿月已很疲倦,拍着孩子睡着了。乡下没有电灯,屋子里黑洞洞的,只有床边菜油灯微弱的光摇曳着,照着阿月手腕上黄澄澄的金手镯。我想起母亲常说的,两个孩子对着灯花把眼睛看斗了的笑话,也想起小时候回故乡,母亲把我手上一只金手镯脱下,套在阿月手上时慈祥的神情,真觉得我和阿月是紧紧扣在一起的。

阿月第二天就带着孩子匆匆回去了,仍旧背上背着大的,怀里抱着小的。一个小小的妇人,显得那么坚强、那么能负重任。我摸摸两个孩子的脸,大的向我咧嘴一笑,婴儿睡得好甜,我把脸颊凑过去,一股子奶香。我说:“阿月,等我大学毕业,做事挣了钱,一定接你去杭州玩一趟。”阿月笑笑,眼睛湿润了。母亲忽然想起一件事来,急急跑上楼,取来一个小小的银质铃铛。她用一段红头绳把铃铛系在婴儿的手腕上,说:“这是小春小时候戴的,给她吧。等你生了儿子,再给你打个金锁片。”母亲永远是那般仁慈、细心。

4

我回到杭州以后,不时取出金手镯,套在手腕上对着镜子看一会儿,又取下来收在盒子里。这时候,金手镯对我来说,已不仅仅是一件纪念物,而是紧紧扣住我和阿月这一对“同胞姐妹”的一样摸得着、看得见的东西。

可是战时为了生活,万不得已中,金手镯竟被我拿去变卖,化作金钱救急。记得我拿着金手镯到银楼去换现款的时候,竟连一点感触都没有,难道是离乱丧亡,已使此心麻木不仁了?

与阿月一别已近半个世纪,母亲去世已三十五年,想来乳娘亦已不在人间,金手镯也化为乌有。可是光阴逝去,忘不掉的是点滴旧事,忘不掉的是梦中的亲人。阿月,她现在究竟在哪里?她过的是什么样的日子?她的孩子又怎样了?她那只金手镯还戴在手上吗?

但是,无论如何,我心中总有一对金手镯,一只套在我手上,一只套在阿月手上,那是母亲为我们套上的。

竹林的故事

✽废 名

到今年，我远道回家过清明，阴雾天气，打算去郊外看烧香，走到坝上，远远望见竹林，我的记忆又好像一塘春水，被微风吹起波皱了。

出城一条河，过河西走，坝脚下有一簇竹林，竹林里露出一重茅屋，茅屋两边都是菜园：十二年前，它们的主人是一个很和气的汉子，大家呼他老程。

那时我们是专门请一位先生在祠堂里讲《了凡纲鉴》，为得拣到这菜园来割菜，因而结识了老程，老程有一个小姑娘，非常害羞而又爱笑，我们以后就借了割菜来逗她玩笑。我们起初不知道她的名字，问她，她笑而不答，有一回见了老程呼“阿三”，我才挽住她的手：“哈哈，三姑娘！”我们从此就呼她三姑娘。从名字看来，三姑娘应该还有姊妹或兄弟，然而我们除掉她的爸爸同妈妈，实在没有看见别的谁。

一天我们的先生不在家，我们大家聚在门口掷瓦片，老程家的捏着香纸走我们的面前过去，不一刻又望见她转来，不笔直地循走原路，勉强带笑地弯近我们：“先生！替我看看这签。”我们围着念菩萨的绝句，问道：“你求的是什么呢？”她对我们诉一大串，我们才知道她的阿三头上本来还有两个姑娘，而现在只要让她有这一个，不再三朝两病的就好了。

老程除了种菜，也还打鱼卖。四五月间，淫雨之后，河里满河山水，他照例拿着摇网走到河边的一个草墩上——这墩也就是老程家的洗衣裳的地方，因为太阳射不到这来，一边一棵树交荫着成一座天然的凉棚。水涨了，搓衣的石头沉在河底，呈现绿团团的坡，刚刚高过水面，老程老像乘着划船一般站在上面把摇网朝水里兜来兜去；倘若兜着了，那就不移地转过身倒在挖就了的荡里，三姑娘的小小的手掌，这时跟着她的欢跃的叫声热闹起来，一直等到蹦跳蹦跳好容易给捉住了，才又坐下草地望着爸爸。

流水潺潺，摇网从水里探起，一滴滴的水点打在水上，浸在水当中的枝条也冲击着嚓嚓作响。三姑娘渐渐把爸爸站在那里都忘掉了，只是不住地抠土，嘴里还低声地歌唱；头毛低到眼边，才把脑壳一扬，不觉也就瞥到那滔滔水流上的一堆白沫，顿时兴奋起来，然而立刻不见了，偏头又给树叶子遮住了——使得眼光回复到爸爸的身上，是突然一声“啊呀”！这回是一尾大鱼！而妈妈也沿坝走来，说盐钵里的盐怕还够不了一飧饭。

老程由街转头，茅屋顶上正在冒烟，叱咤一声，躲在园里吃菜的猪飞奔起来——三姑娘也就出来了，老程从荷包里掏出一把大红头绳：“阿三，这个打辫好吗？”三姑娘抢在手上，一面还接下酒壶，奔向灶角里去。“留到端午扎艾蒿，别糟蹋了！”妈妈这样答应着，随即把酒壶伸到灶孔烫。三姑娘到房里去了一会又出来，见了妈妈抽筷子，便赶快拿出杯子——家里只有这一个，老是归三姑娘照管——踮着脚送在桌上；然而老程终于还是要亲自朝中间挪一挪，然后又取出壶来。“爸爸喝酒，我吃豆腐干！”老程实在用不着下酒的菜，对着三姑娘慢慢地喝了。

三姑娘八岁的时候，就能够代替妈妈洗衣。然而绿团团的坡上，从此也不见老程的踪迹了——这只要看竹林的那边河坝倾斜成一块平坦的上面，高耸着一个不毛的同教书先生（自然不是我们的先生）用的戒方一般模样的土堆，堆前竖着三四根只有杪梢还没有斩去的枝丫吊着被雨粘住的纸幡残片的竹竿，就可以知道是什么意义。

老程家的已经是四十岁的婆婆，就在平常，穿的衣服也都是青蓝大布，现在不过系鞋的带子也不用那水红颜色的罢了，所以并不显得十分异样。独有三姑娘的黑地绿花鞋的尖头蒙上一层白布，虽然更显得好看，却叫人见了也同三姑娘自己一样懒懒的，没有话可说了。

然而那也并非是长久的情形。母女都是那样勤敏，家事的兴旺，正如这块小天地，春天来了，林里的竹子，园里的菜，都一天一天绿得可爱。老程的死却正相反，一天比一天淡漠起来，只有鹞鹰在屋头上打圈子，妈妈呼喊女儿道，“去，去看埘里放的鸡娃。”三姑娘才走到竹林那边，知道这里睡的是爸爸了。到后来，青草铺平了一切，连曾经有个爸爸这件事实几乎也没有了。

正二月间城里赛龙灯，大街小巷，真是人山人海。最多的还要算邻近各村上的女人，她们像一阵旋风，大大小小牵成一串从这街冲到那街，然而能够看得见三姑娘同三姑娘的妈妈吗？不，一回也没有看见！锣鼓喧天，惊不了她母女两个，正如惊不了栖在竹林的雀子。鸡上埘的时候，比这里更西也是住在坝下的堂嫂子们，顺便也邀请一声“三姐”，三姑娘总是微笑着推辞。妈妈则极力鼓励着一路去，三姑娘送客到坝上，也跟着出来，看到底攀缠着走了不；然而别人的渐渐走得远了，自己的不还是影子一般依在身边吗？

三姑娘的拒绝，本是很自然的，妈妈的神情反而有点莫名其妙了！用询问的眼光朝妈妈脸上一瞧，——却也正在瞧过来，于是又掉头望着嫂子们走去的方向：

“有什么可看？成群打阵，好像是发了疯的！”

这话本来想使妈妈热闹起来，而妈妈依然是无精打采沉着面孔。河里没有水，平沙一片，显得这坝从远远看来是蜿蜒着一条蛇，站在上面的人，更小到同一颗黑子了。由这里望过去，半圆形的城门，也低斜得快要同地面合成了一起；木桥俨然是画中见过的，而往来蠕动都在沙滩；在坝上分明数得清楚，及至到了沙滩，一转眼就失了心目中的标记，只觉得一簇簇仿佛是远山上的树林罢了。至于聒聒的喧声，却比站在近旁更能入耳，虽然听不着说的是什么，听者的心早被它牵引了去了。竹林里也同平常一样，雀子在奏它们的晚歌，然而对于听惯了的人只能够增加静寂。

打破这静寂的终于还是妈妈：

“阿三！我就是死了也不怕猫跳！你老这样守着我，到底……”

妈妈不作声，三姑娘抱歉似的不安，突然来了这埋怨，刚才的事倒好像给一阵风赶跑了，增长了一番力气娇恼着：

“到底！这也什么到底不到底！我不欢喜玩！”

三姑娘同妈妈间的争吵，其原因都出在自己的过于乖巧，比如每天清早起来，把房里的家具抹得干净，妈妈却说："乡户人家呵，要这样？"偶然一出门做客，只对着镜子把散在额上的头毛梳理一梳理，妈妈却硬从盒子里拿出头花来。现在站在坝上，眶子里的眼泪快要迸出来了，妈妈才不作声。这时节难为的是妈妈了，皱着眉头不转眼地望，而三姑娘老不抬头！待到点燃了案上的灯，才知道已经走进了茅屋，这期间的时刻竟是在梦中过去了。

灯光下也立刻照见了三姑娘，拿一束稻草，一菜篮适才饭后同妈妈在园里割回的白菜，坐下板凳三棵捆成一把。

"妈妈，这比以前大得多了！两棵怕就有一斤。"

妈妈哪想到屋里还放着明天早晨要卖的菜呢？三姑娘本不依恃妈妈的帮忙，妈妈终于不出声地叹一口气伴着三姑娘捆了。

三姑娘不上街看灯，然而当年被背在爸爸的背上是看过了多少次的，所以听了敲在城里响在城外的锣鼓，都能够在记忆中画出是怎样的情境来。"再是上东门，再是在衙门口领赏……"忖着声音所来的地方自言自语这样猜。妈妈正在做嫂子的时候，也是一样欢喜赶热闹，那情境也许比三姑娘更记得清白，然而对于三姑娘的仿佛亲临一般的高兴，只是无意地吐出来几声"是"——这几乎要使得三姑娘稀奇得伸起腰来了："刚才还催我去玩哩！"

三姑娘实在是站起来了，一二三四地点着把数，然后又一把把地摆在菜篮，以便于明天一大早挑上街去卖。

见了三姑娘活泼泼的肩上一担菜，一定要奇怪，昨夜晚为什么那样没出息，不在火烛之下显一显那黑然而美的瓜子模样的面庞的呢？不——倘若奇怪，只有自己的妈妈。人一见了三姑娘挑菜，就只有三姑娘同三姑娘的菜，其余的什么也不记得，因为耽误了一刻，三姑娘的菜就买不到手；三姑娘的白菜原是这样好，隔夜没有浸水，煮起来比别人的多，吃起来比别人的甜了。

我在祠堂里足足住了六年之久，三姑娘最后留给我的印象，也就在卖菜这一件事。

三姑娘这时已经是十二三岁的姑娘，因为是暑天，穿的是竹布单衣，颜色淡得同月色一般——这自然是旧的了，然而倘若是新的，怕没有这样合身，不过这也不能够说定，因为我们从没有看见三姑娘穿过新衣：总之三姑娘是好看罢了。三姑娘在我们的眼睛里同我们的先生一样熟，所不同的，我们一望见先生就往里跑，望见三姑娘都不知不觉地站在那里笑。然而三姑娘是这样淑静，愈走近我们，我们的热闹便愈是消灭下去，等到我们从她的篮里拣起菜来，又从自己的荷包里掏出了铜子，简直是犯了罪孽似的觉得这太对不起三姑娘了。而三姑娘始终是很习惯的，接下铜子又把菜篮背到肩上。

一天三姑娘是卖青椒。这时青椒出世还不久，我们大家商议买四两来煮鱼吃——鲜青椒煮鲜鱼，是再好吃没有的。三姑娘在用秤称，我们都高兴得了不得，有的说买鲫鱼，有的说鲫鱼还不及鳊鱼。其中有一位是最会说笑的，向着三姑娘道："三姑娘，你多称一两，回头我们的饭熟了，你也来吃，好不好呢？"

三姑娘笑了："吃先生们的一餐饭使不得？难道就要我出东西？"

我们大家也都笑了；不提防三姑娘果然从篮子里抓起一把掷在原来称就了的堆里。

"三姑娘是不吃我们的饭的，妈妈在家里等吃饭。我们没有什么谢三姑娘，只望三姑娘将来碰一个好姑爷。"

我这样说。然而三姑娘也就赶跑了。

从此我没有见到三姑娘。到今年，我远道回家过清明，阴雾天气，打算去郊外看烧香，走到坝上，远远望见竹林，我的记忆又好像一塘春水，被微风吹起波皱了。正在徘徊，从竹林上坝的小径，走来两个妇人，一个站住了，前面的一个且走且回应，而我即刻认定了是三姑娘！

"我的三姐，就有这样忙，端午中秋接不来，为得先人来了饭也不吃！"

那妇人的话也分明听到。

再没有别的声息：三姑娘的鞋踏着沙土。我急于要走过竹林看看，然而也暂时面对流水，让三姑娘低头过去。

她是习惯了离别的滋味的，每年和丈夫别离，和上学的儿女别离，分手之际，虽然不免酸心洒泪，但何尝悲痛到这个地步？

母亲的南旋

✽苏雪林

醒秋一夜翻来覆去地不曾好好安睡。她本来是和母亲对床而眠的，母亲的床，和她的床，相去不过六七尺远。她听见母亲帐中微微有鼾声，很调匀，很沉酣，有时衾褥轻轻转动一下，像母亲在梦中翻身，知道母亲正在熟睡。平常的时候，醒秋若是睡不着，必定唤醒母亲，母女两个谈谈日间的事，或过去的一切，消遣那漫漫的长夜；但今天晚上，醒秋却不敢唤她，因为母亲明天要乘火车到天津，到天津后改搭海轮回南，在路上有几天难受的颠顿，所以今夜必得让母亲好好安睡。

这时候，胡同里的车马声和远处喧哗的市声，早已寂静，不过有时听见巡警喝问半夜尚在街上游荡的人，远处风又送来的几阵狗吠和一声两声小孩的啼哭，除此之外，外边真是万籁俱寂，大地像死了一般。但室内各种细微的声音，却真不少：桌上时钟的嘀嗒嘀嗒，过于干燥的板壁哔哔剥剥地爆裂，鼠儿窸窸窣窣地走动，飞虫头触窗纱，咚咚似小鼓响。这些声音，白昼未尝没有，但我们偏偏听不见，更深夜静之际，便愈加响亮与清晰，一一打入人的耳鼓。这才知道：白昼是“色”的世界，黑夜呢？应该说是“声”的世界了。

“明天母亲就要回南去了！”醒秋心里这样想着，不觉涌起无限恋别的情绪。她的母亲一生没有到过北京，这次为醒秋的三弟完婚，才特别和父亲到京里来。婚事完毕以后，本想在北京好好逍遥一下，因为母亲半生生命都已消磨于大家庭家务的忙碌中间，难得有几时清闲岁月让她享受的。但她在北京还未住上一个月，祖母却于南方的故乡不住寄信催她回去，说家务没有人照管，她自己又上了年纪，不能操劳了。母亲对祖母一向是绝对服从，收到信之后，只好和此生必不能再来的北京作别，决定了南归之计。

母亲自十六岁嫁到杜家起，一直到现在为止，始终是她婆婆跟前一个没有写过卖身契的奴隶，没有半点享受，没有半点自由。醒秋母亲姓舒，家里世代务农，到外祖父始改业为商，外祖父早死，外祖母青年守寡，抚育着膝下三个儿女，上面有个严酷非常的婆婆。醒秋母亲自幼在专制压力下长大，因此倒养成了她的“忍耐”“顺从”的德行，又造成了她“勤勉”“节俭”的习惯。她天性仁厚，资禀又聪明，对于家务，粗细都来得。在家庭里，她是个孝顺而能干的姑娘，嫁到杜家，她又立志要做个好媳妇，相夫教子，做个贤母良妻。她嫁来时，婆婆年纪也不大，只有三十二三岁。

杜家家道也甚贫寒，醒秋的祖父以屡次捕盗有功，很快升到抓印把子的县太爷。俸禄虽有限，但那时物价低廉，用人工资极薄，祖母身边也算有一两个丫头、女仆之类。但祖母让她的丫头们打扮得妖里妖气，到前面门房找男仆们厮混，女仆则或由她们请假回去，多日不来；或由她们随意偷懒，却把个媳妇当作牛马一般支使起来。这个媳妇是她从家乡带出来的，在她身边多年，已被她训练成一个得心应手的工具，所以要一直使用着她。

整个上午拆破衣破袜。午餐后，祖母便上床午睡。这一睡至少两个钟头甚或要睡到晚餐上桌，才肯起床。晚餐后，又上床睡了。当她躺在床上的时候，要媳妇替她捶背脊、捶膝、捻筋。捻筋的差使最为辛苦，要用拇指和食指，用力撮起两肩井与脊背相连的筋。祖母说这样她才会感觉血脉流通，浑身骨节松爽，否则第二天便嚷头痛，四肢沉重，以及诸般病患了。午睡的时候，捶捻一小时左右，看祖母已深入梦乡，母亲便替她覆上衾被，放下帐子，轻轻退出，回房做一点私事。晚餐后，那套按摩一开始，便要延长到十一二点钟才得休止。天天如此，月月如此，年年如此，祖母固然是血脉流通，骨节松爽，可怜母亲的拇指和食指，却常常瘀着血，变成紫黑色，指甲也给磨秃了。并且常常弯着腰背用力，使母亲留下腰背疼痛的毛病。

醒秋从十五岁起，就离开家在省里读书，现在又负笈北京，客中凄凉的况味是尝惯了，但她的心总萦绕在母亲的身边。她平日看见本地同学，随着她们的母亲到处游玩，便不禁万分地欣羡，只恨自己的母亲不在北京，不能享到这样天伦的乐趣。现在母亲来到北京，她可得意极了。她若在公园等处遇见同学，必定远远地跑过去，将那个同学一把拖到母亲跟前：“姊妹，我给你介绍，这是家母！”

“明天母亲便回南去了！”醒秋心里仍然念着这句话。她本想挽留母亲在北京再住几天，但这又有什么用？住了几天，结果还不是仍要回去的吗？她又想跟母亲回南，因为那时暑假未满，距离开学上课还有一段光阴。但父亲说他自己要留在京里等候什么差使，母亲虽去，他可以陪伴女儿。况且家乡离北京甚远，回乡住不了几天，又要到京上学，这一趟往返，无非是多花盘缠和多吃辛苦，有什么意思呢？父亲的话很有理，醒秋是遵从了。

第二天早晨，醒秋被一种轻微的步履声惊醒了。她张开惺忪的眼，见天色还没有十分亮，室中光线仍是一片昏暗，只觉得屋角里有个黑影儿，徐徐在那里动，轻手轻脚地像怕惊醒了床上的她，她知道母亲已起来了。

“妈，你为什么起得这样早？这时候大约还不到四点钟，离你动身的时刻还早得很呢。”醒秋说道。

“你再好好睡一会儿吧。我的箱子还有些没收拾好，而且你的衣箱也是杂乱得很，我趁这时候将它们整理整理，好让你带到学校里去。”母亲回答。

醒秋将头向枕上一转，又睡着了。

早上六点钟的时候，预定的骡车辚辚地到了门前，大家都起来了。梳洗完毕后，父亲说这里离车站太远，来不及在家里吃早饭了，不如到车站咖啡店里去，一面等车，一面吃点心。一下噼啪的鞭声爆裂在骡背上，车轮便转动了。北方骡车的滋味，没有亲自坐过的人是不能领略的，里面虽垫有厚褥，却是一搭子平，客人坐在这褥子上，两条腿要笔直伸着，腰里没有东西倚靠，晃晃荡荡地半悬在空中；穹形的车篷，恰恰抵住人的头顶，车一震动，头便碰着车篷上的钉子，碰得你要叫苦连天，这样坐车，简直是活受罪！醒秋母女一向没有坐过这样的车子，被它一颠，便觉得头脑昏眩，胃里一阵一阵翻腾，似乎要呕吐出来。

母亲的面容更显得暗淡，蹙着眉尖，用手揉着自己的胸口。醒秋知道母亲难受，挣扎着欠起身子，叫母亲倚靠在她身上，又叫表婶打开藤提包，取出热水瓶，倒了一杯开水给母亲喝下，她似乎才觉得心里略为安定些。

过了前门，行了不多的路，便是火车站，骡车停在车站附近的咖啡店前。火车还有二十多分钟才开，大家便陪母亲坐在车厢里，说着闲话，所谈也无非是坐海轮的经验以及父亲等着差使后好回南方等。表叔是个忠厚长者，他不住安慰母亲说：“海船上的生活比火车安静自由得多，虽然有时不免颠簸，但躺着不起来，也就不觉得什么了。”他又劝母亲到天津或烟台的时候，买些水果，晕船时，吃几个可以开胃。

但母亲并不说话，她默默地坐在那里，像被什么忧愁侵袭着。忽然间，她眼中闪烁着晶莹的泪光了，这泪涨开，成为豆大的颗粒，由颊边一滴一滴地坠在怀里，她已在无声地饮泣了。

醒秋突然间也感到离别的痛苦了，这个痛苦自从前两天起便已酝酿在胸中，本是模糊的一团，看不出个所以，现在才变成了明显的具体感觉。她的心为这痛苦所牵掣，起了痉挛，眼泪也不知不觉地流了出来。

父亲和表叔停止了说话，想找点话来安慰母亲。但母亲这次的饮泣，似乎不仅为着惜别，却像另外有所感触。她一尊石像般端端正正地坐着，两眼直直地不看任何人，大滴的眼泪，由她苍白的颊边，继续下坠，也不用手巾去揩。好像一个暮年人沉溺于感伤的回忆里，又好像她胸中有无限的委屈，不能申诉，借流泪来发泄似的。

她愈泣愈厉害，终于呜咽出声了。这分明有什么撕裂心肝的痛楚抓住了她；这分明有什么深切的悲哀撕扯着她的灵魂，使她不能抑制自己，而至于这样呻唤出来。她是习惯了离别的滋味的，每年和丈夫别离，和上学的儿女别离，分手之际，虽然不免酸心洒泪，但何尝悲痛到这个地步？

表叔终于缓缓地开了口：“我想大嫂子是舍不得离开醒秋侄女吧？现在离开车还有几分钟，何不去补买一张票来，让她娘儿两个一同回去？”“怎样？教醒儿跟你一同回去？”父亲也没有主张了，低声向母亲问。

母亲将头摇了一摇，表示她不赞成这样办。

汽笛呜呜地叫了一声，旅客如潮水般涌上来了。母亲坐的这节车厢也进来了许多人。这时母亲已拭干了眼泪，从醒秋手中接过藤提包，保住自己的座位。父亲再三叮嘱她一路保重，表叔和表婶也和她道了别。汽笛又叫了一声，车轮转动了一下，大家不能再在车上停留了，只得硬着头皮逐一下了车。第三次汽笛叫时，车头开动，拖着一列一列的车子，向南驰去。醒秋模糊的泪眼还看见母亲灰白的脸庞，探在窗口，含愁微笑，向送别者频频点头。长蛇般的列车，在空间里渐渐消失了，只有一缕黑烟，袅然在青苍的天空里拖曳着，和离人寂寞的心绪，纠缠在一起！

朝暮集

闲看人间二三事

如今往回看，事事可以后悔，

但事事也可以若无其事。

樱桃青衣

✽李碧华

人世间的荣华富贵，荣辱得失，恩怨爱恨，不过如此。

唐，天宝初年，玄宗“开元之治”盛世已过。皇上宠爱杨贵妃，重用外戚奸臣，政治日趋腐败。范阳、平卢、河东三镇节度使安禄山坐大，随时可能发动叛变。

世局纷乱，仍有渴望当官的人。

范阳有位书生，卢姓，家境贫寒，长相普通，娶妻平庸。自小饱读诗书，只望在乡众的白眼中出人头地。

他到京都应举，连年不第，又无颜回家，流落在外，生活日渐窘迫。

但除了科举考试，卢生再没有其他心愿。所有书生的唯一出路，便是谋个一官半职，光耀门楣。

这天黄昏，卢生骑着驴游行，百无聊赖，想到前路茫茫，今年不知能否跻身仕途？抑或名落孙山，又重复考不完的试，强度干涩的人生？

前面有一寺庙，和尚在向善信开讲。听经的僧徒很多，卢生也坐到席前。

听了一会儿，他有点困倦。什么也没有得到过，又如何看破并放下呢？这些道理真难悟。

迷糊地，算了算了，不如回去。

至寺庙门口，卢生看见一位穿着青蓝粗布衣裳的婢女，她携着一篮樱桃，在台阶下坐着。

“相公，你可尝尝这樱桃？”

樱桃又红又艳，香甜多汁，卢生与青衣女子一起吃得很开怀，这是他近年来最自在舒适的一个黄昏。

卢生问：“请问姐姐芳名？”

“你唤我‘樱桃’吧。”

“樱桃姐姐是哪家婢女？”

“我家娘子姓卢——”

他有点诧异：“真的？可巧我也姓卢呀！”

“是吗？”樱桃道，“娘子嫁到崔家。现在丈夫去世了，居住在城中。”

“我听爹爹说过，有个亲戚也远嫁在此，不过失去音讯。好似住在天津桥一带——”

“我们便是住水南坊那边的！”

大家印证一下，原来崔氏夫人竟是卢生的堂姑呢。

樱桃笑：“岂有姑姑同在一个都城，侄子也不去造访问候的道理？”

夜色撩人，卢生跟随这青衣女子过天津桥，进入水南坊。这居处别有天地，宅门高大，甚是气派。卢生立于门下，倒有点惭愧。

青衣女子先进去通报。不一会儿，出来了四名男子，二人穿红，二人穿绿，形貌俊美。卢生更加局促。

“我们都是你姑姑的儿子，大家应是表兄弟了。”

他们相见欢谈，自我介绍——一位任户部郎中，一位任郑州司马，一位任河南功曹，一位任太常博士。皆有功名，且居高位。

卢生又羡又妒，人生在世，不过是名利前程与美妻，但自己沾不上边。

“请随我们到北堂拜见娘亲吧。”

姑姑年约六十，穿紫色衣裳。她言辞高朗，十分威严。卢生有点畏惧，不敢直视。姑姑询问了他家里外的事，特别熟悉氏族情况。

姑姑又问：“喜欢什么样的女子？”

卢生一怔，暗想：喜欢樱桃吗？

他实在有点心动，她年纪轻轻，又聪明伶俐，还长得娇俏迷人。

但她只是个婢女啊。

姑姑好似洞悉他的心事。

她道：“我有一外甥女，姓郑，父母早已过世，孤单一人，由我妹妹抚养，长得甚有容色，也很贤淑。我就为你筹划一下婚姻大事。你同意吧？”

卢生家中早有糟糠，但他不提。哪能反对这样好的安排？

姑姑微笑：“比樱桃好上十倍呐。”

他马上改变了目标，拜谢不已。

姑姑二话不说即遣人去迎接郑氏小姐。

卢生心如鹿撞，一如少年。坐立不安伫候美人，这种恋慕前未曾有。

不一会儿，郑氏一家来了，乘坐的马车甚为考究。她们查看历书，选择良辰吉日：“后日大吉，就在那天成亲好了。”

卢生正待开口，姑姑道：“聘礼、财物、函信、礼席等，侄儿莫忧愁，我通通给你准备妥当。你在城里有什么亲戚朋友，都抄下姓名和住址，好让我们发喜帖。”

卢生听话，共写了三十余条，并且把台省及府县官员也报上了。第二天发了帖。当天晚上举行婚礼，交拜天地。姑姑主持盛事，奢侈繁华得不似人间。

翌日拜席，举凡都城的贵客都赏光而来。拜席完毕，卢生和新娘子进入一个院子中，院中安置了屏风、帷幕、新床、被褥……都是罕见的珍异之物。偷看妻子，年纪大约十四五，清丽得如天仙一样，仿佛不食人间烟火，卢生见了，不胜欢喜，却忘了家乡还有眷属。

转眼之间，又到了秋试的时候。

姑姑对他说："礼部侍郎与我有亲戚关系，你去考试，他必定尽全力帮助你，无须担心。"

果然，春天登第，再应宏词科考试。姑姑又道："吏部侍郎与我儿子——你的表弟为同级官员，他们交情甚笃，为你进一言，你必定高中。"

榜子一颁，卢生又登甲科，授秘书郎的官职。姑姑一力安排："河南尹是我堂外甥，让他上奏授你东都辅县尉官职吧。"

过了几个月，皇上下诏敕令卢生为王屋县尉。之后，一直扶摇直上：进京迁为监察，转为殿中，拜为吏部员外郎，判南曹，铨毕，再任郎中之职。

三年内，他在礼部、兵部、吏部……都当过侍郎，还掌握了选拔官吏的权力，位极人臣，操升贬权，众皆巴结，他乐享逢迎，以贿款多少分配官职高低。

他从没怀疑过，姑姑何以有此大能大力，点石成金。

也没思前想后，检讨一下自己的实力、际遇和良知。

荣华富贵，名利权势，令卢生飘飘欲仙。

不知不觉，二十年过去了。

卢生有了七个儿子，三个女儿。儿女们的婚事，仕途的策划，他也一一办妥。内外孙子十人，一家热闹。

一日，家丁通报："老爷——"

"什么事？"

"外面——"

"吞吞吐吐的，是有稀客临门吗？"

"有一蓬头垢面妇人求见！"

卢生错愕："……"

家丁也不好回话，有点大舌头："说是老爷在范阳的原配，很挂念夫君……并特地来报告老爷家乡饥荒中的死讯……"

妻子、父母、家乡——

卢生才猛然想起自己的出身。

那不可告人的、早已被抛诸脑后的故旧，他的本来面目。

如何取舍？

如何打发？

此时——

忽见朝廷官差，人马浩荡而至。原来因自己贪赃枉法，并富甲一方，令高层存忌，龙颜不悦，有忠贞分子为皇上设想，奏上一本。

眼见将成阶下囚，性命不保，株连九族。他决定逃亡，从后门如丧家犬般夹着尾巴溜掉了。

咦？前面有一寺庙，好生眼熟。

寺庙内，和尚正向善信开讲，座无虚席。卢生进内，走上大殿，礼拜佛像，忽然昏迷过去。身畔有嘤嘤人语，摇晃着他问："施主怎么了？"

和尚在喊他："你醒来吧！"

他醒了。

只见自己身穿白布衫，憔悴如故。哪有前呼后拥的官员、俯首听命的下属？哪有豪宅华衣美妻和绕膝的儿孙？岁月亦未过去。

他迷惑地在大殿上徘徊了一阵，慢慢离开。

牵驴的小童拿着帽子站在大门外，急道："人和驴都饿了，相公为什么久久不出来？"

卢生问："现在什么时候了？"

"天快黑了。"

卢生用力摇摇头，骑上驴背。

他出了寺门，竟见台阶下仍坐着那位青衣女子，她仍携着一篮樱桃，甜艳如前。这会儿，她告诉身畔品尝的另一位年轻书生："你唤我'樱桃'吧。"

"樱桃姐姐是哪家婢女？"

"我家娘子姓谢——"

"真的？可巧我也姓谢呀。"

"是吗？……"

"……"

卢生叹息着骑驴远去："人世间的荣华富贵，荣辱得失，恩怨爱恨，不过如此。"

世上的老人五花八门，我慢慢地喜欢他们起来了。

这样的人生

三毛

1

我搬到北非加纳利群岛住时，就下定了决心，这一次的安家，可不能像沙漠里那样，跟邻居的关系混得过分密切，以至于失去了个人的安宁。在这个繁华的岛上，我们选了很久，才选了离城20多里路的海边社区住下来。虽说加纳利群岛是西班牙在海外的一个省份，但是有一部分在此住家的，都是北欧人和德国人。我们的新家，坐落在一个面向着大海的小山坡上，一百多户白色连着小花园的平房，错错落落地点缀了这个海湾。

荷西从第一天听我跟瑞典房东讲德国话时，就有那么一点不自在。后来我们去这社区的办公室登记水电的申请时，我又跟那个丹麦老先生说英文，荷西更是不乐。等到房东送来一个芬兰老木匠来修车房的门时，我们干脆连中文也混进去讲，反正大家都不懂。

“真是笑话,这些人住在我们西班牙的土地上,居然敢不学西班牙文,骄傲得够了。”荷西的民族意识跑出来了。

“荷西,他们都是退休的老人了,再学另一国的话是不容易的,你将就一点,做做哑巴算了。”

“真是比沙漠还糟,我好像住在外国一样。”

“要讲西班牙文,你可以跟我在家里讲,我每天啰唆得还不够你听吗?”

荷西住了下来,每天都去海里潜水,我看他没人说话又被外国人包围了,心情上十分落寞。

等到我们去离家七里路外的小镇邮局租信箱时,这才碰见了西班牙同胞。

“原来你们住在那个海边。唉!真叫人不痛快,那么多外国人住在那里,我们邮差信都不肯去送。”

邮局的职员看我们填的地址,就摇着头叹了一口气。

“那个地方,环境是再美不过了,偏偏像是黄头发人的殖民地,他们还问我为什么不讲英文。奇怪,我住在自己的国家里,为什么要讲旁人的话。”荷西又来了。

“你们怎么处理海湾一百多家人的信?”我笑着问邮局。

“那还不简单,每天抱一大堆去,丢在社区办公室,绝对不去一家一家送,你们要信,自己去办公室找。”

“你们这样欺负外国人是不对的。”我大声说。

“你放心,就算你不租信箱,有你的信,我们包送到家。你先生是同胞,是同胞我们就送。”

我听了哈哈大笑,世上就有那么讨厌外国人的民族,偏偏他们赚的是游客生意。

“你们讨厌外国人,西班牙就要饿死。”

“游客来玩玩就走,当然欢迎之至。但是像你们住的地方,他们外国人来了,自成一区,长住着不肯走,这就讨厌透了。”

荷西住在这个社区一个月,我们申请的新工作都没有着落,他又回到对面的沙漠去做原来的事情。那时撒哈拉的局势已经非常混乱了,我因此一个人住了下来,没有跟他回去。

“三毛,起初一定是不惯的,等我有假了马上回来看你。”

荷西走的时候一再地叮咛我生活上的事情。

“我有自己的世界要忙,不会太寂寞的。”

“你不跟邻居来往?”

“我一向不跟邻居来往的,在沙漠也是人家来找我,我很少去串门子的。现在跟这些外国人,我更不会去理他们了。”

“真不理?”

“不理,每天一个人也够忙的了。”

我打定主意跟这些高邻鸡犬相闻,老死不相往来。

2

我来之后在两个月之内,认识了那么多的邻居,实在不算我的过错。

荷西不在的日子,我每天早晨总是开了车去小镇上开信箱、领钱、寄信、买菜、看医生,做这些零碎的事情。

我的运气总很不好,每当我的车缓缓地开出那条通公路的小径时,总有邻居在步行着下坡也要去镇上办事。

我的空车停下来载人是以下几种情形:遇见年高的人我一定停车,提了东西在走路的人我也停车,小孩子上学我顺便带他们到学校,天下雨我停车,出大太阳我也停车。总之,我的车很少有不满的时候,当然,我载客的对象总是同一个社区里住着的人。

我一向听人说,大凡天下老人,都是啰唆悲伤自哀自怜,每日动也不动,一开口就是寂寞无聊的一批人。所以,我除了开车停车时载这些老年人去镇上办事之外,就硬是不多说太多的话,也绝不跟他们讲我住在哪一幢房子里,免得又落到如同沙漠邻居似的陷阱里去。

荷西有假回来了,我们就过着平淡亲密的家居生活。他走了,我一个人种花理家,见到邻居了,会说话也不肯多说，只道早午安。

“你这种隐士生活过得如何？”荷西问我。

“自在极了。”

“不跟人来往？”

“哎呀！想想看，跟这些七老八十的人做朋友有什么意思。本人是势利鬼，不受益的朋友绝对不收。”

所以我坚持我的想法，不交朋友。中国人说敬老敬老，我完全明白这个道理，给他们来个敬而远之。

所以，我常常坐在窗口看着大海上漂过的船。荷西不回来，我只跟小镇上的人说说话，邻居，绝对不理。

有那么一天中午，我坐在窗前的地毯上向着海发呆，身上包了一块旧毛巾，抽着线算算今天看过的船有几艘。

窗下面我看见过不知多少次的瑞典清道夫又推着他的小垃圾车来了，这个老人胡子晒得焦黄，打赤膊，穿一条短裤，光脚。眼光看人时很锐利，身子老是弯着。他最大的嗜好就是扫这个社区的街道。

我问过办公室的卡司先生，这清道夫可是他们请来的？他们说：“他退休了，受不了北欧的寒冷，搬到这里来长住。他说免费打扫街道，我们当然不会阻止他。”这个老疯子说多疯就有多疯，他清早推了车出来，就从第一条街扫起，扫到我这条街，已经是中午了。他怎么个扫法呢？他用一把小扫把，把地上的灰先收起来，再用一块抹布把地用力来回擦，他擦过的街道，可以用舌头舔。

那天他在我窗外扫地，风吹落的白花，这老人一朵一朵拾起来。海风又大吹了一阵，花又落下了，他又拾；风又吹，他又拾。这样弄了快20分钟，我实在忍不住了，光脚跑下石阶，干脆把我那棵树用力乱摇，落了一地的花，这才也蹲下去一声不响地帮这疯子拾花。

等我们捡到头都快碰到一起了，我才抬起头来对他嘻嘻地笑起来。

“您满意了吧？”我用德文问他。

这老头子这才站直了身子，好像一个希腊神似的严肃地盯着我。

“要不要去喝一杯茶？”我问他。

他点点头，跟我上来了。我给他弄了茶，坐在他对面。

“你会说德文？”他好半晌才说话。

“您干吗天天扫地？扫得我快疯了，每天都在看着您哪。”

他嘴角居然露出一丝微笑，他说：“扫地，是扫不疯的，不扫地才教人不舒服。”

“干吗还用抹布擦？您不怕麻烦？”

“我告诉你，小孩子，这个社区总得有人扫街道，西班牙政府不派人来扫，我就天天扫。”他喝了茶，站起来，又回到大太阳下去扫地。

“我觉得您很笨。”我站在窗口对他大叫，他不理。

“您为什么不收钱？”我又问他，他仍不理。

一个星期之后，这个老疯子的身旁多了一个小疯子。只要中午看见他来了，我就高兴地跑下去，帮他把我们这半条街都扫过。只是老疯子有意思，一板一眼认真扫，小疯子只管摇邻居的树，先把叶子给摇下来，老人来了自会细细拾起来收走，这个美丽的社区清洁得不能穿鞋子踩。

我第一次觉得，这个老人可有意思得很，他跟我心里的老人有很大的出入。

3

又有一天，我在小镇上买菜，买好了菜要开车回来，才发觉我上一条街上的德国老夫妇也提了菜出来。

我轻轻按了一下喇叭，请他们上车一同回家，不必去等公共汽车，他们千谢万谢地上来了。

等到了家门口，他们下车了，我看他们那么老了，心里不知怎的发了神经病，不留神，就说了：“我住在下面一条街，18号，就在你们阳台下面，万一有什么事，我有车，可以来叫我。”

说完我又后悔了，赶快又加了一句：“当然，我的意思是说，很紧急的事，可以来叫我。”

“嘻嘻，你的意思是说，如果我心脏病发了，就去叫你，是不是？”

我就是这个意思，但给这精明的老家伙猜对了我的不礼貌的同情，实在令我羞愧了一大阵。

过了一个星期，这一对老夫妇果然在一个黄昏来了，我开门看见是他们，马上一紧张，说：“我这就去车房开车出来，请等一下。”

“嗯，女孩子，你开车干什么？”老家伙又盯着我问。

“我哪里知道做什么？”我也大声回答他。

“我们是来找你去散步的。人有脚，不肯走路做什么。”

“你们要去哪里散步？”我心里想，这两个老家伙，加起来恐怕有180岁了，拖拖拉拉去散步，我可不想一起去。

“沿着海湾走去看落日。”老婆婆亲切地说。

“好，我去一次，可是我走得很快的哦！”我说着就关上了门，跟他们一起下山坡到海边去。

三个小时以后，我跛着脚回来，颈子上围着老太太的手帕，身上穿着老家伙的毛衣，一到家，累得坐在石阶上动都不会动。

“年轻人，要常常走路，不要老坐在车子里。走这一趟就累得这个样子，将来老了怎么是好。”老家伙大有胜利者的意味，我抬头瞪了他一眼，一句都不能顶他。世上的老人五花八门，我慢慢地喜欢他们起来了。

当然，我仍是个势利极了的人，不受益的朋友我不收，但这些老人可也很给我受益。

4

我在后院里种了一点红萝卜，每星期荷西回来了就去拔，看看长了多少，那一片萝卜老也不长，拔出来只是细细的线。

有一日我又一个人蹲在那里拔一个样品出来看看长了没长，因为太专心了，矮墙上突然传来的大笑声把我吓得跌坐在地上。

“每天拔是不行的，都快拔光啦！”

我的右邻手里拿着一把大油漆刷子，站在扶梯上望着我。

“这些菜不肯长。”我对他说。

“你看我的花园。”他说这话时我真羞死了。这也是一个老头子，他的院子里一片花红柳绿，美不胜收，我的园子里连草也不肯长一根。

我马上回房内去抱出一本园艺的书来，放在墙上，对他说：“我完全照书上说的在做，但什么都不肯长。”

“啊！看书是不行的，我过来替你医。”他爬过梯子，跳下墙来。

两个月后，起码老头子替我种的洋海棠都长得欣欣向荣。

“您没有退休以前是花匠吗？”我好奇地问他。

“我一辈子是钱匠，在银行里数别人的钱。退休了，我内人身体不好，我们就搬到这个岛来住。”

“我从来没有见过您的太太。”

“她啊，去年冬天死了。”他转过头去看着大海。

“对不起。”我蹲着轻轻地挖泥巴，不去看他。

“您老是在刷房子，不累吗？”

“不累，等我哪一年也死了，我跟太太再搬来住，那时候可是我看得见你，你看不见我们了。”

“您是说灵魂吗？”

“你怕？”

“我不怕，我希望您现出来给我看一次。”

他哈哈大笑起来，我看他失去了老伴，还能过得这么有活力，令我几乎反感起来。

“您不想您的太太？”我刺他一句。

“孩子，人都是要走这条路的，我当然怀念她，可是上天不叫我走，我就要尽力欢喜地活下去，不能过分自弃，影响到孩子们的心情。”

“您的孩子不管您？”

“他们各有各的事情，我一个人住着，反而不觉得自己是废物，为什么要他们来照顾。”

说完，他提了油漆桶又去刷他的墙了。

养儿何须防老，这样豁达的人生观，在我的眼里，是大智慧大勇气的表现。我比较了一下，我觉得，我看过的中国老人和美国老人比较悲观，欧洲的老人很不相同，起码我的邻居们是不一样的。

5

我后来认识了艾力克，也是因为他退休了，常常替邻居做零工，忙得半死也不收一毛钱。有一天我要修车房的门，去找芬兰木匠，他不在家，别人就告诉我去找艾力克。

艾力克已经74岁了，但是他每天拖了工具东家做西家修，怎也老不起来。

等他修完了车房门之后，他对我说："今天晚上我们有一个音乐会，你想不想来？"

"在谁家？什么音乐会？"

"都是民歌，有瑞典的、丹麦的、德国的，你来听，我很欢喜你来。"

那天晚上，在艾力克宽大的天台上，一群老人抱着自己的乐器兴高采烈地来了，我坐在栏杆上等他们开场。

他们的乐器有笛子，有小提琴，有手风琴，有口琴，有拍掌的节奏，有悠扬的口哨声，还有老太太宽洪的歌声。

艾力克在拉小提琴，一个老人顽皮地走到我面前来一鞠躬，我跳下栏杆跟他跳起圆舞曲来。我从来没有跟这么优雅的上一代跳过舞，想不到他们是这样地吸引我，他们对生命的热爱，对短促人生的把握，着实令我感动。那个晚上，月亮照在大海上，衬着眼前的情景，令我不由得想到死的问题。生命是这样美丽，为什么要把我们一个一个收回去？我愿永远活下去，永远不要离开这个世界。

等我下一次再去找艾力克时，是因为我要锯一块海边拾来的漂流木。

开门的是安妮，一个已经70岁了的寡妇。

"三毛，我们有好消息告诉你，正想这几天去找你。"

"什么事那么高兴？"我笑吟吟地打量着穿游泳衣的安妮。

"艾力克与我上个月开始同居了。"

我大吃一惊，欢喜得将她抱起来打了半个转。

"太好了，恭喜恭喜！"

我伸头向窗内看，艾力克正在拉琴。他没有停，只对我点了点头，我跑进房内去。

"艾力克！我看你那天晚上就老请安妮跳舞，原来是这样的结果啊！"

安妮马上去厨房做咖啡给我们喝。

喝咖啡时，安妮幸福地忙碌着，艾力克倒是有点沉默，好似不敢抬头一样。

"三毛，你在乎不结婚同居的人吗？"安妮突然问我。

"那完全不是我的事，你们要怎么做，别人没有权利说一个字。"

"那么你是赞成的？"

"我喜欢看见幸福的人，不管他们结不结婚。"

"我们不结婚，因为结了婚我前夫的养老金我就不能领，艾力克的那一份只够他一个人活。"

"你不必对我解释，安妮，我不是老派的人。"

等到艾力克去找锯子给我时，我在客厅书架上看放着的相片，现在不但放有艾力克全家的照片，也加进了安妮全家的照片。艾力克前妻的照片仍然放在老地方，没有取掉。

"我们都有过去，我们一样怀念着过去的那一半。只是，人要活下去，要再寻幸福，这并不是否定了过去的爱情……"

"你要说的是，人的每一个过程都不该空白地过掉，我觉得你的做法是十分自然的。安妮，这不必多解释，我难道连这一点也不了解吗？"

借了锯子我去海边锯木头，正是黄昏，天空一片艳丽的红霞。我在那儿工作到天快黑了，才拖了锯下的木块回家。我将锯子放在艾力克的木栅内时，安妮正在厨房高声唱着歌，70岁的人了，歌声还是让人听得出爱情的欢乐。

我慢慢地走回家，算算日期，荷西还要再四天才能回来。我独自住在这个老年人的社区里，本以为会感染他们的寂寞和悲凉，没有想到，人生的尽头，也可以再有春天，再有希望，再有信心。我想，这是他们对生命执着的热爱，对生活真切的有智慧的安排，才创造出了奇迹般灿烂的晚年。

我还是一个没有肯定过自己的人，我的下半生要如何度过，这一群当初被我视为老废物的家伙们，真给我上了一堂在任何教室也学不到的功课。

孤独对一个人不见得是坏事……这一点你以后会明白的。

我的小学

✽ 梁晓声

我永远忘不了这样一件事。

某年冬天，市里要来一个卫生检查团到我们学校检查卫生，班主任老师吩咐两名同学把守在教室门外，个人卫生不合格的学生，不准进入教室。我是不许进入教室的几个学生之一。我和两名把守在教室门外的学生吵了起来，结果他们从教员室请来了班主任老师。

班主任老师上下打量着我，冷起脸问："你为什么今天还要穿这么脏的衣服来上学？"

我说："我的衣服昨天刚刚洗过。"

"洗过了还这么脏？"老师指点着我衣襟上的污迹。

我说："那是油点子，洗不掉的。"

老师生气了："回家去换一件衣服。"

我说："我就这一件上学的衣服。"

我说的是实话。老师认为我顶撞了她，更加生气了，又看我的双手，说："回家叫你妈把你两手的皴用砖头蹭干净了再来上学！"接着像扒乱草堆一样乱扒我的头发，"瞧你这满头虮子，叫人恶心！回家去吧！这几天别来上学了，检查过后再来上学！"

我的双手，上学前用肥皂反复洗过，用砖头蹭也未必能蹭干净。而手生的皴，不是我所愿意的。我每天要洗菜、淘米、刷锅、刷碗。家里的破屋子四处透风，连水缸在屋内都结冰，我的手上怎么不生皴？不卫生是很羞耻的，这我也懂。但卫生需要起码的"为了活着"的条件。这一点我的班主任老师便不懂了。阴暗的，夏天潮湿冬天寒冷的，像地窖一样的一间小屋，破炕上每晚拥挤着大小五口人，四壁和天棚每天起码要掉下三斤土，炉子每天起码要向狭窄的空间飞扬四两灰尘……母亲每天早出晚归去干临时工，根本没有精力照料我们几个孩子，如果我的衣服居然还干干净净，手上没皴头上没有虮子，那倒真是咄咄怪事了！

我两眼涌出泪水，转身就走。

这一幕却被语文老师看到了。她说："梁绍生，你别走，跟我来。"扯住我的一只手，将我带到教员室。她让我放下书包，坐在一把椅子上，又说："你的头发也够长了，该理一理了，我给你理吧！"说着就离开了办公室。

可是我心里却不想再继续上学了。因为穷，太穷，我在学校里感到一点儿尊严也没有。而一个孩子需要尊严，正像需要母爱一样。我是全班唯一的一个免费生。免费对一个小学生来说是精神上的压力和心理上的负担。

语文老师走出教员室，我便拿起书包逃离了学校。

我一直跑出校园，跑着回家。

"梁绍生，你别跑，别跑呀！小心被汽车撞了呀！"

我听到了语文老师的呼喊。她追出了校园，在人行道上跑着追我。

我还是跑。她紧追。

"梁绍生，你别跑了，你要把老师累坏呀！"

我终于不忍心地站住了。她跑到我跟前，已气喘吁吁。她说："你不想上学啦？"

我说："是的。"

她说："你才小学四年级，学这点儿文化将来够干什么用？"

我说："我宁肯和我爸爸一样将来靠力气吃饭，也不在学校里忍受委屈了！"

她说："你这种想法是错误的。小学四年级的文化，将来也当不了一个好工人！"

我说："那我就当一个不好的工人！"

她说："那你将来就会恨你的母校，恨母校所有的老师，尤其会恨我。因为我没能规劝你继续上学！"

我说："我不会恨您的。"

她说："那我自己也不会原谅我自己！"

我满心间自卑、委屈、羞耻和不平，哇的一声哭了。

她抚摸着我的头，低声说："别哭，跟老师回学校吧。啊？我知道你们家里生活很穷困，这不是你的过错，没有值得自卑和羞耻的。你要使同学们看得起你，每一位老师都喜爱你，今后就得努力学习才是啊！"

我只好顺从地跟她回到了学校。

语文老师牵着我的手，重新把我带回了学校，重新带到教员室，让我重新坐在那把椅子上，开始给我理发。

语文教员室里的几位老师百思不得其解地望着她。

一位男老师对她说："你何苦呢？你又不是他的班主任。曲老师因为这个学生都对你有意见了，你一点儿不知道？"

她笑笑，什么也没回答。

她一会儿用剪刀剪，一会儿用推子推，将我的头发剪剪推推摆弄了半天，总算"大功告成"。

她歉意地说："老师没理过发，手太笨，使不好推子也使不好剪刀，大冬天的给你理了个小平头，你可别生老师的气呀！"

教员室没面镜子，我用手一摸，平倒是很平，头发却短得不能再短了。哪里是"小平头"，分明是被剃了一个不彻底的秃头。我的自尊心也被剪掉剃平。

我并未生她的气。

随后她又拿起她的脸盆，领我到锅炉房，接了半盆冷水再接半盆热水，兑一盆温水，给我洗头，洗了三遍。

只有母亲才如此认真地给我洗过头。

我的眼泪一滴滴落在脸盆里。

她带我走进我们班级的教室后，同学们顿时哄笑起来。她生气了，严厉地喝问我的同学们："你们笑什么？有什么可笑的？哄笑一个同学迫不得已的做法是可耻的行为！如果我是你们的班主任，谁再敢哄笑我就把谁赶出教室！"

我看到班主任老师的脸一下子拉长了。

班主任老师也对同学们呵斥："不许笑！这又不是耍猴！"班主任老师的话，更加使我感到被当众侮辱，而且我听出来了，班主任老师的话中，分明包含着针对语文老师的不满成分。

从那时起直至我小学毕业，我们班主任老师和语文老师的关系一直不融洽。几年来，我在一位关心我的老师和一位讨厌我的老师之间，处处谨小慎微，循规蹈矩，力不胜任地扮演一架天平上的小砝码的角色。扮演这种角色，对于一个小学生的心理，无异于扭曲，对我以后的性格形成不良影响，使我如今不可救药地成了一个忧郁型的人。

我心中暗暗铭记语文老师对我的教诲，学习努力起来，成绩渐好。

四年级上学期期末考试，我的语文和算术破天荒第一遭拿了"双百"，而且《中国少年报》选登了我的一篇作文，市广播电台《红领巾》节目也广播了我的一篇作文，还有一篇作文用油墨抄写在"儿童电影院"的宣传栏上。同学对我刮目相看了，许多老师也对我和蔼可亲了。

校长在全校师生大会上表扬了我的语文老师，充分肯定了在我这个一度被视为坏学生的转变和进步过程中，她所付出的种种心血。

受到表扬有时对一个人不是好事。

我们班的几乎所有同学，都不知掌握了什么证据，断定我那三篇给自己带来荣誉的作文，是语文老师替我写的。于是流言传播，闹得全校沸沸扬扬。

一些男同学，还在我上学和放学的路上，包围着我讥骂。班主任老师目睹过我被凌辱的情形，没制止。

班主任老师对我冷漠无情到视而不见的地步。她教算术。在她讲课时，连扫也不扫我一眼了。她提问或者叫同学在黑板上解答算术题时，无论我将手举得多高，都无法引起她的注意。

一天，在她的课堂上，同学们做题，她坐在讲课桌前批改作业本。教室里静悄悄的。

"梁绍生！"她突然大声叫我的名字。

我吓了一跳，立刻怯怯地站了起来。

全体同学都停了笔。

"到前边来！"班主任老师的语调中隐含着一股火气。

我惴惴不安地走到讲桌前。

"作业为什么没写完？"

"写完了。"

"当面撒谎！你明明没写完！"

"我写完了。中间空了一页。"

我的作业本中夹着印废了的一页，破了许多小洞，我写作业时随手翻过去了，写完作业后却忘了扯下来。

我低声下气地向她承认是我的过错。

她不说什么，翻过那一页，下一页竟仍是空页。

我万没想到我写作业时翻得匆忙，会连空两页。

她拍了一下桌子："撒谎！撒谎！当面撒谎！你明明是没有完成作业！"

我默默地翻过了第二页空页，作业本上展现出我接着做完了的作业。她的脸倏地红了："你为什么连空两页？想要捉弄我一下是不是？"

我垂下头，讷讷地回答："不是。"

她又拍了一下桌子："不是？我看你就是这个用意！你别以为你现在是个出了名的学生了，还有一位在学校里红得发紫的老师护着你，托着你，拼命往高处抬举你，我就不敢批评你了！我是你的班主任，你的小学鉴定还得我写呢！"

我被彻底激怒了！我不能容忍任何人在我面前侮辱我的语文老师！我爱她！她是全校唯一使我感到亲近的人！我觉得她像我的母亲一样，我内心里是视她为我的第二个母亲的！

我突然抓起了讲台桌上的红墨水瓶。班主任以为我要打在她脸上，吃惊地远远躲开我，喝道："梁绍生，你要干什么？"

我并不想将墨水瓶打在她脸上，我只是想让她知道，我是一个人，在忍无可忍的情况下我是会愤怒的！

我将墨水瓶使劲摔到墙上。墨水瓶粉碎了，雪白的教室墙壁上出现了一片"血"迹！我接着又将粉笔盒摔到了地上。一盒粉笔尽断，四处滚去。

教室里长久的一阵鸦雀无声，直至下课铃响。

那天放学后，我在学校大门外守候着语文老师回家。她走出学校时，我叫了她一声。

她奇怪地问："你怎么不回家？在这里干什么？"

我垂下头去，低声说："我要跟您走一段路。"

她沉思地瞧了我片刻，一笑，说："好吧，我们一块儿走。"

我们便默默地向前走。

她忽然问："你有什么事要告诉我吧？"

我说："老师，我想转学。"

她站住，看着我，又问："为什么？"

我说："我不喜欢我们班级！在我们班级我没有朋友，曲老师讨厌我！要不请求您把我调到您当班主任的四班吧！"我说着想哭。

"那怎么行？不行！"她语气非常坚决，"以后你再也不许提这样的请求！"

我也非常坚决地说："那我就只有转学了！"眼泪涌出了眼眶。

她说："我不许你转学。"

我觉得她不理解我，心中很委屈，想跑掉。

她一把扯住我，说："别跑。你感到孤独是不是？老师也常常感到孤独啊！你的孤独是穷困带来的，老师的孤独……是另外的原因带来的。你转到其他学校也许照样会感到孤独的。孤独对一个人不见得是坏事……这一点你以后会明白的。再说你如果想有朋友，你就应该主动去接近同学们，而不应该对所有的同学都充满敌意，怀疑所有的同学心里都想欺负你……"

我的小学语文老师，她已成泉下之人近二十年了。我只有在这篇纪实性的文字中，表达我对她虔诚的怀念。

教育的社会使命之一，应是首先扫除嫌贫谄富媚权的心态！而嫌贫谄富，在我们这个国家，在我们这个国家的小学、中学、大学乃至社会，在21世纪的今天，依然不乏其例。

因为我小学毕业后，接着进入了中学，而后又进入过大学，所以我有理由这么认为。

没有人向我提起他，我也没有问起他，一个人的名字就这样在大家心照不宣的约定之下删除了。

空院残月

韩少功

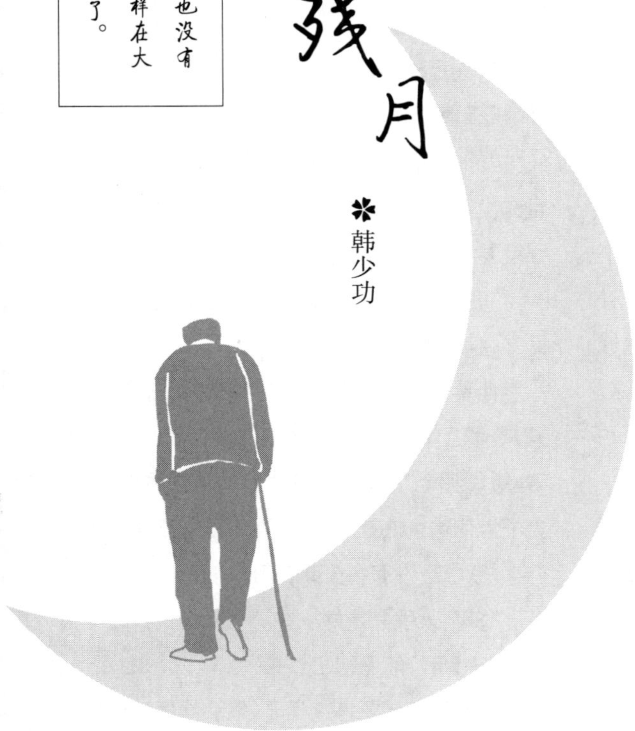

有一个邻家的汉子很会种瓜，扛着锄头这里看一看，那里挖一挖，似乎没有做什么，但他所到之处不久就会冒出肥大的瓜叶，逢沟过沟，逢坡上坡，甚至翻越墙垣，尽情地蔓延和覆盖。不知什么时候，瓜藤已潜游到我家门前的路上，过了不久，两三个南瓜居然憨憨呆呆地拦路把守，要收缴买路钱的样子，使我出入的时候得东躲西闪三步两跳。

“把瓜摘去吃吧。”他撑着锄头，乐呵呵地冲着我笑。

“我家也有瓜。你种的，你留着。”

“我一个人吃饱，全家就不饿，哪吃得完？”

既然他是一个人居家，那他到处种瓜做什么？是有种瓜癖，是生性闲不住，还是对世界上一切荒土闲地有开发兴趣？

他家离我家不远。我走出院门，同张家的人点点头，同李家的人搭搭腔，然后就能看见他家斜斜的院门了。我去过他家，看见他家里的算盘和几个账本，知道他是村里的会计，有时还到小学代点课，无论数学还是音乐，都能教。我正巧看见五六个女孩子在他家排演歌舞，大概是准备学校里节日会演的节目。他打一双赤脚，腿上带着泥点，头发眉毛皮肤都被阳光烧灼成了浑然统一的土色，却是一个努力投入艺术想象的导演。“我们的祖国是花园，花园里花朵真鲜艳……”他边唱边舞，两手像扭着一条无形的毛巾，左耳边扭一下，右耳边扭一下，是一种挖土和挑粪般的舞蹈手势。

“下腰，下腰，你们看看我……”他还来了个上身后仰的示范，直到自己仰得两眼翻白，耳根都涨红了。

这位赤脚导演没顾得上陪客人。我与妻子在一旁观摩和喝茶，其实是喝着热水瓶里的凉水，已经化不开茶叶。两只杯子也破旧不堪，一只搪瓷大杯，一只粗瓷酒盅，是他刚才找了半天才凑齐的。这确实是一个主妇缺席的家。

听邻居说，刘长子的老婆到南边打工去了。听邻居喝了酒以后说，他老婆实际上也是人家的老婆，帮一个老板管家，还生了个娃，只是把赚来的钱一个不少地寄回来，供这边的儿子读书。我不太理解这种事，尤其不太理解人们说起这事时的随意和淡漠，忍不住想多问几句。“有什么奇怪？闲着也是闲着，就等于出去寻副业。”一个妇人这样回答我。另一个老人笑了笑：“刘长子能怎么样？丈夫丈夫，只管得一丈远的。”他们转而说起了眼下学校收费的昂贵。照他们的计算，供一个孩子读高中，非得有两个人打工进钱不可。因此刘长子福气好，不仅自己可以代课，还有一个既挣钱又顾家的老婆，要不他儿子恐怕早就搓泥巴了——这是务农的意思。

我见过一次他那个似有似无的妻子。大概是知道村里有些说法，她从来没让我看到过正面，即便是在水边的菜园里相遇，她也是去看天上的鸟，或者弯腰去扯除什么杂草，是一个躲避目光的影子。从背影和侧面来看，她身姿绰约，而且有了都市生活的风韵，比方衣摆剪裁得很合身，比方衣履有细心的颜色搭配，比方腰身和脚步有一种用心的收敛，没有乡间重担压出的那种粗放散乱，不会脚步乱刮或者胯骨乱甩什么的。但她没有市井虚荣，回家来探亲，不打牌，不入酒席，日子都浸泡在汗水中，挑着粪桶一闪就没入瓜棚豆架。那一片繁茂绿叶的深处偶尔飘出嘤嘤低语，大概是她与什么邻居说话，但听不清楚。

她们隔着绿叶的帷帐说说家常，互相也不见人影。

她丈夫没有来帮忙。其实，她丈夫无法上地了，因为生了一场大病，撑着拐杖也摇摇欲倒，她才赶回乡下来料理。我不知道刘长子患了什么病，问起来，他只是笑笑，说得含糊。直到我看到他转眼间面容枯槁，头发眉毛渐次脱落，有明显的放疗和化疗迹象，才猜出他的病凶多吉少。他拄着拐杖，再一次冲着我笑笑：“把瓜摘去吃吧。”

“你自己留着吃。”

“我怕是吃不上了。”

“你不要灰心。听我说，得这种病的成千上万，其中不少活过了十年，甚至二十年，天天扭秧歌或者踢足球的，也大有人在。你一定要心情开朗，积极地与医院配合。”

“什么医院？明明是拦路抢劫的土匪。”他目光发直，两个眼珠挤成了一个斗鸡眼，“一个疗程就要我八千，要在我身上开金矿吗？”

“有什么办法呢？病在你身上，还是要治的。”

“我绝不给他们吃冤枉！”

他看了看天边的风景，回家做饭去了，转过身，喘了几下，拾起了身边的几根豆角，又喘了几下，缓缓挪动了步子。我忙上前去扶住他，问他妻子为何这么快就走了，为何不留下来照料他。

“家里也没有多少事，不用她天天守着。”

“多个人手总是好一些。”

“守着我，能守得出钱来？”

他说明它就要考大学了，然后缓缓地朝夕阳

走去。鸟雀正在归巢，水边的老牛正在回家，家家户户的炊烟都升起来的时候，他孤独的剪影定格在一片火烧云中。

明它是他的儿子，一直在县城寄宿读书。我只见过他的考号和上了线的考分，受他父亲之托，与某大学的一位朋友通过电话，确保这所大学录下了他。直到我就要离开这个村子了，有一天从外面回来，才发现他们父子俩坐在我家。他儿子长得像个女孩，眉清目秀，有些腼腆，埋头翻着一本杂志。父亲满心欢喜地看着这个有出息的儿子，有一种怎么也看不够的劲头，目光软软地和慈爱地抚摸着儿子侧面的每一个部位，摸得大学生更腼腆了，扭过头去看着墙角，躲开父亲的目光——他是知道这种目光为时不多从而不忍相接？还是年幼无知从而不觉得这种目光点滴都不可遗漏？

邻家汉子戴着帽子，盖住了头发脱落的头，是带着儿子来面谢的，顺便也讨教些大学读书的方法，问一点都市生活须知。墙边的几个大南瓜，当然是他的谢礼。在整个说话的过程中，他的兴致一直很高，听到儿子说起大学里一些趣事，甚至满面红光地哈哈大笑，只是通常比别人笑得慢半拍，目光有些发直，似乎卡在略有所思的那一刻。我突然想到，我将离开这里，春暖花开时节才会再来。这就是说，如果事情不出现奇迹，他此次戴着帽子的来访，对于我来说也许是最后一次。我知道拒绝就医意味着什么。我看见他最后一次摸着我家的桌沿，最后一次放下我家的茶杯，最后一次艰难地站起来，最后一次拄着拐杖走向大门，最后一次给我视野里留下笑脸和弯曲的背影……事实上，我没有看到这个背影，而是让妻子去送客。我没有勇气在一片谈笑声中，在一个秋高气爽风和日丽蝉鸣雀噪的好日子，与一个活生生的人永别。这分明是一个欢欣的场景，容不下永别的情节。

我乘车离开此地的时候，甚至不敢朝他家的院门望一眼。此时，他也许站在那里，也许没有。这种种也许一晃就甩到了车后，离我越来越远。

现在，我又来到了这里。没有人向我提起他，我也没有问起他，一个人的名字就这样在大家心照不宣的约定之下删除了。院墙外的瓜藤又开始蔓延，向路上延伸着妖娆的触须，大概是想拦住路人的脚步，想说点什么。花朵也开始绽放了，像举起一支支金色的喇叭，正在向这个世界大声地传诵和宣告什么。我不知道是谁又在这里种下了瓜，或者它们不过是野物，来自去年无人采摘的瓜，来自瓜腐成泥后重新入土的种子。如果没有人来采摘，它们也许会年复一年地这样繁殖下去。

清明节，远近的鞭炮声不时传来，当然是各家各户在上坟。我不知道是否有人给刘长子上坟，也不知道他的坟在哪里。我只接到了他儿子的一个电话。他吞吞吐吐，想向我借一点钱。他说网上有人推销一种彩票透视眼镜，据说是发财致富的高新技术产品，他很想得到一副。

我不记得是如何回答他的，也不愿意把这个电话告诉村里的人，当然更不会告诉他父亲。晚上路过他家院门时，我让村长等我一下，然后推开半掩的竹门，习惯性地跨过院门的石槛。已近深夜了，西沉的残月隐在林子里，给曾经排演过歌舞的清冷地坪筛下一片模模糊糊的光斑。正房门挂着一把锁。墙根已布满青苔。靠近厨房的一根竹管还流着水，但支架已经垮塌，泉水流到了地上。接水用的瓦缸还有半缸积水，有孑孓蚊蝇浮在水面，大概是房主去年所留。这个院子里也有很多瓜藤，从院墙那边蔓延过来，已经把一条通向屋后的小路封掩，然后爬上了石阶，攀上了檐柱，甚至缠住了檐下一张废弃的犁，在木柄上开出了小小花朵。我知道，待到秋天来临，这里将会有遍地金灿灿的南瓜，在绿叶下得意扬扬地纷纷探出头来，一心要给主人冷不防的惊喜。

我踏着月光，完成了一次为时已晚的告别。

落在一个人一生中的雪，我们不能全部看见。
每个人都在自己的生命中，孤独地过冬。

寒风吹彻

✽ 刘亮程

雪落在那些年雪落过的地方，我已经不注意它们了。比落雪更重要的事情开始降临到生活中。三十岁的我，似乎对这个冬天的来临漠不关心，却又一直在倾听落雪的声音，期待着又一场雪悄无声息地覆盖村庄田野。

我静坐在屋子里，火炉上烤着几片馍馍，一小碟咸菜放在炉旁的木凳上，屋里光线暗淡。许久以后我还记起我在这样的一个雪天，围抱火炉，吃咸菜啃馍馍想着一些人和事情，想得深远而入神。柴火在炉中啪啪地燃烧着，炉火通红，我的手和脸都烤得发烫了，脊背却依旧凉飕飕的。寒风正从我看不见的一道门缝吹进来。冬天又一次来到村里，来到我的家。我把怕冻的东西一一搬进屋子，糊好窗户，挂上去年冬天的棉门帘，寒风还是进来了。它比我更熟悉墙上的每一道细微裂缝。

就在前一天，我似乎已经预感到大雪来临。我劈好足够烧半个月的柴火，整齐地码在窗台下。把院子扫得干干净净，无意中像在迎接一位久违的贵宾——把生活中的一些事情扫到一边，腾出干净的一片地方来让雪落下。下午我还走出村子，到田野里转了一圈。我没顾上割回来的一地葵花秆，将在大雪中站一个冬天。每年下雪之前，都会发现有一两件顾不上干完的事而被搁一个冬天。冬天，有多少人放下一年的事情，像我一样用自己那只冰手，从头到尾地抚摸自己的一生。

屋子里更暗了，我看不见雪。但我知道雪在落，漫天地落。落在房顶和柴垛上，落在扫干净的院子里，落在远远近近的路上。我要等雪落定了再出去。我再不像以往，每逢第一场雪，都会怀着莫名的兴奋，站在屋檐下观看好一阵，或光着头钻进大雪中，好像有意要让雪知道世上有我这样一个人，却不知道寒冷早已盯住了自己活蹦乱跳的年轻生命。

经过许多个冬天之后，我才渐渐明白自己再躲不过雪，无论我蜷缩在屋子里，还是远在冬天的另一个地方，纷纷扬扬的雪，都会落在我正经历的一段岁月里。当一个人的岁月像荒野一样敞开时，他便再无法照管好自己。

就像现在，我紧围着火炉，努力想烤热自己。我的一根骨头，却露在屋外的寒风中，隐隐作痛。那是我多年前冻坏的一根骨头，我再不能像捡一根牛骨头一样，把它捡回到火炉旁烤热。它永远地冻坏在那段天亮前的雪路上了。

那个冬天我十四岁，赶着牛车去沙漠里拉柴火。那时一村人都靠长在沙漠里的梭梭柴取暖过冬。因为不断砍挖，有柴火的地方越来越远，往往要用一天半时间才能拉回一车柴火。每次去拉柴火，都是母亲半夜起来做好饭，装好水和馍馍，然后叫醒我。有时父亲也会起来帮我套好车。我对寒冷的认识是从那些夜晚开始的。

牛车一走出村子，寒冷便从四面八方拥围而来，

把我从家里带出的那点温暖搜刮得一干二净，浑身上下只剩下寒冷。

那个夜晚并不比其他夜晚更冷。

只是我一个人赶着牛车进沙漠。以往牛车一出村，就会听到远远近近的雪路上其他牛车的走动声、赶车人隐约的吆喝声。只要紧赶一阵路，便会追上一辆或好几辆去拉柴的牛车，一长串，缓行在铅灰色的冬夜里。那种夜晚天再冷也不觉得。因为寒风在吹好几个人，同村的、邻村的、认识和不认识的，好几辆牛车在这条夜路上抵挡着寒冷。

而这次，一野的寒风吹着我一个人。似乎寒冷把其他一切都收拾掉了。现在全部来对付我。

我裹紧羊皮大衣，一动不动趴在牛车里，不敢大声吆喝牛，免得让更多的寒冷发现我。从那个夜晚我懂得了隐藏温暖——在凛冽的寒风中，身体中那点温暖正一步步退守到一个隐秘得连我自己都难以找到的深远处——我把这点隐深的温暖节俭地用于此后多年的爱情和生活。我的亲人们说我是个很冷的人，不是的，我把仅有的温暖全给了你们。

许多年后有一股寒风，从我自以为火热温暖的从未被寒冷浸入的内心深处阵阵袭来时，我才发现穿再厚的棉衣也没用了。生命本身有一个冬天，它已经来临。

天亮后，牛车终于到达有柴火的地方。我的一条腿却被冻僵了，失去了知觉。我试探着用另一条腿跳下车，拄着一根柴火棍活动了一阵，又点了一堆火烤了一会儿，勉强可以行走了，腿上的一块骨头却生疼起来，是我从未体验过的一种疼，像一根根针刺在骨头上又狠命往骨髓里钻——这种疼感一直延续到以后所有的冬天以及夏季里阴冷的日子。

太阳落地时，我装着半车柴火回到家里，父亲一见就问我：怎么拉了这点柴，不够两天烧的。我没吭声，也没向家里说腿冻坏的事。

我想很快会暖和过来。

那个冬天要是稍短些，家里的火炉要是稍旺些，我要是稍把这条腿当回事，或许我能暖和过来。可是现在不行了。隔着多少个季节，今夜的我，围抱火炉，再也暖不热那个遥远冬天的我，那个在上学路上不慎掉进冰窟窿，浑身是冰往回跑的我，那个跺着冻僵的双脚，捂着耳朵在一扇门外焦急等待的我……我再不能把他们唤回到这个温暖的火炉旁。我准备了许多柴火，是准备给这个冬天的。我才三十岁，肯定能走过冬天。

但在我周围，肯定有个别人不能像我一样度过冬天。他们被留住了。冬天总是一年一年地弄冷一个人，先是一条腿、一块骨头、一副表情、一种心境……而后整个人生。

我曾在一个寒冷的早晨，把一个浑身结满冰霜的路人让进屋子，给他倒了一杯热茶。那是个上了年纪的人，身上带着许多个冬天的寒冷，当他坐在我的火炉旁时，炉火须臾间变得苍白。我没有问他的名字，在火炉的另一边，我感觉到迎面逼来的一个老人的透骨寒气。

他一句话不说。我想他的话肯定全冻硬了，得过一阵才能化开。

大约坐了半个时辰，他站起来，朝我点了一下头，开门走了。我以为他暖和过来了。

第二天下午，听人说村西边冻死了一个人。我跑过去，看见这个上了年纪的人躺在路边，半边脸埋在雪中。

我第一次看到一个人被冻死。

我不敢相信他已经死了。他的生命中肯定还深藏着一点温暖，只是我们看不见。一个人最后的微弱挣扎我们看不见，呼唤和呻吟我们听不见。

我们认为他死了，彻底地冻僵了。

他的身上怎么能留住一点点温暖呢。靠什么去留住。他的烂了几个洞、棉花露在外面的旧棉衣？底快磨透、一边帮已经脱落的那双鞋？还有，他多少个冬天积累起来的彻骨寒冷。

落在一个人一生中的雪，我们不能全部看见。每个人都在自己的生命中，孤独地过冬。我们帮不了谁。我的一小炉火，对这个贫寒一生的人来说，显然微不足道。他的寒冷太巨大。

我有一个姑妈，住在河那边的村庄里，许多年前的那些个冬天，我们兄弟几个常走过封冻的玛河去看望她。每次临别前，姑妈总要说一句：天热了让你妈过来喧喧。

姑妈年老多病，她总担心自己过不了冬天。天一冷她便足不出户，偎在一间矮土屋里，抱着火炉，等待春天来临。

一个人老的时候，是那么渴望春天来临。尽管春天来了她没有一片要抽芽的叶子，没有半瓣要开放的花朵。春天只是来到大地上，来到别人的生命中。但她还是渴望春天，她害怕寒冷。

我一直没有忘记姑妈的那句话，也不止一次地把它转告给母亲。母亲只是望望我，又忙着做她的活。母亲不是一个人在过冬，她有五六个没长大的孩子，她要拉扯着他们度过冬天，不让一个孩子受冷。她和姑妈一样期盼着春天。

……天热了，母亲会带着我们，蹚过河，到对岸的村子里看望姑妈。姑妈也会走出蜗居一冬的土屋，在院子里晒着暖暖的太阳和我们说说笑笑……多少年过去了，我们一直没有等到这个春天。好像姑妈那句话中的“天”一直没有热。

姑妈死在几年后的一个冬天。我回家过年，记得是大年初四，我陪着母亲沿一条即将解冻的马路往回走。母亲在那段路上告诉我姑妈去世的事。她说：“你姑妈死掉了。”

“怎么死的？”我似乎问得更平淡。

母亲没有直接回答我。她只是说：“你大哥和你弟弟过去帮助料理了后事。”

此后的好一阵，我们再没说话，只顾静静地走路。快到家门口时，母亲说了句：天热了。

我抬头看了看母亲，她的身上散着热气，或许是走路的缘故，不过天气真的转热了。对母亲来说，这个冬天已经过去了。

“天热了过来喧喧。”我又想起姑妈的那句话。这个春天再不属于姑妈了。她熬过了许多个冬天还是被这个冬天留住了。我想起奶奶也是死在多年前的冬天。母亲还活着。我们在世上的亲人会越来越少。我告诉自己，不管天冷天热，我都常过来和母亲坐坐。

母亲拉扯大她的七个儿女。她老了。我们长高长大的七个儿女，或许能为母亲挡住一丝的寒冷。每当儿女们回到家里，母亲都会特别高兴，家里也顿添热闹的气氛。

但母亲斑白的双鬓分明让我感到她一个人的冬天已经来临，那些雪开始不退、冰霜开始不融化——无论是春天来了，还是儿女们的孝心和温暖备至。

随着三十年的人生距离，我感受着母亲独自在冬天的透心寒冷。我无能为力。

雪越下越大。天彻底黑透了。

我围抱着火炉，烤热漫长一生的一个时刻。我知道这一时刻之外，我其余的岁月，我的亲人们的岁月，远在屋外的大雪中，被寒风吹彻。

我们这个社会，聪明人太多，而傻瓜太少。

✽ 刘以鬯

一个月薪水

“加你一个月薪水，”马太将钞票交给二婆，“你到别处去做吧！”

二婆并不将钞票接过来，只是睁大眼睛望望马太，又望望站在马太旁边的马文滔。她完全没有想到事情会有这样的发展，她情绪激动，气得浑身发抖。她今年已六十八，健康情形不能算坏，做粗工，不能与年轻人相比；做细工，仍能做得很好，这些年来，她的自信一直很强。刚才马太说的两句话，虽简短，却使她感到难忍的痛苦。

“照理，我是不应该叫你走的，”马太加上这样的解释，“但是现在，洗衣有洗衣机，洗碗有洗碗机，煮饭有电饭煲，打蜡抹窗有清洁公司……我们实在没有理由再雇女佣了。”

二婆像木头人似的站在那里，望着马文滔，一动也不动。她的眼圈红了，眼眶里噙着抖动的泪水。文滔不开口，故意将视线落在别处。那马太将理由说出后，倒也有点不耐烦了，霍地站起，将钞票硬塞在二婆手里。二婆压不下冒升至喉咙口的怒火，撇撇嘴，愤然将钞票掷在地板上，抖声问文滔：“阿滔！你今年几岁了？”

“三十一。”马文滔低声答。

“我在你们马家做了多少年？”二婆的语调抖得厉害。

“不大清楚。”马文滔说。

“让我告诉你吧，我在你们马家已经做了四十三年！”二婆从来没有这样大声对文滔讲过话，“你出世后，你阿妈患产褥热，身体虚弱到极点，没有我照顾你，你……你今天也不会变成商行经理，更不会加一个月薪水给我，要我到别处去做了！”讲到这里，她的泪水夺眶而出。她拉起衣角，拭干泪眼，抽抽噎噎讲下去，“你两岁的时候，出麻疹，我……我三日三夜没有合过眼皮！你六岁的时候，老爷死了，家境困苦，我不但不要薪水，还将历年的积蓄拿给你阿妈！你十岁的时候，我送你上学，被电单车撞到，直到现在，走路时还是一瘸一拐的！你十四岁的时候，你阿妈病死了，我每天出去收衣回来洗熨，维持这个家，供你读书！你中学毕业后，我去别处做女佣，赚钱送你进大学！你在大学寄宿时，我每一次接到你的信，就会放下手里的工作，走去街口找写信佬，叫他一遍又一遍念给我听！你来信说衣服穿得不够摩登，常被同学们讥笑，我为此不知道流了多少眼泪！你结婚后，你的太太常常对我乱发脾气，我不想给你添麻烦，总是忍下了。你升做经理后，我走去焚香还愿。但是现在，你……你居然加我一个月薪水，叫我到别处去做！阿滔，你……你……”

文滔刚说出“二婆”两个字，就被妻子喝阻：“不许讲话！”

马太是商行董事长的女儿，在书院读过书，有个外国名字叫作“葛蕾丝”，性情暴躁，嫁给马文滔才不过五个月，不但变成了“一家之主”，而且经常将缺乏个性且感情脆弱的文滔当作出气筒。文滔为了那个“经理”的职位，付出的代价不算小。现在，葛蕾丝要辞掉二婆，文滔心里一百二十个不赞成，嘴上却半个“不”字也不敢说。

睁大眼睛凝视文滔的二婆，视线终被泪水搅模糊了。愤怒给这位六十八岁的老妇人一种奇异的力量，使她在走去用人房的时候，脚步移动得很快。她走入用人房，蹲下身子，用颤巍巍的手将床底下的藤篋拉出，放在板床上。她在马家虽然做了四十三年，却与别的女佣一样，经常保有一个藤篋。别的女佣，上工辞工总是提一个藤篋的。二婆在马家做了四十三年，想不到也会有提着藤篋离去的一天。她的内心激动到极点，泪水沿着满布皱纹的脸颊滑落，而愤怒似乎使她脸上的皱纹加深了。她没有冲动，只因从小学会了忍耐，即使忍无可忍，依旧没有勇气将心中的愤怒全部宣泄出来。

马文滔走进来了，脸上的笑容比哭还难看。正在收拾东西的二婆知道是文滔，只管忙碌地将属于自己的东西塞入藤箧。虽然二婆在马家做了四十三年，属于她的东西却不多。这一点，文滔倒是很清楚的。文滔从口袋里掏出五百元递给二婆。

"香港是个现实的地方，没有钱，过不了日子。"马文滔的声音像蚊叫。

二婆拉起衣角，拭干泪眼，抖声说："你留着自己用吧。"

"我有。"

"我……我知道你有，但是你开销大。"二婆依旧低着头。

"拿去吧。"文滔说。

"我不要。"

马文滔将钞票塞在藤箧里，二婆固执地将钞票从藤箧中拿出来。

"请你无论如何将这一点钱收下吧。"文滔的语气近似哀求。

"我……我不需要。"二婆掉转身，一屁股坐在床沿，拉起衣角掩住嘴巴，不让自己哭出声来。

再一次将怒火压下后，二婆站起身，继续收拾东西，然后拎起藤箧，抖声说了三个字："我走了。"

"你无亲无眷，走去什么地方？"

"没有地方去，还是要走的。"

"这……这五百块钱，你收下吧。"文滔再一次将钞票塞在二婆手里，二婆还是不肯收受。

"不要担心。"二婆说，"我绝不会连日子也过不了的。"

文滔手里拿着钞票，呆望着二婆，眼皮一合，那原已快涌出眼眶的泪水终于沿着脸颊掉落。

"不要哭，文滔。"虽然嘴上这样说，二婆自己也止不住流出泪水了。

提着藤箧，走到房门口，伸手握住门柄时，二婆极力遏制内心的激动："文滔，有两个重要的日子，你必须记住。你阿爸的忌日是阴历正月初八，你阿妈的忌日是阴历五月初四。"

文滔低着头，好像没有听到。二婆加重语气重复刚才讲过的话，扭转门柄时，忽然"哦"了一声。

"还有一件事，"她说，"你是很喜欢吃万年青的。过去，上海店常有万年青出售，这几年，没有这东西了。我煮给你吃的万年青都是我自己晾干的。我走后，就没有人弄给你吃了。不过，不要担忧。如果你想吃时，不妨自己动手晾。每年冬天，菜心最好。你可以去街市买几斤回来，用水煮熟后，晾在冲凉房里，晾三天三夜，干了，剪碎，放在玻璃瓶里，要吃时，拿一些出来，炒蛋、煮汤都可以。不过，有一点必须记住，千万不要放在阳光底下晒！"

文滔掏出手帕拭泪。

二婆扭转门柄，拉开房门，刚走到门外，又转过身来，无限依依地看着文滔。

"你的气管不大好，"她抖声说，"初春与秋末要比别人多穿一件衣服！"

语音未完，她提着藤箧走进客厅，好像被一个可怕的思念追逐着，走得特别快。那马太依旧坐在客厅里，板着脸孔，好像在生气。二婆走到她面前，将藤箧放在地上，打开，请她检查。

马太撇撇嘴，伸手指指地板上的钞票："这是你的薪水，拿去吧！"

二婆只装作没有听到，要马太检查她的藤箧。马太嗤鼻哼了一声，说用不着查看。二婆拎着藤箧，一瘸一拐走出大门。

听到关门声，文滔仿佛被人砍了一刀似的叫起来："二婆！"

边嚷边奔，拉开大门，匆匆下楼，文滔的脚步疾似雨点。

奔出大厦，就见到二婆提着藤箧冲过马路。"二婆，二婆！"他喊。马路上，来来往往的车辆很多，有点像游艺场里的旋转木马，令人看了眼花缭乱。"二婆！等一等！有话跟你讲！"他疾步追赶，差点被一辆汽车撞到，惊悸的心情使他慌乱无主，睁大眼睛观看时，却听到有人大声呐喊："一个老太婆被货车撞了！"

文滔看得清清楚楚，二婆是自己撞向货车的。

白雪猪头

苏童

在变幻莫测、后会无期的生活中，给彼此一些温暖和宽宥，我们的人生之路才会走得更加坦荡和安心。

母亲买不到猪头肉。她凌晨就提着篮子去肉铺排队，可是她买不到猪头肉。人们明明看见肉联厂的小货车运来了八只猪头，八只猪头都冒着新鲜生猪特有的热气，我母亲排在第六位。肉联厂的运输工把八只猪头两只两只拎进去的时候，她点着食指，数得很清楚，可是等肉铺的门打开了，我母亲却看见柜台上只放着四只小号的猪头，另外四只大的不见了，她和排在第五位的绍兴奶奶都有点紧张。绍兴奶奶说："怎么不见了？"我母亲踮着脚向张云兰的脚下看，看见的是张云兰的紫红色的胶鞋。"会不会在下面？"我母亲说，"一共八只呢，还有四只大的，让她藏起来了？"柜台里的张云兰一定听见了我母亲的声音，那只紫红色的胶鞋突然抬起来，把什么东西踢到更隐蔽的地方去了。

我母亲断定那是一只大猪头。

从绍兴奶奶那里开始猪头就售空了，绍兴奶奶用她慈祥的目光谴责着张云兰，这是没有用的。"卖光了。"张云兰说，"猪头多紧张呀，绍兴奶奶你来晚了，早来一步就有你一只。"

绍兴奶奶端详着张云兰，从对方的表情上看事情并没有回旋的余地，赔笑脸也是没有用的，绍兴奶奶便沉下脸来，眼睛向柜台里面瞄，她说："有我一只的，我看好的。""你看好的？在哪儿呀？"张云兰丰满的身体光明磊落地后退一步。绍兴奶奶花白的脑袋顺势越过油腻的柜面，向下面看，看见的仍然是张云兰的长筒胶鞋，闪烁着紫红色热烈而怠慢的光芒。"绍兴奶奶，你这大把年纪，眼神还这么好？"张云兰突然咯咯地笑起来，抬起胳膊用她的袖套擦了擦嘴角上的一个热疮，她说："你的眼睛会拐弯？"

柜台内外都有人跟着笑，人群的哄笑声显得干涩凌乱，倒不一定是对幽默的回应，主要是表明一种必要的立场。绍兴奶奶很窘，她指着张云兰的嘴角说："嘴上生疮啦！"这么来一句也算是出了点气。绍兴奶奶走到割冷冻肉的老孙那里，割了四两肉，嘟嘟囔囔地挤出了肉铺。

我母亲却倔，她把手里的篮子扔在柜台上，人就站在张云兰面前。"我数过的，一共来了八只。还有四只,还有四只拿出来!”

“四只什么?你让我拿四只什么出来?”张云兰说。

“四只猪头!拿出来,不像话!我告诉你,我看好的。”

“什么猪头,不像话,你看好的?你这个人说外国话的,我怎么听不懂?”

“拿出来,你不拿我自己过去拿了。”我母亲以为正义在她一边,她看着张云兰负隅顽抗的样子,火气更大了,人就有点冲动,推推这人,拨拨那人,可是也不知是肉铺里人太多,或者干脆就是人家故意挡着我母亲的去路,她怎么也无法进入柜台里侧。她听见张云兰冷笑道:“你算老几呀,自己进来拿,谁批准你进来了?”

开始有人来拉我母亲的手,说:“算了,大家都知道猪头紧张,睁一眼闭一眼算了,忍一忍,下次再买了,何必得罪了她呢?”我母亲站在人堆里,白着脸说:“他们肉铺不像话呀,这猪头难道比燕窝鱼翅还金贵,藏着掖着,排了好几次都买不到,都让他们自己带回家了!”张云兰在柜台那一边说:“猪头是不金贵,不金贵你偏偏盯着它,买不到还寻死觅活呢。说我们带回家了?你有证据?”

我母亲急于去柜台里面搜寻证据,可是她突然发现从肉铺的店堂四周冒出了许多手和胳膊,也不知道都是谁的,它们有的礼貌,松软地拉住她,有的却很不礼貌了,铁钳似的将我母亲的胳膊一把钳住,好像防止她去行凶杀人。一些纷乱的男女混杂的声音此起彼伏地响起来,少数想要息事宁人,大多数却立场鲜明,表示他们站在张云兰的一边——这个女人太过分了,大家都买不到猪头,谁也没说什么,偏偏她就特殊,又吵又闹的!那些人的手拽着我母亲,眼睛都是看着张云兰的,他们的眼神明确地告诉她:云兰云兰,我们站在你的一边。

我母亲乱了方寸,她努力地甩开了那些树杈般讨厌的手。“你们这些人,立场到哪里去了?”她说,“拍她的马屁,你们天天有猪头拿呀?拍马屁得来的猪头,吃了让你们拉肚子!”我母亲这种态度明显是不明智的,打击面太广,言辞火暴流于尖刻,那些人纷纷离开了我母亲,愤愤地向她翻白眼,有的人则是冷笑着回头瞥她一眼,充满了歧视:这种女人,别跟她一般见识。只有见喜的母亲旗帜鲜明地站在我母亲身边,她向我母亲耳语了几句,竟然就让她冷静下来了。她说:“你不要较真,张云兰记仇,得罪谁也不能得罪她,我跟你一样,有五个孩子,都是长身体的年龄,要吃肉的,家里这么多嘴要吃肉,怎么能去得罪她呢?告诉你,我天天跟居委会吵,就是不敢跟张云兰吵。”我母亲是让人说到了痛处,她黯然地站在肉铺里想起了我们家的铁锅,那只铁锅常年少沾油腻荤腥,极易生锈。她想起我们家的厨房油盐酱醋用得多么快,而黄酒瓶永远是满的,不做肉,用什么黄酒呢?我母亲想起我们兄弟姐妹五人吃肉的馋相,我大哥仗着他是挣了工资的人,一大锅猪头肉他要吃去半锅,我二哥三哥比筷子,筷子快肚子便沾光,我姐姐倒是懂事的,男孩吃肉的时候她负责监督裁判,自己最多吃一两片猪耳朵,可是腾出她一个人的肚子是杯水车薪,没什么用处的。我二哥和三哥没肉吃的时候关系还算融洽,遇到红烧猪头肉上桌的日子,他们像一头狼遇到一头虎,吃着吃着就打起来。我母亲想起猪肉与儿女们的关系不在一朝一夕,赌气赌不得,口气就有点软了。她对见喜的母亲说:“我也不是存心跟她过不去,我答应孩子的,今天做肉给他们吃,现在好了,排到手里的猪头飞了,让我做什么给他们吃?”见喜的母亲指了指老孙那里,说:“买点冷冻肉算了嘛。”我母亲转过头去,茫然地看着柜台上的冷冻肉。“那肉不好,又贵又不好吃,还没有油水!”猪肉这么紧张,我母亲还挑剔,见喜的母亲也不知道说什么好了,她转过身去站到队伍里,趁我母亲不注意,也向她翻了个白眼。

肉铺里人越来越多了,我母亲孤立地站在人堆里,她篮子里的一棵白菜不知被谁撞到了地上,白菜差点绊了她自己的脚。我母亲后来弯着腰拍打着人家的一条条腿,嘴里嚷嚷着:“让一让,让一让呀,我的白菜,我的白菜。”我母亲好不容易把白菜捡了起来,篮子里的白菜让她看见了一条自尊的退路。“不吃猪头肉也饿不死人的!”她最后向柜台里的张云兰喊了一声,带着那棵白菜昂然地走出了肉铺。

我们街上不公平的事情很多,还是说猪头吧,有的人到了八点钟太阳升到了宝光塔上才去肉铺,却提着猪头从肉铺里出来了。我们家隔壁的小兵,那天八点钟,我母亲看见他肩上扛着一只猪头往家里走,尽管天底下的猪头长相雷同,我母亲还是一眼认出来,那就是清晨时分的肉铺里失踪的猪头之一。

小兵家没什么了不起的,他父亲在绸布店,母亲在杂货店,不过是商业战线,可商业战线就是一条实惠的战线,一个手里管着棉布,一个手里管着白糖,都是紧俏的凭票供应的东西。我母亲不是笨人,用不着问小兵就知道个究竟了。她不甘心,尾随着小兵,好像不经意地问:“你妈妈让你去拿的猪头,在张云兰那里拿的吧?”小兵说:“是,要腌起来,过年吃的。”我母亲的一只手突然控制不住地伸了出去,捏了捏猪的两只肥大的耳朵。她叹了口气,说:“好,好,多大的一只猪头啊!”

我母亲平时善于与女邻居相处,她手巧,会裁剪,也会缝纫,小兵的母亲经常求上门来,夹着她丈夫从绸布店弄来的零头布,让我母亲缝这个缝那个的,我母亲有求必应。当然女邻居也给予了一定的回报,主要是赠送各种票证。我们家那么多人,到了过年的时候,几乎不花钱,每人都有新衣服新裤子穿,这种体面主要归功于我母亲,不可否认的是,里面也有小兵父母的功劳。

那天夜里我母亲带了一个假领子到小兵家去了。假领子本来是为我父亲缝的,现在出于某种更迫切的需要,我母亲把崭新的一个假领子送给小兵的母亲,让她丈夫戴。我父亲对这件事情自然很不情愿,可是他知道一个假领子担负着重大的使命,也只好眼睁睁地看着我母亲把它卷在了报纸里。

我母亲与女邻居的灯下夜谈很快便切入了正题:猪头与张云兰。我母亲的陈述多少有点闪烁其词,可是人家很快弄清楚了她的意思,她是要小兵的母亲去向张云兰打招呼,早晨的事情不是故意和她作对,都怪孩子嘴巴馋,逼她逼急了,伤着她了务必不要往心里去,不要记仇。我母亲说到这里突然又有点冲动,她说:“我得罪她也就得罪了,我吃不吃猪肉都没关系的,可谁让我生下那么多男孩,肚子一个比一个大,要吃肉要吃肉,吃肉吃肉吃肉,她那把割肉刀,我得罪不起呀!”

小兵的母亲是个聪明的女人,情急之下就想出了一个将功赎罪的方法。她说:“张云兰也有四个孩子呢,整天嚷嚷她家孩子穿裤子像咬雪糕,裤腿一咬一大口,今年能穿的明年就短了,你给她家的孩子做几条裤子嘛!”我母亲下意识地撇起嘴来,说:“我哪能这么犯贱呢,人家不把我当盘菜,我还替她做裤子?不让人笑话?”小兵的母亲说:“为了孩子的肚子,你就别管你的面子了,你做好了裤子我给送去,保证你有好处。你不想想,马上要过年了,这么和她僵下去,你还指望有什么东西端给孩子们吃呀。我告诉你,张云兰那把刀是长眼睛的,你吃了她的亏都没地方去告她的状。”

女邻居最后那番话把我母亲说动了心。我母亲说:“是呀,家里养着这些孩子,腰杆也硬不起来,还有什么资格讲面子?你替我捎个口信给张云兰好了,让她把料子拿来,以后她儿女的衣服不用去买,我来做好了。”

凡事都是趁热打铁的好,尤其在春节即将临近的时候。小兵的母亲第二天回家的时候带了一捆藏青色的布到我家来,她也捎来了张云兰的口信,张云兰的口信之一概括起来有点像毛主席的语录:既往不咎,治病救人。口信之二则温暖了我母亲的心,她说,以后想吃什么,再也不用起早贪黑排什么队了,隔天跟她打个招呼,第二天落了早市只管去肉铺拿。

此后的一个星期也许是我母亲一生中最忙碌的日子。其他的家庭主妇也忙,可她们是忙自己的家务和年货,我母亲却是为张云兰忙。张云兰提供的一捆布要求做五条长裤子,都是男裤,长短不一,尺寸写在一张油腻腻的纸上,那张纸被我母亲贴在缝纫机上方的墙上。她熬夜熬了一个晚上,把五条裤子一片一片地摞在缝纫机上,像一块柔软的青色的梯田。然后我们迎来了缝纫机恼人的粗笨的歌声,我母亲下班回家便坐到缝纫机前,苦了我姐姐,其他事情都交给她做了。我姐姐噘着嘴抗议:“做那么多裤子,都是别人的,我的裤子呢?弟弟他们的裤子呢？”我母亲说：“自己的裤子急什么，过年还有几天呢，反正不会让你们穿旧裤子过年的。”

时间紧迫，只好挑灯夜战。我们在睡梦中听见缝纫机应和着窗外的北风在歌唱，其声音有时流畅，有时迟疑，有时热情奔放，有时哀怨不已。我依稀听见母亲和父亲在深夜的对话。母亲在缝纫机前说：“眼珠子都要掉出来了！”我父亲在床上说：“掉出来才好。”母亲说：“这天怎么冷成这样呢，手快冻僵了。”父亲说：“冻僵了才好，让你去拍那种人的马屁！”

埋怨归埋怨，我母亲仍然保质保量地完成了张云兰的五条裤子，她把五条裤子交给小兵的母亲，小兵的母亲为我母亲着想，她说：“你自己交给她去，说说话，以前的疙瘩不就一下子解开了嘛。”我母亲摆着手说：“前几天才在肉铺吵的架，这一下白脸一下红脸的戏，让我怎么唱得出来？你这中间人还是做到底吧。”我母亲把五条裤子强扔在小兵家里，逃一样地跑回了家。

而小兵的母亲后来一定很后悔充当了我母亲和张云兰的中间人。整个事情的结局出乎她的意料，当然也让我母亲哭笑不得——张云兰从肉铺调到东风卤菜店去了！早不调晚不调，偏偏在我母亲做好了那五条裤子以后被调走了！

事到如今我母亲只好反过来安慰女邻居，她说：“没什么，没什么的，不就是熬几个夜费一点线嘛，调走就调走好了，只当是学雷锋做好事了。”

我们对春节菜肴所有美好的想象，最终像个肥皂泡似的破灭了。我母亲明显带有一种幻灭的怀疑，她对我们说：“今年过年没东西吃，吃白菜，吃萝卜，谁要吃好的，四点钟给我起床，自己拿篮子去排队！”

除夕前那天夜里下了一场大雪，我记得我是让三哥从床上拉起来的。那时候天色还早，我父母亲和其他人都没起床，因为急于到外面去玩雪，我和三哥都没有顾上穿袜子。我们趿拉着棉鞋，一个带了一把瓦刀，一个抓着一把煤铲，计划在我们家门前堆一个香椿树街最大的雪人。我们在拉门闩的时候感觉到外面什么东西在轻轻撞着门，门打开了，我们几乎吓了一跳，有个裹红围巾穿男式工作棉袄的女人正站在我们家门前，女人的手里提着两只猪头，左手一只，右手一只，都是我们从来没见过的大猪头。更加令人印象深刻的是女人的围巾和棉袄上落满了一层白色的雪花，两只大猪头的耳朵和脑袋上也覆盖着白雪，看上去风尘仆仆。

那时候我和三哥都还小，不买菜也不社交，不认识张云兰。我三哥问她：“猪头是我们家的吗？”外面的女人看见我三哥要进去喊大人，一把拽住了他，她说：“别叫你妈，让她睡好了，她很辛苦的。”然后我们看见她一身寒气地挤进门来，把两只猪头放在了地上。她说：“你妈妈等会儿起来，告诉她张云兰来过了。你们记不住我的名字也没有关系，她看见猪头就会知道，我来过了。”

我们不认识张云兰，我们认为她放下猪头后应该快点离开，不能影响我们堆雪人。可是那个女人有点奇怪，她不知怎么注意到了我们的脚，大惊小怪地说：“下雪的天，不能光着脚，要感冒发烧的。”她变戏法似的从棉袄口袋里掏出了一双袜子，是新的尼龙袜，商标还粘在上面。她示意我把脚抬起来，我知道尼龙袜是好东西，非常配合地抬起了脚，看着那个女人蹲下来，为我穿上了我的第一双尼龙袜。我三哥从小就不愿意吃亏，他在旁边看的时候，一只脚已经提前抬了起来，伸到那个女人的面前。我记得张云兰当时犹疑了一下，但她还是从她的口袋里掏出了第二双尼龙袜。这样一来，我和我三哥都在这个下雪的早晨得到了一双温暖而时髦的尼龙袜，不管从哪方面说，这都是一个意外的礼物。

我还记得张云兰为我们穿袜子的时候说的一句话：你妈妈再能干，尼龙袜她是织不出来的，你们这些孩子的脚呀，讨厌死了，这尼龙袜能对付你们，尼龙袜，穿不坏的！

我母亲和张云兰后来没有交成朋友，但她有一次在红星路的杂货店遇见了张云兰，她们都看中了一把芦花扫帚，两个人的手差点撞起来，后来又都退让，谁也不去拿。我母亲说她和张云兰在杂货店里见了面都很客气，两个人只顾说话，忘了扫帚的事情，结果那把质量上乘的芦花扫帚让别人捞去了。

大风

莫言

人当然可能被打败，但是不会被毁灭。大风，不仅是星儿的童年记忆，也是爷爷的豁达人生。

学校里放了暑假，我匆匆忙忙地收拾收拾，便乘上火车，赶回故乡去。路上，我的心情十分沉重。前些天家里来信说，我八十六岁的爷爷去世了。寒假我在家时，老人家还很硬朗，耳不聋眼不花，想不到仅仅半年多工夫，他竟溘然逝去了。

爷爷是个干瘦的小老头儿，肤色黝黑，眼白是灰色，人极慈祥，对我很疼爱。我很小时，父亲就病故了，本来已经“交权”的爷爷，重新挑起了家庭的重担，率领着母亲和我，度过了艰难的岁月。爷爷是村里数一数二的庄稼人，推车打担、使锄耍镰都是好手。经他的手干出的活儿和旁人明显两样。初夏五月天，麦子黄熟了，全队的男劳力都提着镰刀下了地。爷爷割出的麦茬又矮又齐，捆出来的麦个，中间卡，两头奓，麦穗儿齐齐的，连一个倒穗也没有。生产队的马车把几十个人割出的麦个拉到场里，娘儿们铡场时，能从小山一样的麦个垛里把爷爷的活儿挑出来。

“瞧啊，这又是‘蹦蹦’爷的活儿！”

“除了‘蹦蹦’爷谁也干不出这手活儿。”

干什么都要干好，干什么都要专心，不能干着东想着西，这是爷爷的准则。爷爷使用的工具是全村最顺手的工具。他的锄镰镢锹都被擦得亮亮的，半点锈迹也没有。他不抽烟，干活干累了，就蹲下来，或是找块碎瓦片，或是拢把干草，擦磨那闪亮的工具……

我带着很悒郁的心情跨进家门，母亲在家。母亲也是六十多岁的人了，多年的操心劳神使她的面貌比实际年龄要大得多。母亲说，爷爷没得什么病，去世前一天还推着小车到东北洼转了一圈，割回了一棵草。母亲从一本我扔在家里的杂志里把那株草翻出来，小心地捏着，给我看。"他两手捧回这棵草来，对我说，'星儿他娘，你看看，这是棵什么草？'说着，人兴奋得了不得。夜里，听到他屋里响了一声，起来过去一看，人已经不行了……老人临死没遭一点儿罪，这也是前世修的。"母亲款款地说着，"只是没能侍候他，心里愧得慌。他出了一辈子的力，不容易啊……"

我眼窝酸酸地听着母亲的话，想起了很多往事——

我家房后有一条弯弯曲曲的胶河，沿着高高的窄窄的河堤向东北方向走七里路左右，就到了一片方圆数千亩的荒草甸子。每年夏天，爷爷都去那儿割草。离我们村二十里有一个马场，每年冬季都收购干青草喂马，价钱视草的质量而定。我爷爷的镰刀磨得快，割草技术高，割下来的草干净，不拖泥带水。晒草时又摊得薄，翻得勤，干草都是很新鲜的淡绿色，像植物标本一样鲜活，爷爷的干草向来卖最高的价钱。我至今还留恋在干草堆里打滚的快乐——尤其是秋天，夜晚凉凉爽爽，天上的颜色是墨绿，星星像宝石一样闪闪烁烁，松软的干草堆暖暖和和，干青草散发出沁人心脾的甜香味……

最早跟爷爷去荒草甸子割草，是刚过了七岁生日不久的一天。

我们动身很早，河堤上没有行人。堤顶是一条灰白的小路，路的两边长满了野草，行人的脚压迫得它们很瑟缩，但依然是生机勃勃的。河上有雾，雾很重，但不均匀，一块白，一块灰，有时像炊烟，有时又像落下来的云朵。看不见河水，河水在雾下无声无息地流淌，间或有泼剌的响声，也许是因为鱼儿在水里动吧。爷爷和我都不说话。爷爷的步子轻悄悄的，走得不紧不慢，听不到脚步声。小车轮子沙沙地响。有时候，车上没收拾干净的一根草梗会落在辐条之间，草梗轻轻地拨弄着车辐条，发出很细微的"噼噼噼噼，叮叮叮叮"的响声。我有时把脸朝着前方（爷爷用小车推着我），看着河堤两边的景致，高粱田、玉米田、谷子田。雾淡了些，仍然高高低低地缠绕着田野和田野里的庄稼。丝线流苏般的玉米缨儿，刀剑般的玉米叶儿，刚秀出的高粱穗儿，很结实的谷子尾巴，都在雾中时隐时现。很远，很近。清楚又模糊。河堤上的绿草叶儿上挂着亮晶晶的露水珠儿，在微微颤抖着，向我打着招呼。车子过去，露珠便落下来，河堤上留下很明显的痕迹，草的颜色也加深了。

雾越来越淡薄。河水露出了脸儿，是银白色的，仿佛不流动。灰蓝的天空也慢慢地明亮起来，东方渐渐发红，云彩边儿是粉红色的。太阳从挂满露珠的田野边缘上升起来，一点一点地。先是血一样红，没有光线，不耀眼。云彩也红得像鸡冠子。

天变得像水一样，无色，透明。后来太阳一下子弹出来，还是没有光线，也不耀眼，很大的椭圆形。这时候能看到它很快地往上爬，爬着爬着，像拉了一下开关似的，万道红光突然射出来，照亮了天，照亮了地，天地间顿时十分辉煌，草叶子的露珠像珍珠一样闪烁着。河面上躺着一根金色的光柱，一个拉长了的太阳。我们走到哪儿，光柱就退到哪儿。田野里还是很寂静，爷爷漫不经心地哼起歌子来：

一匹马踏破了铁甲连环
一杆枪杀败了天下好汉
一碗酒消解了三代的冤情
一文钱难住了盖世的英雄
一声笑颠倒了满朝文武
一句话失去了半壁江山

爷爷唱的是什么，我不知道。但我从爷爷的歌唱中感受到一种很新奇很惶惑的情绪。我感到陡然间长大了不少，童年时代就像消逝在这条灰白的镶着野草的河堤上。爷爷用他的手臂推着我的肉体，用他的歌声推着我的灵魂，一直向前走。

“爷爷，你唱的什么？”我捕捉着爷爷唱出的最后一个尾音，一直等到它变成一种感觉消逝在茵茵绿草叶梢上时，我才迷惘地问。

“瞎唱呗，谁知道它是什么……”爷爷说。

夜宿的鸟儿从草丛中飞起来，在半空中嘹亮地叫着。田野顷刻变得生机勃勃。十几只百灵在草甸子上空盘旋着鸣啭。秃尾巴鹌鹑在草丛中“哞——哞——”地鸣叫着。爷爷停下车子，说：“孩子，下来吧。”

“到了吗？爷爷？”

“噢。”

爷爷把车子推到草地上，竖起来，脱下褂子蒙在车钻辕上，带着我向草甸子深处走去。爷爷带着我去找老茅草，老茅草含水少，干得快，牲口也爱吃。

爷爷提着一把大镰刀，我提着一把小镰刀，在一片茅草前蹲下来。“看我怎么割。”爷爷做着示范给我看。他并不认真教我，比画了几下子就低头割他的草去了。他割草的姿势很美，动作富有节奏。我试着割了几下，很累，厌烦了，扔下镰刀，追鸟捉蚂蚱去了。草甸子里蚂蚱很多，我割草没成绩，捉蚂蚱很有成绩。中午，爷爷点起一把火，把干粮烤了烤，又烧熟了我捉的蚂蚱，蚂蚱满肚子籽儿，好香。

迷蒙中感到爷爷在推我，睁眼爬起来一看，已是半下午了。吃过蚂蚱后，爷爷支起一个凉棚让我钻进去，我睡了一大觉，草甸子里夹杂着野花香气的热风吹得我满身是汗。爷爷已经把草捆成四大捆，全背到了河堤上，小车也推上了河堤。

“星儿，快起来，天不好，得快点儿走。”爷爷对我说。

不知何时——在我睡梦中茶色的天上布满了大块的黑云，太阳已挂到西半边，光线是橘红色，很短，好像射不到草甸子就没劲了。

“要下雨吗？爷爷。”

“灰云主雨，黑云主风。”

我帮着爷爷把草装上车，小车像座小山包一样。爷爷在车前横木上拴上一根细绳子，说，“小驹，该抻抻你的懒筋了，拉车。”

爷爷弯腰上袢，把车子扶起来，我抻紧了拉绳，小车晃晃悠悠地前进了。河堤很高，坡也陡，我有点头晕。

“爷爷，您可要推好，别轱辘到河里去。”

“使劲儿拉吧，爷爷推了一辈子车，还没翻过一回呢。”

我相信爷爷说的是实话。爷爷的腿好，村里人都叫他“蹦蹦”。

大堤弯弯曲曲，像条大蛇躺在地上。我们踩着蛇背走。这时绿色的光线照耀着我，我低头看着自己的膝盖，也可以看到自己的肚脐。我偶尔回过头，从草捆缝隙里望望爷爷。爷爷眼泪汪汪地盯着我，我赶紧回过头，下死劲拉车。

走出里把路，黑云把太阳完全遮住了。天地之间没有了界限，一切都不发声，各种鸟儿贴着草梢飞，但不敢叫唤。我突然感到一种莫名的恐惧，回头看爷爷，爷爷的脸，还是木木的，一点表情也没有。

河堤下的庄稼叶子忽然动起来了，但没有声音。河里也有平滑的波浪涌起，同样没有响声。很高很远的地方似乎传来了世上没有的声音，跟着这声音而来的是天地之间变成紫色，还有扑鼻的干草气息，野蒿子的苦味和野菊花幽幽的药香。

我回头看爷爷，爷爷还是木木的，一点表情也没有。

我的小心儿缩得很紧，不敢说话，静静地等待着。一只长长的蚂蚱蹦到我的肚皮上，两只五色的复眼仇视地瞪着我。一只拳头大的野兔在堤下的谷子地里出没着。

“爷爷！”我惊叫一声。

在我们的前方，出现了一个黑色的、顶天立地的圆柱，圆柱飞速旋转着，向我们逼过来。紧接着传来沉闷如雷鸣的呼噜声。

“爷爷，那是什么？”

“风。”爷爷淡淡地说，“使劲拉车吧，孩子。”说着他弯下了腰。

我身体前倾，双脚蹬地，把细绳拽得紧紧的。

我们钻进了风里。我听不到什么声音，只感到有两个大巴掌在使劲扇着耳门子，鼓膜嗡嗡地响。风托着我的肚子，像要把我扔出去。堤下的庄稼像接到命令的士兵，一齐倒伏下去。河里的水飞起来，红翅膀的鲤鱼像一道道闪电在空中飞。

“爷爷——！”我拼命地喊着。喊出的声音连我自己都没听到。肩头的绳子还是紧紧地绷着，这使我意识到爷爷的存在。爷爷在我就不怕，我把身体尽量伏下去，一只胳膊低下去，连接着胳膊的手死死抓住路边草墩。我觉得自己没有体重，只要一松手，就会化成风消失掉。

爷爷让我拉车，本来是象征性的事儿。那根拉车绳很细，它一下子崩断了。我扑倒在堤上。风把我推得翻筋斗。翻到河堤半腰上，我终于又伸出双手抓住了救命的草墩，把自己固定住了。我抬起头来看爷爷和车子。车子还挺在河堤上，车子后边是爷爷。爷爷双手攥着车把，脊背绷得像一张弓。他的双腿像钉子一样钉在堤上，腿上的肌肉像树根一样条条棱棱地凸起来。风把车子半干不湿的茅草揪出来，扬起来，小车在哆嗦。

我揪着野草向着爷爷跟前爬。我看到爷爷的双腿开始颤抖了，汗水从他背上流下来。

“爷爷，把车子扔掉吧！”我趴在地上喊。

爷爷倒退了一步，小车猛然往后一冲，他的脚忙乱起来，连连倒退着。

“爷爷！”我惊叫着，急忙向前爬。小车倒推着爷爷从我面前滑过去。我灵机一动，耸身扑到小车上。借着这股劲，爷爷又把腰煞下去，双腿又像生了根似的定住了。我趴在车梁上，激动地望着爷爷。爷爷的脸还是木木的，一点表情也没有。

刮过去的是大风。风过后，天地间静了一小会儿。夕阳不动声色地露出来，河里通红通红，像流动着冷冷的铁水。庄稼慢慢地直腰。爷爷像一尊青铜塑像一样保持着用力的姿势。

我从车上跳下来，高呼着：“爷爷，风过去了！”

爷爷眼里突然盈出了泪水。他慢慢地放下车子，费劲地直起腰。我看到他的手指都蜷曲着不能伸直了。

“爷爷，你累了吧？”

“不累，孩子。”

“这风真大。”

“嗯。”

风把我们车上的草全卷走了，不，还有一棵草夹在车梁的榫缝里。我把那棵草举着给爷爷看，一根普通的老茅草，也不知是红色还是绿色。

“爷爷，就剩下一棵草了。”我有点懊丧地说。

“天黑了，走吧。”爷爷说着，弯腰推起了小车。

我举着那棵草，跟着爷爷走了一会儿，就把它随手扔在堤下淡黄色的暮色中了。

“人老了，就像孩子一样，”母亲说，“大老远跑到东北洼，弄回来这么一棵草，还说：‘等星儿回来让他认认，这是棵什么草，他学问大。’你认得出吗？”母亲说着把草递给我。

我把这棵草接过来，珍重地夹在相册里。夹草的那一页，正好镶着我的比我大六岁的未婚妻的照片。

××××××

我意识到这可能是我们最后一次这样相处，以后我们可能再难相见，眼睛突然就热胀起来。

穿山小孩

✽詹宏志

到了下午5点钟，天光还亮得像正午一样，我们全班都还留在学校里，心不甘情不愿地上着辅导课，但是老师并没有忘记一名特别的学生，他把粉笔捏在手心里，指着坐在我前座的小孩："廖俊杰，你要准备了。"

铜色皮肤闪闪发亮的廖，服从地点点头，他站了起来，从抽屉里拿出外套、雨衣、雨靴，甚至还有手套，慢条斯理地一件一件穿上去，一面还偷偷和后座的我挤眉弄眼，打个明天见的手势，等他全身披挂完毕，他的额头已经热出汗来。在这样的热天里，他包裹得像个粽子似的，手上还拿着一个巨大的手电筒，好像要进入深山一样。

但这是实际情况，他的确是预备进入深山：他的家要越过学校后面的一座山，走一个半钟头的山路才能到达。这时候是夏天，他得5点钟离开学校，赶在天全黑以前回到家。山路上是完全没有灯光的，他家里也没有自来水和电，这是他带着大型手电筒的原因。到了冬天，天黑得更早，他上课上到4点半，老师就要催他走了。

当他穿成一个全身捆扎的"铁甲武士"，背起沉重的书包，拎起他巨大的饭盒袋时，老师就会说："你们要和廖同学说什么？"

我们朗声齐喊："廖——俊——杰——再——见！"

每一天都是这样，皮肤黝黑、个子矮小的"铁甲武士"，就在教室门口和我们挥手告别。我们不知道他要走的山路有多崎岖难行，也不能想象他这么小的年龄，要如何鼓起勇气独自穿过那片幽暗的树林，我们只知道他可以比我们早一小时下课，只要想到这一点，我们心里就充满了怨恨和羡慕。

廖坐在我前面，他的功课不太好，常常在上课时会回过头来问我问题，害得我有时候会和他一起因为上课说话被罚站或罚跪，手心吃藤条、竹鞭也是常有的事。他家里没有电，晚上在家没办法写作业，他总是早上第一个到学校（他说他4点半就出门了），他先到老师的宿舍去拿教室的钥匙开门，然后孤单地坐在教室里等其他同学。第二个到达学校的学生常常是我，我并不是用功，我是为了捉清晨的大头蜻蜓而提早来到学校的（它们还傻乎乎地在树上睡觉呢）。这时候，廖就会问我功课该怎么做，他是我最要好的朋友，虽然有点笨，但我总是不厌其烦地帮他把功课做好，并且分给他几只大头蜻蜓。

廖的家里种植果树，当地人称为"种山"。夏天来了，总是在某一天，他会把书包翻过来，掏出一堆梨子，说："这个给你。"又加一句，"刚长熟，很酸，要再过一个月才有甜的。"然后在另外的某一天，他用布袋装满荔枝，塞进我的抽屉，还是同样的一句话："这个给你。"书包或布袋里翻出来的，顺应季节的变化，还会有梅子、李子、桃子、枣子、枇杷、香蕉、橘子，以及我们两个人都最爱吃的芒果。

他每天要背一个大书包和两个饭盒，还有要穿越树林的全副武装，重量已经不轻，但他还是常常再背上沉沉一袋水果给我，多得好像不知道数量和重量。我内心知道他当我是兄弟，这个时候，汗珠从他的额头滴流到脖子，他赤铜色的皮肤在阳光下闪闪发亮，他把布袋递给我，眯着眼傻笑着说："这个给你。"我还能说什么？他真的是我的兄弟，我应该教他更多功课，不要让他常常被老师罚；站在他这边，不让其他同学或女生嘲笑他。我们已经小学五年级了，我内心第一次感受到血气澎湃的男性友谊。

但事实上，多半时候是他保护我。有一次，我因为什么事惹到了隔壁六年级的两个小太保，下了课，两个恶煞般的大个子把我叫出了教室，来到不远处的凤凰木树荫下。同学们都吓坏了，忘了去叫老师，女生甚至已经哭了起来，我咬着牙挺着胸，准备挨过一阵拳脚的冲撞。突然间廖走了过来，两眼露出凶光，脸上的肌肉激动得鼓胀起来，牙齿咬得咯咯作响，走到凤凰木下，本来就不善说话的他现在更说不清楚了，他大叫道："你们不可以……"他用力扳着树干，"哗啦"一声，一根杯口粗的树干被硬生生拉断了，两位高年级学生互相看了一眼，嘴里恨声不绝地说："你们有胆不要走！"一面却掉头走远了。

我们默默回到教室，廖还激动得说不出话来，我也心虚得不知该说什么好。老师上课进到教室，看到教室外如台风肆虐过后的树木残局，大吃一惊，怒问是谁做的好事，我们两个毫不犹豫都举了手。我们挨了一顿棍子和斥责，又被叫到走廊上罚站，很奇怪的是，我们都觉得手心并不如平日疼痛。

春天里有一天，廖突然对我说："礼拜天要不要到我家玩儿？"

我想象着穿过树林和越过山头的遥远地方，不知道那种滋味是怎么样的，我感到有些兴奋，但也只是淡淡地回答："好呀。"

他认真想了一会儿，说："那礼拜天早上7点钟，我到学校来接你。"这表示他5点多钟就得从家里出门，也意味着他得一口气走两趟山路。

我也点点头，没说什么。

星期天到了，我找了一个借口溜出家门，7点钟来到学校。星期天早上的校园空荡荡的，没有一个人影；大头蜻蜓倒是都已经起来了，正成群低空盘旋在操场上。不一会儿，廖来了，和平日上学一样，他仍然全身披挂，手里拿着大型手电筒，身上湿漉漉的，头上也都是汗，好像刚从瀑布底下穿过一样。

我们彼此点点头，他把雨衣脱下，说："这个大概不用了。"然后说，"我们走吧。"

我们从学校后门走进农田，穿越一片农庄，就进入山区了。山路其实还蛮宽敞，坡度也并不陡，浓密的杂树林遮蔽了阳光，加上山上凉风习习，我们走得很舒畅。路过溪涧的时候，清澈湍急的溪水在石头上跳跃，发出琤琤的声音，水边常常有白色的水芭蕉，还有美丽的蝴蝶和蜻蜓飞舞着。我们都没说话，沉默地走在山路上。

约莫过了45分钟，我们走到靠近山顶的一座山神庙，在庙口的奉茶处喝了一点水，廖眯眼笑着说："已经一半了，再走一个钟头就到了。"又走了一段林中路，我们就走到山头了，从山顶上我们可以看见远方的人家、街道、学校的操场，以及附近一亩一亩的烟叶田。

过了山顶，视野变得开阔，我们走的路逐渐平缓起来，周边的树木突然都变矮了，而且整整齐齐。廖指着一片平整的林子说："这是梨子树，我们家种的。"

又走一段路，树木变得弯曲多节，那是另一片不同的果树林，廖带我走进林子，他说："这是梅子，现在应该有长出来的。"他熟练地在林中钻来钻去，最后停在一棵树前面，指着树上："你看！"

我看过去，果然满枝结着累累的绿色梅子，颜色和刚长出的嫩叶一样，不仔细看分不清楚。廖折下一节小树枝，枝头上肥满的梅子有十几个，他摘下一个递给我："可以吃。"我咬了一口，来不及听他的警告，"很酸，这是用来腌的，也可以做酒。"

我们一片林子一片林子看过去，到他家的时候已经快中午了。房子是低矮的土厝，屋外堆满了木柴。我们在屋外看到他的父亲，瘦削黝黑，满脸哀戚，他正埋头修理一张竹椅。廖走上前，嗫嚅着说："同学，来家里玩。"廖的父亲抬起头，看了我一眼，仿佛什么事也不曾发生，说："带他去吃饭。"

我们两个人如获大赦，廖带我穿到屋后的厨房，热腾腾的饭菜已经摆在餐桌上，他用海碗装了两碗饭，夹了一大堆菜放在上面，我们就端着海碗到屋后的树林里吃。我们坐在石头上，他家养的鸡、鸭和火鸡就在我们旁边走来走去。菜很香，有笋子，有高丽菜，有韭菜花，还有豆干。走了一早上山路，我们都饿了。

廖说种山不好做，父亲种了很多年都赔钱，想到南部去养鸭子，可能不久就会决定。我意识到这可能是我们最后一次这样相处，以后我们可能再难相见，眼睛突然就热胀起来。

闺房是看得见的牢笼，被束缚的心是看不见的牢笼。

绣枕

凌叔华

大小姐正在低头绣一个靠垫，此时天气闷热，小巴狗只有躺在桌底伸出舌头喘气的份儿，苍蝇满玻璃窗打转。张妈站在背后打扇子，脸上一道一道的汗渍，她不住地用手巾擦，可总擦不干。鼻尖的刚擦干了，嘴边的又点点凸了出来。她瞧着她主人的汗虽然没有她那样多，可是脸热得酱红，白细夏布褂汗湿了一背脊，忍不住说道："大小姐，歇会儿，凉快凉快吧。老爷虽说明天得送这靠垫去，可是没规定早上或晚上呢。"

"他说了明儿早上十二点以前，必得送去才好，不能不赶了。你站过来扇扇。"小姐答完仍旧低头做活。

张妈走过左边，一面打着扇子，一面不住眼地看着绣的东西，叹口气道："我从前听人家讲故事，说那头面长得俊的小姐，一定也是聪明灵巧的，我总想这是说书人信嘴编的，哪知道就真有。这样一个水葱儿似的小姐，还会这一手活计！这鸟绣得真爱死人！"大小姐嘴边轻轻地显露一弧笑窝，但刹那便止。张妈接着说："哼，这一对靠枕儿送到白总长那里，大家看了，别提有多少人来说亲呢。门也得挤破了……听说白总长的二少爷二十多岁还没找着合适亲事。唔，我懂得老爷的意思了，上回算命的告诉太太今年你有红鸾星照命主……"

"张妈，少胡扯吧。"大小姐停针打住说，她的脸微微泛出红晕。

此时屋内又是很寂静，只听见绣花针一上一下穿缎子的声音和那扇子轻微的风响。忽听竹帘外边有一个十三四岁的女孩子叫道："妈，我来了。"

"小妞儿吗？这样大热天跑来干什么？"张妈赶紧问。小妞儿穿着一身的蓝布裤褂，满头满脸的汗珠，一张倭瓜脸热得紫胀，此时已经闪身入到帘内，站在房门口边，只望着大小姐出神。她气喘吁吁地说："妈，昨儿四嫂子说这里大小姐绣了一对什么靠垫，已经绣了半年啦，说光是那只鸟已经用了三四十种线，我不信。四嫂子说，不信你赶快去看看，过两天就要送人啦。我今儿吃了饭就进城，妈，我到那儿看看，行吗？"

张妈听完连忙赔笑问："大小姐，你瞧小妞儿多么不自量，想看看你的活计哪！"

大小姐抬头望望小妞儿，见她的衣服很脏，拿住一条灰色手巾不住地擦脸上的汗，大张着嘴，露出两排黄板牙，瞪直了眼往里看，她不觉皱眉答：

“叫她先出去，等会儿再说吧。”

张妈会意这是嫌她的女儿脏，不愿让她看的意思，立刻对小妞儿说：“瞧瞧你鼻子上的汗，还不擦把脸去。我屋里有盆水，大热天的这汗味儿可别熏着大小姐。”

小妞儿脸上显出非常失望的神情，听她妈说完还不想走出去。张妈见她不动，很不忍地瞪了她一眼，说：“去我屋洗脸去吧。我就来。”

小妞儿噘着嘴掀帘出去。大小姐换线时偶尔抬起头往窗外看，只见小妞拿起前襟擦额上的汗，大半块衣襟都湿了。院子里盆栽的石榴吐着火红的花，直映着日光，更叫人觉得暑热，她低头看见自己的胳肢窝汗湿了一大片了。

光阴一晃便是两年，大小姐还在深闺做针线活，小妞儿已经长成和她妈一样粗细，衣服也懂得穿干净些了。现在她妈告假回家的空当，她居然能做替工。

夏天夜上，小妞儿正在下房坐近灯旁缝一对枕头顶儿，忽听见大小姐喊她，便放下针线，跑到上房。

她与大小姐捶腿时，有一搭没一搭地说闲话：

“大小姐，前天干妈送我一对枕头顶儿，顶好看啦，一边是一只翠鸟，一边是一只凤凰。”

“怎么还有绣半只鸟的？”大小姐似乎取笑她说。

“说起我这对枕头顶儿，话长啊。咳，为了它们，我还和干姐姐呕了回气。那本来是王二嫂子给我干妈的，她说这是从两个大靠垫子上剪下来的，因为已经弄脏了。新的时候好看极了！一个绣的是荷花和翠鸟，另一个绣的是一只凤凰站在石山上。头一天，人家送给她们老爷，一个就放在客厅的椅子上，当晚便被吃醉了的客人吐脏了一大片；另一个给打牌的人挤掉在地上，便有人拿来当作脚垫子用，好好的垫子，满是泥脚印。少爷看见就叫王二嫂捡了去。干妈后来就和王二嫂要了来给我，那晚上，我拿回家来足足看了好一会儿，真爱死人了，只那凤凰尾巴就用了四十多样线。那翠鸟的眼睛望着池子里的小鱼儿真要绣活了，那眼睛真个发亮，不知用什么线绣的。”

大小姐听到这里忽然心中一动，小妞儿还往下说：“真可惜，这样好看的东西毁了。干妈前天见了我，叫我剪去脏的地方拿来缝一对枕头顶儿。哪知道干姐姐真小气，说我看见干妈有好东西就想法子讨了去。”

大小姐没有理会她们怄气的话，却只在回想她在前年的伏天曾绣过一对很精细的靠垫，上头也有翠鸟与凤凰。那时白天太热，拿不得针，常常留到晚上绣，完了工，还害了十多天眼病。她想看看这鸟比她的怎样，吩咐小妞儿把那对枕头顶儿立刻拿了来。小妞儿便把枕顶片儿拿来说：“大小姐你看看这样好的黑青云霞缎的底子都脏了。这鸟听说从前都是凸出来的，现在已经塌凹了。您看——这鸟的冠子，这鸟的红嘴，颜色到现在还很鲜亮。王二嫂说那翠鸟的眼球子，从前还有两颗真珠子镶在里头。这荷花不行了，都成了灰色，荷叶太大，做枕头顶儿用不着……这个山石旁还有小花朵儿……”

大小姐只管对着这两块绣花片子出神，小妞儿末了说的话，一句都听不清了。她只回忆起她绣那鸟冠子曾拆了又绣，足足三次，一次是汗污了嫩黄的线，绣完才发现；一次是配错了石绿的线，晚上认错了色；末一次记不清了。那荷花瓣上的嫩粉色的线她洗完手都不敢拿，还得用爽身粉擦了手，再绣……荷叶太大块，更难绣，用一样绿色太板滞，足足配了十二色绿线……做完那对靠垫以后，送给了白家，不少亲戚朋友对她的父母进了许多谀辞。她的闺中女伴，取笑了许多话，她听到常常自己红着脸微笑。还有，她夜里也曾梦到她从来未经历过的娇羞傲气，穿戴着此生未有过的衣饰，许多小姑娘追着她看，很羡慕她，许多女伴面上显出嫉妒。那是种幻境，不久她也懂得，所以她永远不愿再想起它来缭乱心思。今天却不由得一一想起来。

小妞儿见她默默不言，直着眼，只管看那枕顶片儿，便说道：“大小姐也喜欢不是？这样的针线活，真爱死人呢。明儿也照样绣一对儿不好吗？”

大小姐没有听见小妞儿问的是什么，只能摇了摇头算答复了。

秋天来临的时候，我们的葵花地金光灿烂、无边喧哗，无数次将我从梦中惊醒，却没有一次惊醒过他的故乡。

遥远的向日葵地

✽李　娟

就算是在鬼都不过路的荒野里，我妈离开蒙古包半步都会锁门。

锁倒是又大又沉，锃光四射，挂锁的门扣却是拧在门框上的一截旧铁丝。

我妈锁了门，发动摩托车，回头吩咐："赛虎看家。丑丑看地。鸡好好下蛋。"然后绝尘而去。

被关了禁闭的赛虎把狗嘴挤出门缝，冲她的背影愤怒大喊。丑丑兴奋莫名，追着摩托扑扑跳跳、哼哼唧唧，在后面足足跑了一公里才被我妈骂回去。

我妈此去是为了打水。门口的水渠只在灌溉期才来几天水，平时用水只能去几公里外的排碱渠取。那么远的路。幸好有摩托车这个好东西。

她每天早上骑车过去打一次水，每次载两只二十升的塑料壶。

我说："那得烧多少汽油啊？好贵的水。"

我妈细细算了一笔账："不贵，比矿泉水便宜。"

可排碱渠的水能和矿泉水比吗？又咸又苦。然而总比没水好。

这么珍贵的水，主要用来做饭、洗碗，洗过碗的水给鸡鸭拌食，剩下的供一大家子日常饮用。再有余水的话我妈就洗洗脸。

脏衣服攒着，到了水渠通水的日子，既是大喜的日子也是大洗的日子。

其实能有多少脏衣服呢？我妈平时……就没怎么穿过衣服。

她说："天气又干又热，稍微干点活儿就一身汗。比方锄草吧，锄一块地就脱一件衣服，等锄到地中间，就全脱了……好在天气一热，葵花也长起来了，穿没穿衣服，谁也看不到。"

我大惊："万一撞见人……"

她说："野地里哪来的人？种地的各家干各家的活儿，没事谁也不瞎串门。如果真来个人，离老远，赛虎、丑丑就叫起来了。"

于是整个夏天，她赤身扛锨穿行在葵花地里，晒得一身黢黑，和万物模糊了界线。叶隙间阳光跳跃，脚下泥土暗涌。她走在葵花林里，如跋涉于大水之中，努力令自己不要漂浮起来。大地最雄浑的力量不是地震，而是万物的生长啊……她没有衣服，无所遮蔽也无所依傍，快要迷路一般眩晕。目之所及，枝梢的手心便冲她张开，献上珍宝，捧出花蕾。她停下等待，花蕾却迟迟不绽。赴约前的女子在深深闺房换了一身又一身衣服，迟迟下不了最后的决心。我妈却赤身相迎，肝胆相照。她终日锄草、间苗、打杈、喷药，无比耐心。

浇地的日子最漫长。地头闸门一开，水哗然而下，顺着地面的横渠如多米诺骨牌般一道紧挨着一道淌进纵向排列的狭长埂沟。渐渐地，水流速度越来越慢。我妈跟随水流缓缓前行，阻滞处挖一锨，跑水的缺口补块泥土，并将吃饱水的埂沟一一封堵。那么广阔的土地，那么细长的水脉。她几乎陪伴了每一株葵花的充分吮饮。地底深处的庞大根系吮吸得嗞嗞有声，地面之上愈发沉静。

她抬头四望。天地间空空荡荡，连一丝微风都没有，连一件衣服都没有。世上只剩下植物，植物只剩下路。所有路畅通无阻，所有门大打而开。水在光明之处艰难跋涉，在黑暗之处一路绿灯地奔赴顶点。那是水在这片大地上所能达到的最高的高度——一株葵花的高度。这块葵花地是这些水走遍地球后的最后一站啊。整整三天三夜，整块葵花地都浸透均匀了，整个世界都饱和了。花蕾深处的女子才下定决心，选中了最终出场的一套华服。

即将开幕。大地前所未有地寂静。我妈是唯一的观众，不着寸缕，只踩着一双雨靴。她双脚闷湿，浑身闪光。再也没有人看到她了。她脚踩雨靴，无所不至，像女王般自由、光荣、权势鼎盛。她是一株最强大的植物，铁锹是最贵重的权杖。很久很久以后，当她给我诉说这些事情的时候，我还能感觉到她眉目间的光芒，感觉到她浑身哗然畅行的光合作用，感觉到她贯通终生的耐心与希望。

水渠通水那几天跟过年似的。不但喂饱了葵花地，还洗掉了所有衣服，还把狗也洗了。家里所有的盆盆罐罐大锅小锅都储满了水。幸亏我家家什多，可省了好多汽油钱。

那几天鸭子们抓紧时间游泳，全都变成了新鸭子。放眼望去，天上有白云，地上有鸭子。天地间就数这两样最锃亮。

大约渠水流过的地方水汽重，加之天气也渐渐暖和了，到第二次通水时，渠两岸便有了杂草冒头。而水渠之外，除了作物初生的农地，整面大地依旧荒凉粗粝。

鸡最爱草地，整天乐此不疲。一个个信步其间，领导似的背着手。我猜草丛的世界全部展开的话，可能不亚于整个宇宙。鸡如此痴迷，这儿瞅瞅，那儿啄啄。有时突然歪着脑袋想半天，再单脚撑地呆若木鸡。它不管看到什么都不会说出去。

天苍野茫，风吹草低见芦花鸡。两只狗默默无言并卧渠边。鸭子没完没了地啄洗羽毛。在荒野中，窄窄一条水渠所聚拢的这么一点点生气，丝毫不输给世间所有大江大河湖泊海洋的盛景。

面对这一切，唯有兔子无动于衷。每天瓜分完当天的口粮，它们就一个个尾随我妈进了葵花地。太阳下山还不回家，显得比我妈还忙。我妈说："兔子，快看！水来了！"人家耳朵都不侧转一下。

水从上游来。上游有个水库。说是水库，其实只能算是一个较大的蓄水池。位于荒野东面两公里处，一侧筑了一道拦坝，修了闸门，简陋极了。可是对于长时间走过空无一物的大地的人们来说，简直就是一场奇遇！

我曾去过那里。走啊走啊，突然就迎面撞见。那么多的水静止于前方，仿佛走到了世界的尽头。不见飞鸟，不生植物，和荒野一样空旷。仅仅是水，一大潭明晃晃的水。镜子一样平平摊开在大地上，倒映着整片天空，又像是天空下的一潭深渊。

这一大潭水灌溉了下游数万亩的作物，维系了亿万生命的存活。可从这番情景看来，又像是它并不在意何为葵花，也从没理会过赛虎、丑丑、鸭子与鸡们的欢乐。它完整无缺，永不改变。与其说此地孤寂，不如说我们和我们的葵花地多么尴尬。我们从不曾真正触动过这个世界的内核。

在水的另一方，遥遥停着一座白房子。湖水是世界的尽头，那里便是世界的对面。住在那里的会是什么样的人呢？有好几次我想要过去看看，但每次绕着水岸走了很久很久，也无法抵达。

后来我离开了。我常常会梦到那片荒野中的大水，梦到南方来的白鸟久久盘旋水面，梦到湖心芦苇静立，却没有一次梦到生活在遥远白房子里的那个人。秋天来临的时候，我们的葵花地金光灿烂、无边喧哗，无数次将我从梦中惊醒，却没有一次惊醒过他的故乡。

家

✽毛 姆 陈以侃/译

看着这两位老人，我有些异样的感触，想到很久之前，他那么爱她，而她却爱着另一个人。

农场坐落于萨默塞特郡群山间的某个山谷中，一幢老式的石头房子，旁边是牲口棚、禽畜的圈栏和几间外屋。大门上方刻着农场建成的年份：1673年，用的也是那个时代的优雅字体。而这房子本身，经历了风吹雨打，俨然和遮蔽它的树木一样，成了风景的一部分。

屋前是座精致的花园，和外面的大路通过一条林荫道连接，两排榆树长得如此华美，即便放在名门望族的豪宅前也是难得的。住在这个农场里的人和他们的房子一样，稳重、刚毅、朴实，只有一件事他们愿意吹嘘，即他们父传子、子传孙，世世代代生与死都在这里，自农场建成之日起，未曾断绝。周围的土地他们也耕种了三百年。

乔治·梅多斯今年五十岁，比妻子长一两岁，他们都是高贵、正直之人。他们有两个儿子、三个女儿。他们清楚自己立身于世的根本，并且为之自豪。

我从来没有见过那么团结的家族：他们欢乐、勤恳、和善，遇事听从长辈的决断。这种生活有一种确凿无疑的美，就像贝多芬的交响乐和提香的画。他们不但幸福，而且配得上他们的幸福。

不过这家的一家之主却不是乔治·梅多斯，而是他的母亲。老太太七十岁了，身材高挑，腰板也还直挺，气质高贵。花白的头发，脸上皱纹虽不少，但眼神明亮又锐利。她的话在家里和农场上就像是律法，但她也不乏幽默：她管家虽然专断，可也充满温情。人们常被她逗得发笑，然后把她风趣的话不停地传播下去。老太太的确是不同凡响之人。像她那样和善的人本来就少有，她还对荒唐好笑之事那么敏锐。

那天在回家的路上，乔治太太喊住我，一脸慌张的样子。我们只认一个梅多斯夫人，就是她的婆婆。“你知道今天谁要来吗？”她问我，“乔治·梅多斯叔叔。你知道，就是那个去了中国的乔治。”

“咦，不是说他已经死了吗？”

“我们都以为他已经死了。”

乔治·梅多斯叔叔的故事我已经听了不下十几回。大概五十多年前，当梅多斯夫人还是埃米莉·格林的时候，乔治·梅多斯叔叔和他的哥哥汤姆·梅多斯都曾追求她，后来她选择嫁给汤姆，乔治就远赴他乡了。

他们听说他到了中国的沿海地区。有二十年的时间，他时不时寄礼物回来，然后就断了消息。汤姆·梅多斯去世的时候，遗孀写信通知小叔，也石沉大海。最后他们只能推断乔治已经死了。但两三天前，他们收到了朴次茅斯一个“海员之家”女主管的信，看后都大为惊诧。照信上说，过去十年乔治·梅多斯因为风湿病，行动不便，一直由“海员之家”照顾，现在他觉得来日无多，想再见一见自己出生的房子。他的侄孙阿尔伯特·梅多斯已经开着福特车去朴次茅斯接他，下午就会回来。

“梅多斯夫人怎么说？”我问道。

“你也知道老太太的脾气，她就坐在那里，自顾自笑了笑。她只说：‘他走的时候可是个英俊的小伙子，只是没有他兄长那么沉稳。’那也是她选择汤姆的原因。她还说，‘不过现在他也应该平和些了吧。’”

乔治太太邀请我下午去见那位叔叔。我接受了。下午一进门，我就发现他们全家人都聚齐了：在那个石砖铺地的大厨房里，梅多斯夫人还是挺直了脊背坐在炉火边的老位子上，而她的儿子、儿媳，以及他们的孩子都坐在桌边。我觉得有意思的是老太太穿上了自己那身最好的丝绸长裙。壁炉另一边坐着一个老头，蜷缩在椅子里。他很瘦，皮肤挂在骨架上，好像一件过于宽大的西服，蜡黄的脸上都是皱纹，牙齿基本就没剩下几颗。我和他握了握手。

“真高兴您能顺利到达，梅多斯先生。”我说。

“梅多斯船长。”他纠正道。

“他是走过来的，”他的侄孙阿尔伯特告诉我，“车到大门口的时候，他要我停车，说他想走走。”

“你要知道，我已经两年没下床了，是他们把我从床上抱到车里的。我以为我永远都不能走路了，可当我看到那些榆树，我想起我父亲当年那么在意这些树，忽然觉得我又能走了。五十二年前我离开的时候，走的就是这条道，现在我又沿着它走回来了。”

“要我说呀，你又在犯傻了。”梅多斯夫人说。

“对我有好处，我有十年没觉得自己这么强健了。埃米莉，我肯定得把你先送走了。”

“你净会吹牛。”她回答道。

老妇人看着小叔的时候眼里带有怜悯的笑意，而老头一边和嫂子说话，一边笑得露出空空的牙床。看着这两位老人，我有些异样的感触，想到很久之前，他那么爱她，而她却爱着另一个人。我不知道他们是否还记得当时的心情，是否还记得当时对彼此说过的话。不知道对梅多斯先生而言，看到这位老太太，想到自己曾经因为她离开了世代定居的土地，抛弃了本属于自己的财产，过了一辈子流浪的生活，会有怎样不寻常的心思。

“您结婚了吗，梅多斯船长？”我问。

“我可不结婚，”他笑着说，声音一直有些抖，“我太了解女人了，哪里还会想娶一个。埃米莉，我说过非你不娶的，所以我就没有结婚。”他说这话时听不出有悲情和怨恨，仿佛只是陈述一件事实，语气中有一丝得意。

“要是你真娶了我，恐怕早后悔死了。”她回道。

我和老头儿聊起了中国。

“我对中国任何一个港口的熟悉程度，都超过你对你大衣口袋的了解。只要船能到的地方我都去过，我当年见过的事情，你在这儿坐六个月，我都未必能讲完一半。”

“要我说，有一件事情你始终没干成，乔治，”梅多斯夫人说，那眼神中的笑意依然像是在嘲弄他，但很温暖，“就是你从来没挣着大钱。”

“我不是会存钱的人啊。挣了就得花，这才是我的座右铭。但我要替自己说一句：要是让我选的话，我这辈子还是愿意照这样再活一遍。世上又有几个人能说这话。”

“的确不多。”我说。

我看着他，心里满是仰慕和敬意。他是一个牙齿残缺、不能行动、身无分文的老头，但他的人生是成功的，因为他过得很快乐。我走的时候他让我第二天再来看他。我对中国那么感兴趣，他可以把那些我想听的故事一个个全讲出来。

第二天一早，我琢磨着可以去问问老头是否愿意见我。我沿着那条美不胜收的林荫道走到花园中，梅多斯夫人正在摘花。听到我跟她问好，她站起身来，怀里是一大捧白花。我瞟了一眼房子，发现百叶窗都合起来了。我有些意外，因为梅多斯夫人向来喜欢阳光。

“等你入了土，有的是时间享受黑暗。”她经常这么说。

“梅多斯船长好吗？”我问道。

“他一向是个胡乱行事的人，”她回答我，“早上莉齐给他送茶的时候发现他已经死了。”

“死了？”

“是啊。睡梦里走的。我刚刚摘了些花想放到他房间里。不管怎样，他能在老房子里过世也是好的。对梅多斯家的人来说，这可是大事。”

昨天夜里他们费了好大的劲才说服老头就寝。他回顾自己漫长的一生，事无巨细都要一一讲给大家听。他回到老房子很开心，能完全靠自己走完门前的林荫道更是让他自豪不已，说他最起码还要活二十年。但命运还是仁慈的：死亡把句点放在了正确的地方。

梅多斯夫人闻了闻臂弯中的白花。

“好了，最起码他能回家，我很高兴。”她说，“其实吧，自从我嫁给汤姆，乔治又离家之后，我一直不太确定自己是否嫁对了人。”

后花园

萧红

后花园里经过了几度繁华，经过了几次凋零，但那大菽茨花好像世世代代要存在下去的样子，经冬复历春，年年照样在园子里边开着。

后花园五月里就开花的，六月里就结果子，黄瓜、茄子、玉蜀黍、大芸豆、冬瓜、西瓜、西红柿，还有爬着蔓子的倭瓜。这倭瓜秧往往会爬到墙头上去，而后从墙头它出去了，出到院子外边去了。

就向着大街，这倭瓜蔓上开了一朵大黄花。

正临着这热闹闹的后花园，有一座冷清清的黑洞洞的磨房，磨房的后窗子就向着花园。刚巧沿着窗外的一排种的是黄瓜。这黄瓜虽然不是倭瓜，但同样会爬蔓子的，于是就在磨房的窗棂上开了花，而且巧妙地结了果子。

于是随着磨房里打着铜筛罗的震抖，这些黄瓜也就在窗子上摇摆起来了。铜罗在磨夫的脚下，东踏一下它就“咚”，西踏一下它就“咚”，这些黄瓜也就在窗子上滴滴嘟嘟地跟着东边“咚”,西边“咚”。

六月里,后花园更热闹起来了,蝴蝶飞,蜻蜓飞,螳螂跳,蚂蚱跳。大红的外国柿子都红了,茄子青的青、紫的紫,溜明湛亮,又肥又胖,每一棵茄秧上结着三四个、四五个。

磨房里的磨倌儿是寂寞的。

他三十多岁了,尚未结过婚,可是他的头发白了许多,牙齿脱落了好几个,看起来像是个青年的老头。阴天下雨,他不晓得;春夏秋冬,对他来说都是一样。和他同院的住些什么人,他不去留心;他的邻居和他住得很久了,他没有记得;住的是什么人,他没有记得。

人间对他来说是全然呆板的了。他只知道他自己是个磨倌儿,磨倌儿就是拉磨,拉磨之外的事情都与他毫无关系。

磨房里,一头小驴子围着一盘青白的圆石转着。磨道下面,被驴子经年地踢踏,已经陷下去一圈小洼槽。小驴的眼睛是戴了眼罩的,所以它什么也看不见,只是绕着圈瞎走。嘴上也给戴上了笼头,怕它偷吃磨盘上的麦子。

小驴知道,一上了磨道就该开始转了,所以走起来一声不响,两个耳朵尖尖地竖得笔直。

磨眼上的麦子没有了,他去添一添。从磨漏下来的麦粉落满了一磨盘,他过去扫了扫。小驴的眼罩松了,他替它紧一紧。

看那小驴竖着两个尖尖的耳朵,好像也不吃草也不喝水,只晓得拉磨的样子。

磨房的小油灯忽明忽暗地燃着(那小灯是刻在墙壁中间的,好像古墓里边站的长明灯似的),像有风吹着它似的。这磨房只有一扇窗子,还被挂满了黄瓜,把窗子遮得风雨不透。可是从哪里来的风?小驴也在响着鼻子抖擞着毛,好像小驴也着了寒了。

有一天下雨了。

雨下得很大,好几个青蛙跳进磨房来,有些蛾子就不断地往小油灯上扑,扑了几下之后,被烧坏了翅膀就掉在油碗里溺死了,而且不久蛾子就把油灯碗给掉满了,所以油灯就渐渐地不亮了,几乎连小驴的耳朵都看不清楚。

冯二成子想要添些灯油,但是灯油在上房里,在主人的屋里。

他推开门一看,雨真是大得不得了,瓢泼一样,而且上房里也怕是睡下了,灯光不很大,只是影影绰绰的。也许是因为下雨上了风窗的关系,才那样黑混混的。

十步八步跑过去,拿了灯油就跑回来。冯二成子想。

但雨也是太大了,衣裳非都湿了不可。湿了衣裳不要紧,湿了鞋子可得什么时候干。

他推开房门看了好几次,都是又把房门关上了,没有跑过去。

可是墙上的灯又一会一会地要灭了,小驴的耳朵简直看不见了。他又打开门向上房看看,上房灭了灯了,院子里什么也看不见,只有隔壁赵老太太那屋还亮通通的,屋里还有咯咯的笑声。

那笑的是赵老太太的女儿。冯二成子不知为什么心里好不平静,他赶快关了门,赶快去拨灯碗,赶快走到磨架上,开始很慌张地打动着筛罗。可是无论如何那屋里的笑声好像还在那儿笑。

第二天早晨,雨过天晴了。

冯二成子在院子里晒他的那双湿得透透的鞋子时,偶一抬头看见了赵老太太的女儿,跟他站了个对面。

冯二成子从来没和女人接近过,他赶快低下头去。

那邻家女儿是从井边来,提了满满的一桶水,走得非常慢。等她完全走过去了,冯二成子才抬起头来。

她那向日葵花似的大眼睛,似笑非笑的样子,冯二成子一想起来就无缘无故地心跳。

有一天,冯二成子用一个大盆在院子里洗他自己的衣裳,洗着洗着,一不小心,大盆从木凳滑落打碎了。

赵老太太在窗下缝着针线,连忙喊她的女儿,把自家的大盆搬出来,借给他用。

冯二成子接过那大盆时,他连看都没看赵姑娘一眼,连抬头都没敢抬头,但是赵姑娘的眼睛像向日葵花那么大，在想象之中他比看见来得清晰。于是他的手好像抖着似的把大盆接过来了。他又重新打了点水，没有打很多的水，只打了一大盆底。

他恍恍惚惚的衣裳也没有洗干净，就晒起来了。

刚来的那年，母亲来看过他一次。从乡下给他带来一筐子黄米豆包。母亲临走的时候还流了眼泪说："孩儿，你在外边好好给东家做事，东家错待不了你的……你老娘这两年身子骨不大硬实。一旦一口气上不来，只让你哥哥把老娘埋起来就算了事。人死如灯灭，你就是跑到家又能怎样！可千万要听娘的话，人家拉磨，一天拉多少麦子，是一定的，耽误不得，可要记住老娘的话。"

那时，冯二成子已经三十六岁了，他仍像小时候似的，听了那话就哭了。他抬起头看看母亲，母亲确实瘦得厉害，而且也咳嗽得厉害。

"不要这样傻气，你老娘说是这样说，哪就真会离开了你们。你和你哥哥都三十多岁了，还没成家，你老娘还要看到你们……"

冯二成子想到"成家"两个字，脸红了一阵。

母亲回到乡下去，不久就死了。

他没有照着母亲的话做，他回去了，他和哥哥亲自送的葬。

是八月里辣椒红了的时候，送葬回来，沿路还摘了许多红辣椒，炒着吃了。

以后再想一想，就想不起什么来了。拉磨的小驴子仍旧是原来的小驴子。

他又回想到他更远的幼小的时候去，在沙滩上煎着小鱼，在河里脱光了衣裳洗澡；冬天堆了雪人，用绿豆给雪人做了眼睛，用红豆做了嘴唇；下雨的天气，妈妈打来了，就往水洼中跑……妈妈因此而打不着他。

再想又想不起什么来，这时候他昏昏沉沉地睡了去。

不久，邻家来了说媒的，不久那家女儿就嫁出去了。

婆家来娶新媳妇的那天，抬着花轿子，打着锣鼓，吹着喇叭，就在磨房的窗外，连吹带打地热闹了起来。

冯二成子把头伏在梆子上，他闭了眼睛，一动也不动。

那边姑娘穿了大红的衣裳，搽了胭脂粉，满手抓着铜钱，被人抱上了轿子。放了一阵炮仗，敲了一阵铜锣，抬起轿子走了。

走得很远很远了，走出了街去，那打锣声只能稀拉听到一点。

冯二成子仍旧没有把头抬起，一直到那轿子走出几里路之外，就连被娶亲惊醒了的狗叫也都平静下去时，他才抬起头来。

那小驴蒙着眼罩静静地一圈一圈地在拉着空磨。

他看了看磨眼上一点麦子也没有了，白花花的麦粉流了满地。

那女儿出嫁以后，冯二成子常常和赵老太太攀谈，有的时候还到老太太的房里坐一坐。他不知为什么总把那老太太当作一位近亲来看待，早晚相见时，总是彼此笑笑。

这样也就算了，他觉得那女儿出嫁了反而随便了些。

可是这样过了没多久，赵老太太也要搬家了，搬到女儿家去。

冯二成子帮着去收拾东西。在他收拾东西时，他看见针线篓里有一个细小的白骨顶针。他想：这可不是她的？那姑娘又像活生生地来到他的眼前。

他看见了好几样东西，都是那姑娘的。刺花的围裙卷放在小柜门里，一团扎过了的红头绳子洗得干干净净的，用一块纸包着。他在许多乱东西里拾到这纸包，他打开一看，他问赵老太太，这头绳要放在哪里？老太太说："放在小梳头匣子里吧，我好给她带去。"

冯二成子打开了小梳头匣，他看见几根扣发针和一个假烧蓝翠的戒指仍放在里边。他嗅到一种梳头油的香气。他想这一定是那姑娘的，他把梳头匣关了。

他帮着老太太把东西收拾好，装上了车，还牵着拉车的大黑骡子上前去送了一程。

送到郊外，迎面的菜花都开了，满野飘着香气。

老太太催他回去,他说他再送一程。他好像对着旷野要高歌的样子,他的胸怀像飞鸟似的张着,他向着前面,迈着大步,好像一去就不回来的样子。

可是冯二成子回来的时候,太阳还正晌午。虽然是秋天了,没有夏天那么鲜艳,但是到处飘着香气。高粱成熟了,大豆黄了秧子,野地上仍旧是红的红绿的绿。冯二成子沿着原路往回走。走了一程,他还转回身去,向着赵老太太走去的远方望一望。但是连一点影子也看不见了。蓝天凝结得那么严酷,连一些皱褶也没有,简直像是用蓝色纸剪成的。

他用了他所有的目力,探究着蓝色的天边处,是否还存在着一点点黑点,若是还有一个黑点,那就是赵老太太的车子了。可是连一个黑点也没有,实在是没有的,只有一条白亮亮的大路,向着蓝天那边爬去,爬到蓝天的尽头,这大路只剩了狭窄的一条。

他经过靠着缝衣裳来过活的老王那里,看她家的灯还未灭,他想进去歇一歇脚也是好的。

老王是一个三十多岁的寡妇,因为生活的忧心,头发白了一半了。

她听见是冯二成子来叫门,就放下了手里的针线来给他开门了。还没等他坐下,她就把缝好的冯二成子的蓝单衫取出来了。

老王跑出去给冯二成子买了些烧饼来,那烧饼还是又脆又热的,还买了酱肉。老王手里有钱时,常常自己喝一点酒,今天也买了酒来。

她给他再斟一盅酒。

她斟酒时,冯二成子看她满手都是筋络,苍老得好像大麻的叶子一样。

喝过了三更以后,冯二成子也该回去了。

他看一看远近的人家,差不多都睡觉了,尤其是老王的那一排房子,通通睡了,只有王寡妇的窗子还透着灯光。他看了一会儿,又把眼睛转到另外的方向去,有的透着灯光的窗子,眼睛看着看着,窗子忽然就黑了一个,忽然又黑了一个。屋子灭掉了灯,竟好像沉到深渊里边去的样子,立刻消灭了。

老王的窗子仍旧是亮的,她的四周都黑了,都不存在了,那就更显得她单独地停在那里。

等他不自觉地又回到老王的窗下时,他终于敲了她的门。里边应着的声音并没有惊奇,开了门让他进去。

这夜,冯二成子就在王寡妇家里结了婚了。

他们并不像世界上所有的人结婚那样:也不跳舞,也不招待宾客,也不到礼拜堂去,也并不像邻家姑娘那样打着铜锣,敲着大鼓。但是他们庄严得很,因为百感交集,彼此哭了一遍。

第二年夏天,后花园里的花草又是那么热闹,倭瓜淘气地爬上了树了,向日葵开了大花,惹得蜂子成群地闹着,大菽茨、爬山虎、马蛇菜、胭粉豆,样样都开了花。耀眼的耀眼,散着香气的散着香气。年年爬到磨房窗棂上来的黄瓜,今年又照样爬上来了;年年结果子的,今年又照样结了果子。

在街上,冯二成子碰到那出嫁的女儿一次,她的怀里抱着一个小孩。

可是冯二成子也有了小孩了。磨房里拉起了一张白布帘子,帘子后边就藏着出生不久的婴孩和孩子的妈妈。

又过了两年,孩子的妈妈死了。

冯二成子坐在罗架上打筛罗时,就让孩子骑在梆子上。夏昼十分热了,冯二成子把头垂在孩子的腿上,打着瞌睡。

不久,那孩子也死了。

后花园里经过了几度繁华,经过了几次凋零,但那大菽茨花好像世世代代要存在下去的样子,经冬复历春,年年照样在园子里边开着。

园主人把后花园里的房子都翻了新了,只有这磨房连动也没动,说是磨房用不着好房子,好房子也让筛罗"咚咚"地震坏了。

所以磨房的屋瓦,为着风吹,为着雨淋,一排一排地都脱了节。每刮一次大风,屋瓦就要随着风在半天空里飞走几块。

夏昼,冯二成子伏在梆子上,每每要打瞌睡。他醒来时,昏昏沉沉的他看见眼前跳跃着无数条光线,他揉一揉眼睛,再仔细看一看,原来是房顶露了天了。

以后两年三年,不知多少年,他仍旧在那磨房里平平静静地活着。

寻常客

你应该是自己的那座山

把寄予他人的希望，

收回来放在自己身上倒也温馨。

宗月大师

✽老　舍

在我小的时候，因家贫体弱，九岁才入学。母亲有时候想让我去上学，又怕我受人家的欺侮，更因交不上学费，所以一直到九岁我还不识一个字。说不定，我会一辈子也得不到读书的机会。因为母亲虽然知道读书的重要，可是每月三四吊钱的学费，实在让她为难。母亲是最喜脸面的人。她迟疑不决，光阴又不等待任何人，荒来荒去，我也许就长到十多岁了。一个十多岁的贫穷而不识字的孩子，很自然地会去做个小买卖——弄个小筐，卖些花生、煮豌豆、樱桃什么的，要不然就是去做学徒。母亲很爱我，但是假若我能去做学徒，或提篮沿街卖樱桃而每天赚些钱，她或者就不会坚决地反对。穷困比爱心更有力量。

有一天，刘大叔偶然来了。我说“偶然”是因为他不常来看我们。他是个极富的人，尽管他心中并无贫富之别，可是他的财富使他终日不得闲，几乎没有工夫来看穷朋友。一进门，他看见了我。“孩子几岁了？上学没有？”他问我的母亲。他的声音是那么洪亮（在酒后，他常以学喊俞振庭的《金钱豹》自傲），他的衣服是那么华丽，他的眼睛是那么亮，他的脸和手是那么白嫩肥胖，使我感到我大概是犯了什么罪。我们的小屋、破桌凳、土炕，几乎禁不住他声音的震动。等我母亲回答完，刘大叔马上决定：“明天早上我来，带他上学，学钱、书籍，大姐你都不必管！”我的心跳得好高，谁知道上学是怎么一回事呢！

第二天，我像一条不体面的小狗似的，随着这位阔人去入学。学校是一家改良私塾，在离我家有半里多地的一座庙里。庙不甚大，且充满了各种气味：一进山门先有一股大烟味，紧跟着便是糖精味（有一家熬制糖球糖块的作坊），再往里是厕所味和别的臭味。学校在大殿里，大殿两旁的小屋住着道士和道士的家眷。大殿里很黑、很冷，神像都用黄布挡着，供桌上摆着孔圣人的牌位。学生都面朝西坐着，一共有三十来人。西墙上有一块黑板——这是“改良”私塾。老师姓李，一位极死板而极有爱心的中年人。刘大叔和李老师“嚷”了一顿，然后叫我拜圣人及老师。老师给了我一本《地球韵言》和一本《三字经》，我于是就变成了学生。

自从做了学生，我时常到刘大叔的家中去。他的宅子有两个大院子，院中几十间房屋都是出廊的。院后，还有一座相当大的花园。宅子的左右前后全是他的房屋，若是把那些房子齐齐地排起来，可以占半条大街。此外，他还有几处店铺。每逢我去，他必招呼我吃饭，或给我一些我没有见过的点心。他绝不因我是一个苦孩子而冷淡我，他是阔大爷，但是他不以富傲人。

在我由私塾转入公立学校的时候，刘大叔又来帮忙。这时候，他的财产已大半出了手。他是阔大爷，他只懂得花钱，而不知道计算。人们吃他，他甘心让他们吃；人们骗他，他付之一笑。他的财产有一部分是卖掉的，也有一部分是被人骗了去的，他不管，他的笑声照旧是洪亮的。

到我中学毕业的时候，他已一贫如洗，什么财愿意帮助别人的人，并不是因为他有多大的能力，或者有多大的权力，而是人性使然。

产也没有了，只剩了那个后花园。不过，在这个时候，假若他肯用用心思，去调整他的产业，他还能有办法让自己丰衣足食，因为他的好多财产是被人家骗了去的。可是，他不肯去请律师，贫与富在他心中是完全一样的。假若在这时候他不再随便花钱，他至少可以保住那座花园和城外的地产。可是，他好善。尽管他自己的儿女受着饥寒，尽管他自己受尽折磨，他还是去办贫儿学校、粥厂等慈善事业。他忘了自己。就是在这个时候，我和他过往得最密。他办贫儿学校，我去做义务教师；他施舍粮米，我去帮忙调查及散放。在我的心里，我很明白：放粮放钱不过是延长贫民受苦难的日期，而不足以阻拦住死亡。但是，看刘大叔那么热心，那么真诚，我就顾不得和他辩论，而只好也出点力了，即使我和他辩论，我也不会得胜，人情往往是能战败理智的。

在我出国以前，刘大叔的儿子死了。后来，他的花园也出了手。他入庙为僧，夫人与小姐入庵为尼。由他的性格来说，他势必走入避世学禅一途；但是由他的生活习惯上来说，大家总以为他不过能念念经，布施布施僧道而已，而绝对不会受戒出家。可他居然出了家。

在以前，他吃的是山珍海味，穿的是绫罗绸缎，他也嫖也赌。现在，他每日一餐，入秋还穿着件夏布道袍。这样苦修，他的脸上还是红红的，笑声还是洪亮的。对佛学，他有多么深的认识，我不敢说。我却真知道他是个好和尚，他知道一点便去做一点，能做一点便做一点。他的学问也许不高，但是他所知道的都能见诸实践。

出家以后，他不久就做了一座大寺的方丈，可是没有多久就被驱逐出来。他是要做真和尚，所以他不惜变卖庙产去救济穷人。庙里不要这种方丈。一般来说，方丈的责任是要扩充庙产，而不是救苦救难。离开大寺，他到一座没有任何产业的庙里做方丈。他自己既没有钱，还需天天为僧众们找斋饭吃，同时，他还举办粥厂等慈善事业。他穷，他忙，他每日只进一顿简单的素餐，可是他的笑声还是那么洪亮。他的庙里不应佛事，赶到有人来请，他便领着僧众给人家去唪真经，不要报酬。他整天不在庙里，但是他并没忘了修持。他持戒越来越严，对经义也深有所获。他白天在各处筹钱办事，晚间在小室里做功夫。谁见到这位破和尚，也不会想到他曾是个在金子里长起来的阔大爷。

有一天，他正给一位圆寂了的和尚念经，忽然闭上眼就坐化了。火葬后，人们在他的身上发现许多舍利。

没有他，我也许一辈子也不会入学读书；没有他，我也许永远想不到帮助别人有什么乐趣与意义。他是不是真的成了佛，我不知道。但是，我的确相信他的居心与言行是与佛相近似的。我在精神上、物质上都受过他的好处，现在我的确愿意相信他真的成了佛，并且盼望他以佛心引领我向善，正像在三十五年前，他拉着我去入私塾那样！

他是宗月大师。

经过这样大变故的王嫂，竟还是一切照常，用来稳定她的生命或感情的，原来是古人的“生死有命，富贵在天”八个字。

王嫂

✽沈从文

厨房中忽然热闹起来，问一问，才知道帮工王嫂的女儿来了。年纪十八岁，眼睛明亮亮的。梳一大大的发髻。脸圆圆的，嘴唇缩小如一个小荷包。头上搭了一片月蓝布，围裙上绣了一朵大红花，还钉上一些小小红绿镜片。说话时脸就发红，十分羞涩，在生人面前总显得不知如何是好。问问王嫂，才知道女儿才刚出嫁五个月，丈夫在乡下做田，住在离昆明四十里的乡下，穿的衣还是新娘子衣服。主人说：“王嫂，你大姑娘到这里来是客，炒几个鸡蛋，留她吃饭去！”王嫂就望着那女儿痴笑：“太太说留你吃饭，不要走！”女儿也笑着。一家大小知道王嫂有个好女儿，都来看看，都交口称赞王嫂福气真好。闺女长得波俏逗人爱。

王嫂只是笑，做事更热心了一些。王嫂不特有个好女儿，还有个好儿子！儿子十二岁，已到城西区茶叶局服务当差，净挣十五块钱一个月。局里管教严，孩子长得干净清秀，穿上一件灰色制服，走路脱脱脱，见过的人都说相貌有福气，长大一定有出息。王嫂怕他不学好，一来就骂骂，装成生气样子，要孩子赶快回去。孩子虽是她唯一宝贝，可并不溺爱成性，守规矩，从不胡乱花钱。

王嫂因事离开了这个家约五个月，大约在别处主仆之间相处不大好，后又回到这里来了。在这一家中的工作是洗衣烧饭，间或同卖鸡蛋清茅房的乡下人嚷嚷，一切动机无不出于护主。为人性情忠诚而快乐，爱清洁，又惜物不浪费，所以在一家中极得力，受一家重视。这点重视为王嫂感觉到时，引起她的自尊心，事情便做得更有条理。

有一天，另外一个乡下妇人来了，带了些新蚕豆来看王嫂，两人一面说一面抽抽咽咽。来人去后，问起原因才知道一年前那个做了新媳妇的女儿，已在两个月前死掉了。来的就是那女儿的婆婆。女儿因为生产，在乡下得不到医药照料，孩子生下地两天，女儿流血不止，家里人全下了田，想喝水不得水喝，喝了些水缸脚沉淀，第二天腹痛就死去了。孩子活了两个月，也死去了。经过这样大变故的王嫂，竟还是一切照常，用来稳定她的生命或感情的，原来是古人的“生死有命，富贵在天”八个字。她相信这八个字。

说起女儿死去情形时，她说：“他们忙着收麦子，大麦稞麦，用车子装满，一车一车马拖着走，下田去了。我女儿要喝水，喝不到，把水缸脚水喝下肚，可怜，她嚷痛也痛，就死了！死了她男人哭，不许棺材抬出门。自己可要去做壮丁，抽签到头上，过盘龙寺当兵去！生死有命。”说的话不到十句，可包括了多少动人的内容！

吃晚饭时，王嫂加添一碗新蚕豆，就是白天那亲家送来的。两亲家说起女儿时，心酸酸的，眼睛湿盈盈的，都念着女儿。

王嫂死了女儿，儿子却好好的。一个月必来看她一次，就把工薪全部缴上，王嫂点清了数目，另外送他两块钱作零用。

这家里同别的人家一样，有鸡，有狗，有猫儿。这些生物在家中各有一个地位。这一切却统由王嫂照管。

把午饭开过，锅碗盘盏洗清楚后，王嫂在大院中石碌礴上坐下喂鸡，看鸡吃食。看见蛮横霸道的大公鸡欺侮小母鸡时，就追着那公鸡踢一脚，骂着：“你个良心不好的扁毛畜生，一个小小肚子吃多少！我打死你！”公鸡还是大模大样不在乎，为的是这扁毛畜生，已认识清王嫂实在是个好人。公鸡是住在对面唐公馆戏楼上哲学教授老金寄养下来的。每天大清早，家中小黑狗照例精神很好，无伴侣可以相互追逐取乐，因此一听公鸡伸长喉咙鸣叫，就似乎有点恶作剧，必特意来追逐公鸡玩。这种游戏自然相当激烈，是公鸡受不了的。

因此这庄严生物，只好一面绕屋奔跑一面叫唤，表示对这玩笑并不同意，且盼望有人来援救出险。这种唤声自然引起了一家人的关心，但知道是小狗恶作剧，谁也不理会，到后来真正来援救解围的，照例只有王嫂一人。

那时节王嫂也许已经起床，在厨房烧水了，就舞起铁火钳出来赶狗，同小狗在院中团团打转。也许还未起床，小狗恶作剧闹到自己头上，必十分气愤，从房中拿了一根长竹竿出来打狗。这根竹竿白天放在院中晒晾衣服，晚上特意收进房中，预备打狗。小狗聪明懂事，食料既由王嫂分配，对王嫂自然相当敬畏，眼见那根竹竿，是王嫂每天打它用的。只是大清早实在太寂寞了，兴致又特别好，必然折磨折磨大公鸡，自己也招来两下打，因此好像一个顽皮孩子一般，嗒嗒跑到墙角去撒一泡尿，不再胡闹，乐意结束了这种恶作剧。尽管挨骂，挨打，小狗心中还是清楚明白，一家中唯有王嫂最关心它。

王嫂每天照例先喂狗，后喂鸡。狗吃饱后就去廊下睡觉。

喂完了鸡，向几只鸡把手拍拍，表示所有东西完了完了，那几只鸡也就走到院坪边沿那几株大尤加利树下扒土玩去了，王嫂准备开始做自己的事情。下半天是她洗衣的时间，天气好时，王嫂更忙。院子中有两大盆待洗的衣服；老先生的，先生的，太太的，小姐的，学生的，小娃子的，还加上自己在茶业局做小勤务十二岁小儿子的。衣服虽不少，她倒不慌不忙地做去。事情永远做不完，可并不使她懊恼。一面搓衣一面间或还用本地调子唱唱歌，喉咙窄，声调十分悦耳。偶然为主人听到时，要她好好唱下去，就觉得害臊，把个脸羞得红红的，决不再开口。唱歌的用意只在自己听听，为自己催眠，凭歌声引带自己到一个光明梦境里去。

她目下有十二块钱一个月，儿子却有十五块，两人赚的钱都没有用处，积聚一年可捎回乡下去买一亩二分田地。仗打下去，米粮贵，一点收入少虽少，利上翻利，五年不动用，会有多少！再过八年儿子长大了，所长保举他进军官学校，接一房新媳妇，陪嫁多的不要，只要有三五亩地，一头水牯牛。

一切事都简单具体，使这个简单的人生活下来觉得健康而快乐，世界虽不断地在变，人心也在变，鸡狗好像都在变，唯有这个乡下进城的农妇，人生观和希望，却始终变得不怎么大。

三月后天气转好，镇日长晴，城区经常有空袭警报。警报来时，家中长幼照例分成两组，一组外出，一组不动。王嫂对外出最匆忙的照例要笑笑，一面笑一面说："先生，来了来了，快走快走！"说的话极少，意思似乎倒很多。有点讽刺，有点爱娇，主要倒是表示她并不怕。飞机来到头上也不怕。为什么不怕？孔子遗教在这颗简单的心上有了影响，"生死有命，富贵在天"。还记起一个故事："黄巢杀人八百万，在劫数的八方有路难逃，不在劫数的，坐下来判官不收你。"两句简单话语和一个简单故事，稳定了这个简单的心，因此，在平时做事很尽力，做人很可靠，在乱时，她不怕，炸到头上机会既不多，炸不到头上她真不怕。

疏散的出门去后，不出门的照例还是各在房中做事读书，院中静静地，剩下王嫂一个人。她还是洗衣，一面洗衣一面点数空中飞机数目，好等等报告给主人。或遇到什么人来院中时，有点话说。她需要听一两句好话，或是赞美，或表示敬服，听来她都十分高兴。哲学教授老金，照例每天午后四点来看他的大公鸡，必带一个大烧饼，坐在屋檐下石砌上，一面喂鸡一面和王嫂谈谈天。若有警报，或问："王嫂，你怕不怕？"知道她不怕后，就跷起大拇指说："王嫂，王嫂，你是这个。一家人你胆量最好！"王嫂听来带点羞涩神气笑着："咦，金先生，你说得好！我不怕，生死有命，富贵在天！"俨然知道对面是教哲学的先生，就援引两句大哲人的话语，表示酬答。哲学教授老金，必照样复述那两句话一次："是吗？是吗？这是圣人说的！可不会错！"

王嫂笑着："圣贤说的，哪里会错！"

王嫂虽从不出城避空袭，可是这城中也就真如“有命在天”，直到如今还未被炸过一次。王嫂看到的只是自己飞机三三五五在市空绕圈子，还不曾看过日本飞机。五月九号天气特别好，照样有了警报，照样有万千人从门前走过疏散，家中也照样有人出门。这一次情形不同一点，三点左右竟真有二十七架飞机排队从市空飞过，到飞机场投了弹。飞机的样子，声音，轰炸消息，共同在王嫂脑子中产生一个综合印象。

可是一切工作还是照常。晚饭时把菜汤端上了桌子，站在桌边听消息。一个客人向她说笑：“王嫂，你看见了日本飞机？”

“二十七架，高也高！那边高射炮砰砰响了，那边机关枪咯咯响了，亭通，兵通，飞机场炸了。我不躲，我不怕的。”

“真不怕吗？炸弹有水缸大，这房子经不起！”

“要炸让它炸，生死有命。”

这件事也就过去了。第二天到了下午，天气还是很好，并无警报，到两点左右，她正一面洗衣一面用眼睛耳朵去搜索高空中自家飞机的方位，小狗忽然狂吠起来。原来那个在茶业局当差的小儿子来了。

小孩子脸黑黑的，裤子已破裂，要他母亲给缝补缝补。

“福寿，你走哪里来？”

孩子说：“我从近日楼那个法国甘美医院来。”

“昨天警报你在哪里？”

孩子说：“我在河甸营。”

这一来王嫂呆住了。“你怎么到飞机场去。日本飞机不是把河甸营炸平了吗？炸死好多好多人。你去看热闹！有什么好看的！”

“我有事去。飞机来了，丢下十二个炸弹，三个燃烧弹，房子烧了，倒了，我前前后后是人手人脚，有三匹马也炸个碎烂。机关枪嗒嗒嗒嗒乱打。最后我也差点死了，土把我埋了。有人摸我心子，还有一点气，汽车装我到甘美医院。今天九点钟我醒回来了，他们说好，你醒了，你姓什么？好，王家孩子，你回家去吧。到局里去吧，你妈找你！裤子被车门拉破的，他们当我是个死人！……说我真命大，全身没有伤，死里逃生的。”

孩子把事情叙述得清清楚楚，毫不觉得可怕，也毫不觉得这次经验有何得意处。坐在他母亲洗衣盆边，裤子破了一个大裂口，把手抹抹，瘦瘦的腿子全裸露出来了。王嫂声哑了，“咦，咦，咦，你没炸死！你看到死人？看到房子倒了烧起来？你看到人手人脚朝天上飞？人家抬你到医院去，九点钟才醒。回去主任骂不骂你？来，我看看你裤子！”

小孩子走到她身边去，她把破裤子一拉，在孩子精光光的瘦臀上巴巴地打了三下。“你不怕死？我自己打死你，省得吃水缸大炸弹五马分尸！”小孩子却嘻嘻笑着，看看母亲的眼睛，已湿盈盈的了。

孩子说：“我不怕日本，我长大了还要当兵去！”

王嫂一面拉围裙抹眼角，一面生气地说：“好，你当兵去，人家让你豆子大人当兵去，老鸦看你以为是耗子，叼你上天去！”

“打仗我才不怕，我要捉一个活的俘虏回来给你瞧。一定捉活的，用电线绑来，带回家去帮我们做田！”

“你有力量捉灯草人。”

“我要长大的！我赌咒要去打大仗。”

王嫂不再同孩子争辩了，赶忙去取针线给孩子缝裤。把针线取来，坐到小竹椅边时，又拍打了孩子几下，孩子却感到一种爱抚的温情，问他母亲：“娘，你怕不怕？”

“咄，我怕什么？天在头上。”

她看看天，天上蓝蓝的，有一团团白云镶在空中。恰有三只老鸦飞到院中尤加利树高枝上停下来，孩子一拍掌，老鸦又飞去了。王嫂把裤子缝好后，用口咬下那点线头，把针别到头髻上去，打抱不平似的，拉住孩子脏耳朵说：“你当兵去，老鸦就叼你到树上去。福寿，你能当兵？”

孩子不作声，只快乐地微笑。他心想：“我怎么不能当兵？人长大了，什么都做得好。”

孩子走后，家中人知道了这件事，都以为王嫂人好，心好，命好。王嫂不作声，只是微笑。到晚上，却悄悄地买了些香纸，拿到北门外去烧化。她想起死去的女儿，死得太苦了，命可不好，有点伤心，躲在自己房中去哭了好一会儿，不曾吃晚饭。这件事一家人谁也不知道，因为她怕人知道要笑她，要问她，要安慰她。这一切她都不需要。

家，坚如磐石，却也可能一触即溃。

齐老太太

冯骥才

齐老太太有滋有味地住在西城一个小院里。老头死了后，就一个念想——家别散了。

她有三个孩子，两个儿子一个闺女。闺女老三没出嫁，俩儿子老大老二虽然都成了家，还全住在家里，守着老娘。两个儿子各住在东西两边的厢房。正房三间，右边一间住着闺女，左边一间老太太自己用。中间堂屋空着，这里是一家人共享的地方。

老娘心里有一幅幅画。一家人在这院子里春天栽花种草，夏天纳凉说话，秋天举竿打枣，冬天扫雪堆人。平时全家围着摆在堂屋正中的一张方桌，一日三餐，虽无山珍海味，却有荤有素，有饭同吃，有福同享。闲时老太太叫来老三和两房儿媳妇陪她打打牌。孙男娣女们在院里玩耍。齐家人全都本分平和，彼此没斗过气，拌过嘴，红过脸。老太太说自己活在天堂里。可等到将来哪一天自己上了西天，想这个家，怎么办呢？说到这儿就掉眼泪了。

打牌是老太太平生一大爱好。可是她七十岁后，打多了便要歇一会儿。几个孩子便在堂屋一角，给她支了一张软榻，她累了，就倚在榻上伸伸胳膊腿儿，有了精神招呼闺女媳妇接着再来。反正全家人对老太太一呼百应，只顺不呛，每天最后一把牌都要叫老太太和。

齐老太太的两房媳妇人都不错。平时，丈夫出去干活，她们都在家中料理杂事，哄孩子玩，一人一天轮流做全家的饭菜，还一起伺候婆婆，陪着玩牌。玩牌对谁都是乐事，一边玩，一边说闲话，吃零嘴，喝茶。玩牌不玩钱没劲，可这家人的钱都不多，赢输也不过三五个铜子儿，大半都“输”给了老太太。玩牌时，老太太爱在身边放一把痒痒挠子，她只要等牌和，后背就痒痒；闺女老三有个小圆镜，时不时照一下自己。大儿媳爱放一盒洋烟，烟瘾上来憋急了，抽几口。二儿媳特别，总把手上一个金戒箍摘下来，放在一块手帕上，她怕洗牌时总磨这戒指。她是穷人家的闺女，这金戒指是她当年最金贵的陪嫁。虽然只是一个圆箍，没做工，但够粗，颜色很正。

天天打牌，这戒指天天放在她右手一边。可是一天，她抽空去灌暖瓶回来，忽然“哟”一声，戒指没了。

她找，别人帮她找，桌上地下找，一遍遍找，居然就找不着了。老太太说：“甭急，自己家还会丢东西？细找找。”

二儿媳就这一件宝贝，丢了自然心急，还有火，忍不住冒出一句：“就出去灌水这一眨眼的工夫，光天化日的怎么会没，除非闹鬼了。”

丢东西的事一出来，本来就叫在场的人心里发毛。大儿媳有点沉不住气，说：“二妹，我挨着你，你说闹鬼，可别是说我拿的。”

二儿媳说：“你干吗往你身上揽，我只能怪自己不该把这么值钱的东西搁在桌上。"

其实这都是些着急的话，可现在你一句我一句，就都是往火上浇油了。

齐家从来没出过这种事，最坐不住的是老太太。她脸色像张纸，忽然双手把桌子一推，这么大年纪，居然把桌子推出半尺远。她大声说："现在谁也别出屋，给我翻箱倒柜地找，相互别客气，搜身！我不信找不出来。我不信我齐家——关着大门会丢东西！"

老太太头一遭发火！

大伙乖乖地按照老太太的话做。把屋里从明面到暗处，再到犄角旮旯，每一寸地界全都细细找过，连老太太歇身的软榻也拉出来，翻一个儿。姑嫂相互之间，头一次上上下下里里外外搜身。

那一瞬，齐老太太把双眼闭上，好像死了一样。她心里觉得这个家该是好到头了，要毁了。无论这戒指在谁身上，一翻出来，全是给这家捅上一刀。可是奇怪的是，戒指还是没影儿。连条案上的花瓶全扣过来，还能跑到哪去？还真是应了二儿媳那句话——除非闹鬼了！

闹不闹鬼不知道，反正一股阴气从此罩住了齐家。先前那股子劲没了。人人各有心事，相互之间没话。若是说话，也是没话找话，若是笑笑，全是作假。谁知谁怎么想的？虽然吃饭还是同桌，像在大饭店里各吃各的。

老太太的牌局还摆，却打不起劲儿来。一天老太太忽然哗啦一声把牌全推倒了，阴沉着脸说："我气力不济了，打不下去了。"就此停了牌局。牌局一停，齐家冷清了一大半。

老太太心里那些画儿，也就一幅幅扯下来。谁也不知该怎么把这局面掰回来，反正那金戒指找不回来，事情就过不去。

一天，老三对她大哥说："二嫂那金戒指会不会叫猫叼去了？"

老大说："你倒真能琢磨，还没听说猫叼金子呢，又不能吃。再说，叼到哪儿你知道吗，找得回来吗？"

这事肯定死在这儿了，永远没人知道。可是一天晚饭后，老太太趁着全家都没离开饭桌，忽然对大家说："我要跟你们说一件事。你们听好了！二儿媳那戒指的事你们别再瞎猜，戒指是我拿的！我有急用。你们也甭问我拿去干什么用了。回头我会想办法把这事圆上。"

老太太这话像晴天打雷，全家脸对脸看着，不敢相信。可是，老太太一辈子没说过半句谎，她的话从来不会掺一点假。不论她说什么，大家全信。

再说老太太的话也有道理，丢戒指那天，人人都搜了身，没搜身的只有老太太本人。当时谁也不会去搜她呀。如果不是她拿的，好好一个金戒指跑哪儿去了？如果是她拿了，怎么拿的？拿去干吗用了？

老太太不说，没人敢问，也没人敢议论。可是从此，不知不觉对老太太的感觉就变了，她怎么能偷自己儿媳妇的东西呢？想都不敢想。素来对老太太的敬意，自然少了几分。这一切，老太太嘴里不说，心里有数。虽然她把事情的真相撩开，彼此的猜疑和别扭没了，可是从此她在这家里老老少少眼中，脸上没光，说话差劲，身子矮了半截。齐老太太人就一下子老下去许多，往后很少出屋了，吃饭都是叫老三把饭菜端到里屋，不愿别人看到她。她是不是没脸见人？

一年多后，老太太过世。

齐家办过丧事，整理正房。当拆掉堂屋一角的软榻清扫地面时，老三忽然发现地砖缝里有个东西亮闪闪，她有点奇怪，蹲下来，从头上拔下簪子把这东西拨出来一看，大声叫喊兄嫂，大家过来一瞧，全都大吃一惊！原来就是那只丢失的金戒指，原来它一直好好地待在这儿！

在丢戒指那天，这地方也都找过，只是因为那时是下晌，屋里没有阳光，自然看不到。现在是晌午，一道阳光射进来，正好照在这砖缝之间，金戒指便灿然夺目地重回齐家。真相大白。

老三流着泪对着这戒指说："你干吗躲在这儿了，你要了我娘的命啊！"

这家人想到这位大仁大义的老太太，为了全家人的和和气气，抱团不散，有难独当，忍辱负重，郁闷至死，不知不觉全都淌下泪来。

钓鱼的医生

✲汪曾祺

王淡人先生，真是一个好人啊。

这个医生几乎每天钓鱼。他家挨着一条河。出门走几步，就到了河边。这条河不宽。会打水撇子（有的地方叫打水漂，有的地方叫打水片）的孩子，捡一片薄薄的破瓦，一扬手忒忒忒忒，打出二十多个，瓦片贴水掠过河面，还能蹦到对面的岸上。这条河下游淤塞了，水几乎是不流动的。河里没有船。也很少有孩子到这里来游水，因为河里淹死过人，都说有水鬼。这条河没有什么用处。因为水不流，也没有人挑来吃。只有南岸的种菜园的每天挑了浇菜。再就是有人家把鸭子赶到河里来放。河南岸都是大柳树。有的欹侧着，柳叶都拖到了水里。河里鱼不少，是个钓鱼的好地方。

你大概没有见过这样的钓鱼的。

他搬了一把小竹椅，坐着。随身带着一个白泥小炭炉子，一口小锅，提盒里葱姜作料俱全，还有一瓶酒。他钓鱼很有经验。钓竿很短，鱼线也不长，而且不用漂子，就这样把钓线甩在水里，看到线头动了，提起来就是一条。都是三四寸长的鲫鱼。——这条河里的鱼以白条子和鲫鱼为多。白条子他是不钓的，他这种钓法，是钓鲫鱼的。钓上来一条，刮刮鳞洗净了，就手放到锅里。不大一会儿，鱼就熟了。他就一边吃鱼，一边喝酒，一边甩钩再钓。这种出水就烹制的鱼味美无比，叫作“起水鲜”。到听见女儿在门口喊：“爸——”知道是有人来看病了，就把火盖上，把鱼竿插在岸边湿泥里，起身往家里走。不一会儿，就有一只钢蓝色的蜻蜓落在他的鱼竿上了。

这位老兄姓王，字淡人。中国以淡人为字的好像特别多，而且多半姓王。他们大都是阴历九月生的，大名里一定还带一个菊字。古人的一句“人淡如菊”的诗，造就了多少人的名字。

王淡人的家很好认。门口倒没有特别的标志。大门总是开着的，往里一看，就看到通道里挂了好几块大匾。匾上写的是“功同良相”“济世救人”“仁心仁术”“术绍岐黄”“杏林春暖”“橘井流芳”“妙手回春”“起我沉疴”……医生家的匾都是这一套。这是亲友或病家送给王淡人的祖父和父亲的。匾都有年头了，匾上的金字都已经发暗。到王淡人的时候，就不大兴送匾了。送给王淡人的只有一块，匾很新，漆得乌亮，匾字发光，是去年才送的。这块匾与医术无关，或关系不大，匾上写的是“急公好义”，字是颜体。

进了过道，是一个小院子。院里种着鸡冠、秋葵、凤仙一类既不花钱，又不费事的草花。有一架扁豆，还有一畦瓢菜。这地方不吃瓢菜，也没有人种。这一畦瓢菜是王淡人从外地找了种子，特为种来和扁豆配对的。王淡人的医室里挂着一副郑板桥写的(木板刻印的)对子："一庭春雨瓢儿菜，满架秋风扁豆花。"他很喜欢这副对子。这点淡泊的风雅，和一个不求闻达的寒士是非常配称的。其实呢？何必一定是瓢儿菜，种什么别的菜也不是一样吗？王淡人花费心思去找了瓢菜的菜种来种，也可看出其天真处。自从他种了瓢菜，他的一些穷朋友在来喝酒的时候，除了吃王淡人自己钓的鱼，就还能尝到这种清苦清苦的菜蔬了。

过了小院，是三间正房，当中是堂屋，一边是卧房，一边是他的医室。

他的医室和别的医生的不一样，像一个小药铺。架子上摆着许多青花小瓷坛，坛口塞了棉纸卷紧的塞子，坛肚子上贴着浅黄蜡笺的签子，写着“九一丹”“珍珠散”“冰片散”……到处还有一些大大小小的乳钵、药碾子、药臼、嘴刀、剪子、镊子、钳子、钎子，往耳朵和喉咙里吹药用的铜鼓……他这个医生是“男妇内外大小方脉”，就是说内科、外科、妇科、儿科，什么病都看。王家三代都是如此。外科用的药，大都是“散”——药面子。“神仙难识丸散”，多有经验的医生和药铺的店伙也鉴定不出散的真假成色，都是一些粉红的或雪白的粉末。虽然每一家药铺都挂着一块小匾“修合存心”，但是王淡人还是不相信。外科散药里有许多贵重药：麝香、珍珠、冰片……哪家的药铺能用足？因此，他自己炮制。他的老婆、儿女，都是他的助手，经常看到他们抱着一个乳钵，握着乳锤，一圈一圈慢慢地磨研(散要研得极细，都是加了水“乳”的)。另外，找他看病的多一半是乡下来的，即使是看内科，他们也不愿上药铺去抓药，希望先生开了方子就给配一服，因此，他还得预备一些常用的内科药。

城里外科医生不多——不知道为什么，大家对外科医生都不大看得起，觉得都有点“江湖”，不如内科清高，因此，王淡人看外科的时间比较多。一年也看不了几起痈疽重症，多半是生疮长疖子，而且大都是七八岁狗都嫌的半大小子。常常看见一个大人带着生瘌痢头的瘦小子，或一个长痄腮的胖小子走进王淡人家的大门；不多一会儿，就又看见领着出来了。生瘌痢的涂了一头青黛，把一个秃光光的脑袋涂成了蓝的；生痄腮的腮帮上画着一个乌黑的大圆饼子——是用掺了冰片研出的陈墨画的。

这些生疮长疖子的小病症，是不好意思多收钱的——那时还没有挂号收费这一说。而且本地规矩，熟人看病，很少当下交款，都得要等“三节算账”——端午、中秋、过年。忘倒不会忘的，多少可就“各凭良心”了。有的也许为了高雅，其实为了省钱，不送现钱，却送来一些华而不实的礼物：枇杷、扇子、月饼、莲蓬、天竺果子、蜡梅花。乡下来人看病，一般倒是当时付酬，但常常不是现钞，或是二十个鸡蛋，或一升芝麻，或一只鸡，或半布袋鹌鹑！遇有实在困难、什么也拿不出来的，就由病人的儿女跪下来磕一个头。王淡人看看病人身上盖着的破被，鼻子一酸，就不但诊费免收，连药也白送了。王淡人家吃饭不致断顿——吃扁豆、瓢菜、小鱼、糙米和炸鹌鹑！穿衣可就很紧了。淡人夫妇，十多年没添置过衣裳。只有儿子女儿一年一年长高，不得不给他们换换季。有人说：王淡人很傻。

王淡人是有点傻。去年、今年，就办了两件傻事。

去年闹大水。这个县的地势，四边高，当中低，像一个水壶，别名就叫作盂城。城西的运河河底，比城里的南北大街的街面还要高。站在运河堤上，可以俯瞰城中鳞次栉比的瓦屋的屋顶；城里小孩放的风筝，在河堤游人的脚底下飘着。因此，这地方常闹水灾。水灾好像有周期，十年大闹一次。去年闹了一次大水。王淡人在河边钓鱼，傍晚听见蛤蟆爬在柳树顶上叫，叫得他心惊肉跳，他知道这是不祥之兆。蛤蟆有一种特殊的灵感，水涨多高，它就在多高处叫。十年前大水灾就是这样。果然，连天暴雨，一夜西风，运河决了口，浊黄色的洪水倒灌下来，平地水深丈二，大街上成了大河。大河里流着箱子、柜子、死牛、死人。这一年死于大水的，有上万人。大水十多天未退，有很多人困在房顶、树顶和孤岛一样的高岗子上挨饿；还有许多人生病：上吐下泻，痢疾伤寒。王淡人就用了一根结结实实的撑船用的长竹篙拄着，在齐胸的大水里来往奔波，为人治病。他会水，在水特深的地方，就横执着这根竹篙，泅水过去。他听说泰山庙北边有一个被大水围着的孤村子，一村子人都病倒了。但是泰山庙那里正是洪水的出口，水流很急，不能容舟，过不去！他和四个水性极好的专在救生船上救人的水手商量，弄了一只船，在他的腰上系了四根铁链，每一根又分在一个水手的腰里，这样，即使是船翻了，他们之中也可能有一个人把他救起来。船开了，看着的人的眼睛里都蒙了一层眼泪。眼看这只船在惊涛骇浪里颠簸出没，终于靠到了那个孤村，大家发出了雷鸣一样的欢呼。这真是玩儿命的事！

水退之后，那个村里的人合送了他一块匾，就是那块“急公好义”。

拿一条命换一块匾，这是一件傻事。

另一件傻事是给汪炳治搭背，今年。

汪炳是和他小时候一块掏蛐蛐、放风筝的朋友。这人原先很阔。这一街的老人到现在还常常谈起他娶亲的时候，新娘子花鞋上缀的八颗珍珠，每一颗都有指头顶子那样大！这家伙，吃喝嫖赌抽大烟，把家业败得精光，连一片瓦都没有，最后只好在几家亲戚家寄食。这一家住三个月，那一家住两个月。就这样，他还抽鸦片！他给人家熬大烟，报酬是烟灰和一点膏子。他一天夜里觉得背上疼痛，浑身发烧，早上歪歪倒倒地来找王淡人。

王淡人一看，这是个有名有姓的外症：搭背。说：“你不用走了！”

王淡人把汪炳留在家里住，管吃、管喝，还管他抽鸦片——他把王淡人留着配药的一块云土抽去了一半。王淡人祖上传下来的麝香、冰片也为他用去了三分之一。一个多月以后，汪炳的搭背收口生肌，好了。

有人问王淡人：“你干吗为他治病？”王淡人倒对这话有点不解，说：“我不给他治，他会死的呀。”

汪炳没有一个钱。白吃，白喝，白治病。病好后，他只能写了很多鸣谢的帖子，贴在满城的街上，为王淡人传名。帖子上的言辞倒真是淋漓尽致，充满感情。

王淡人的老婆是很贤惠的，对王淡人所做的事没有说过一个不字。但是她忍不住要问问淡人：“你给汪炳用掉的麝香、冰片，值多少钱？”王淡人笑一笑，说：“没有多少钱。——我还有。”他老婆也只好笑一笑，摇摇头。

王淡人就是这样，给人看病，看“男女内外大小方脉”，做傻事，每天钓鱼。一庭春雨，满架秋风。

你好，王淡人先生！

夏明珠

木心

两个孩子虽然不懂道德、权谋、却凭着本能：既要做母亲的忠臣，又不做父亲的叛徒。

在我父亲的壮年时代，已婚的富家男主，若有一个外室，舆论上认为是"本分"的。何况世传的邸宅坐落于偏僻的古镇，父亲经营的实业，却远在繁华的十里洋场；母亲、姐姐、我，守着故园，父亲一人在大都市中与工商同行周旋竞争，也确实需要有个生活上社交上的得力内助，是故母亲早知夏明珠女士与父亲同居多年，却从不过问，只是不许父亲在她面前作为一件韵事谈。

寒假，古镇的雪，庙会的戏文，在母亲的身边过年多快乐。暑假，我和姐姐乘轮船，搭火车，来到十里洋场，父亲把我们安顿在他作为董事长的豪华大旅馆中。姐姐非常机灵，而且勇敢，摸熟了旅馆附近的环境后，带着我，不断地扩大着游乐的范围。旅馆中上自经理下至仆欧，悉心照料卫护姐弟二人，任何东西开口即得，就怕我们不开口。

父亲似乎知道不会失事出事，他也没有余暇来管束我们，倒是夏女士，时常开车来接我们去她的别墅用餐，问这问那，说到融洽处，要我们叫她"二妈"，我和姐姐笑而不语了——母亲并没有叮嘱什么，是我们自己不愿如此称呼。她的西方型的美貌，潇洒的举止，和蔼周致的款待，都使人心折，但我们只有一个母亲，没有第二个。而且她一点也不像个母亲，像朵花，我和姐姐背地里叫她"交际花"，吐吐舌头，似乎这是不应该说出声来的。姐姐告诉我夏女士是"两江体专"高才生，"高才生"我懂，就是前三名，总平均九十分以上的。

"两江体专"是什么？只在故事里听见过"两江总督"。姐姐说，浙江江苏两省联名合办的体育专科学校，夏女士是游泳明星、网球健将。我听了，不禁升起了敬意，可是这敬意又被夏女士的另一称号所冲淡；姐姐说旅馆斜对面不是有一家很大很大的理发厅吗，夏女士，她就是"白玫瑰理发厅"的老板娘，"老板娘"，我讨厌。所以每见夏女士，便暗中痴痴忖度，她一举一动，一颦一笑，哪些是"老板娘"，哪些是"运动健将"，越辨越糊涂，受够了迷惘的苦楚。

姐姐说，管她呢，反正我吃她给我的五香鸭肫肝，穿她给我的乔奇纱裙子，还不是爸爸的钱。我也吃鸭肫肝，我穿背带裤，白亮皮高筒靴，还不是爸爸的钱。（那是夏女士陪我们去挑选的，定制的，如果我们自己去，店家哪会这样殷勤，两次三次试样，送到旅馆里来。）奇怪的是，一进店，她就说："你喜欢这种皮靴，是吗？"我高兴地反问："你怎会知道？""很神气，像个小军官。”我非常佩服了，她与我想的一样。姐姐的心意也被猜中，她是小小舞蹈家，薄纱的舞衣，一件一件又一件，简直是变魔术，使我自怨不是女孩子。因此我走起路来把靴跟磕得特别响，我不能软软地舞，在路上，那是我神气多了。

假期尽头，父亲给我们一大批文具、玩具、糖果、饼干，还有一箱给妈妈的礼物，说：

“对不起，我一直没有陪你们玩，怎么样，过得好不好？”

“还不错。”我答。

“什么叫还不错？”

“还可以。”我解释。

“不肯说个好字么？”

“还好。”我说。

姐姐接口道：“很好，我和弟弟一直很快乐。”

爸爸吸雪茄，坐下：“回去妈妈问起来，你们才该说‘还好’，懂吗？”

“我们知道的。”姐姐回答了，我就点点头。

爸爸把我拉到他胸口，亲亲我，低声：“你生我的气，所以我喜欢你。”

归途的火车轮船中，我们商量了：妈妈一定会问的，哪些该讲，哪些就不讲，赛马、跑狗、溜冰、卓别林、海京伯——讲；别墅里的水晶吊灯、银台面，夏女士唱歌、弹琴，金刚钻项链——不讲；波斯地毯、英国笨钟、撒尿的大理石小孩，也不讲。理发厅？妈妈来时也住这旅馆，也会到那家理发厅去，可是妈妈不会问“你们老板娘是谁”，我同意姐姐的判断。两个孩子虽然不懂道德、权谋，却凭着本能：既要做母亲的忠臣，又不做父亲的叛徒。

到家后，晚上母亲开箱，我和姐姐都惊叹怎么一只箱子可以装那么多的东西，看妈妈试穿衣服最开心。我心里忽一闪，是夏女士买的；还有整套的化妆品，像是外科医生用的。另外，一瓶雀斑霜，我问：“妈妈你脸上没有雀斑呀？”

母亲伸给我一只手：“喏，也奇怪，怎么手背上有雀斑了，最近我才发现的呵。”

孩子的概念是：暑假年年有，爸爸年年欢迎我们去，妈妈年年等着我们回，一切像客堂里的椭圆红木桌，天长地久，就这样下去。哪知晴天霹雳，父亲突然病故，是在太平洋战争爆发的前一年。从此家道中落，后来在颠沛流离的战乱中，母亲常自言自语：“也好，先走了一步，免受这种逃难的苦。”

父亲新丧不久，夏女士回到这古老的镇上来了。她原是本地人，父母早亡，有三个兄弟，都一无产业二无职业，却衣履光鲜，风度翩翩。镇上人都认为是个谜，谜底必然是罪恶的。夏明珠绰号“夜明珠”，这次回乡，自然成了新闻，说是夜明珠被敲碎了，亮不起来哉。

我父亲亡故后，她厄运陡起，得罪洋场的一个天字号女大亨，霎时四面楚歌，憋不过，败阵回归。从家具、钢琴也运来这点看，她准备长住——像她那样风月场中金枝玉叶的人，古镇与她不配。她也早为古镇的正经人所诟谇谣诼，认为她有辱名城。所以，据说夏明珠确是深居简出、形如掩脸的人。当时消息传入我家，母亲轻轻说了句：“活该。”

母亲不以为夏明珠会看破红尘，而是咎由自取，落得个惨淡的下场，抬不起头来。

夏女士几次托人来向我母亲恳求，希望归顺到我家，并说她为我父亲生下一女，至少这孩子姓我们的姓。母亲周济了钱物，那两个请愿，始终是凛然回绝的。有一次受夏女士之托的说客言语失当，激怒了母亲，以致说出酷烈的话：“她要上我家的门，前脚进来打断她的前脚，后脚进来打断她的后脚。”

我在旁听了也感到寒栗，此话不仅词意决绝，而且把夏女士指为非人之物了。

说客狼狈而去，母亲对姐姐和我解释：“我看出你们心里在可怜她，怪我说得粗鄙了。你们年纪小，想不到如果她带了孩子过门来，她本人，或许是老了，能守妇道像个人，女孩呢，做你们妹妹也是好的。可是夏家的三兄弟是什么角色，三个流氓出入我家，以舅爷自居，我活着也难对付，我死了你姐弟二人将落到什么地步。今天的说客，还不是三兄弟派来的，我可只能骂她哪。”

我的自私、自卫本能，加上我所知的那三兄弟奇谲的恶名，听了母亲这段话，仿佛看到了三只饿鹰扑向两只小鸡，母鸡毛羽张竖，奋起搏斗——我不怪诗礼传家的母亲的忽然恶语伤人了。

太平洋战争爆发后，辗转避难，居无定所。苦苦想念故园，母亲决定带我们潜回老家，住几天，再作道理，心意是倘若住得下来，就宁愿多花点代价担点风险，实在不愿再在外受流离之苦了。

当时古镇沦于日本法西斯军人之手，局面由所谓“维持会”支撑着。我们夤夜进门，躲在楼上，不为外人所知，只有极少几个至亲好友，秘密约定，上楼来一叙乡情。入夜重门紧锁，我和姐姐才敢放声言笑，作整个邸宅的旧地重游，比十里洋场还好玩，甚而大着胆子闯进后花园，亭台楼阁，假山池塘，有明月之光，对我们来说，与白昼无异。实在太快乐，应该请母亲来分享。

畅游归楼，汗涔涔气喘喘，向母亲描述久别后的花园是如何如何的好，母亲面露笑容，说：“倒像是偷逛了御花园了，明夜我也去，带点酒菜，赏月。”

洗沐完毕，看见桌上摆着《全唐诗》，母亲教我们吟诵杜甫的五言七言，为了使母亲不孤独，我们皱起眉头，装出很受感动的样子。母亲看了我们几眼，把诗集收起，捧来点心盒子——又吃到故乡特产琴酥、姑嫂饼了，那是比杜甫的诗容易体味的。

这一时期，管家陆先生心事重重，早起晏睡，门铃响，他便带着四名男仆，亲自前去问答。如果他要外出办事，了解社会动态，他总是准时回返，万一必须延迟，则派人赶回说明，怕母亲急坏了。

自从夏末潜归，总算偷享了故园秋色，不觉天寒岁阑，连日大雪纷飞。姐姐病了，我一人更索然无味，枪声炮声不断，往时过新年的景象一点也没有，呆坐在姐姐的床边，听她急促的呼吸，我也生病躺倒算了。

一日午后，陆先生蹑上楼梯，向我招招手，我悄然逸出房门，随他下楼——夏明珠死了！怎么会呢？陆先生目光避开，侧着头：“我要向你母亲说。”

“不行，你详细告诉我，我知道该怎么说。”

“应该我来说，而且还有事要商量。你上去，等你母亲午睡起身，盥洗饮茶过后，你到窗口来，我等在天井的花坛旁边。”

我上楼，母亲已在盥洗室，等她一出，我便说陆先生有事要商谈，母亲以为仍旧是办年货送礼品的事，喃喃：“总得像个过年。”

我开窗走上阳台，向兀立在雪中的陆先生挥手。陆先生满肩雪花地快步上楼，一反往常的寒暄多礼，开口便说：“昨天就知道夏明珠女士被日本宪兵队抓去，起因是琴声，说是法国马赛曲，宪兵队长一看到她，就怀疑是间谍，那翻译缠杂不清，日本人故意用英语审问，她上当了，凭她一口流利的英语为自己辩护，加上她的相貌，服装异乎寻常的欧化，日本人认定她是潜伏的英美间谍，严刑逼供。夜里，更糟了，要污辱她，夏女士打了日本人一巴掌，那畜生拔刀砍掉了她的手，夏女士自知无望，大骂日本侵略中国，又是一刀，整只臂膊劈下来……我找过三兄弟，都逃之夭夭……她的尸体，抛在雪地里——我去看过了，现在是下午，等天黑，我想……”

我也去……陆先生想去收尸，要我母亲做主，我心里倏然决定，如果母亲反对，我就跪下，如果无效，我就威胁她。

我直视母亲的眼睛，她不回避我的目光，清楚看到她眼里泪水涌出——不必跪了，我错了，怎会有企图威胁她的一念。

母亲镇静地取了手帕拭去泪水，吩咐道：“请陆先生买棺成殓，能全尸最好，但事情要办得快。你去定好棺材，天一黑，多带几个人，先探一探，不可莽撞，不能再出事了。”

我相信陆先生会料理妥善，他也急于奉命下楼，母亲说：“等着。”她折入房内，我以为是取钱，其实知道财务是由陆先生全权经理的。

母亲捧来一件灰色的长大衣，一顶乌绒帽：“用这个把她裹起来，头发塞进这帽里，垫衾和盖衾去店家买，其他的，你见得多，照规矩办就是。还有，不要停柩，随即葬了，葬在我家祖坟地上，不要平埋，要坟墩，将来补个墓碑。”

当时姐姐病重，母亲不许我告诉她，说：“等你们能够外出时，一同去上坟。”

夏女士殓葬既毕，母亲要陆先生寻找那个希望作为我妹妹的女孩。

数日之后，回复是：已被卖掉，下落不明。

一个安分守己的人就这样消失了。

木匠老陈

✽巴　金

生活的经验固然会叫人忘记许多事情，但是有些记忆无论经过了多少时间的磨洗也不会消灭。

故乡里那些房屋，那些街道至今还印在我的脑子里。我还记得我每天到学堂去总要走过的木匠老陈的铺子。

木匠老陈那时不过四十岁光景，脸长得像驴子脸，左眼下面有块伤疤，嘴唇上略有几根胡须。大家都说他的相貌丑，但是同时人人称赞他的脾气好。

他平日在店里，但是他也常常到相熟的公馆里去做活，或者做包工，或者做零工。我们家里需要木匠的时候，总是去找他。我就在这时候认识了他。他在我们家里做活，我只要有空，就跑去看他工作。

我那时注意的，并不是他本人，而是他的那些工具：什么有齿轮的锯子啦，有两个耳朵的刨子啦，会旋转的钻子啦，像图画里板斧一般的斧子啦。这些奇怪的东西我以前全没有见过。一块粗糙的木头经过了斧子劈，锯子锯，刨子刨，就变成了一方或者一条光滑整齐的木板，再经过钻子、凿子等工具加工，又变成了各种各样的东西；像美丽的窗格、镂花的壁板等细致的物件，都是这样制成的。

老陈和他的徒弟的工作使我的眼界宽了不少。那时我还在家里读书，祖父聘请了一位前清的老秀才来管教我们。老秀才不知道教授的方法，他只教我们认一些字，呆板地读一些书。此外他就把我们关在书房里，端端正正地坐在凳子上，让时间白白地过去。过惯了这种单调的生活以后，无怪乎我特别喜欢老陈了。

老陈常常弯着腰，拿了尺子和墨线盒在木板上面画什么东西。我便安静地站在旁边专心地望着，连眼珠也不转一下。他画好了墨线，便拿起锯子或者凿子来。我有时候觉得有些地方很奇怪，不明白，就问他，他很和气地对我一一说明。他的态度比那个老秀才好得多。

家里的人看见我对老陈的工作有这么大的兴趣，并不来干涉我，却嘲笑地唤我做老陈的徒弟，父亲甚至开玩笑地说要把我送到老陈那里学做木匠。但这些嘲笑都是好意的，父亲的确喜欢我，因此有一些时候我居然相信父亲真有这样的想法，而且我对老陈说过要跟他学做木匠的话。

"你要学做木匠？真是笑话！有钱的少爷应该读书，将来好做官！穷人的小孩才学做木匠。"老陈听见我的话，马上就笑起来。

"为什么不该学做木匠？做官有什么好？修房子，做家具，才有趣啊！我做木匠，我要给自己修房子，爬到上面去，爬得高高的。"我看见他不相信我的话，把它只当作小孩子的胡说，我有些生气，就起劲地争论道。

"爬得高，会跌下来。"老陈随口说了这一句，他的笑容渐渐地收起来了。

"跌下来，你骗我！我就没有见过木匠跌下来！"

老陈看我一眼，依旧温和地说："做木匠修房子，常常拿自己性命来拼。一个不当心在上面滑了跤，跌下来，不跌成肉酱，也会得一辈子的残疾。"他说到这里就埋下头，用力在木板上推他的刨子，木板吱吱地响着，一卷一起的刨花接连落在地上。他过了半晌又加了一句："我爹就是这样子跌死的。"

我不相信他的话。一个人会活活地跌死？我没有看见过，也没有听见人说过。既然他父亲做木匠跌死了，为什么他现在还做木匠呢？我简直想不通。

"你骗我，我不信！那么你为什么还要做木匠？难道你就不怕死！"

"做木匠的人这样多，不见得个个都遭横死。我学的是这行手艺，不靠它吃饭又靠什么？"他苦恼地说。然后他抬起头来看我，他的眼角嵌有泪珠。他哭了！

我看见他流眼泪，不知道要怎么办才好，就跑开了。

不久祖父生病死了，我也进了学堂，不再受那个老秀才的管束了。祖父死后木匠老陈不曾到我们家里来过，但是我每天到学堂去都要经过他那个小小的铺子。

有时候他在店里招呼我；有时候他不在，只有一两个徒弟在那里钉凳子或者制造别的物件。他的店起初还能够维持下去，但是不久省城里发生了巷战，一连打了三天，然后那两位军阀因为别人的调解又握手言欢了。老陈的店在这个时期遭到"丘八"的光顾，他的一点点积蓄都给抢光了，只剩下一个空铺子。这以后他虽然勉强开店，生意却很萧条。我常常看见他哭丧着脸在店里做工。他的精神颓丧，但是他仍然不停手地做活。我听说他晚上时常到小酒馆里喝酒。

又过了几个月他的店终于关了门，我也就看不见他的踪迹了。有人说他去吃粮当了兵，有人说他到外县谋生去了。然而有一天我在街上碰见了他。他手里提着一个篮子，里面装了几件木匠用的工具。

"老陈，你还在省城！人家说你吃粮去了！"我快活地大声叫起来。

"我只会做木匠，我就只会做木匠！一个人应该安分守己。"他摇摇头微微笑道，他的笑容里带了一点悲哀。他没有什么大改变，只是人瘦了些，脸黑了些，衣服脏了些。

"少爷，你好好读书。你将来做了官，我来给你修房子。"他继续含笑说。

我抓住他的袖子，再也说不出一句话来。他告辞走了。他还告诉我他在他从前一个徒弟的店里帮忙。这个徒弟如今发达了，他却在那里做一个匠人。

以后我就没有再看见老陈。我虽然喜欢他，但是过了不几天我又把他忘记了。等到公馆里的轿夫告诉我一个消息的时候，我才记起他来。

那个轿夫报告的是什么消息呢？

他告诉我：老陈同别的木匠一起在南门一家大公馆里修楼房，工程快要完了，但是不晓得怎样，老陈竟然从楼上跌下来，跌死了。

在那么多的木匠里面，偏偏是他跟着他父亲落进了横死的命运圈里，这似乎是偶然，似乎又不是偶然。总之，一个安分守己的人就这样消失了。

往事如烟，年轻的梅娘已是耄耋之年了，这中间，她本来可以有多少作品问世呀。

孙姨和梅娘

✽史铁生

柳青的母亲，我叫她孙姨，曾经和现在都这样叫。这期间，有一天我忽然知道了，她是三四十年代一位很有名的作家——梅娘。

最早听说她，是在一九七二年年底。那时我住在医院，已是寸步难行；每天唯两个盼望，一是死，一是我的同学们来看我。同学们都还在陕北插队，快过年了，纷纷回到北京，每天都有人来看我。有一天，他们跟我说起了孙姨。

“谁是孙姨？”

“瑞虎家的亲戚，一个老太太。”

“一个特棒的老太太。”

“现在她连工作都没有。”

“她的女儿在外地，儿子病在床上好几年了。”

“她只能在外面偷偷地找点儿活儿干，养这个家，还得给儿子治病。”

“可是邻居们都说，从来也没见过她愁眉苦脸唉声叹气。”

“瑞虎说，她要是愁了，就一个人在屋里唱歌。”

“等你出了院，可得去见见她。”

“保证你没见过那么乐观的人。那老太太比你可难多了。”

我听得出来，他们是说“那老太太比你可坚强多了”。我知道，同学们在想尽办法鼓励我，刺激我，希望我无论如何还是要活下去。但这一回他们没有夸张，孙姨的艰难已经到了无法夸张的地步。

那时我们都还不知道她是梅娘，或者不如说，我们都还不知道梅娘是谁；我们这般年纪的人，那时对梅娘和梅娘的作品一无所知。历史常就是这样被割断着、湮灭着。梅娘好像从不存在。一个人，生命中最美丽的时光竟似消散得无影无踪。一个人丰饶的心魂，竟可以沉默到无声无息。

两年后某个星期天，我摇着轮椅去瑞虎家——东四六条流水巷，一条狭窄而曲折的小巷，巷子中间一座残损陈旧的三合院。我的轮椅进不去，我把瑞虎叫出来。春天，不冷了，近午时分阳光尤其明媚，我和瑞虎就在他家门前的太阳地里聊天。那时的北京处处都很安静，巷子里几乎没人，唯鸽哨声时远时近，或者还有一两声单调且不知疲倦的叫卖。这时，沿街墙，在墙阴与阳光的交界处，走来一个老太太，尚未走近时她已经朝我们笑了。瑞虎说这就是孙姨。瑞虎再要介绍我时，孙姨说：“甭了，甭介绍了，我早都猜出来了。”她嗓音敞亮，步履轻捷，说她是老太太实在是因为没有更恰当的称呼吧；转眼间她已经站在我身后抚着我的肩膀了。那时她五十多接近六十岁，头发黑而且茂密，只是脸上的皱纹又多又深，刀刻的一样。她问我的病，问我平时除了写作还干点儿什么。她知道我正在学着写小说，但并不给我很多具体的指点，只对我说：“写作这东西最是不能急的，有时候要等待。”倘是现在，我一定就能听出她是个真正的内行了；二十多年过去，现在要是让我给初学写作的人一点儿忠告，我想也是这句话。她并不多说的原因，还有，就是仍不想让人知道那个云遮雾罩的梅娘吧。

她跟我们说笑了一会儿，拍拍我的肩说“下午还有事，我得做饭去了”，说罢几步跳上台阶走进院中。瑞虎说，她刚在街道上干完活回来，下午还得去一户人家帮忙呢。

“帮什么忙？”

“其实就是当保姆。”

“当保姆？孙姨？”

瑞虎说就这还得瞒着呢，所以她就到离家很远的地方去当保姆，越远越好，要不人家知道了她的历史，谁还敢雇她？

她的什么历史？瑞虎没说，我也不问。其实孙姨与瑞虎家并不是亲戚，孙姨和瑞虎的母亲是自幼的好友。孙姨住在瑞虎家隔壁，几十年中两家人过得就像一家。曾经瑞虎家生活困难，孙姨经常给他们援助，后来孙姨有了困难，瑞虎的父母就照顾着孙姨的孩子。这两家人的情谊远胜过亲戚。

我见到孙姨的时候她的儿子刚刚去世。孙姨有三个孩子，一儿两女。小女儿早已去世。儿子和小女儿得的是一样的病，病的名称我曾经知道，现在忘了，总之在当时是一种不治之症。残酷的是，这种病总是在人二十岁上下发作。她的一儿一女都是活蹦乱跳地长到二十岁左右，忽然病倒，虽四处寻医问药，但终告不治。这样的母亲可怎么当啊！这样的孤单的母亲可是怎么熬过来的呀！这样眼睁睁地看着一对儿女先后离去的母亲，她是靠着什么活下来的呢？靠她独自的歌声？靠那独自的歌声中的怎样的信念啊！我真的不敢想象，到现在也不敢问。

如今，我经常在想起我的母亲的时候想起孙姨。我想起我的母亲在地坛里寻找我，不由得就想起孙姨，那时她在哪儿并且寻找着什么呢？我现在也已年过半百，才知道，这个年纪的人，心中最深切的祈盼就是家人的平安。于是我越来越深地感受到了我的母亲当年的苦难，从而越来越多地想到孙姨的当年。

我想，无论她是怎样一个坚强而具传奇色彩的女性，她的大女儿一定是她决心活下去并且独自歌唱的原因。

她的大女儿叫柳青。毫不夸张地说，她是我写作的领路人。并不是说我的写作已经多么好，或者已经能够让她满意，而是说，她把我领上了这条路，经由这条路，我的生命才在险些枯萎之际豁然地有了一个方向。

一九七三年夏天我出了医院，坐进了终身制的轮椅，前途根本不能想，能想的只是这终身制终于会怎样结束。这时候柳青来了。她跟我聊了一会儿，然后问我："你为什么不写点儿什么呢？我看你是有能力写点儿什么的。"那时她在长影当导演，于是我就迷上了电影，开始写电影剧本。用了差不多一年时间，我写了三万自以为可以拍摄的字，柳青看了说不行，说这离能够拍摄还差得远。但她又说："不过我看你行，依我的经验看你肯定可以干写作这一行。"我看她不像是哄我，便继续写，目标只有一个——有一天我的名字能够出现在银幕上。我差不多是写一遍寄给柳青看一遍，直到有一天她告诉我："这一稿真的不错，我给叶楠看了他也说还不错。"我记得这使我第一次有了自信，并且从那时起，彩蛋也不画了，外语也不学了，一心一意地只想写作了。

大约就是这时，我知道了孙姨是谁，梅娘是谁。梅娘是一位著名老作家，并且同时就是那个给人当保姆的孙姨。

又过了几年，梅娘的书重新出版了，她送给我一本，并且说"现在可是得让你给我指点指点了"，说得我心惊胆战。不过她是诚心诚意这样说的。她这样说时，我第一次听见她叹气，叹气之后是短暂的沉默。往事如烟，年轻的梅娘已是耄耋之年了，这中间，她本来可以有多少作品问世呀。

现在，柳青定居在加拿大。柳青在那儿给孙姨预备好了房子，预备好了一切，孙姨去过几次，但还是回来。那儿青天碧水，那儿绿草如茵，那儿的房子宽敞明亮，房子四周是果园，空气干净得让你想大口大口地吃它。孙姨说那儿真是不错，但她还是回来。

她现在一个人住在北京。我离她远，又行动不便，不能去看她，不知道她每天都做些什么。有两回，她打电话给我，说见到一本日文刊物上有评论我的小说的文章："要不要我给你翻译出来？"再过几天，她就寄来了译文，手写的，一笔一画，字体工整，文笔老到。

瑞虎和他的母亲也在国外。瑞虎的姐姐时常去看看孙姨，帮助做点儿家务事。

我问她："孙姨还好吗？"

她说："老了，到底是老了呀，不过脑子还是那么清楚，精神头旺着呢！"

✽林徽因

吉 公

年老了，当时的聪明一天天消失，所余仅是一片和蔼的平庸和空虚。认真地说，他仍是个失败者。

他是我们的舅公。于是我们都叫他“吉公”。

吉公是外曾祖母抱来的儿子。外曾祖母本来自己是有个孩子的，据大人们所讲，他是如何聪明，如何长得俊！可惜在他九岁的那年，一个很热的夏天里，竟然出了事。

他和一个小朋友，抬起一个旧式的大茶壶桶，嘴里唱着土白的山歌，从供着神位的后厅抬到前面正厅里去。

我们心里立刻浮现出一张鲜明的图画：两个小孩子，赤着膊，穿着桃花大红肚兜，抬着一个朱漆木桶，里面装着一个白锡镶铜的大茶壶，多少两的粗茶叶，泡得滚热的。

但是悲剧也就发生在这幅图画后面，外曾祖父手里拿着一根旱烟管，由门后出来，无意中碰倒了一个孩子，事儿就坏了！那无可偿补的悲剧，就此永远嵌进那温文儒雅读书人的生命里去。

这个吉公用不着说是抱来替代那死去的聪明孩子的。但这是又过了十年，外曾祖母已经老了，祖母将出阁时候的事。讲故事的人谁也没有提到吉公小时候是如何聪明美丽的话。

如果讲到吉公小时候的情形，且必用一点叹息的口气说起这吉公如何顽皮，如何不爱念书，尤其是关于学问是如何没有兴趣的，长大起来，他也始终不能去参加他们认为光荣的考试。

吉公住在一个跨院的旧楼上边。那地方是个浪漫的去处，一曲小小的旧廊，上边斜着吱吱呀呀的一道危梯，是非常有趣味的。

我们被限制在一所四面有围墙的宅子里，那活泼的孩子心有时总不肯在单调的生活中磋磨过去，故必定竭力地在那限制的范围内寻觅新鲜。在一片小小的地面上，我们认为最多变化、最有意思的，到底是人。凡是有人住的，无论哪一个小角落里，似乎都藏着无数的奇异，我们对它们便都怀着极大兴味。所以挑水老李住的两间平房，远在茶园子的后门边，和退休的老陈妈所看守的厨房以外一排空房，在我们寻觅新鲜的活动中，或可以说成长的过程中，都是绝对必需的。吉公住的那小跨院的旧楼，则更不必说了。

在那楼上，我们所受的教育，所吸取的知识，许多确非负责教育我们的大人们所能想象得到的。随便说吧，最主要的就有自鸣钟的机轮的动作，世界地图，油画上的外国军队军舰，和照相技术的种种，但是最要紧的还是吉公这个人，他的生平，他的样子、脾气，他自己对于这些新知识的兴趣。

吉公已是中年人了，但是对于种种新鲜事情的好奇，却还活像个孩子。在许多人跟前，他被认为是个不读书不上进的落魄者，所以在人前时，他便习惯于惭愧、谦卑、退让、拘束的神情，唯独回到他自己的旧楼上，他才恢复他的性格，与孩子们和蔼天真地接触。

在楼上他常快乐地发笑，有时为着玩弄小机器一类的东西，他还会带着嘲笑似的骂我们迟笨——在人前，这些便是绝不可能的事。用句现在极普通的话讲，吉公是个有“科学的兴趣”的人，那个小小楼屋，便是他私人的实验室。但在当时，吉公只是一个不喜欢做对子读经书的落魄者，那小小角隅实是祖母用着布施式的仁慈和友爱的含忍，让出来给他消磨无用的日月的。

夏天里，约略在下午两点的时候。那大小几十口复杂的家庭里，各人都能将自己的一份事情打发开来，腾出一点时光睡午觉。小孩们有的也被他们母亲或看妈抓去横睡在又热又闷气的床头一角里去。在这个时候，火似的太阳总显得十分寂寞，无意义地罩着一个两个空院，一处两处洗晒的衣裳，刚开过饭的厨房，或无人用的水缸。在清静中，喜鹊大胆地飞到地面上，像人似的来回走路，寻觅零食，花猫黄狗全都蜷成一团，在门槛旁把头睡扁了似的不管事。

我喜欢这个时候，这种寂寞对于我有说不出的滋味。饭吃过，随便在哪个阴凉处待着，用不着同伴，我就可以寻出许多消遣来。起初我常常一人走进吉公的小跨院里去，并不为找吉公，只站在门洞里吹穿堂风，或看那棵大柚子树的树荫在我前面来回地摇晃。有一次我满以为周围只剩我一人了，忽然我发现廊下有个长长的人影，不觉一惊。顺着人影偷着看去，我才知道是吉公一个人在那里忙着一件东西。他看我走来便向我招手。

原来这时间也是吉公最宝贵的时候，不轻易拿来糟蹋在午睡上面。我同他的特殊的友谊便也建筑在这点点同情上。他告诉我他私自学会了照相，家里新买到一架照相机已交给他尝试。夜里，我是看见过的，他点盏红灯，冲洗那种旧式玻璃底片，白日里他一张一张耐心地晒片子，这还是第一次让我遇到！那时他好脾气地指给我一个人看，且请我帮忙，两次带我上楼取东西。

平常孩子们太多他没有工夫讲解的道理，此刻慢吞吞地也都和我讲了一些。

吉公楼上的屋子是我们从来看不厌的，里面东西实在是不少，老式钟表就有好几个，都是亲戚们托他修理的，有的是解散开来卧在一个盘子里，等他一件一件细心地凑在一起。桌上竟还放着一副千里镜，墙上满挂着许多古怪翻印的油画，有的是些外国皇族，最多的还是有枪炮的普法战争的图画，和一些火车轮船的影片以及大小地图。

“吉公，谁教你怎么修理钟的？”

吉公笑了笑，一点不骄傲，却显得更谦虚的样子，努一下嘴，叹口气说：“谁也没有教过吉公什么！”

“这些机器也都是人造出来的，你知道！”他指着自鸣钟，“谁要喜欢这些东西尽可拆开来看看，把它弄明白了。”

“要是拆开了还不大明白呢？”我问他。

他更沉思地叹息了。

“你知道，吉公想大概外国有很多工厂教习所，教人做这种灵巧的机器，凭一个人的聪明一定不会做得这样好。”说话时吉公带着无限的怅惘。我却没有听懂什么工厂什么教习所的话。

吉公又说：“我那天到城里去看，一个洋货铺里面有个修理钟表的柜台，你说也真奇怪，那个人在那里弄个钟，许多地方还没吉公明白呢！”

在这个时候，我以为吉公尽可以骄傲了，但是吉公的脸上此刻看去却更惨淡，眼睛正望着壁上火轮船的油画看。

“这些钟表实在还不算有意思。”他说，“吉公想到上海去看一次火轮船，那种大机器转动起来多有趣。”

“伟叔不是坐着那么一个船上东洋去了吗？”我说，“你等他回来问问他。”

吉公苦笑了：“傻孩子，伟叔是读书人，他是出洋留学的，坐到一个火轮船上，也不到机器房里去的，那里都是粗人伙夫等管着。”

“那你呢？难道你就能跑到粗人伙夫的机器房里去？”孩子们受了大人影响，怀疑到吉公的自尊心。

“吉公喜欢去学习，吉公不在乎那些个。”他笑了，看看我为他十分着急的样子，忙把话转变一点安慰我说，“在外国，能干的人也有专管机器的，好比船上的船长吧，他就也得懂机器还得懂地理。军官吧，他就懂炮车里的机器。”

这次吉公讲的话很多，我都听不懂，但是我怕他发现我太小不明白他的话，以后不再要我帮忙，故此一直勉强听下去，直到吉公记起廊下的相片，跳起来拉了我下楼。

又过了一些日子，吉公的照相颇博得一家人的称赞，尤其是女人们喜欢得不得了。天好的时候，六婶娘找了几位妯娌，请祖母和姑妈们去她院里照相。

六婶娘梳着油光的头，眉目细细地淡淡地画在她白皙的脸上，就同她自己画的兰花一样有几分勉强。她的院里有几棵梅花，几竿竹，一个月门，还有一堆假山，大家都认为那是可以入画的景致。

但照相前，各人对于陈设的准备，也和吉公对于照相机底片等的部署一般繁重。婶娘指挥丫头玉珍，花匠老王，忙着摆茶几，安放细致的水烟袋及茶杯。前面还要排着讲究的盆花，然后两旁列着几张直背椅各人按着辈分、岁数坐成一个姿势，有时还拉着一两个孩子作衬托。

在这种时候，吉公的头与手在他的黑布与机器之间耐烦地周旋着。周旋到相当时间，他认为已经到达较完满的程度，才把头伸出观望那被摄影的人。

每次他有个新颖的提议，照相的人们也就有说有笑地起劲儿。这样祖母便很骄傲起来，这是连孩子们都觉察得出的，虽然我们当时并未了解她的许多伤心。

吉公呢，他的全副精神却在那照相技术上边，周围的空气，人情并不在他注意中。等到照相完了，他才微微地感到一种完成的畅适，兴头地掮着照相机，带着一群孩子回去。

还有比这个严重的时候，如同年节或是老人们的生日，或宴客，吉公的照相职务便更为重要了。早上你到吉公屋里去，便看得到厚厚的红布黑布挂在窗上，里面点着小红灯，吉公驼着背在黑暗中来往地工作。他那种兴趣、勤劳和认真，现在回想起来，我相信如果他晚生了三十年，这个社会里必定会有他一个结实的地位的。照相不过是他当时一个不得已的科学活动，他对于其他机器的爱好，却并不在照相之下。不过在实际上照相有所贡献于接济他生活的人，他也只好安于这份工作了。

另一次我记得特别清楚，我那喜欢兵器、武艺的祖父，拿了许多所谓“洋枪”到吉公那里，请他给揩擦上油。两人坐在廊下谈天，小孩子们也围上去。吉公开一瓶橄榄油，扯点破布，来回地把玩那些我们认为颇神秘的洋枪，一边议论着洋船、洋炮及其他洋人做的事。

吉公所懂得的均是具体知识，他把枪支在手里，开开这里，动动那里，演讲一般指手画脚讲到机器的巧妙，由枪到炮，由炮到船，由船到火车，一件一件。祖父感到惊讶了，听到吉公这许多话，相当地敬服起来，微笑凝神地在那里点头领教。大点的孩子也都闻所未闻地睁大了眼睛，我最深的印象便是那次祖父对吉公非常愉悦的脸色。

祖父谈到航海，说起他年轻的时候，极想到外国去，听到某处招生学洋文，保送到外洋去，便设法想去投考。但是那时他已聘了祖母，丈人方面得到消息非常不高兴，竟以退婚要挟他把那不高尚的志趣打消。吉公听了，黯淡一笑，或者是想到了他自己年少时的梦，也曾被这同一个读书人给毁掉了。

他们讲到苏伊士运河，吉公便高兴地把楼上的地图拿下来，由地理讲到历史，我都是在那时第一次听到。我更记得平常不讲话的吉公当日愤慨的议论，我为他感到不止一点的骄傲，虽然我不明白为什么他的结论总回到机器上。

但是一年后吉公离开了我们家，却并不为着机器，而是出我们意料地为着一个女人。

也许是因为吉公的照相相当地出了名，并且时常地出去照附近名胜风景，让一些人知道了，就常有人来请他去照相。为着对于技术的兴趣，他亦必定到人家里去尽义务地为人家照全家福，或带着朝珠补褂的单人留影。酬报则时常是些食品、果子。

有一次有人请他去，照相的却是一位未曾出阁的姑娘，这位姑娘因在择婿上稍稍经过点周折，故此她家里对于她的亲事常怀着悲观。与吉公认识的是她堂房哥哥，照相的事是否是这位哥哥故意地设计，家里人后来议论得非常热烈，我们也始终不得明了。要紧的是，事实上吉公对于这姑娘一家甚有好感，为着这姑娘的相片也颇费了些工夫。我不记得他是否在相片上设色，至少那姑娘的口唇上是抹了一小点胭脂的。

这事传到祖母耳里，这位家教谨严的女人便不大乐意。起前，她觉得一个未出阁的女子，相片交给一个没有家室的男子手里印洗，是不名誉不正当的。并且这女子也不是和我们同一省份，事情尤其要谨慎。

在这纠纷中，我才又听到关于吉公的一段人生悲剧。多少年前他曾经是娶过妻室的，一位年轻美貌的妻子，并且也生过一个孩子，却在极短的时间内，母子两人全都死去。这事除却在吉公一人的心里，这两人的存在几乎不在任何地方留下一点凭据。

现在这照相的姑娘是吉公生命里的一个新转变，在他单调的日月里开出一条路来。不止在人情上吉公也和他人一样需要异性的关心和安慰，就是在事业的野心上，这姑娘的家人也给吉公以不少的鼓励，至少到上海去看火轮船的梦是有了相当的担保，本来悠长没有着落的日子，现在是骤然地点上希望。

虽然在人前吉公仍是沉默，到了小院里他却开始愉快地散步，注意到柚子树又开了花，晚上有没有月亮，还买了几条金鱼养到缸里。在楼上他也哼哼一点调子，把风景照片镶成好看的框子，零整地拿出去托人代售。有时他还整理旧箱子，多少年他没有心绪翻检的破旧东西，现在有时也拿出来放在床上、椅背上，尽小孩子们好奇地问长问短，他也满不在乎了。

忽然突兀地他把婚事决定了，也不得我祖母的同意，便把吉期选好，预备去入赘。祖母生气到默不作声，只退到女人家的眼泪里去，呜咽她对于这弟弟的一切失望。家里人看到舅爷很不体面地到外省人家去入赘，带着一点箱笼什物，自然也有许多与祖母表同情的。但吉公则终于离开那所浪漫的楼屋，去另找他的生活了。

那布着柚子树荫的小跨院渐渐成为一个更寂寞的角隅，那道吱吱呀呀的木梯从此便没有人上下，除却小孩子们有时淘气，上到一半又赶忙下来。那小楼只能尘封吉公过去不幸的影子，却不能把他给活埋在里边。

吉公的行为是叛离亲族，在旧家庭里许多人就不能容忍这种的不自尊。他婚后的行动，除了带着新娘来拜过祖母外，其他事情便听不到有人提起。似乎过了不久，他也就到上海去，多少且与火轮船有关系。有一次我曾大胆地问过祖父，他似乎对于吉公是否在火轮船做事没有多大兴趣，完全忘掉了他们那次很融洽的谈话。

在祖母生前，吉公也还有来信，但到她死后，就完全地渺然消失，不通音讯了。

两年前我南下，回到幼年居住的城里去，无意中遇到一位远亲，他告诉我吉公住在城中，境况非常富裕。子女四人，在各个学校里读书，对于科学都非常嗜好，尤其是其中一个，特别聪明，屡得学校奖金。

于是我也老气地发出人事的感慨。如吉公自己生早了三四十年，我说，我希望他这个儿子所生的时代与环境合适于他的聪明，能给他以发展的机会，不再复演他老子的悲剧。

至于我会见到那六十岁的吉公，听到他离开我们家以后一段奋斗的历史，这里实没有细讲的必要，因为那中年以后不经过训练，自己琢磨出来的机器师，他的成就必定是有限的。

由于爱好机器，他到轮船上做事，到码头公司里任职，更进而独立地创办他的小规模丝织厂。这些全同他的照相一样，仅成个实际上能博取物质胜利的小事业，对于他精神上超物质的兴趣，已不能有所补助，有所启发。

年老了，当时的聪明一天天消失，所余仅是一片和蔼的平庸和空虚。认真地说，他仍是个失败者。

如果迷信点的话，相信上天或许要偿补给吉公他一生的委屈，这下文的故事，就应该在他那个聪明孩子和我们这个时代上。

听小华说，小芳现在生活很苦，有时连盐都没有。没盐了，小胡就拿了网，打一两斤鱼，到木田卖了，买点盐。

小　芳

✿汪曾祺

小芳在我们家当过一段时期保姆，看我的孙女卉卉。从卉卉三个月一直看到她两岁零八个月进幼儿园日托。

她是安徽无为人，无为木田镇程家湾。无为是个穷县，地少人多。地势低，种水稻油菜。平常年月，打的粮食勉强够吃。常闹水灾，往往油菜正在开花，满地金黄，一场大水，全都完了。因此无为人外出谋生的很多，年轻女孩子多出来当保姆。北京人所说的“安徽小保姆”，多半是无为人。她们大都沾点亲，即便是不沾亲带故，一说起是无为哪里哪里的，很快就熟了。亲不亲，故乡人。她们互通声气，互相照应，常有来往。有时十个八个，约齐了同一天休息（保姆一般两星期休息一次），结伴去逛北海，逛颐和园，逛大栅栏，逛百货大楼。她们很快就学会了说北京话，但在一起时都还是说无为话，叽叽嘎嘎，非常热闹。小芳到北京，是来找她的妹妹的，她妹妹小华头年先到的北京。

小芳离家仓促，也没有向妹妹打个电报。妹妹接到她托别人写来的信，知道她要来，但不知道是哪一天，不知道车次、时间，没法去接她。小芳拿着妹妹的地址，一点办法没有。问人，人不知道。北京那么大，上哪儿找去？小芳在北京站住了一夜。后来是一个战士把她带到妹妹所在那家的胡同的。小华正出来倒垃圾，一看姐姐的样子，抱着姐姐就哭了。小华的“主家”人很好，说：“叫你姐姐先洗洗，吃点东西。”

小芳先在一家待了三个月，伺候一个瘫痪的老太太。老太太倒是很喜欢她。有一次小芳把碱面当成白糖放进牛奶里，老太太也并未生气。小芳不愿意伺候病人，经过辗转介绍，就由她妹妹带到了我们家，一待就待了下来。这么长的时间，关系一直很好。

小芳长得相当好看，高个儿，长腿，眉眼都不粗俗。她曾经在木田的照相馆照过一张相，照相馆放大了，陈列在橱窗里。她父亲看见了，大为生气："我的女儿怎么可以放在这儿让大家看？"经过严重的交涉，照相馆终于同意把照片取了下来。

小芳很聪明，她的耳音特别好，记性也好，不论什么歌、戏，她听两遍就能唱下来，而且唱得很准，不走调。这真是难得的天赋。她会唱庐剧，庐剧是无为一带流行的地方戏。我问过小华："你姐姐是怎么学会庐剧的？"

"村里的广播喇叭每天在报告新闻之后，总要放几段庐剧唱片，她听听，就会了。"木田镇有个庐剧团，小芳去考过。团长看她身材、长相、嗓音都好，可惜没有文化——小芳一共只念过四天书，也不识谱，但想着进了团可以补习，就录取了她。小芳还在庐剧团唱过几出戏。她父亲知道后，坚决不同意，硬逼着小芳回了家。木田的庐剧团后来改成了县剧团，小芳的父亲有点后悔，因为到了县剧团就可以由农村户口转为城市户口，吃商品粮。小芳如果进了县剧团，她一生的命运就会有很大的不同，她是很有可能唱红了的。庐剧的曲调曲折婉转，如泣如诉。她在老太太家时，有时一个人小声地唱，老太太家里人问她："小芳，你哭啦？"

"我没哭，我在唱。"

小芳在我们家干的活不算重。做饭，洗大件的衣裳，这些都不要她管，她的任务就是看卉卉。小芳看卉卉很精心。卉卉的妈读研究生，住校，一个星期才回来一次，卉卉就全交给小芳了。城市育儿的一套，小芳都掌握了。按时给卉卉喝牛奶、吃水果、洗澡、换衣裳，每天上午，抱卉卉到楼下去玩。卉卉小时候长得很好玩，很结实，胖乎乎的，头发很浓，皮肤白嫩，两只大眼睛，谁见了都喜欢，都想抱抱。小芳于是很骄傲，老是说别人家的孩子："难看死了！"好像天底下就她的卉卉最好。卉卉稍大一点，就带她到附近一个工地去玩沙土，摘喇叭花、狗尾巴草。每天还一定带卉卉到隔壁一个小学的操场上去拉一泡屎，拉完了，抱起卉卉就跑，怕被学校老师看见。上了楼，一进门："喝水，洗手！"卉卉洗手，洗她的小手绢，小芳就给卉卉做饭，蒸鸡蛋羹、青菜剁碎了加肝泥或肉末煮麦片、西红柿面条，小芳还爱给卉卉包饺子，一点点大的小饺子。

下午，卉卉睡一个很长的午觉，小芳就在一边整理卉卉的衣裳，缀缀线头松动的扣子，在绽开的衣缝上缝两针，一面轻轻地哼着庐剧。到后来为自己的歌声所催眠，她也困了，就靠在枕头上睡着了。

晚上，抱着卉卉看电视。小芳爱看电视连续剧、电影、地方戏。卉卉看动画片，看广告。卉卉看到电视里有什么新鲜东西，童装、玩具、巧克力，就说："我还没有这个呢！"她认为凡是她还没有的东西，她都应该有。有一次电视里有一盘大苹果，她要吃。小芳跟她解释："这拿不出来。"卉卉于是大哭。

卉卉有很多衣裳——她小姑、我的二女儿，就爱给她买衣裳，买玩具。小芳有时给她收拾衣服、玩具，会发出感慨："卉卉的命好，我的命不好。"

我的大女儿有一次带了她的女儿芃芃来，她一般都是两个星期来一次。天热，孩子要洗澡，芃芃和卉卉一起洗。澡盆里放了水，让她们自己在水里先玩一会儿，芃芃咬了卉卉三口，卉卉大哭。咬得很重，三个通红的牙印。芃芃小，小芳不好说她什么，我的大女儿在一边，小芳也不好说她什么，就对卉卉的妈大发脾气："就是你！你干吗不好好看着她？"卉卉的妈只好苦笑。她在心里很感激小芳，卉卉被咬成这样，小芳心疼。

卉卉跟阿姨很亲，有时很懂事。小芳有经痛病，每个月总要有两天躺着，卉卉就一个人在小床里玩洋娃娃，玩积木，不要阿姨抱，也不吵着要下楼。小华每个月要给小芳送益母草膏、当归丸。卉卉都记住了。小华一来，卉卉就问她："你是给小芳阿姨送益母草膏来了吗？"她的洋娃娃病了，她就说："吃一点益母草膏吧！吃一点当归丸吧！"但卉卉有时乱发脾气，无理取闹，她叫小芳："站到窗户台上去！"

小芳看看窗户台："窗户台这么窄，我站不上去呀！"

"站到床栏杆上去！"

"这怎么站呀？"

“坐到暖气上去！”

“烫！”

“到厨房待着去！”

小芳于是委委屈屈地到厨房里去站着。

过了一会儿，卉卉又非常亲热地喊：“阿姨！小芳阿姨！”小芳于是高高兴兴地回到她们俩所住的屋里。

小芳送卉卉上幼儿园。她用脚顶着教室的门，不让老师关，她要看卉卉。卉卉全不理会，头也不回，蹭蹭蹭蹭，走到她自己的小板凳那，坐下了。小芳一个人回来。她的心里空了一块。

小芳的命是不好。她才六个月，就由她奶奶做主，许给了她的姨表哥李德树。她从小就不喜欢李德树，越大越不喜欢。李德树相貌猥琐，他生过瘌痢，头顶上有一块很大的秃疤，亮光光的，小芳看见他就讨厌。李德树的家境原来比小芳家要好些，但是他好赌，程家湾、木田的赌场只要开了，总会有他。赌得只剩下三间土房。他不务正业，田里的草长得老高。这人是个二流子，常常做出丢脸的事。

小芳十五岁的时候就常常一个人到山上去哭。天黑了，她妈妈在山下叫她，她不答应。她告诉我们，她那时什么也不怕，狼也不怕。她自杀过一次，喝农药，被发现了，送到木田医院里救活了。她后来在枕头下面藏了两小瓶敌敌畏，小华知道。小华和姐姐睡一床，随时监视着她。有一次，小芳到村外大河去投水，她妹妹拼命地追上了她，抱着她的腿。小芳揪住妹妹头发，往石头上碰，叫她撒手。小华的头被磕破了，满脸是血，就是不撒手：“姐！我不能让你去死！你嫁过去，好赖也是活着，死了就什么也没有了！”

小芳到底还是和李德树结婚了。领结婚证那天，小芳自己都没去，是她父亲代办的。表兄妹是不能结婚的，近亲结婚法律是不允许的。这个道理，小芳的奶奶当然不知道，她认为这是亲上加亲，小芳的父亲也不知道。小芳自己是到了我们家之后，我的老伴告诉她，她才知道的。办理结婚登记手续的村干部应该知道，何况本人并未到场，怎么可以就把结婚证发给他们呢？

李德树跟邻居借了几件家具，把三间土房布置了一下，就算办了事。小芳和李德树并未同房。李德树知道她身上揣着敌敌畏，也不敢对她怎么样。

小芳一天也过不下去，就天天回家哭，哭得父亲心也软了。小华后来对我们说：“终究是亲骨肉呀。”

父亲说：“那你走吧，不要从家里走，李德树要来要人。”

小芳趁李德树出去赌钱，收拾了一点东西，从木田坐汽车到合肥，又从合肥坐火车到了北京。她实际上是逃出来的。

小芳在我们家待了一些时日，家乡有人来，告诉小芳，李德树被抓起来了。他和另外四个痞子合伙偷了人家一头牛，杀了吃了，人家告到公安局，公安局把他抓进去了。小芳很高兴，她希望他永远不要被放出来，但这怎么可能呢？偷牛判不了无期。

李德树到北京来了！他要小芳跟他回去。他先找到小华，小华打了个电话给小芳。李德树有我们家的地址，他找到了，不敢上来，就在楼下转。小芳下了楼，对他说：“你来干什么？我不能跟你回去！”

楼下有几个小保姆，知道小芳的事，就围住李德树，把他骂了一顿：“你还想娶小芳，瞧你那德行！”“你快走吧！一会公安局就来人抓你！”李德树竟然叫她们轰走了。

过些日子，小芳的父亲来信，叫小芳快回来，李德树扬言，要烧他们家的房子，杀她的弟弟，她妈带着她弟弟躲进了山里。小芳于是下决心回去一趟。小芳这回有了主见了，她在北京就给木田法院写了一封信，请求离婚，并寄去离婚诉讼所需费用。

小芳在合肥要下火车，车进站时，她发现李德树在站里等着她。小芳穿了一件玫瑰红人造革的短大衣，半高跟皮鞋，戴起墨镜，大摇大摆从李德树面前走过，李德树竟没认出来！

小芳坐上开往木田的汽车一直回到家里。

李德树伙同几个朋友，就是和他一同偷牛的几个痞子，半夜里把小芳抢了出来。小芳两手抱着一棵树，大声喊叫：“卉卉！卉卉！”喊卉卉干什么呢？卉卉能救你吗？

李德树让他的嫂子看着小芳，嫂子很同情小芳。小芳对嫂子说："我想到木田去洗个澡。"

嫂嫂说："去吧。"

小芳到了木田，跑到法院去吵了一顿："你们收了我的钱，为什么不给我办离婚？"法院不理她。小芳就从木田到合肥坐火车到北京来了。

我们有个亲戚在安徽，和省妇联的一个负责干部很熟。我们给那亲戚写了一封信，说明了小芳的情况，那位亲戚和妇联的同志反映了一下，恰好这位同志要到无为视察工作，向木田法院问及小芳的问题。法院只好受理小芳的案子，判离，但要小芳付给李德树九百块钱。

小芳的父亲拿出一点钱，小芳拿出她的全部积蓄，小华又帮她借了一点钱，陆续给了李德树，小芳自由了。

李德树拿了九百块钱，很快就输光了。

小芳离开我们家后，到一家个体户的糖果糕点厂去做糖果，在丰台。糕点厂有个小胡，是小芳的同乡，每天蹬平板三轮到市里给各家送货。小芳有一天去看妹妹，带了小胡一起去。小华心里想：她怎么把一个男的带到我这里来了？是不是他们好了？看姐姐的眼睛，就是的，悄悄地问："你们是不是好了？"姐姐笑了。小华拿眼看了看小胡，说："太矮了！"小芳说："矮一点有什么关系，要那么高干什么？"据小华说："我姐喜欢他有文化。小胡读过初中。她自己没有文化，特别喜欢有文化的人。"

小胡回去托人到小芳家说媒，私订终身是不兴的。小胡先走两天，小芳接着也回了家。

到了家她妈对她说："你明天去看看三舅妈，你好久没看见她了，她想你。"小芳想，也是，就提了一包糕点厂的点心去了。

去了才知道，哪是三舅妈想她呀，是叫她去相亲。程家湾出了个万元户。这人是靠倒卖衣裳发财的，从福建石狮贩了衣服，拆掉原来的商标，换上假名牌，一百元买进，三百元卖出。这位倒爷对小芳很中意，说小芳嫁给他，小芳家的生活费他包了，还可供她弟弟上学。小芳说："他就是亿万富翁，我也不嫁给他！"她妈说："小胡家穷，只有三间土房。"小芳说："穷就穷点，只要人好！"

小芳和小胡结了婚，一年后生了个女儿，取名也叫卉卉。

我们的卉卉有很多穿过的衣裳，留着也没有用，卉卉的妈就给小芳寄去，寄了不止一次。

小芳让她的卉卉穿了寄去的衣裳照了一张相寄了来。小芳的卉卉像小芳。

家里过不下去，小芳两口子还得上北京来，那家糖果糕点厂还愿意要他们。

小芳带了小胡上我们家来。小胡是矮了一点，其实也不算太矮，只是因为小芳高，显得他矮了。小胡的样子很清秀，人很文静，像个知识分子。小芳可是又黑又瘦，瘦得颧骨都凸出来了，神情很憔悴。卉卉已经上幼儿园大班，不怎么记得小芳了，问小芳："你就是带过我的那个阿姨吗？"小芳一把把她抱了起来，卉卉就黏在小芳身上不下来。

不到一年，小芳又回去了，她想她的女儿。

过了不久，小胡也回去了，家里的责任田得有人种。

小芳小产了两次。医生警告她："你不能再生了，再生就有危险！"小芳从小身体就不好。

小芳说一定要生个男孩。小芳终于生了一个儿子，小华说："这孩子是他们家的一条龙。"

小芳一直很想卉卉。她来信要卉卉的照片，卉卉的妈不断给她寄去，她要卉卉的录音，卉卉的妈给她录了一盘卉卉唱歌讲故事的磁带。卉卉的妈叫卉卉跟小芳说几句话，卉卉扭扭捏捏地说："说什么呀？"

"随便！随便说几句！"卉卉想了想，说："小芳阿姨，你好吗？我很想你，我记得你很多事。"

听小华说，小芳现在生活很苦，有时连盐都没有。没盐了，小胡就拿了网，打一两斤鱼，到木田卖了，买点盐。

我问小华："小芳现在就是一心只想把两个孩子拉扯大了？"

小华说："就是。"

小芳现在还唱庐剧吗？

可能还会唱，在她哄孩子睡觉的时候。

世上有不少更加令人悲伤的真事，旁人有很多，自己也有不少。

月云

金 庸

一九三几年的冬天，江南的小镇，天色灰沉沉的，似乎要下雪，北风吹着轻轻的哨子。突然间，小学里响起了当啷当啷的铃声，一个穿着蓝布棉袍的校工高高举起手里的铜铃，用力摇动。课室里二三十个男女孩子嘻嘻哈哈地收拾了书包，奔跑到大堂去排队。四位男老师、一位女老师走上讲台，也排成了一列。女老师二十来岁年纪，微笑着伸手拢了拢头发，坐到讲台右边一架风琴前面的凳上，揭开了琴盖，嘴角边还带着微笑。琴声响起，小学生们放开喉咙，唱了起来：

一天容易，夕阳又西下，

铃声报放学，欢天喜地各回家，

先生们，再会吧……

唱到这里，学生们一齐向台上鞠躬，台上的五位老师也都笑眯眯地鞠躬还礼。

小朋友，再会吧……

前面四排的学生转过身来，和后排的同学们同时鞠躬行礼，有的孩子还扮个滑稽的鬼脸，小男孩宜官伸了伸舌头。他排在前排，这时面向天井，确信台上的老师看不到他的顽皮样子。孩子们伸直了身子。后排的学生开始走出校门，大家走得很整齐、很规矩，出了校门之后才大声说起话来：“顾子祥，明天早晨八点钟来踢球！”

“好。”

“王婉芬，你答应给我的小鸟，明天带来！”

“好的！”

男工万盛等在校门口，见到宜官，大声叫：“宜官！”笑着迎过去，接过宜官提着的皮书包，另一只手去拉他的手。宜官缩回手，不让他拉，快步跑在前面。万盛也加快脚步追了上去。

两人走过了一段石板路，过了石桥，转入泥路，便到了乡下。经过池塘边柳树时，万盛又去拉宜官的手，宜官仍是不让他拉。万盛说："少爷说的，到池塘边一定要拉住宜官的手。"宜官笑了，说："爸爸怕我跌落池塘吗？万盛，你去给我捉只小鸟，要两只。"

万盛点头，说："好的，不过现在没有，要过了年，到春天，老鸟才会孵小鸟。"

"鸟儿也过年吗？它们过年拜不拜菩萨？"

"鸟儿不会过年，它们唱歌给菩萨听。到了春天，天气暖和了，小鸟孵出来才不会冻死。"

两人说着走着，回到了家，万盛把宜官送到少奶奶跟前，表示平安交差，宜官叫声"姆妈"就回自己房去，他挂念着他的八只白色瓷器小鹅。

"月云，月云！拿白鹅出来排队！"

月云是服侍他的小丫头，答应道："噢！"拉开抽屉，小心翼翼地把瓷鹅一只一只拿出来，放在桌上。她黄黄的脸上罩着一层阴郁的神色，小小的手指一碰上瓷鹅的身子就立刻缩开，似乎生怕碰坏了鹅儿。

宜官把瓷鹅排成两排，每排四只，左右相对，他唱了起来："小朋友，再会吧……哈哈，哈哈，咦！"拿起右边的一只小鹅，仔细审视它的头颈。长长的头颈中有一条裂痕，"咦！"左手稍稍使劲，鹅颈随着裂痕而断，啪的一声，鹅头掉在桌上。"月云，月云！"叫声发颤，既有伤心，又有愤怒，小脸慢慢涨红了，红色延伸到耳朵，拿着没了头的瓷鹅的右手轻轻发颤。

"不是我，不是我打断的！"

月云吓得脸上有点变色，右手不由自主地挡在自己面前，似乎怕宜官打她。她和宜官同年，但几乎矮了一个头，黄黄的头发稀稀落落，如果宜官要打，她逃也不敢逃，两条腿已在轻轻发抖了。

宜官蓦地感到说不出的悲哀，他也不是特别喜爱这些瓷鹅，只是觉得八只鹅中突然有一只断了头，一向圆满喜乐的生活忽然遇上了缺陷，这缺陷不是自己造成的，是一股不知从何而来的外力突然打击过来，摧毁了一件自己喜爱的物事。他应付不来这样的打击，瞧着左边一排四只小鹅，而右边一排只有三只，一只断头的小鹅躺在一旁。他忽然坐倒在地，放声大哭。

月云更加不知如何是好了，如果宜官伸手打她的头，她默默忍受就是了，哭也不敢哭，因为那个鹅头确是她不小心碰断了的。当时她马上去找大姐姐瑞英。瑞英是少奶奶（宜官的妈妈）的赠嫁丫头，她从小服侍小姐，小姐嫁过来时，小姐的爹娘就把她当作礼物，送给了姑爷家。姑爷在镇上管钱庄，时常不在家，小姐懦弱而疏懒，瑞英就帮小姐管家，管理官官宝宝们（别的地方叫少爷、小姐。在江南，如果老太爷、老奶奶在堂，第二代的叫作少爷、少奶奶、小姐；第三代的是官官、宝宝），管理厨子、长工和丫头。瑞英心好，见月云吓得发抖，叫她不用怕，出了个主意，把熟粽子的糯米舂成了糊，做成粽胶，把断了的鹅颈粘了起来。

瑞英听得宜官的哭声，忙赶过来安慰，唱起儿歌来："宜官宜官乖官官，卖鹅客人不老实……"宜官问："瑞英姐姐，什么卖鹅客人不老实？"

瑞英撒谎："昨天街上卖这八只鹅给我们的卖鹅客人，是个滑头，八只鹅中有一只是断了头颈的。他骗我们，用粽胶粘了起来，假装八只鹅都是好的。"她又唱了："宜官宜官乖官官，卖鹅客人不老实……"江南人一般很有礼貌，不大说粗鲁的话，把卖瓷鹅的小贩称为"卖鹅客人"，这只鹅的头颈这样容易断，可能本来真的有裂缝，但瑞英只说他"不老实"，轻轻地责备一句话就拉开了。月云小小的脸上现出了一点点笑容，大大地放心了。

宜官心中落了实，找到了这一场灾祸的原因，不再是莫名其妙、毫没来由地忽遭打击。他知道是一个陌生人的"不老实"，不是身边亲人瞒骗他、欺负他，于是安心了。拿起床边一本昨天没看完的小说来看，是巴金先生的小说，他哥哥从上海买来的，不知是《春天里的秋天》，还是《秋天里的春天》，说一个外国小男孩和马戏团的一个小女孩成了好朋友，有一点少年人的恋情，可惜两个人在一起玩不了多久，就给大人硬生生地拆开了，不许他们两人再在一起玩。宜官看着看着，心里感到一阵阵沉重的凄凉，带着甜蜜的凄凉，有点像桌上那盆用雨花石供着的水仙花，甜甜的香，香得有些寂寞和伤心。水仙还没有谢，但不久就会憔悴而萎谢的。

瑞英见宜官脸上流下了泪珠，以为他还在为瓷鹅断颈而难过，轻轻拍着他的背，低声哼唱："宜官宜官乖官官……”

月云把一只铜火炉移近到宜官身边，好让他温暖一些。宜官在朦朦胧胧中看到月云黄黄的脸，想到了妈妈在月云初来时说的话：“人倒是端正的，也没有跷手跷脚，就是乡下没啥吃的，养得落了形，又黄又瘦，快十岁了，还这样矮……”月云的妈妈全嫂说：“少奶奶，我们苦人家，吃饭有一顿没一顿的。镬子里饭不够，总是让她爸爸和哥哥先吃，男人吃饱了，才有力气到田地里做生活。我……我吃少了饭不生奶水，小娃子没奶吃要饿死，所以……所以学云常常吃不饱，热天里还没割稻时，米缸里没米，学云成天不吃饭……”宜官的妈妈叹气说：“真是罪过……”宜官斜眼瞧着学云，说：“学云不肯吃饭，调皮，不乖……”全嫂说：“官官啊，学云不是不肯吃饭，是想吃没得吃。”宜官有时不高兴了，就不肯吃饭，表示不满，最长久的一次，是因为妈妈给他做的拖鞋上绣的蝴蝶不好看，蝴蝶翅膀只绣一条边线就算了事，不像二伯父家静姐姐的拖鞋，蝴蝶的翅膀用不同颜色绣了实地，好看得多，后来妈妈央静姐姐绣了两块实地蝴蝶的鞋面，宜官才高高兴兴地笑了。在他不肯吃饭的时候，妈妈和瑞英常说他“不乖，调皮”，他以为学云不吃饭，也是像他一样使小性儿捣蛋。

学云是原来的名字。她爸爸初次领着她来宜官家里时，宜官的爸爸说：“学云的名字，听起来好像是岳云，那是岳爷爷的公子，冒犯不得，不如改作月云。”她爸爸连忙赔笑说：“好，好，少爷改得好，我们乡下人不懂事。”在那小镇一带，“学”字的读音和“岳”字几乎相同，岳飞岳爷爷是在杭州就义的，杭州离那小镇不远，岳爷爷很受当地人尊敬崇拜。从此之后，学云就改成了月云。

在江南这一带，新中国成立前，穷苦的农民常将女儿卖或押给地主家或有钱人家做丫头。小姑娘通常是十一二岁，可以做一点轻松家务了；八九岁的也有。卖是一笔卖断，一百多块或两百多块银圆，看小姑娘的年纪，以及生得好不好，人是不是聪明机灵，手脚是否伶俐而定；押是八九十块或六七十块银圆，通常父母在十年后领回，但押的钱要归还。等于向主人家借一笔钱，不付利息，小姑娘是抵押品，在主人家做工，由主人家供给衣食，没有工钱。虽说是押，但贫农到期通常没钱赎还，不管是卖还是押，小姑娘十八九岁或二十岁了，主人家往往会做主将她嫁到镇上或嫁给别的佃户、长工，能收多少聘金就收多少。如果是买的，几乎像是奴隶，小姑娘伤痛病死主人家没有责任。押的丫头地位略好，虽然主人家常常打骂，有时罚饿饭，但有什么事要去和她父母商量，倘若不幸生病死了，往往会酿成重大纠纷，主人家少不了要赔一笔钱。

月云是押的，她父母爱她，不舍得卖。宜官的妈妈说她又黄又瘦，长得很丑，不值得买。

宜官在睡梦中似乎变成了书中那个外国小孩，携着马戏团小女孩的手，两人快快乐乐地在湖边奔跑，那个小女孩好像是月云，笑声很好听。他很少听到月云笑，就是笑起来，声音也没有这样柔嫩好听。两人见到湖里有许多白色的鹅，白色的羽毛飘在碧绿的湖水上。这些白鹅慢慢排成了两排，隔着柳树相向而对，头颈一伸一缩，好像是在行礼。宜官做个鬼脸，唱了起来：“先生们，再会吧！小朋友，再会吧……”他忽然闻到一阵阵甜香，是烘糖年糕的香气，睁开眼来，见月云拿着一只碟子，送到他面前，笑眯眯地说：“宜官，吃糖年糕。”

快过年了，宜官家已做了很多白年糕和糖年糕。糖年糕中调了白糖和蜂蜜，再加桂花，糕面上有玫瑰花、红绿瓜仁以及核桃仁。月云揭开了火炉盖，放一张铜丝网罩，把糖年糕切成一条一条烘热。年糕热了之后，糕里的气泡胀大开来，像是一朵朵小花含苞初放。

宜官接过筷子，吃了一条，再夹一条提起，对月云说：“月云，伸出手来！”月云闪闪缩缩地伸了右手出来，左手拿过一根竹尺，递给宜官，眼中已有了泪水。宜官说：“我不打你！”把烘得热乎乎的一条糖年糕放在月云伸出的右掌里，月云吓了一跳，“啊”的一声叫。宜官说：“烫的，慢慢吃！”月云胆怯地望着宜官，见到他鼓励的神色，似信非信地把年糕送到嘴里，一条年糕塞满了她的小嘴。她慢慢咀嚼，向身后门口偷偷瞧了瞧，怕给人见到。宜官说：“好吃吗？

吃了还有。”月云用力将年糕吞下肚去，脸上满是幸福满足的神色。她从来没吃过糖年糕，一生之中，连糖果也没吃过几粒。过去烘糖年糕给宜官吃，闻到甜香，只有偷偷地咽下唾液，不敢给人听到见到。

过了几天，全嫂抱着几个月大的小儿子，来看望女儿。瑞英留她吃了饭，又包了两块肉，让她带回去给丈夫和儿子吃。月云抱了小弟弟，送妈妈出了大门，来到井栏边，月云不舍得妈妈，拉着全嫂的围裙，忽然哭了出来。宜官跟在后面，他拿着一个摇鼓儿，要送给小孩儿玩。他听得全嫂问女儿："学云乖，别哭，在这里好吗？"月云点头。全嫂又问："少爷少奶奶打你、骂你吗？"月云摇头，呜咽着说："妈妈，我要同你回家去。"全嫂说："乖宝，不要哭，你已经押给人家了，爸爸拿了少爷的钱，已买了米大家吃下肚了，还不出钱了。你不可以回家去。"月云慢慢点头，仍是呜咽着说："姆妈，我要同你回家去，家里没米，以后我不吃饭好了。我睡在姆妈、爸爸脚头。"全嫂搂着女儿，爱怜横溢地轻轻抚摸她的头发，说道："乖宝别哭，我叫爸爸明天来看你。"月云点头，仍是拉着妈妈不放。全嫂又问："乖宝，宜官打你、骂你吗？"月云大力摇头，大声说："宜官给我吃糖年糕！"语气中有些得意。

宜官心里一怔："吃糖年糕有什么了不起？我天天都吃。"跑上前去，将摇鼓儿摇得咚咚地响，说道："月云，这个给小弟弟玩。"

月云接了过去，交在弟弟手里，依依不舍地瞧着母亲抱了弟弟终于慢慢走远。全嫂走几步，便回头望望女儿。

后来宜官慢慢大了，读了更多的巴金先生的小说。他没有像《家》中的觉慧那样，和家里的丫头鸣凤发生恋爱，因为他觉得月云生得丑，毫不可爱，但懂得了巴金先生书中的教导，要平等待人，对人要温柔亲善。他永远不会打月云、骂月云，有时还讲小说中的故事给她听。他讲故事的本领很好，同学们个个爱听他讲。月云却毫不欣赏，通常不信。"猴子只会爬树，怎么会飞上天翻筋斗？猴子不会说话的，也不会用棍子打人。""猪猡蠢死了，不会拿钉耙。钉耙用来耙地，不是打人的。"宜官心里想："你才蠢死了。"从此就没了给她讲故事的兴趣。

宜官上了中学。日本兵占领了这个江南小镇，家中长工和丫头们星散了，全家逃难逃过钱塘江去。妈妈在逃难时生病，没有医药而死了，宜官两个亲爱的弟弟也死了。宜官上了大学，抗战胜利，宜官被派到香港工作。月云没有跟着少爷、少奶奶过江。宜官不再听到她的消息，不知道她后来怎样，乱世中很多人死了，也有很多人失踪了，不知去向。宜官跟家里写信时，不曾问起月云，家里兄弟姊妹们的信中，也不会有人提起这个小丫头。

从山东来的军队打进了宜官的家乡，宜官的爸爸被判定是地主，欺压农民，处了死刑。宜官在香港哭了三天三晚，伤心了大半年，但他没有痛恨杀了他爸爸的军队。因为全中国处死的地主有上千、上万。在宜官心底，他常常想到全嫂与月云在井栏边分别的情景，全中国的地主几千年来不断迫得穷人家骨肉分离、妻离子散，千千万万的月云偶然吃到一条糖年糕就感激不尽，她常常吃不饱饭，饿得面黄肌瘦，在地主家里战战兢兢，经常担惊受怕，那时她还只十岁不到，她说宁可不吃饭，也要睡在爸爸妈妈脚边，然而没有可能。宜官想到时常常会掉眼泪，这样的生活必须改变。

宜官姓查，"宜官"是家里的小名，是祖父取的，全名叫作宜孙，因为他排行第二，上面还有一个哥哥。宜官的学名叫良镛，"良"是排行，他这一辈兄弟的名字中全有一个"良"字。后来他写小说，把"镛"字拆开来，笔名叫作"金庸"。

金庸的小说写得并不好。不过他总是觉得，不应当欺压弱小，使得人家没有反抗能力而忍受极大的痛苦，所以他写武侠小说。他正在写的时候，以后重读自己作品的时候，常常为书中人物的不幸而流泪。他写杨过等不到小龙女而太阳下山时，哭出声来；他写张无忌与小昭被迫分手时哭了；写乔峰因误会而打死心爱的阿朱时哭得更加伤心；他写佛山镇上穷人钟阿四全家被恶霸凤天南杀死时热血沸腾，大怒拍桌，把手掌也拍痛了。他知道这些都是假的，但世上有不少更加令人悲伤的真事，旁人有很多，自己也有不少。

瑞黎姨妈

✽秦文君

我想有个相投的女儿，让我告诉她坎坷。她失败了，就等于我也失败了。

在我母亲这一辈的姐妹中，瑞黎姨妈是最美的一个，她长得高大丰满，眼睛很媚。她的衣服都有些像戏装，镶边、圆摆，换了别人一定变得俗不可耐；可她一穿，却落落大方，举手投足之间总透出种阔太太的韵味和做派。我小学将毕业那会儿，特别崇拜瑞黎姨妈，因为迷的影星们个个遥不可及，所以就把热爱一股脑儿全给了她，常常一天中两三次敲她家的门。

姨妈只有一个独生女，叫大美，长我一两岁，刚上初中。大美对我的登门造访总显出探究的神情，她迷迷惑惑，总像在做梦。大美的长相与姨妈也像，可惜都像在缺点上，比如鼻子略尖了一些。因为大美缺乏她母亲的风度，所以缺点就很醒目，不容人原谅似的。

姨妈常称大美是丑女，一边却忍不住上前去把大美的刘海弄蓬松，埋怨说，额角平了，显得鼻子尖

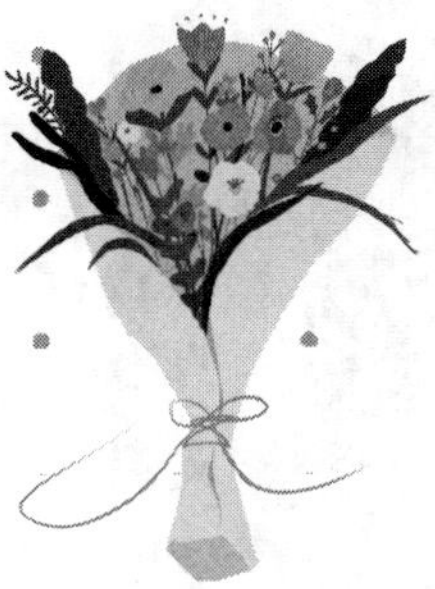

起来；大美却躲躲闪闪，趁她妈不注意，又把刘海抚平了。我想，有个太漂亮的妈妈，说不定是不愉快的，特别是女儿长相不如母亲，别人都会点点戳戳，仿佛这女儿天生是个倒霉蛋。

那时，我走进姨妈家，总要看一眼她的结婚照，她在照片中美好端庄，仙女下凡一般。据我妈说，瑞黎姨妈很上照，本人绝没这么好。可瑞黎姨妈却说，这张是平平常常的纪念照。她显然是中意它的，将它挂在最醒目的一面墙上。坦率地说，新娘边上的新郎、我的姨夫孝康则显得逊色。他穿着咖啡色西服，太挺括了，反倒像层壳，现出瘪瘪的躯体；他的眼睛幽幽的，极温顺，似羊的眼。即使在照片上，我也不敢细看，仿佛那里会无声无息地流淌出淹没人的神情。人们都说你孝康姨夫当年曾是风云人物，极有本事。不知怎的，我觉得有些像假的。

瑞黎姨妈鼓励我去找她，她病休多年，有些寂寞。我一到，她会端出口味绝好的小点心来招待，她的迷人之处就是从不把我当小孩，有时跟我说说体己话。但她不容我流露半点对孝康姨夫的轻视，我说他怎么整日不说一句话，她就说，男人最忌婆婆妈妈；我说他长相平平，她便说，男人有本事就行，你姨夫蛮有派头的。瑞黎姨妈见我哑口无言了，才宽慰地笑笑，用花色素净的手巾拭去鼻尖上的汗滴。她喜欢说她没嫁错人，事事能把握自己的命运。我想她确实是个成熟老辣的人，功力无比。

然而大美却是柔弱的，是身材苗条、白衣白裙的女孩，后来她在班里有个雅号：林妹妹。其实在同龄女孩中，许多人将此视为美称，可瑞黎姨妈很愤恨，说林妹妹只会哭哭啼啼的，什么都靠别人；做薛宝钗才好，有心计有角色，人也长得福相。

大美“呵”地叫出来，捂住嘴笑，说是谁要福相，地主婆才喜欢这个词。

瑞黎姨妈用手点着女儿，恨铁不成钢地说，没头脑没城府，边笑边说没出息；精明的人，说是说，笑是笑，哪会混杂在一块儿。

大美令瑞黎姨妈大失所望。姨妈显然喜欢同她脾性相投的人，她的朋友们个个精明机智，聚在一块儿时只听话锋犀利，谈吐深刻幽默，那一来一去的妙语让人大开眼界。我总觉得她们的交谈很像磨刀，越磨越精彩。可大美却是另一种人，散散淡淡，只知用手绢包些新鲜的花瓣。

暑假里，瑞黎姨妈手把手地教女儿绣花，她说女红这类活儿永不会过时，多一门技艺多一条路。我听后催命似的让我妈找出绷架，天天去凑热闹。大美绣花时，瑞黎姨妈严厉地瞧着她，大美穿线时留长了些，她便挑剔地说，懒人放长线。气得大美捧着绷架偏过身去，用单薄的脊背对着她母亲。

相反，瑞黎姨妈对我和蔼，绝少责备，她眼里没有那种看后代的着急目光，谈笑风生，教我技艺罢了，不像对大美那样牵肠挂肚。有时她悄悄地观察我，冷静、客观，像在分析一个对手。

妈很不赞成我老跑去瑞黎姨妈家，还说了瑞黎姨妈的坏话，什么觉得自己是楷模啦，什么把丈夫和孩子指挥得团团转啦。其实，我妈并不知详情，孝康姨夫自有一套，他总是不声不响地给姨妈软钉子。比如，他极有耐心地听她数落女儿，听罢站起来不慌不忙地擦皮鞋，随后形象一新地出门去，临走时，他礼貌周全地跟妻子道别，也忘不了轻轻地拍拍女儿的脸颊。

姨妈也不生气，说姨夫聪明，可她自己却拒绝那种聪明，大美的事不分巨细她都要过问。无论大美跟哪个女孩接近，她都怂恿说，带你同学回家玩。大美不知是计，往往带同学来玩。姨妈就跟那人细细攀谈，察言观色。待人一走，她就说：有什么好，小姐脾气，这种尖腮的人交不得。倘若大美带回一个大路的女孩，她又会说：一个马大哈，肚里没啥东西，交这种朋友学不到东西！

一来二去，大美和朋友都散伙了，因为不合姨妈的口味，而且经她一点拨，果然是显出了这些人的缺陷，交朋友变得索然无味。大美先是有点忧伤，渐渐地就无动于衷了，后来她再也不肯带同学上门了。

那一年春节，天气格外冷。初一早晨，姨妈让我和大美坐在红木梳妆台前。那梳妆台上镶着一面硕大的圆镜，很有一种情调。姨妈的梳头家什很全，光大大小小的梳子就不下十把。瑞黎姨妈说要打扮我俩，她梳头有点麻辣地疼，梳罢又不让我们乱转头，说是要保护发式。但她确有一手，我和大美经她打扮，果然显得拔高、漂亮。

知道哪一天会贵客盈门，姨妈还会取出长命富贵的金锁片让女儿戴，大美嫌俗气，老往一旁躲。瑞黎姨妈乜了一眼，说你不要就给表妹戴。她语气中带着威慑人的压力，可大美只接受字面上的意思，忙不迭地将那传家宝塞给我。瑞黎姨妈正在搓水晶汤圆，假装没看见，可搓着搓着，却揉起胸口来。

上门的贵客中有个瑞黎姨妈女中时的同学，也是风度翩翩的女人，衣物都很昂贵。她带来个男孩，与我们年龄相仿，脸长得端正，两条粗粗的剑眉像描出来一般，装束也得体。他是女客中唯一的一个男孩，瑞黎姨妈就叮嘱我和大美陪他聊聊天。

没料这个男孩一下子就对大美好上加好，两个人谈得滔滔不绝。男孩高大美两级，竟是同校的校友，他俩真有点相见恨晚。男孩哼了一支俄罗斯民歌，感情充沛，又带一丁点儿忧愁，我们听得都醉了。就在同一天，男孩约大美以后一块儿去听管乐合奏，他喜欢她，没什么过错，大美这天美若白雪公主。

我只是暗暗杞人忧天，待大美不梳这种发式了，他会不会不理睬她？可事实证明，他们后来一直很亲密。

瑞黎姨妈不久察觉了这个秘密，她不动声色。有一天，她请男孩和他母亲一块儿来家吃饭。待酒菜上桌了，瑞黎姨妈猛喝了两杯，就跟女中同学热烈地攀谈起来，两个小辈也放松下来，说起悄悄话。突然，瑞黎姨妈指着大美训斥起来，说她不懂规矩，不知道孝顺父母，责令她立即离开饭桌。大美面对这劈头盖脸的斥责，简直傻了，夺路而去。从此瑞黎姨妈的女中同学就很少上门，更伤心的是那个男孩，因为大美再见他时，总是低着头一阵疾走，留给他一个淡淡的美丽的身影。

大美失魂落魄了一些天。姨妈好声好气地照料她，仿佛对一个病人。可大美似乎很难被融化，两腮浅浅地陷下去，嘴角出现两条似隐似现的褶皱。后来，瑞黎姨妈对我说，大美太软弱了，不快刀斩乱麻不行。

我转过身去看别的，她就说，父母为什么舍得打孩子，因为他们打时只想到是打一种坏习气。我抵触地想，你不该伤大美。

大美同她母亲的决裂先是悄然地进行

着，终于有一天，裂口断为两半，发出一声脆响。

这事起因于大美学校新来的音乐教师。那年，大美升初三，还是郁郁寡欢、不苟言笑的林妹妹。音乐教师是个活泼的大女孩，她发觉大美音色不错，要吸收她入合唱团；姨妈对那女教师很排斥。大美答应不参加的，但第二天去学校，经大女孩一鼓励立刻就反悔了，自作主张报了名。

姨妈见一切走了样，自然恼火，况且在争大美的拉锯战中成了败者，更是存下一口气。她常奚落说，音乐教师穿着皮大衣像个熊猫，又毫无边际地指责那大女孩头发卷儿烫得太密，半夜走出来吓死人。总之，那个胸有成竹的瑞黎姨妈不见了，她似乎乱了方寸，有些心虚，说话快得像跟人吵架，讨人喜欢的气质越来越少。

大美深深喜爱伶俐的音乐老师，跟那大女孩在一道就笑声清脆。每次听到她妈谩骂她的朋友，她就抖抖的，像发疟疾，不知是灰心还是愤怒。母女两个的对峙越来越激烈，大美总是逃避着。终于，孝康姨夫也察觉了。怎么回事？他木头木脑地问妻子。

姨妈对此缄口不言，她不会承认自己的失策，对谁都这样。据说，大美向父亲倒了苦水。孝康姨夫一向声称自己缺乏长辈的见解，从不过问这些，此次却特意对妻子关照说，让她随意吧。

姨夫的话分量不轻，这个好人过去看到姨妈跟人说话都会退得远远的，恭敬得出格。姨妈于是又开始熬治胸痛的中药，但从那天起，她像忘了那音乐教师，直到去世都没提过她，因为那人让她初次丢了自信。

大美初中毕业前夕，班里同学相互把纪念品送来送去。大美也打算买些礼品。

“你不懂的，”姨妈说，“送礼品是件复杂的事，礼送重了，让人于心不安，送轻了又让人笑你吝啬。”一席话说得大美脸色暗下来，但她始终不愿提出由母亲去代办，不给她出力的机会。有几次，我撞见她们母女端坐一方，漠然相对。

考高中时，大美自作主张报考了寄宿学校，居然录取了。

这一次，姨妈没从中作梗，也许她已清楚这是条下策。她咧着嘴告诉我，这样更好，让这人到外面碰壁去。我终于没说什么，她的黄金时代已过去，此时她眼里全无昔日的光彩；虽然她仍穿着酷似戏装的圆摆服装，头上无一丝乱发，但她的勃勃生气已荡然无存。

大美一周回来吃一顿晚餐，母女相处仿佛都很小心翼翼，话很少，大概双方都有未结茧的创面。大美坚持这礼节性的拜访，即使刮风下雨也从不间断，仿佛成了个法定的日子。姨妈也镇定自若，从不上门去寄宿学校探望女儿。我曾多次想生出些事来使这对母女恢复情分，都被孝康姨夫劝退了。他说，相安无事就好，已经进步了。

那一阵我准备期末考试，去姨妈家的次数日减。后来，每天黄昏她都上我家来聊一会儿。话题很散，有时她说夜里常常无来由地听见马叫。

大美恰恰就是属马，可她从不提对大美的种种思念。她说到大美，往往感情平淡，像谈一个我们共同的熟人。

“大美出生时就吓了我一跳，”姨妈淡然地说，“孩子的脸相很陌生。我想有个相投的女儿，让我告诉她坎坷。她失败了，就等于我也失败了。”

为什么？我惊讶起来，忽然觉察出其中难言的悲剧和隐痛，可惜瑞黎姨妈轻巧地转开话题。她回家时，步子有点晃里晃荡地不平衡。后来她告诉我，那时她早已骨痛难熬了。姨妈得的是癌，已经扩散。孝康姨夫闻讯后如五雷轰顶，一夜之间，头发便白了一半。

他不停地给妻子倒水，劝她歇息，双手不可抑制地颤动，原来不知情的姨妈立即懂得了自己的病情。

她确实是个独一无二的女人，她打发走孝康姨夫雇来的保姆，支撑着管理家务。我永远忘不了她带着病容虚弱地微笑着。她为什么这么坦然，无人知道，也许连她自己都不清楚是什么在支撑着她，不断地强她所难。

大美搬回家来，在她妈的床边搭了个铺。母女俩度过了共同的五十天。在一个很美的黎明，姨妈去世了，临终前，她仍神志清醒，能叮咛所有的意愿，她留给这世界的最后一声呼唤是：我的大美。

小团圆

看天上的月，梦人间的糖

月亮偷偷爬上了墙，守着夜的故乡，

星星点点，再不必流浪。

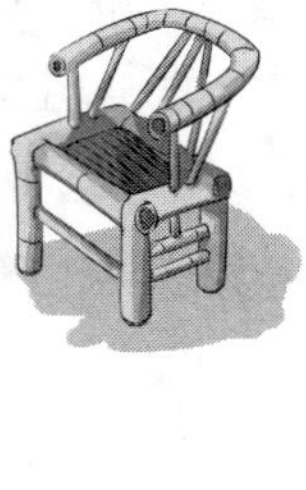

失帽记

✽余光中

这一份与父共帽的心情，说得高些，是感恩；说得重些，是赎罪。

2008年的世界有不少重大的变化，有得有失。这一年我自己年届八十，其间也得失互见：得者不少，难以细表；失者不多，却有一件难过至今。

我失去了一顶帽子。

一顶帽子值得那么难过吗？当然不值得，如果是一顶普通的帽子，甚至是高价的名牌。但是去年我失去的那顶，不幸失去的那一顶，绝不普通。

帅气、神气的帽子我戴过许多顶，头发白了稀了之后尤其喜欢戴帽。一顶帅帽遮羞之功，远超过假发。丘吉尔和戴高乐同为二战之英雄，但是戴高乐戴了高帽尤其英雄，所以戴高乐戴高帽而乐之，也因此我从未见过戴高乐不戴高帽。

戴高乐那顶军帽丢过没有，我不得而知。我自己好不容易选得合头的几顶帅帽，却无一久留，全都不告而别。其中包括两顶苏格兰呢帽，一顶大概是掉在英国北境某餐厅，另一顶则应遗失在莫斯科某旅馆。还有第三顶是在加拿大维多利亚港的布恰花园所购，白底红字，状若戴高乐的圆筒鸭舌军帽而其筒较低。当日戴之招摇过市，风光了一时，后竟不明所终。

一个人一生最容易丢失也丢得最多的，该是帽与伞。其实伞也是一种帽子，虽然不戴在头上，毕竟也是为遮头而设，而两者所以易失，也都是因为主人要出门，所以终于和主人永诀，更都是因为同属身外之物，一旦离手离头，几次转身就被主人忘了。

2008年12月中旬，香港中文大学为我庆生，举办了书刊手稿展览，并邀我重回沙田去签书、演讲。现场相当热闹，用媒体流行的说法，就是所谓人气颇旺。联合书院更编印了一册精美的场刊，图文并茂地呈现我香港时期十一年，在学府与文坛的各种活动，题名“香港相思——余光中的文学生命”，在现场送给观众。

演讲的听众多为学生，由中学老师带领而来。讲毕照例要签书，为了促使长龙蠕动得较快，签名也必须加速。不过今日的粉丝不比往年，索签的要求高得多了：不但要你签书、签笔记本、签便条、签书包、签学生证，还要题上他的名字、他女友的名字，或者一句赠言，当然，日期也不能少。那些名字往往由索签人即兴口述，偏偏中文同音字最多。

“什么？恩惠的惠吗？”

“不是的，是智慧的慧。”

“也不是，是恩惠的惠加草字头。”

乱军之中，常常被这么乱喊口令。不仅如此，一粉丝在桌前索签，另一粉丝却在你椅后催你抬头、停笔、对准众多相机里的某一镜头，与他合影。笑容尚未收起，而夹缝之中又有第三只手伸来，要你放下一切，跟他“交手”。

这时你必须全神贯注，以免出错。你的手上，忽而是握着自己的笔，忽而是他人递过来的，所以常会掉笔。你想喝茶，却鞭长莫及。你想脱衣，却匀不出手。你内急已久，早应泄洪，却不容你抽身疾退。这时，你真难身外分身，来护笔、护表、护稿、扶杯。主办人焦待于漩涡之外，不知该纵容还是喝止炒热了的粉丝。

2008年底在中文大学演讲的那一次，听众还不怎么拥挤，但也足以令我穷于应付，心神难专。等到曲终人散，又急于赶赴晚宴，不遑检视手提包及背袋，代提的主人又川流不息，始终无法定神查看。餐后走到户外，准备上车，天寒风起，需要戴帽，连忙逐袋寻找，这才发现，我的帽子不见了。

事后几位主人折回现场，又到接送的车中寻找，都不见帽子踪影。我存和我，夫妻俩像侦探，合力苦思，最后确见那帽子是在何时、何地，所以应该排除在某地、某时失去的可能，诸如此类过程。机场话别时，我仍不死心，还谆谆嘱咐如果寻获，务必寄回高雄给我。半个月后，他们把我因“积重难返”而留下的奖牌、赠书、礼品等寄到台湾。包裹层层解开，真相揭晓，那顶可怜的帽子，终于是丢定了。

仅仅为了一顶帽子，无论有多贵或是多罕见，本来也不会令我如此大惊小怪。但是那顶帽子不是我买来的，也不是他人送的，而是我身为人子继承得来的。那是我父亲生前戴过的，后来成了他身后的遗物，我存整理时发现，不忍径弃，就说动我且戴起来。果然正合我头，而且款式潇洒，毛色可亲，就一直戴下去了。

那顶帽子呈扁楔形，前低后高，戴在头上，由后脑斜压向前额，有优雅的缓缓坡度，大致上可称贝雷软帽，常覆在法国人头顶。至于毛色，则圆顶部分呈浅陶土色，看来温暖体贴。四周部分则前窄后宽，织成细密的十字花纹，为淡米黄色。戴在我的头上，倜傥风流，有欧洲名士的超逸，不止一次赢得研究所女弟子的青睐。但帽内的乾坤，只有我自知冷暖。天气愈寒，尤其风大，帽内就愈加温暖，仿佛父亲的手掌正护在我头上，掌心对着脑门。毕竟，同样的这一顶温暖曾经覆盖过父亲，如今移爱到我的头上，恩佑两代，不愧是父子相传的忠厚家臣。

回顾自己的前半生，有幸集双亲之爱，才有今日之我。当年父亲爱我，应该不逊于母亲。但小时我不常在他身边，始终呵护着我庇佑着我的，甚至在抗战沦陷区逃难，生死同命的，是母亲。操作之劳，用心之苦，凡她力之所及，哪一件没有为我做过？反之，记忆中父亲从来没打过我，甚至也从未对我疾言厉色，所以绝非什么严父。不过父子之间始终不亲热。

小时他倒是常对我讲论圣贤之道，勉励我要立志立功。长夏的蝉声里，倒是有好几次父子俩坐在一起看书：他靠在躺椅上看《纲鉴易知录》，我坐在小竹凳上看《三国演义》。冬夜的桐油灯下，他更多次为我启蒙，苦口婆心引领我进入古文的世界，点醒了我的汉魄唐魂。张良啦，魏征啦，太史公啦，韩愈啦，都是他介绍我初识的。

后来做父亲的渐渐老了，做儿子的长大了，各忙各的。他宦游在外，或是长期出差数下南洋，或担任同乡会理事长，投入乡情侨务；我则学府文坛，烛烧两头，不但三度旅美，而且十年居港，父子交集不多。自中年起他就因关节病苦于脚痛，时发时歇，晚年更因青光眼近乎失明。二十三年前，我接中山大学之聘，由香港来高雄定居。我存即毅然卖掉台北的故居，把我的父亲、她的母亲一起接来高雄安顿。

许多年来，父亲的日常起居，幸有我存悉心照顾，并得我岳母操劳陪伴。身为他亲生的独子，我却未能经常省视侍疾，想到五十年前在台大医院的加护病房，母亲临终时的泪眼，谆谆叮嘱“爸爸你要好好照顾”，实在愧疚无已。父亲和母亲鹣鲽情深，是我前半生的幸福所赖。只记得他们大吵过一次，却几乎不曾小吵。母亲逝于五十三岁，长她十岁的父亲，尽管亲友屡来劝婚，却终不再娶，鳏夫的寂寞守了三十四年，享年，还是忍年，九十七岁。

可怜的老人，以风烛之年独承失明与痛风之苦，又不能看报看电视以遣忧，只有一架古董收音机喋喋为伴。暗淡的孤寂中，他能想些什么呢？除了亡妻，便是历历的或是渺渺的往事。独子为什么不常在身边；而即使在身边时，也从未陪他久聊一会儿，更从未握他的手或紧紧拥抱住他的病躯。更别提四个可爱的孙女，都长大了吧，但除了幼珊之外，又能听得见谁的声音？

长寿的代价，是沧桑。

所以在遗物之中竟还保有他常戴的帽子，无疑是继承了最重要的遗产。父亲在世，我对他爱得不够，而孺慕耿耿也始终未能充分表达。想必他内心一定感到遗憾，而自他去后，我遗憾更多。幸而还留下这么一顶帽子，未随碑石俱冷，尚有余温，让我戴上，幻觉未尽的父子之情，并未告终。幻觉依靠这灵媒之介，犹可贯通阴阳，串联两代，一时还不致将上一个戴帽人完全淡忘。这一份与父共帽的心情，说得高些，是感恩；说得重些，是赎罪。不幸，连最后的这一点凭借竟也都失去，令人悔恨。

寒流来时，风势助威，我站在岁末的风中，倍加畏冷。

对不起，父亲。

对不起，母亲。

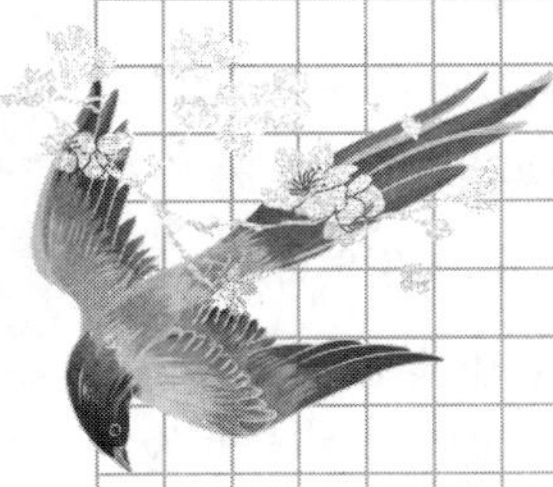

牧草中的哭声

齐邦媛

我外祖父裴信丞是汉人，外祖母是蒙古人，住在距我家二十里外的小镇新台子。外祖父是位富绅，家里开了磨坊，田产很多。一九〇四年，他陪一位县督学蒋先生到“范家屯小学”视察，对小西山村来的齐氏兄弟齐世长（世英的二堂哥）和齐世英印象深刻：两人立志升学，长大了要报效国家。那天，在修身课上，他们听见身量瘦小的齐世英问老师，为什么日本人和俄国人在我的家乡打仗？他小时上私塾时，看到南山头的炮战，俄国人跑了，日本人得胜，停战之前日军曾在我家庄院驻留一两个月，直到我祖父派人回来。

几年后，裴家与蒋家托地方上体面人士来提亲；蒋督学的女儿和我二伯父同岁，裴家小姐毓贞与我父亲同龄，在容貌上可说都是俊男美女，家世亦门当户对，双方家长同意就订了婚。那时我父亲与二伯父已去沈阳念中学，没有表达意见的机会。暑假中，我父亲随家中长辈到新台子镇

她对那见过一面的未婚夫印象不错，觉得比嫁给乡下丈夫好太多了，大约有一些美梦，想的只有美好的一面，从此对外面世界也有相当憧憬。

去，说想看看裴家庄院种的东北稀有的葡萄树，就看到我十四岁的母亲。她对那见过一面的未婚夫印象不错，觉得比嫁给乡下丈夫好太多了，大约有一些美梦，想的只有美好的一面，从此对外面世界也有相当憧憬。

我父亲自幼受二伯父的影响最大。二伯父比他大四岁，充满了新思想。辛亥革命的消息传到沈阳，他就剪了辫子，九岁的弟弟很羡慕，也自己剪了辫子。他曾跟着哥哥去总督府前参加请愿开国会，跪了好几个钟头。初中的时候，因为不满学校的课程，两兄弟私自到天津考上英国教会办的新学书院，之后又赴日求学。我父亲以优异的成绩考上官费，进东京一高，一年后分发到金泽第四高等学校。

就在十九岁那年暑假，家中召他回来娶媳妇——祖母生病，家中需人持家。父亲不肯回来，祖父请一位堂叔专程去日本说服他回家，或者是把他捉回家。我父亲一直到老了还跟我们讲，那时若要他结婚，他有几个条件：第一，不要跪拜、不穿红衣、脸不盖红布，他要骑马，不坐轿；第二，他要把娶了的媳妇带到外国，跟他一起读书。如果答应，他就回来；如果不答应，他就不回来，家里都答应了。等他回家，除了让他骑马之外，其他全按老传统办。他一个月后就又去了日本。

我母亲十九岁嫁到齐家之后，十年间没有离开过那座庄院有形和无形的门。我父亲是独子，传统中所有媳妇该做的事她都得做；稍有空暇就得裁制衣服、纳鞋底、绣鞋面，最舒心的是绣枕头，自己画花样。她没有朋友，没有所谓社交，每年能回两次二十里路外的娘家已感天恩浩荡了。在我记忆中，在家乡的母亲，不是垂手站在桌边伺候祖父母吃饭，就是在牧草丛中哭着。

十年间，我父亲曾在暑假回来过四五次，最多住两三个月。有一年，我母亲怀孕很想吃樱桃，那时樱桃只在每年七八月收成一次，在乡下就有挑担子的小贩，从镇上到各乡村兜售。有一天小贩来到村子口，我那二十一岁的父亲就跑到村口去买，没袋子装，就用长袍的大襟兜着樱桃回来。那一兜樱桃，从村口走到庄院，九年中支撑她许多孤寂的岁月。这一年，他从日本回家过暑假，说毓贞这名字俗气，为她改名为纯一。

后来，他从日本直接去了德国，平安家书和照片都是寄给祖父母的，开端写着“父母亲大人膝下敬禀者”，信尾题我母亲的名字，“同此问好”。那时大约不好意思或不敢写所谓情书私信给妻子，两个同龄的人在成长过程走着全然不同的路。女子留在家乡，庄院屋子里是忙不完的家务；灶边烹煮三餐，过年前擦亮上供的器皿，不断的节庆准备，洗不尽的锅、碗，扫不完的塞外风沙……到了十月，看着长工将大白菜、萝卜放进地窖，一年又将尽。而那十九岁男子，在广阔的世界，纵情于书籍、思想，参与青年人的社会、活动……两个人的路越走越远，她已无从想象他遨游的天空如何宽广深远，两人即使要倾诉情愫，已无共同语言诉说天渊之别的人生经验。

支持着母亲在孤独等待中活下去的主要力量当然是哥哥和我的诞生。好似留下信物或者替身，父亲每年暑假回家，第二年春天我哥哥振一出生，再两年春天我出生，三年后我的弟弟振道出生。在人丁稀少的齐家，我们的出生有太大的重要意义。但是在那个年代，医药落后，幼儿的死亡率很高，我弟弟三岁那年在室内跑跳，双手按上了火炉，带去沈阳治烫伤，住在姑姑家被表妹传染了脑膜炎，十四天后就死了。

我母亲完全不能接受幼子突然死亡的事实，哭泣自责，渐渐陷入精神恍惚的状态。在传统社会，一个年轻媳妇“没事”就哭，是很不吉祥的事，她只有趁黄昏伺候了晚饭后，在夕阳余光中躲到牧草丛中哭泣。后院空地上长满了一人高的牧草，从春天雪融时的嫩绿到降雪时的苍茫，庇护着她压抑的哭声。雪融之后，她还带着我去一里路外的祖坟，扑倒在我弟弟那小小的新坟上痛哭。我记得祖坟四周种了松树，在初春的风中猛烈地摇撼，沿着老坟周围则开满了粉红色的花，在我母亲哀切幽咽的哭声中，我就去摘一大把花带回家，祖母说是芍药花。我长大后每次见到芍药花，总似听到母亲那哀伤压抑的哭声。它那大片的、有些透明、看似脆弱的花瓣，有一种高贵的娇美，与旁边的各种野花都不一样；它在我日后的人生中，代表人生许多蔓延的、永不凋谢的美与悲伤的意象，尤其是以前那些世代女人的痛苦。

母亲从祖坟回家后，常呆呆地坐在炕沿，双眼茫然看着窗外，连祖母喊她有时都听不见。每年清明上坟之后，大地解冻，生出许多蕨草，有一种名叫“曲末菜”，苦涩鲜嫩，村中女子都去小河对岸荒地挖曲末菜，我当然高兴跟着。到了荒地，看一阵阵人字形的雁群由南方飞回，雁声凄楚。母亲常常站起来，痴望许久，等人都走光了才回家。

有一天早上，我姥爷突然来拜望我祖父母。有人到新台子去，告诉他，女儿毓贞前两天在给公婆煮早饭时，失神落魄，手随着柴火伸到柴灶里去，连疼痛都不知道……她已经失神落魄好久了。而且，还听南京来人说，我父亲与一些时髦的留学生住在一起，男男女女都有。姥爷终于得到我祖父母同意，允许他送我们母子三人去南京与我父亲团聚。如果父亲不收留，他再带我们回娘家。我清晰地记得那年秋天，树叶子差不多全掉了，高粱地也收割了，两个长工套上马车，把我们送往五里外的火车站，“乱石山站”——那一带的山石用来供应铺设中东铁路所需的石头。为了上京，我穿了件全家到沈阳做的红底闪蓝花棉袍，兴奋极了。

马车出了村口不久，路旁就是一排排秃山，乱石嶙峋，一棵树也不长，我就问：“妈，这叫什么山？”已被我各种问题吵了一早晨的她就说：“这叫‘鬼哭狼嚎山’。”这个山名加上我母亲的神情，让我牢牢地记着。

如今，她去投奔一个已离家多年的丈夫，牵着两个稚龄儿女，走向数千里外一个全然无法想象的大城；在那里没有家人，连亲戚都没有，心中的惶惑、畏惧，岂不正如进入鬼哭狼嚎的世界？她知道前途未卜，但也绝不愿再回到那已度过十年隔绝孤寂的塞外小村里，过活寡似的生活。我一生对文学的热爱和观念，其实是得自我那没有受过中学以上教育的母亲，她把那苍莽大地的自然现象、虎狼豺豹的威胁，和那无法言说的寂寞人生化作许多夏夜的故事，给我童年至终身的启发。她的乡野故事有些是温柔的盼望和悲伤，有些充满了人心的悸动。如同鬼哭狼嚎山，毫无修饰，强烈地象征着她那时对南方大城的畏惧，和对自己命运的忧虑。

我童年最清晰的记忆是姥爷牵着我哥哥，妈妈牵着我从沈阳上火车，火车没日没夜地开着，车窗外是无止境的庄稼地，秋收已许久了，黍梗和高粱秆子都刈割净了。除了稀稀落落的防风林，看到天边，都是黑褐色的泥土地。姥爷说，明年三月解冻了才能翻耕。

出了山海关到北平，转津浦铁路到南京，火车走了三天两夜。在下关车站，她透过车窗从火车进站浓郁的白色蒸汽里，看到站台上等着的那个英俊自信、双眼有神的陌生男人，正挺拔地站着（直到晚年，他的腰板始终挺直不弯）。蒸汽渐散，从车门走下来的则是他十九岁时被迫迎娶的妻子；此时，她脚步迟疑，牵着我的手像榆树落叶那么颤抖，娟秀的脸上一抹羞怯的神色遮住了喜悦。到站台上，站在她身旁的是两个穿着崭新棉袍的乡下孩子。

红色火车

苏 童

这件往事不过关乎一件小玩具的得失，但对一个小镇男孩来说，无疑是一场对友谊，对道德，乃至对灵魂的终极试探。

谭峰是我在小镇上唯一的朋友，他跟我同龄，那会儿大概八九岁，住在我家隔壁。他父亲是个铁匠，母亲是农村户口，家里一大堆孩子，就他一个男的，可以想象他们家的人有多么宠爱他。

他们确实宠爱他。但是只有我知道谭峰偷东西的事情。他做这些事情不回避我，是因为他把我当成最忠实的朋友，我也确实给他做过掩护。有一次谭峰偷了人家一块手表，那家人嚷到谭峰家门口，谭峰嘴犟，大叫着我的名字，要我出来为他做证。我说谭峰没有偷那块手表，我可以证明。我记得当时谭峰脸上那种得意的微笑和铁匠夫妇对我感激涕零的眼神。

过了几天，丢手表的那家人又在家里发现了那块手表，他们还到谭峰家来打招呼，说是冤枉了谭峰。我们俩很得意，是我让谭峰悄悄地把手表送回去的。

假如不是因为那辆玩具火车，我不知道我和谭峰的同盟关系会发展到什么程度。谭峰有一个宝库，其实就是五保户老张家的猪圈。老张的猪圈里没有猪，谭峰就掏空了柴草堆，把他偷来的所有东西放在里面。有搪瓷杯、苍蝇拍、铜丝、铁丝，都是些乱七八糟的东西。谭峰让我看他的宝库，我毫不掩饰我的鄙夷之情，然后谭峰就扒开了那堆药瓶子，捧出了那辆红色的玩具火车，他说，你看。

那辆红色的铁皮小火车，有一个车头和四节车厢，车头顶端有一个烟囱，车头里还坐着一个司机。现在的孩子可能觉得这不算什么，可那个时候，在四川的一个小镇上，你能想象它对一个男孩意味着什么吗？我记得我的手像是被磁铁吸引的一块铁，情不自禁地去抓小火车，可是每次都被谭峰推开了。

“你从哪儿偷来的？我几乎大叫起来，是谁的？”

“卫生院成都女孩的。”谭峰示意我不要高声说话，他摸了一下小火车，突然笑了起来，说：“不是偷的，那女孩够蠢的，她就把小火车放在窗前。”

我想象着谭峰从窗子里把那辆小火车偷出来的情景，心里充满了一种忌妒，我发誓这是我第一次对谭峰的行为产生忌妒之心。但我还是装作冷静地问谭峰：“火车能开吗？火车要是不能开，就没什么稀罕的。”

谭峰向我亮出了一把小小的钥匙，一把简单的用以拧紧发条的钥匙。他露出一种甜蜜的自豪的微笑，把火车放在地上，用钥匙拧紧了发条，然后我就看见小火车在猪圈里跑起来了。

那个可怕的念头就是在一瞬间产生的，它起初很模糊，当我看着谭峰用柴草把他的宝库盖好，当谭峰用一种忧虑的目光看着我，对我说，你不会告诉别人吧？我的那个念头渐渐地清晰起来。

你大概能猜到我做了什么。我跑到卫生院找到了何医生，告诉他谭峰偷了他女儿的小火车。为了不让他认出我的脸，我还戴了个大口罩，匆匆把话说完就逃走了。

告密者的滋味是最难受的，那天傍晚我躲在家里，竖着耳朵留心隔壁谭峰家的动静，后来何医生和女孩果然来到了谭峰家。我听见谭峰的母亲扯着嗓子喊着谭峰的名字，谭峰父亲手里的锤子也停止了单调的吵闹声。他们找不到谭峰。铁匠怒气冲冲地来到我家，问我谭峰去了哪里，我不说话，铁匠又问我，谭峰是不是偷了何医生家的小火车，我还是不说话，我没有勇气做证。

我母亲这时候回来了。铁匠夫妇跟在我母亲身后，我母亲问："不准说谎，谭峰有没有拿那辆小火车？"看着母亲严厉的眼神，我的防线一下就崩溃了，我点了点头。谭铁匠像个炮仗一样跳了起来，谭峰的母亲则一屁股坐在了我家的门槛上，号啕大哭起来。

谭峰被铁匠抓回了家。他不否认他偷了那辆红色小火车，但就是不肯说出小火车的藏匿之处。铁匠对儿子的教育是由溺爱和毒打交织而成的。他突然拿起一块烧红的烙铁，发出一声山崩地裂的怒吼："哪只手偷的东西？左手还是右手？"话音未落，谭峰的母亲和姐姐妹妹一起哭叫起来。

我没听见谭峰响彻小镇上空的那声惨叫。我怀着恐惧和负罪之心疯狂跑掉了，不知怎么就跑到了五保户老张的猪圈里。我在柴草堆上坐了一会儿，鬼使神差地翻开了谭峰的宝库。让我惊讶的是那辆红色的小火车不见了。我站在老张的猪圈里，突然意识到谭峰对我其实是有所戒备的，想到这些我有一种莫名的失落和悲伤。

后来听说谭峰昏过去了，铁匠抱着儿子一边哭一边坐上拖拉机，把他送到三十里外的大医院去了。

没有了谭峰，整个8月，我都在想着那辆红色的铁皮小火车。走出镇上唯一的麻石铺的小街，我看见了玉米地里那座废弃的砖窑，突然想起来谭峰曾经把老叶家的几只小鸡藏到砖窑里。我兴奋地搬开堵着砖窑门的石头，然后我的心几乎要停止跳动了，我在砖窑里找到了那辆红色小火车。

我立刻把小火车带回家，藏在一个废弃的高压锅里。很快我发现了另外一个问题，就是那把拧发条的钥匙，谭峰肯定是把它藏在身边了。

我每天都在尝试自己制作那把钥匙，有一天我独自在家里忙活，在磨刀石上磨一把挂锁的钥匙，门突然被踢开了，谭峰走进来，气势汹汹地瞪着我，他说："你这个叛徒！"

我一下子乱了方寸，我把挂锁钥匙紧紧地抓在手心里，听凭谭峰用他掌握的各种词汇辱骂我，我看着他那只被白布包得严严实实的左手，一种负罪感使我失去了还击的勇气。

谭峰回家后，我们不再在一起玩了。但是我知道他总有一天会发现红色小火车不见了的。

那一天终于来了。已经开学了，我被谭峰堵在学校门口，谭峰的模样显得失魂落魄，他用一种近乎乞求的眼神盯着我，说："你拿没拿？"我故作镇定地问："拿什么呀？"谭峰轻轻地说："火车。"我告诫自己要冷静，然后假充好人地提醒他："你不是放在老张家的猪圈里了吗？"谭峰朝我翻了个白眼，随后就不再问我什么了。他开始倒退着向操场走过去，他的眼睛仍然迷惑地盯着我，我也直视着他的眼睛，随他向操场走去。

我和谭峰就这样开始分道扬镳，讽刺的是，我把小火车弄到手以后很少有机会摆弄它，更别提那种看着火车在地上跑的快乐了。我只是在确保安全的情况下偶尔打开高压锅的盖子，看它几眼，仅仅是看几眼。

很快到了寒假，父亲从部队退役到了武汉，我们要搬走了。离开那天，小镇下着霏霏冷雨，我们一家人在汽车站等候着长途汽车。谭峰匆匆赶来。他的衣服被雨点打湿了，他用那只受伤的手抹着头发上的水滴，目光躲躲闪闪的，好像想说什么，却始终不开口。我转身要走，一只手却被拉住，我感觉到谭峰把什么东西塞在了我的手里，然后他就飞快地跑了。

我伸开手掌一看，是那把钥匙，红色小火车的发条钥匙！钥匙湿漉漉的，不知道是他的手汗还是雨水。

读信、写信，是在读写一座村庄。

余秋雨

旧屋与旗袍

我出生并生活到将近十岁离开的屋子，地处浙江慈溪桥头镇车头村一个叫高地地的宅院里。妈妈是全村唯一有文化的人，因此无论白天、夜晚，她都要给全村乡亲读信、写信、记账、算账。

全村基本上都算本家，村民不管隐私不隐私的，一家有信全村听。读信时，妈妈会把声音尽量放轻，但她发现，声音越轻，凑过来的脑袋就越多，而他们口中吐出的劣质烟气也越呛人。时间一长，她也就放开了声音。

妈妈嫁到这个村子的时候，穿的是旗袍。旗袍是在上海做的，很合身，但对高地地的人来说，却是奇装异服。

结婚那天下轿时，穿的是织锦缎旗袍，酒红色中盘旋着宝蓝色，让村里人眼前一亮。但是第二天，新娘子还是穿着旗袍，只不过换成阴丹士林的，一色正蓝，与织锦缎那件一样合身。更让村里人奇怪的是，她居然穿着这身旗袍拎着篮子到河边淘米、洗菜去了。

在妈妈看来，阴丹士林旗袍就是工作服。这身旗袍的颜色比村里其他女人的服装都要单一，而且料子也极普通。

妈妈出门很少，但不管走到哪里，稍一回身，总能看到窗口、门边星星点点注视她的目光。她以为是乡亲们对新人好奇，便红着脸低头，用微笑打一个没有具体对象的招呼，快步回家了，而不知道麻烦主要出在那身旗袍上。

祖母也来自上海，当然看不出妈妈的旗袍有什么不对，反而觉得这个儿媳妇处处让她顺眼。直到有一天，祖父的堂弟余孝宏先生对妈妈说了一句话，才传达出了一个村庄对一种服装的嘀咕。

孝宏爷爷坐在草垛边的石墩上，叫了一声妈妈的小名。这小名，是他从祖母的呼叫声中听来的，他与祖母同辈，这么叫很合适。

妈妈停步，恭敬地等他说话。

他说："你这种穿法是朱家的，这里不这么穿。"

妈妈看了一眼自己的旗袍，没有听懂他的话，看着他，等他说下去。

孝宏爷爷说："你看这里的女人，都是穿老布裤干活的。你这身，又不过节又不做客，太齐整。"

妈妈"哦"了一声，点点头，便转身回家禀告祖母。祖母一听就来气："就他管得宽！把他老婆都管成了痴子！"话虽重，口气却是打趣式的，祖母说的时候还笑出声来了。

"痴子"也就是疯子，是指孝宏爷爷的前妻，祖母的妯娌，一直蛰居在我家西边邻屋的楼上。前妻疯了，孝宏爷爷又续娶了一位。小阿婆只比我妈妈大三岁，却长了一辈，她干练爽利，丰腴白净，是村子里的一个人物。她是从北边的新浦沿嫁过来的，那里靠着海，有渔业、盐业、航运业，比我们村里开化。据说小阿婆还见过在整个浙北、浙东都鼎鼎有名的强势士绅王尧辉先生。他可是身价无限的土皇帝，早被此间村民神化了，小阿婆居然见过！光凭这一点，就使她在村民中的地位不凡。

孝宏爷爷把这么一个见过世面的小阿婆娶到了家里，实在让村里人佩服不已。但是，正是这位孝宏爷爷，不能接受我妈妈的旗袍。

"那我改穿长裤吧？"妈妈征询祖母的意见。

"其实随便，都可以。"祖母说。

妈妈改穿长裤的第三天，孝宏爷爷又在草垛边的石墩上把她叫住了，说："你这长裤也不对，太瘦，这里的裤子要宽大。也不能长到脚背，只能到膝盖下面。"

这次妈妈不理了，仍然穿着长到脚背的瘦长裤，过几天又轮换成旗袍。后来自己缝了一条裤子，宽大了一点，但还是长到脚背。

乡亲们天天晚上聚到我家来，看妈妈读信、写信，时间一长，也都习惯了她的旗袍和瘦长裤。

读信、写信，是在读写一座村庄。妈妈快速地进入了村庄的内心。

终于，妈妈发现，外出的闯荡者也都不识字，收到乡间妻子来信后还要请别人来读。这让她做出了一个重要决定：无偿在这些村子间办识字班，在年轻人中扫除文盲。

妈妈知道，要吸引大家来上识字班，第一个条件是不收学费，第二个条件是上课时间要在大家收工以后或不出工的日子里。

这样办，她粗粗一算，来的人会很多，光她一个人来教，吃不消，要找一个人来帮忙。有文化，能教书，愿意尽义务，完全不要报酬，就必须是一个女的，出来教书不影响家庭生计……

她想到了自己娘家——朱家村，西边半里地之外的斯文富贵之地。外公是地主，妈妈去朱家村找人有点不便，但她一直缺少政治意识，心想义务教人识字，这样的好事谁会反对呢？她要找的那个人，便是朱家村除外公之外的另一个"破产地主"朱炳岱先生的年轻妻子。

朱炳岱被划为地主也是因为父辈的家声，到他时已没有地产。他的妻子身材娇小、美貌惊人，比妈妈小一岁，也是从新浦沿嫁过来的，与小阿婆一样。姓王，叫王逸琴。

在妈妈还没有嫁到余家时，王逸琴已经嫁到朱家村了。妈妈出嫁前与她谈过两次话，彼此印象都好，妈妈也由此知道她文化程度不低。

现在，妈妈抱着我，敲开了王逸琴家的门。开门见山，妈妈对她说："你帮帮我。高地地太苦了，年轻人都不识字。我打听了，别的一些村也是这样。我们两个一起办一个识字班吧，我教语文，你教算术！"

王逸琴说："亏得你还想到我。"

妈妈说："这事没有报酬。"

王逸琴说："我不是这个意思。你看，我是地主的老婆，别人都不喜欢我到外面走动。"

妈妈笑了，说："我还是地主的女儿呢。"

王逸琴问："万一人家拖脚怎么办？"她的意思是，如果有人检举、揭发，有一个地主的女儿和一个地主的妻子一起办了一个识字班，一定有什么不良目的，该怎么办。

妈妈回答道："有人拖脚，我们歇手。"

"脚"和"手"对仗，说出口之后妈妈自己笑了，王逸琴也笑了。

那么简单就说定了，王逸琴把妈妈送到她家东首的竹园边。妈妈上下打量了一下这位美丽的少妇，问："你这旗袍是上海做的吗？"

"我没去过上海。这旗袍是在娘家新浦沿做的。"王逸琴说。

"新浦沿人穿旗袍吗？我婆家一个长辈亲戚也是从新浦沿嫁过来的，看不惯我穿旗袍，说那里只有王尧辉的家眷才穿。她还见过王尧辉本人。"

耳边传来轻轻的声音："王尧辉是我爸爸。"

识字班在我家东门口的堂前开办，一些青年听说可以不交学费、不误农活就能识字，地方又那么近，都抢着要来。

开班那天，人来得太多了，桌椅不够，又临时到村子里各家各户去借。

有两个女孩子忽发奇想，觉得我家西边邻屋楼上孝宏爷爷那个疯了的前妻屋里，一定有一些空置不用的桌椅，也就壮着胆子蹑手蹑脚上去了。

她们小心地向那位安静的疯女人说明来意，疯女人一直低着头，没有表情。两个女孩子站在屋子里四周一看，确实有几条空置的长凳，就说："阿婆，我们先搬走了，上完课马上来还。"见疯女人没有表示反对，就去搬了。

刚向凳子挪步，发现满地都是一些浅黄色的奇怪物件，蹲下身去一看，全是用麦秆编成的各种小动物，惟妙惟肖，生动可爱，密密层层铺了一地。最后，她们搬出长凳时忍不住又对疯女人说："阿婆，你编得太好了，那么多，送我们两个吧。"疯女人仍然没有说话，但似乎嘴角有一点轻微的笑影。两个女孩子也就一人扛了两条长凳，各拿一件麦秆小动物下楼了。

堂前乱过一阵，妈妈开始讲课。她把一块深色门板当黑板，拿着几支从半里外的小学要来的粉笔，教几个最简单的字。这在村里算是一件大事，男女老少都拥过来看。妈妈讲了一会儿之后，王逸琴开始讲算术。她显然比妈妈更受不了这种混乱局面，经常停顿，但还是讲了下去。突然，她发现站着的妇女都把头转向了一边，全场突然肃静。大家注视的，是一个头发不整、表情木然的女人。

王逸琴面对这个场景不知所措，妈妈一看也吃了一惊，是西楼的疯女人，她也下楼听课来了。疯女人的存在，使全场不再喧闹，但大家的注意力再也集中不到老师身上。

散课之后，妈妈把自己刚刚做出的决定告诉王逸琴：识字班到祠堂里开，那里桌椅很多，地方很大，只需叫两个学员去打扫一下就成。

正说着，小阿婆过来了，热情地挽着王逸琴的手问："听口音，你也是我们新浦沿人吧？哪家的？怎么长得这么漂亮？"

王逸琴笑一笑，回答说："那我们是同乡了，我离开那里已经很久，现在住在朱家村。"

"这下你有穿旗袍的伴了。"小阿婆笑着对妈妈说。

从此，识字班就开办在祠堂里了。那里离村庄有点距离，村民不会去挤，疯女人更不会去。但是，在堂里开班的第三天，我家后门窗台上出现了五个麦秆编织的小动物。

祖母对妈妈说："痴子明大理，这是她给你的奖赏。"

妈妈说："那可要收好，都是细细女人心。"

识字班其实办得很苦，大多数情况是，下雨或下雪天，不能干别的活了，就上课。两个女子撑着伞，在泥路上走，从来都是她们等学员，没有让学员等过她们。妈妈平日不在乎打扮，但每次去识字班前总要在镜子前梳妆打扮一下，因为会遇到王逸琴，其实王逸琴也是同样。

她们去识字班，必定都穿旗袍。祠堂在田野间，两个女子从不同方向同时到达，完课后一同出来，站着说一阵话，又朝不同方向回家。由于她们总是比大家先来后走，因此一眼看去，田野上常常只是她们两个女人的身影，悄悄走拢，悄悄分开。

识字班办了三年。这三年间，先是王逸琴的丈夫朱炳岱先生英年早逝；再是王逸琴再嫁，不幸，第二个丈夫又去世，她就实在悲痛得没法教下去了。

妈妈说："她的人太好了，她的命太苦了。"没了她，妈妈一人就没有办法把识字班支撑下去，只得解散。

妈妈从此很少再穿旗袍，而且再也不愿踏进祠堂。

××××

秋收

✽安 宁

秋天一到，村子里便有一种怀孕女人马上临盆的焦灼的幸福感。昔日炊烟袅袅的平静生活，忽然间被打断了。站在大街小巷里八卦别人家私生活的大嘴女人们，也调转舌头，开始朝自家男人开炮。开炮的目的当然是为了督促男人磨刀霍霍向庄稼，而不是没有闻到秋天的气息，依然在胖婶家的麻将桌上流连忘返。

其实不用女人们唠叨，男人们也知道大展身手的时候到了。秋收的时候，娘儿们能干啥呢？不过是烧水做饭推推板车。当然，女人们根本就不服气，并认为她们是十项全能，什么都能做的。比如掰玉米吧，男人们掰一垄沟的时间，女人们也差不多能跟他们齐头并进，落不下多远。就连被认为是秋收时的累赘的小孩子，也自有我们的用处。所以整个秋天，全村老小都是沸腾的，好像那高粱顶上喝醉了酒的穗子，被风一吹，就更加地站不稳，于是一直倾斜下去，快要触到地了，才忽然间又直起来，看一眼这成熟的、芬芳的、醉醺醺的、晃动的大地。

和村里所有的人家一样，我们家早早地就分了工。我管烧水，姐姐管做饭，父母去掰玉米，砍玉米秸，收割黄豆，并将玉米黄豆运输回家。而后全家老小一起上阵，扒玉米皮，编玉米，将玉米提到平房上晾晒。我喜欢烧水，不仅仅是因为烧水的时候，可以趁势将一块从人家场院里偷挖来的地瓜烤熟，还因为能一个人在家里烧蚂蚱吃。姐姐是不屑这些幼稚的把戏的。只要我烧开了水，完成了父母交给的任务，她也就不再管我，让我化作院子里的一只蟋蟀，或者一个蜗牛，一朵喇叭花，尽管悄无声息地活着就是了。我最擅长将一个生地瓜变成外焦里嫩的烤地瓜了。我会在烧水之前，就将炉灰给掏挖干净了，而后把地瓜放在炉子底下，将捡拾好的朽木或者树枝点燃了，便可以坐在炉子旁边，等着水嘘嘘地冒着热气自己烧开了。在烧水的时间里，我会将捉来的蚂蚱暂时放在罐头瓶子里养着，喂它点水啊豆角啊之类的吃的喝的，以便一会儿可以肥肥壮壮的供我享用。当然，那蚂蚱一定是田间地头最大号的蚂蚱王。它们绿油油的肥硕的身体，一看就是喝足了一个夏天的露水，只等着秋天有力气在砍伐干净玉米的地里，奋力地蹦出人的掌心，或者车轮的碾压。

假若我只顾得玩蚂蚱和翻烤自己的地瓜，而没有及时地将水烧开了，并送到地头上去，给父

××××

可是，秋天它太长了啊！除了玉米，还有大豆、棉花、地瓜、芝麻。地里总有收割不完的庄稼，我也总有千百个理由，被因为收割而疲惫不堪的父母苛责。

母泡茶喝，那一定会遭来父亲的一顿恶骂。如果我的嘴头子上还留着黑色的吃地瓜留下的印记，那就更惨，几乎会有被累得满头大汗的父亲给暴打一顿的危险。所以我再怎么贪玩和贪吃，也还是会记得自己的正职是烧两暖壶水，提到自己家地头，并给父母倒茶杯里，再将空的暖瓶给提回来，继续烧水。我一路上会在忙碌的满载着玉米的板车流里，回味反刍一下刚刚烤吃了的地瓜的香甜，和那只很不幸地被我吃掉的蚂蚱的肉味。蚂蚱的肉也就一块指甲那么大，不够塞人的牙缝，但我却吃得津津有味，将那块肉嚼得烂烂的，充分品味每一丝清香，并回忆下片刻前蚂蚱在火里发出的吱吱啦啦的响声，这才一咽唾沫，将肉也一起吞了下去。

我每次都会走神，以至于常常走过了自己家的地头，或者会被拉板车的大人们吆喝：快让开点，别挡道！这孩子怎么不懂事呢，都忙得火烧眉毛了，她还那么清闲！这话有时候会被长舌妇传到父母耳中去。如果母亲忙得根本无暇关注这些琐事，那么这一灾也就算是过去了。可是如果母亲恰好上了心，知道我干活心不在焉，就会在看到我的时候，骂我一顿没有眼色，明明对面哪个老娘儿们的车开过来了，我还不知道避让，小心脑袋给镰刀削掉了！我从来都不会辩驳什么，而且知道母亲根本没有时间多骂我，很快父亲就会在地的那头叫起来，催促她赶快将掰下的玉米捡拾成一堆，等着父亲的下一车来装。我瞅准时机，一下就溜走了。

一旦第一车玉米被倒在院子里，我也就别想烤地瓜了。即便烤完了，也没有时间去吃。我被迫坐在玉米堆旁，有些无奈地叹口气，便开始了我的剥玉米的职业生涯。

一整个秋天，我好像都在剥玉米，无休无止地剥着。尤其是夜晚，天已经凉了，露水打湿了我的鞋子，连头发上都好像落满了霜，我也困倦得快要变成玉米里的一个虫子蜷缩着睡过去了，可是父母一阵因为疲惫而产生的争吵，还是让我强打起精神，一个一个地剥下去。天上的月亮慢慢成了好看的月饼一样的圆，不再是羞涩的蒙了面纱的少女。我抬头看着夜空上饱满的月亮，听着一家人窸窣的剥玉米的响声，觉得自己快要沉入梦里去了。梦里有什么呢，我也不知，只一心一意地想着走进去了，就是世界上最快乐的事情。甚至中秋节的那一天，香台上供奉的我爱吃的月饼苹果和橘子，我也不再留恋和想念。直到母亲忽然间注意到了我的存在，对着磕头打盹儿的我叹一口气，然后放行道：快回屋去睡觉吧！我正一边剥着玉米一边在梦里神游八极，无意中听到这句话，即刻从湿漉漉的玉米皮中跳了起来，轻飘飘地进了房间，爬上床，头刚刚靠在枕头上，便沉沉地睡过去了。

秋天总是让人觉得萧条。地里的大豆啊玉米啊地瓜啊，一收割完毕，整个村子就变得空旷起来。风冷飕飕地吹过来，要将一切都扫荡干净的架势。我在田垄里捡拾黄色的野果吃，在袖子上简单地擦擦，一口一个吞了进去。野兔乘人不备，"嗖"一下蹿出去很远，可是因为田间太空荡了，毫无遮拦，于是它们便会被尚未收缴的猎枪给瞬间干掉。我觉得秋天里的自己就像是一只孤独觅食的野兔，无处躲藏。

所以我总是会在秋天里怀念麦收时节的自己。那时候我会因为有更大的用武之地，而被父母重视并褒奖。我不仅仅会烧水送水，用镰刀收割，看场院里的麦子，帮大人装麻袋，还会给大人们创收——拾麦穗。拾麦穗是我最喜欢的事情，每拾到一株麦穗，就好像帮大人捡了一个大白的馒头一样，是卖馒头的男人"半熟"家屉笼里热气腾腾的大白馒头。而且，去别人家地里拾麦穗，总有捡了便宜一样的兴奋与开心。我恨不能将村子里所有人家的地都捡拾一遍，把那些漏掉的麦子全部归己所有。一想到自己家麦场里堆满了我捡拾来的麦穗，而它们又能变成好吃的馒头、花卷、烧饼、油条、包子，我的心里就美滋滋的，顶着烈日在地边上飞快地走着，弯腰捡着，也不觉得劳累。遇到"同行"拾麦穗的孩子或者老人，我们会相视一笑，而后默默地较着劲，以更快的速度，落下一个又一个竞争对手。

麦收的时候天热，我会直接睡在麦秸垛旁，用几个麻袋就铺成一张床，看着漆黑夜空上的星星，听着池塘里的蛙鸣，还有旁边跟我一样看麦子的女人的鼾声，觉得世界满满的，好像空气里都是麦子的香气。

可是秋天一来，收割之后的大地，就再也没有了这样的气息。一场霜打之后，大地变得有些寂寞孤独，昔日披红挂绿的富裕相，全都被修剪干净，露出落光了树叶的清瘦的枝干。我走在河沿上，觉得石子青苔都是清冷的滑，风凉凉的，从对面的小树林里吹过来。也不知谁在更远处吹着口哨，穿过小树林旁边的一片阴森的墓地。那里埋葬着村子里死去的男人女人，还有夭折的孩子。我经常想知道，死去的村民们，在秋收的时候，会不会被吵得无法安睡，而后探出头来，到自己家玉米地里走上一走？依然是生前那样，背着手，弓着腰，唠叨着儿孙们不作为，还顺便将别人家地头的麦子，偷走一小捆，并将它们弄乱了，放在腋下，假装都是自己从路上捡拾来的。等他们巡视完了，或许依然不舍得离去，会坐在坟头上，点上旱烟袋，说道说道村里的旧事，还有跟秋收有关的人情冷暖。要等那旱烟袋吸完了，这才起身，拍拍屁股上的泥土，一缩身，重新回到坟墓里去了。

村民们忙着秋收，当然不会想起死去的老人。我也只是在路过坟地的时候，才会想起自己很早就去世的奶奶。想起每次去她的院子里，她好像都在用玉米皮编织着好看的坐垫。坐垫可薄可厚，厚的像树墩一样，可以搬到圆桌旁，坐下来将一碗面条呼噜呼噜吃得干干净净，薄的则适合在地上盘腿坐着编席子用。玉米皮都是晒干了的，讲究的人家，还会将其洗干净了，再拿来用。我看着白色的叶子，常常会想起玉米还种在地里的时候，我会和小伙伴潜进玉米地里，偷掰人家的玉米，并顺便劈下一把玉米秆上的叶子，捎回家来给母亲蒸馒头用。那嫩绿鲜亮的叶子，大概是所有女人们的最爱，因为把它铺在箅子上蒸馒头，能让馒头吃起来有一股玉米的清香味道。我喜欢在馒头出锅的时候，贪婪地将玉米长长的叶子一起拿出来，吃粘在上面的馒头皮。那皮是焦黄的、酥脆的，好像某种我永远也吃不到的小点心，藏在奶奶的篮子里。那篮子当然是挂在高高的屋梁上，任我如何仰望，小气的奶奶也不会拿下来给我尝上一口。

玉米剥完皮的时候，父母会将它们编在一起，一嘟噜一嘟噜的，挂在梧桐树杈上。那黄的红的玉米，让已经开始落叶的梧桐树，看起来喜气洋洋的，好像挂了一幅画在上面。那画每天看着，都觉得高兴，气派，心里满足。在树下刷牙的时候还忍不住想哼一首沂蒙小曲。当然，哪天那玉米叶被雨水给浸泡得朽了烂了，又被麻雀一啄，忽然间挣断下来，砸了脑袋，就不会哼什么小曲了。父母会发了愁，想着要赶紧弄到平房上去晾干了，剥下玉米粒来，卖了换钱。

于是全家总动员，又开始无休无止地剥玉米粒的浩大工程。有钱的人家，会买一个剥玉米的小机器，据说，将玉米棒扔进去，就自己给剥完了，这听起来很阔气，可是父母也只是聊起时羡慕一下，又让全家埋头一起剥玉米粒了。天已经很凉了，于是战场转移到屋子里去。每天吃完晚饭，母亲都会将一个大盆放在屋子里，将她已经插出一道“玉米沟”便于剥的玉米棒，丢在我们面前。于是房间里便只剩下噼里啪啦玉米粒打在盆上的声音。没有电视，收音机也没有节目，唯一的娱乐，大概就是一家人天南海北地闲扯。母亲总是抱怨钱不够花，让我和姐姐在学习上节约一点。而父亲也会跟着附和几句，但很快他就厌烦了这样老娘儿们的烦恼，开始转移话题，比如考我和姐姐做算术题。

这样的考试，很容易带来危险。我知道一斤玉米值多少钱，我也知道一斤玉米能换多少油条或者馒头，可是，我却无法像父亲要求的那样，准确快速地算出五十麻袋玉米能变成多少件衣服或者多少斤大饼。我像任何一个伟大的数学家那样，支着下巴，紧皱了眉头，苦思冥想。但我并没有天才们的好命，可以灵感顿开，凭空得到想要的结果。那些奇怪的数字，总是离我很远，好像我天生跟它们无缘一样。我不明白父亲噼里啪啦剥着玉米粒的时候，怎么就对玉米换油条的事情，那么有兴趣。难道他从小也没有吃够油条，所以才加倍地将这种欲望，放置在数学一塌糊涂的我的身上，想着我能给他准确无误的慰藉？还有母亲，明明没有文化，却也来一起考我。她不钟情于吃，所以她的考题永远都是关于针头线脑的。比如，一斤黄豆能买多少尺粗布？一尺粗布能做几个书包？十个鸡蛋值多少钱？如果换线箍，能换几个？

我觉得那个时候，父母一定把我当成了全知全能的神仙，恨不能将肚子里所有的对于生活的热望，都通过我的嘴得以实现。如果我回答得准确，他们会满意地丢给我一个玉米棒，让我离开纸笔，继续干活。偶尔还会由此扯开话题，谈及针线的价格，或者粗布质量的好坏。但大部分时候，我没有这样的好运，我总是会被父亲的一声大喝给吓得魂飞魄散，继而吃一个父亲的巴掌。但这样也没有结束呢，父亲会派姐姐来监督我，让我继续算那永远跟我不肯亲密的结果。我坐在那里，憋得快要尿裤子了，只好可怜巴巴地求助姐姐，快将那个要命的结果告诉我；如果她能帮我一把，我将来一定真的给她买几斤油条吃。不，哪怕一屋子的、一天井的油条也可以。

每次我都饿得眼冒金星的时候，吃完了饭的父母，才会想起我的存在，一声恨铁不成钢的抱怨，终于肯将我解放出牢笼。那时我总是脑子晕乎乎的，想，秋天快快结束了吧，这样，等漫长的冬天来了，玉米都剥完卖掉换成钱了，或者变成了玉米面，做成了“咸糊涂”（玉米粥），父母便再也不会无边无际地给我出算术题了。

可是，秋天它太长了啊！除了玉米，还有大豆、棉花、地瓜、芝麻。地里总有收割不完的庄稼，我也总有千百个理由，被因为收割而疲惫不堪的父母苛责。我很想找一个人，问一问他们那里的秋天，除了收获庄稼，也要收获巴掌吗？但我永远都是孤独的长不大的那个小孩，行走在秋天的田垄里，捡拾着棉花、稻谷，啃咬着一丝微甜的地瓜，想着什么时候秋收能够结束，大雪覆盖了整个的田野，一切都寂静下来。而劳累的父母，也终于会有大把的时间，可以睡下了。

哥哥，我不吃冰糖，一吃就总想吃。养母会说的，还是不吃为好。回家这事也一样，一回去就总想着回去。

弟弟的冰糖

昂格图

因为生活拮据，弟弟8岁那年就被送到离家很远的地方寄养了。那天母亲把弟弟打扮得干干净净，给他穿上刚缝好的新衣裳，帮他系好衣扣，戴上帽子。弟弟把新衣裳看了一遍又一遍，单纯地笑着。缝衣用的布料是我们兄弟几个人从野外捡骨头，用卖骨头的钱换来的。母亲跟弟弟说了很多话，在弟弟的前额上吻了一下又一下。

远处传来马蹄声，那家的叔叔骑着马到了我们家门口。母亲给他熬奶茶时我们兄弟几个出去把羊群赶了回来。“黑小子”和弟弟恋恋不舍地黏在一起。“黑小子”是弟弟风雪天从野外捡来的羊羔，母亲就把它给了弟弟。

临走前那位叔叔给我们兄弟几个每人分了一块冰糖，此时母亲却不见了。那时我们都想，如果母亲在场，那位叔叔一定也会给她一块冰糖。片刻后弟弟跟着那位叔叔走了，走时很快乐，像是要去参加那达慕大会似的，我们几个用羡慕的目光送他们远去。等弟弟走远后母亲才回来，眼睛都哭肿了。我们把那位叔叔送给我们的冰糖在母亲面前晃来晃去，母亲却什么也没说。

过了一会儿，母亲没收了我们手里的冰糖，将它们牢牢锁在家里掉了漆的红柜子里，说："孩子们，乖。等你们去看弟弟时把这些冰糖带上。"说着两眼又噙满了泪水。那时的我们都拉长了脸，想着如果没有给母亲看，那该多好，冰糖就不会被她锁起来了。

接下来的几个月里，我们兄弟几个都争先恐后地想去看望弟弟。说实话，不是因为我们有多么想念弟弟，而是为了冰糖。暮春的一天，母亲打开锁着的柜子，拿出那几块冰糖，包好，递给我，说："你是家里最大的孩子，去看看你弟弟吧！"说着详细告诉了我弟弟新家的地址。我高兴极了，拿上冰糖便一跃而出。路上看着怀里鼓起的冰糖再也无法控制自己，打开包，一点儿一点儿地舔，等到弟弟家时，多半的冰糖已被我舔没了。

弟弟消瘦了许多，蓬头垢面，衣衫褴褛，看上去像个野孩子。弟弟一见我就开始哭，小肩膀一抖一抖的。我也忍不住跟着哭。那家的叔叔进来时，我和弟弟像是犯了什么错的孩子，挨在一起站在炉子旁边。那位叔叔的眼神有一种冷冷的光芒。

"你是谁家的孩子？"他的声音短促而有力。

"我……我……"当我说不出话时，弟弟抢先说："他是我哥哥。"

"没问你！你这个好吃懒做的家伙。圈里的羊少了一只，你快去给我找回来！"那位叔叔说。弟弟受了惊吓，转身跑出了屋子。太阳很快落山了，在伸手不见五指的夜晚，弟弟上哪里去找顺风而去的羊呢？我不安地望着窗外。

原来那家的叔叔阿姨膝下无子。母亲常说，没有孩子的人容易忘记善良。我一直在猜想那句话的真假。他们家比我们富裕多了，但是晚饭却只是掺有些许炒米的奶茶，简简单单地吃完了便准备就寝。外面刮起了大风，窗户纸在嘶嘶作响，让人心生恐惧。弟弟还没有回来。为节省灯油，那家的叔叔早早吹灭了灯。屋子里和外面一样漆黑了。

弟弟是8岁的小大人，他喜欢家畜。走失的那只羊他应该很快就能找回来。思绪中我靠着墙进入了梦乡。开门声惊醒了我。弟弟回来了，满身风与尘土的味道。弟弟的养父抬起头说："羊找回来没？"

"找回来了。它不知动的是什么倔，自己跑了很远产下了羊羔，害得我好找。下了个白色的羊羔，我抱回来了。"弟弟说，言语中充满了得意。

"羊羔呢？"弟弟的养母问。

"放羊圈里了。"弟弟说，吸了一下鼻涕。

"去，把它抱回来，晚上它容易着凉，用黄油喂它就好了。"说着划了根火柴，灯亮了。

已是午夜时分，弟弟胡乱吃了一些东西，衣服都没脱就钻到我身旁。我给他盖好被。他的小手紧紧抱住了我。我用脸贴着他的脸，将母亲给我的冰糖放进他嘴里。弟弟用被子捂住头说："我想妈妈了。"他抽泣着，我只能默默地为他擦眼泪。那晚，我们的枕头湿透了。

第二天醒来时弟弟已经不见了，枕头上放着我给他的冰糖。

接羔的季节弟弟必须寸步不离地跟着羊群，所以他一大早就出发了。我拿着冰糖去找弟弟，我们在草场上相遇。弟弟笑了，能看见掉了牙的豁口里他的舌头在晃动。

"我就知道你会来。没喝早茶吧？给！"说着他拿出已干硬的玉米饼，敲在膝盖上弄成两半，将其中的一半递给我。我们吃玉米饼吃得津津有味。弟弟长大了。他懂得了很多事，这一点很让我惊讶。

“唉，其实我也想回去，可我不敢。”弟弟低下了头。

“他们想你都要想疯了，他们说等你回去给你吃奶油拌炒米呢。”

“我怕骑‘柳条马’。那天我鼓起勇气跟养母说要回家，她给了我狠狠的一巴掌。嘴里尝到血腥味时我跑了。我只知道母亲和你们都在夕阳落山的那边。可还没过几道梁养父就骑着快马追上了我。他骑着马把我赶回家里，狠狠地揍了我一顿。他嘴里说：‘家有家规，回去？你去哪儿？这儿就是你的家！’他用细细的柳条抽我。我没说话，死死地盯着他。打完我他又吻我前额，说：‘家里所有的东西都是你的。地上吃草的羊，坛子里的酸奶，瓦房，箱子里的面粉都是你的，我是你父亲，她是你母亲，我们对你这样严厉是不想让你成为一个坏孩子。’”

弟弟说，后来他又骑了几次“柳条马”。弟弟咯咯笑着说，那匹“马”就站在家里水缸旁边。弟弟还说，如果不睡懒觉、不丢牛羊就好多了。看着他，我竟然不知道怎么安慰他才好，拿出早晨他留给我的冰糖说：“给，可甜了，早上你竟然忘了拿。”

弟弟把手藏在身后，说：“我不吃，一吃就总想吃。养母会说的，还是不吃为好。回家这事也一样，一回去就总想着回去。”弟弟突然又说：“一头羊产羔了，我们去看看。”那头母羊已经把自己的孩子舔得干干净净了，小羊羔蹒跚着找奶吃。弟弟拍手跳了起来，说：“黑小子，我又多了个黑小子。”在家时弟弟常和我们家的“黑小子”对话。

春天的白昼过得太快了。我们隐约感到肚子饿，一看日头才知道黄昏已至。趁着黄昏的凉爽，我们赶着吃饱后的畜群有一搭没一搭地往回走。

“弟弟，快点儿，如果黑小子跟不上母亲就把它抱起来，回去晚了你那养母又要对你发火了。”

“哥哥，还是由你来抱吧。我怕它妈妈会不要它。养母说，被抛弃的孩子不能抱羊羔，羊羔会被母亲抛弃。”说完话，弟弟的眼睛突然亮了起来。

“别听她瞎说，你是我们兄弟几个里最好的，最好的孩子才往外走，不信你去问母亲。”说着，我第一次抚摸弟弟落满灰尘的头。

“如果母亲再把我要回去，我再也不和小弟弟抢妈妈的被窝睡了。”说完，他天真地笑了。

弟弟真的长大了。圈好牛羊，弟弟开始准备晚饭，他做的粥非常可口。弟弟在择他从野外割来的韭菜。我突然想起了弟弟说过的“柳条马”。那根约一米长，大拇指那么粗的柳条似乎在看着我。我要把它藏起来，走到屋外的垃圾堆旁，挖了个坑埋掉了。我像做了什么大事似的，心情很愉快。我忐忑不安地想着没有了“柳条马”，弟弟的养父会用什么打他。

第二天醒来时，太阳升得很高了。枕边放着弟弟留下的冰糖。昨晚睡觉前我把冰糖放到了他的内衣口袋里，他竟然又拿出来留给我了。我突然想起了家，拿着冰糖一跃而起。弟弟的养父拿着一模一样的两根柳条微笑着走了进来，然后并排放在水缸后面。他比谁都清楚，如果把柳条放在水缸旁边就能保持柔韧。

我拿起那块冰糖夺门而出。我弓着腰，从梁的那边往家跑。我怕弟弟看见我。跑出很远，我再看弟弟时，他也正在往家的方向跑。我似乎看到了弟弟在擦着眼泪，似乎听到了他在抽泣。弟弟似乎在拽着我的衣角央求我，哥哥，你等等我。

想到我们就这样分别，眼泪模糊了我的视线，我再也看不清附近的东西。我回去求一求母亲吧，我不要用冰糖换我可爱的弟弟。

这时，我突然觉得家在遥远的地方，弟弟也在一步步离我远去，而那块我生怕丢失的冰糖，在我燥热的体温下渐渐融化，渐渐变小……

那时候，这样的集市，隔上个十来里就有一个，这样的集市，每两天开张一回，有多少少男少女，在熙攘的人群中，眉目传情，行至无人注意的角落，暗定盟约。这是《诗经》时代就开始的剧情吧？现在却已没落，年轻的男女，涌入城市，在工业化的流水线上，开始另一个版本的故事，集市没了，集上的故事也没了。

赶集

✽闫 红

我一直，想再赶一回集。

但我舅爷告诉我，现在没集了，因为每天都是集，集就在那儿等着，想什么时候去就什么时候去，当然不用赶了。

我舅爷这人脾气好，说话总是笑嘻嘻的，这样说时，他照旧笑嘻嘻的，可怎么说呢？我觉得，他笑得挺遗憾的。

等在那里的集还叫集吗？不能赶的集还叫集吗？

以前，在吾乡，集市是要“逢”的。或逢单日集，或逢双日集，不逢集的日子，长街冷清，人们安心在家耕作，只等第二天开集，才呼朋引伴，涌到集上去，或买或卖，或快乐地游手好闲。

每个村子里都有几个人是集上的常客，在马圩子，我舅爷是其中的一个。

我舅爷高小毕业，算个小知识分子，他的爱好可以作为乡间大多数小知识分子的代表：一是爱听评书；二是喜读演义，什么《隋唐演义》《三侠五义》《薛仁贵传奇》，他箱底都有收藏。不过他最爱的还是赶集听戏。远在十五里之外的江桥集，他几乎逢集必赶，那年月乡间文化生活繁荣，每回集上都有河南梆子戏上演，这个剧种最为我的父老乡亲们喜爱，我的单身汉舅爷更是听得如痴如醉。我来江桥不久，他就带我一道去赶集。

那天一大早，我一碗稀饭还没喝完，我舅爷就在当院里给自行车打气了。这辆自行车一看年纪就不轻，大梁和车轴上绕了很多花花绿绿的东西，想当年一定花里胡哨过，如今颜色已尽褪，缠在上面不过是聊胜于无。

吃过饭我舅爷骑上自行车，我需要跃上车后座，以前我总是坐在我爸那自行车的大梁上，第一次这样上车，不免多试了几回。好容易搞定，我奶奶追上来，弄了弄我的刘海，我和舅爷意气风发地出了马圩子。

不断有自行车飞快地从我们身边超过，上面多是一男一女，穿得鹅黄柳绿的，抛下一阵说笑。也有时髦的青年小伙，穿着不见得合体的西装和牛仔裤，偏梳的头发抹得油亮，吹着口哨从旁边闪过。还有熟人一一现身，我舅爷会跟其中的一些人打招呼，他们互相称呼大哥、老叔、二伯……我舅爷说，有不少都是没出五服的亲戚。

半个小时之后，我们终于接近了江桥，还没进入集市，已见得热闹，路边停着好多小蹦蹦，没抢到集里铺位的就把生意做到这里来，大红大绿的布匹铺天盖地，太阳光很好，也很闹，像蜜蜂似的嗡嗡叫，吵得人鼻子上背上都淌出汗来。

集市更是一个迷宫，舅爷把自行车停到一棵树下，带着我，从这走到那，从那走到这。到处都是人，高音喇叭也不知道安在哪儿，河南梆子一个劲儿唱，一个沙哑而深长的嗓子，在滔滔人流之上，唱他一个人的委屈与辛酸，可这委屈与辛酸，落下来，也只是增加了些集市的气氛，让集市更像集市了。连拴在树上的骡子、马都一个劲儿地欢实。主人却很冷静，抄着手，站在旁边，冷眼看着，嘴里有一句没一句地跟人谈着看上去还没准头的生意。

到处都有小小的趣味，铁匠铺子，剃头挑子，乡政府的院墙下，阳光像冰溜子化了时淌下的水，稀里哗啦地漫了一地。一个老头蹲在那儿，穿着洗得发白的蓝色棉袄，腰上扎着个污浊的家织布带子，一顶金色草帽却非常耀眼，是新买的吧？脚边摆着成捆的烟叶和烟锅嘴子。他眼睛不看人，吧嗒吧嗒抽他的烟，爱买不买，可他那惬意的姿势，让他的烟叶显得更诱人了。

舅爷一路问我吃啥，瓜子，花生，甘蔗，路过了无数零食摊子，我出于客气，连连摇头。舅爷就叹气，城里小孩的嘴咋那么刁呢？一个集上买不到她要吃的东西。舅爷最后带着我来到露天戏场上，这是他今天上午最终的目的地，他领着我跑了那么一大圈就是为了来到这里，心无旁骛地完成最美好的享受。

我和舅爷捡了张报纸，垫在屁股下面，仰着头看。戏台上一个小姐正咿咿呀呀地唱得来劲，她穿着闪闪发光的衣服，长长的水袖甩开来，额上大而圆的亮片衬出水汪汪的一双桃花眼，不过最好看的还是她脑后的一个圆髻。当她翩然转身，将背影对着观众时，低垂的发髻妙不可言，尽职尽责地替她表述一些口不能言的隐情。在我没见过世面的眼中，这个小姐简直就是仙女下凡。我没有想到这儿还有这么好看的人，城里小孩的优越感，瞬间被粉碎殆尽。

那个演员唱完下台。她没有回到后台，是从前台侧面走下去的。我们正好坐在那儿，她从我身边挤出去，我目不转睛地盯着她看，却看到这个仙女有着一双凡人的手，粗糙而且沾满了灰，更不像我想象中那样涂着闪亮的指甲油。想到她下去可能是去上厕所，她刚才的美，便像巫婆在灰姑娘身上施展的魔法一样虚幻。

接着上台的是个黑脸，我耐着性子等他下去，可他就是不下去，我终于浮躁起来，要走。舅爷舍不得走，塞给我两毛钱，让我到外面买些零嘴，到那个停自行车的地方等他，自行车停在场边的大槐树下。

我出来转了一圈，买了一根甘蔗，坐在大槐树下啃，啃着啃着，啃出一条虫，吓得我把整个甘蔗都扔了。只好百无聊赖地到处看，这里地势高，场地大，逛累了的人都到这儿歇着。阳光像终于烧开了的热水，蒸腾开来，冒出丝丝缕缕的雾气。

我旁边的树下坐着一个男人，带俩小孩，爷仨穿着一样的牛仔装，是一种比较重的靛蓝，穿在那俩孩子身上看上去很洋气，穿在父亲身上则是十分童稚的滑稽，却愈发地慈祥起来。他的两个小孩都捧着奶油蛋糕，在江桥的阳光下，那是很优裕的样子。估计那个父亲是镇上的工作人员。

我正看得入神，突然有人对我讲话，我吓了一跳，再抬头眼前一晃，是村里最时髦的年轻人德子，他穿件蓝色的球衣，眼神明亮，阳光打在他的颧骨上，脱胎换骨般精神。稍一稳住神，我说："你也来了？" 他潇洒地一扭头说："我跟几个朋友来集上逛逛。"说着他指着远处的几个人，那边树林里晃着几个身影，也都是时尚青年。他对他们挥挥手，扭头走了。

过了一会儿，我又看见了村里其他的女孩子，她们手拉着手，大声说笑，十分夸张，人们都朝她们看，她们的声音就更大了。我喊了小林子一声，她看见我，非常高兴，叫我过去。

我加入了小林子们的行列，和她们勾肩搭背，招摇过市，人们不由自主地让出一条条缝隙，我们就打那缝隙里钻来钻去。小林子她们脚步飞快，像跳舞一样，我都快赶不上她们了，被拖着从这头逛到那头。走到哪儿都有人看着我们，尤其是那些年轻的男子，他们远远地看着我们，眼神专注，小林子含笑地低头骂了一句什么，嘴边抿出个小酒窝来，说笑声提高了八度。

当然，也只有她有资格骂，现在想来，那些眼神都是冲着她来的，其他的女孩还没长大，可是我们全没意识到这一点，跟着傻乐，出了一头一脸的汗。小林子把毛线衣都脱掉了，在面前悠来悠去地扇风，我发现她的刘海用火剪卷过，在额头前枝枝蔓蔓，下面的眼睛黑而潮湿，她的脸红得亮晶晶的，天然的红，与平时用门对子擦出来的截然不同，她是我那天在集市上看到的，第二个脱胎换骨的人。

忽然看见我舅爷从那边的篮球架下钻过来，一路小跑，我喊了他一声，他站住，很茫然地四下里看看，这才看见我，叫起来："哎哟，你个祖宗哟，你咋不吱声就跑了，吓坏我了。"又瞅了小林子一眼，皱起眉头，拽着我，脱离了这个以小林子为主的群体，朝停自行车的地方走去。

集突然就散了，人们蜂拥着进来，又蜂拥着出去，舅爷的自行车穿越了江桥含糊昏昧的光线，重新行驶在乡村公路上，两边的树林如琴弦，车轮无声地划过。一路无话，快接近马圩子时，舅爷对我说："你别跟乡下小孩胡闹，你跟她们不一样。"我应着，却不知道他指的是什么，心里狐疑着，又羞愧又委屈，一场欢快泄了气，我简直要哭出来了。

几个月之后，我听说，小林子和德子私奔了，我想起那天集市上快乐的她和他，恍然大悟。那时候，这样的集市，隔上个十来里就有一个，这样的集市，每两天开张一回，有多少少男少女，在熙攘的人群中，眉目传情，行至无人注意的角落，暗定盟约。这是《诗经》时代就开始的剧情吧？现在却已没落，年轻的男女，涌入城市，在工业化的流水线上，开始另一个版本的故事，集市没了，集上的故事也没了。

尘缘

张晓风

人间的悲伤，无非是生离和死别，战争是生离和死别的原因，但衰老也是啊！

一

大约两岁吧，那时的我。父亲中午回家吃完饭，又要匆匆赶回办公室去。我不依，抓住他宽宽的军腰带不让他系上，说："你系上这个就是要走了，我不要！"我抱住他的腿不让他走。

那个年代的军人军纪如山，他一把抢回了腰带，还打了我——这事我当然不记得了，是父亲自己事后多次提起，我才印象深刻。父亲每提及此事，总露出一副深悔的样子。我有时想，挨那一顿打也真划得来啊，父亲因而将此事记了一辈子，悔了一辈子。

"后来，我就舍不得打你了。就那一次。"他说。

那时，两岁的我不想和父亲分别。半个世纪之后，我依然要赖，依然想抓住什么留住父亲，依然对上天说："把爸爸留给我吧！留给我吧！"

然而上天没有允许我的强留。

当年小小的我不知道自己为什么留不住爸爸，半个世纪后，我仍然不明白父亲为什么非走不可。当年的我知道他系上腰带就会走，现在的我知道他不思饮食、记忆涣散便也是要走。然而，我却一无长策，眼睁睁看着老迈的他杳然而逝。

二

记忆中，父亲总是带我去田间散步，教我阅读名叫"自然"的这部书。他指给我看螳螂的卵，他带回被寄生蜂下过蛋的蛹。后来有一次，我和五阿姨去散步，3岁的我偏头问阿姨道："你看，菜叶子上都是洞，是怎么来的？"

"虫吃的。"阿姨当时是大学生。

"那虫在哪里？"

阿姨答不上来，我拍手大乐。

"哼，虫变成蛾子飞跑了，你都不知道！"

我对生物的最初惊艳，来自父亲，我为此感激终生。

然而父亲自己蜕化而去的时候，我却痛哭不已。他化蝶远扬，我却总不能相信这种事竟然发生了，那么英武而强壮的父亲，谁把他偷走了？

三

父亲91岁那年，我带他回故乡。距离他上一次回乡，隔了59年。

“你不是‘带’爸爸回去，是‘陪’爸爸回去。”我的朋友纠正我。

“可是，爸爸的情况是真的需要‘带’他回去。”

我们用轮椅把他推上飞机，推入旅馆，推进火车。火车离开南京城后不久，就到了滁州。我起先吓了一跳，“滁州”这个地方好像应该好好待在欧阳修的《醉翁亭记》里，怎么真的有个滁州在这里。我一路问父亲，现在是哪一站了，他一一说给我听，我问他下一站的站名，他也能回答上来。奇怪，平日颠三倒四的父亲，连刚吃过午饭都会旋即忘了又要求母亲开饭的父亲，怎么一到了滁州城附近就如此凡事历历分明起来？

“姑母在哪里？”

“褚兰。”

“外婆呢？”

“宝光寺。”

其他亲戚的居处他也都了如指掌，这是他魂牵梦绕的所在吧？

年轻时的父亲在徐州城里念师范，每次放假回家，便帮忙做农活。想到这里，我心里有了一份踏实，觉得在茫茫大地上，曾有某一块田是父亲亲手料理过的，我因而觉得一份甜蜜安详。

父亲回乡，许多杂务都是一位叫安营的表哥打点的，包括租车和食宿的安排。安营表哥的名字很特别，据说那年有军队过境，在村边安营，表哥就叫了这个名字。

“这位是谁你认识吗？”我问父亲。

“不认识。”

“他就是安营呀！”

“安营？”父亲茫然，“安营怎么这么大了？”

这组简单的对话，一天要说上好几次，然而父亲总是不能承认面前的人就是安营。上一次，父亲回家见他，他才一岁，而今他已是儿孙满堂的60岁老人了。去家离乡59年，父亲的迷糊我不忍心用“老年痴呆”来解释。两天前我在飞机上见父亲读英文报，便指些单词问他，我惊讶于他一一回答正确，奇怪啊，父亲到底记得什么又到底不记得什么呢？

我们到田塍边拜谒祖父母的坟，爸爸忽然说：“我们回家去吧！”

“家？家在哪里？”我故意问他。

“家，家在屏东呀！”

我一惊，这一生不忘老家的人其实是以屏东为家的。屏东，那永恒的阳光的城垣。

家族中走出一位老妇人，是父亲的二堂婶，是所有家人中最老的，93岁了，腰杆笔直，小脚走得踏实快速。她看了父亲一眼，用乡下人简单而大声的语言宣布：“他迂了！”

乡人说的“迂”，就是“老年痴呆”的意思，我的眼泪立刻涌出来，我一直刻意闪避的字眼，这老妇人竟直截了当地道了出来，如此清晰而残忍。

我开始明白“父母在”和“父母健在”是不同的，但我仍依恋不舍。

四

幼小的时候，父亲不断告别我们，及至我17岁读大学，便是我告别他了。我现在才知道，虽然我们共度了半个世纪，我们仍算父女缘薄！这些年，我每次回屏东看他，他总说：“你是有演讲，顺便回来的吗？”

我总“嗯哼”一声带过去。我心里想说的是：爸爸啊，我不是因为要演讲才顺便来看你的，我是因为要看你才顺便答应演讲的啊！然而我不能说，他只容我“顺便”看他，他不要我为他担心。

有一年中秋节，母亲去马来西亚探望妹妹，父亲一人在家，我不放心，特意南下去陪他，他站在玄关处骂起我来：“跟你说不用回来，你怎么又跑回来了？回去的车票买不到怎么办？叫你别回来，不听！”

我有点不知所措，中秋节，我丢下丈夫、孩子来陪他，他反而骂我。但愣了几秒钟后，我忽然明白了，这个铮铮的北方汉子，他受不了柔情，他不能忍受让自己接受爱宠，他只好骂我。于是我笑笑，不理他，且去动手做菜。

父亲对母亲也少见浪漫镜头，但有一次，他把我叫到一边，说："你们姐妹也太不懂事了！你妈快70的人了，她每次去台北，你们就这个要5包凉面，那个要一只盐水鸭，她哪里提得动？"

母亲比父亲小11岁，我们一直都觉得她是年轻的那一个，我们忘记了她也在老。又由于想念屏东眷村老家，每次就想要点美食来解乡愁，只有父亲看到母亲已不堪提携重物。

由于父亲是军人，而我们子女都不是，没有人知道他在他那行算怎样一个人物。连他得过的两枚勋章，我们也弄不清楚相当于多大的战绩。但我读大学时有一次站在公交车上，听几个坐在我前面的军人谈论陆军步兵学校的事，不觉留意。父亲曾任步兵学校的教育长、副校长，有一阵子还代理校长。我听他们说着说着就提到父亲，我的心跳起来，不知他们会说出什么话来。只听一个说："他这人是个好人。"

又一个说："学问也好。"

我心中一时激动不已，能在他人口中认识自己父亲的好，真是幸运。

又有一次，我和丈夫、孩子到鹭鸶潭去玩，晚上便宿在山间。山中有几间茅屋，是一些老兵盖来做生意的，我把身份证拿去登记，老兵便叫了起来："呀，你是张家闲的女儿。副校长是我们的老长官了，副校长道德学问都好。这房钱，不能收了。"

我当然也不想占几个老兵的便宜，几经推让，打了折扣收钱。其实他们不知道，我真正受惠的不是那一点折扣，而是从别人眼中看到的父亲正直崇高的形象。

五

89岁，父亲做白内障手术，打了麻药还没有推入手术室，我找些话跟他说，免得他太快睡着。

"爸爸，杜甫，你知道吗？"

"知道。"

"杜甫的诗你知道吗？"

"杜甫的诗那么多，你说哪一首啊？"

"《兵车行》，'车辚辚'下面是什么？"

"马萧萧。"

"再下面呢？"

"行人弓箭各在腰。耶娘妻子走相送，尘埃不见咸阳桥。牵衣顿足拦道哭，哭声直上干云霄……"

我的泪直滚滚地落下来，不知为什么，透过一千多年前的语言，我们反而狭路相逢。

人间的悲伤，无非是生离和死别，战争是生离和死别的原因，但衰老也是啊！父亲垂老，两目视茫茫，然而，他仍记得那首哀伤的唐诗。父亲一生参与了不少战争，而与衰老的战争却是最最艰辛难支的吧？

我开始和父亲平起平坐谈诗，是在初中阶段。父亲一时显得惊喜万分，对于女儿大到可以跟他谈诗的事几乎不能相信。在那段清贫的日子里，谈诗是有实质好处的，母亲每在此时会烙一张面糊饼，切一碟卤豆干，有时甚至还有一瓶黑松汽水。我们一面吃喝，一面纵论，也只有父亲容得下我当时的胡言吧？

父亲对诗也不算有什么深入研究，他只是熟读《唐诗三百首》而已。我儿时常见他看的那本，扉页已经泛黄，上面还有他手批的文字。成年后，我忍不住偷来藏着，那是他1941年6月在浙江金华买的，封面用牛皮纸包好。父亲走后，我在那层牛皮纸外又包了一层白纸，我只能在千古诗情里寻觅我遍寻不获的父亲。

父亲去时是清晨5时半，终于，所有的管子都被拔掉了，94岁，父亲的脸重归安谧祥和。我把加护病房的窗帘拉开，初日正从灰红的朝霞中腾起，无限庄严。

我有一袋贝壳，是以前旅游时陆续捡的。有一天整理东西，忽然想到它们原是属于海洋的，它们已经暂时陪我一段时光了，一切尘缘总有个了结，于是决定把它们一一放回大海。

而我的父亲呢？父亲也被归回到什么地方去了吗？那曾经剑眉星目的英武男子，如今安在？我所挽留不住的，只能任由永恒取回。而我，我是那因为一度拥有贝壳而聆听了整个海潮音的小孩。

他没有听见，只低头看见那绿底白花的旗袍和椅背上靠着的姜花。这九龙的街头，竟幻成了他童年的那条河，而河里有鱼，水湄有花。

生命中的野姜花

刘墉

每一次见到姜花，甚至只是经过花店，嗅到那隐隐约约、似有似无的香味，就使他想起童年的河，以及关于姜花的往事。

那时候他才刚上小学，喜欢钓鱼的父亲，总在下班吃完晚饭之后，把他往脚踏车前杠的小藤椅上一放，再将鱼篓子和电石灯夹在后座，然后一手把车头，一手执钓竿上路。他们的车子赶在天边最后一抹晚霞消逝之前，穿过东弯西拐的巷弄，再经过一条野草蔓生的小径和竹林。到溪边的时候，月亮常已经隔着烟水，在对面的山头出现了。

父亲每次钓鱼都在同一个位置，左边有着向前伸展的土坡，右边是一片浅滩，再过去是较高的河岸。据说鱼儿最喜欢聚集在这种小水湾的位置，尤其是坡下的那片姜花，一直伸展到水里，更是小鱼滋生的好地方。

不仅在同一个水湾，父亲甚至连坐的地方都是固定的，原因是左右都有钓友，长期下来，每个人自然而然地找到了定点。不用说，那块石头就必定是某人坐的，即使今天那人缺席，别人也不得侵占，因为谁敢说，那人不会在夜里十二点赶来呢?

相信那里的每一个人，都是这样沉迷于钓鱼的，他们彻夜守着钓竿，谈着家乡的往事，即使一条鱼都不上钩，也没有半句怨言。

在大人们聊天的时候，他喜欢一个人四处窜，如果有着亮亮的月色，小沙滩是最好的游处。蓝蓝的月光下，可以看见细细的水波，像是姥姥额上的皱纹，一笑一笑地，向着水边拂来;也有些小鱼在浅水处成群地漂游，只要游到某一个角度，由于月色的反光，就如同一串穿了线的银针，在深蓝的水绸上织过。

当然最美的还是钓到大鱼时，看那鱼出水的样子。每次听到大人们的叫喊，他总是飞奔过去，只见远远钓丝牵处，水面先是有些鼓动，渐渐鼓动向前沸腾，愈发激荡得厉害，突然间“啪”的一响，一尾精雕细琢的银鳞，已经跃水而出，四周也仿佛倏地亮了起来。飞溅的水花，四散的波纹，全因这一尾银鳞的飞腾转动而熠熠生辉。或许就是为了这一刻吧！让大人们死心塌地地守着。

有一次父亲在鱼出水时，把钓竿交到他的手上，他紧紧地抓着，从钓丝那头，传来的是无法言喻的震撼，那是他第一次感觉生命的挣扎，如此强烈与悲情，而那掌握另一族类生命的感觉，又有着如此的悸动和狂喜。父亲每次钓到鱼都放进鱼篓，再将鱼篓半浸在溪水中，寂静的溪边，可以很清楚地听见那鱼挣扎的声音。但是他记得很清楚，有一个从来不带鱼篓的老先生，每次钓到鱼，就去溪边拔一枝姜花，撕下长长的叶片，也不知怎么一搓一绞就成了根绳子，把鱼轻轻松松地串起来。

这时，他会过去将地上的姜花捡起，探到溪水里，把花瓣上的沙土洗干净，并高高地举着拿回父亲身边坐着。他喜欢看那月光下莹洁的花瓣，袅袅柔柔的三个小膜瓣和中间的三个大瓣，透着月光，变成一种软软透明的淡蓝色。大人们都说他是个爱花的男孩子，他们肆情地笑着，大概是说这样的男孩子将来女生喜欢，岂知他心里想的却是：这么美、这么香的姜花，为什么却用它的叶子，做那刺穿鱼鳃的狠事呢？还有一件事，也是他不能理解的，就是用虾子来当鱼饵，大人们总是把电石灯悬在姜花近水的茎上，隔一阵子，拿着小网向水里一抄，往往就能抓到好几只小虾。他们毫不犹豫地用鱼钩穿过虾子的头壳，就在虾子还在奋力挣扎、不断挥动着细小爪子的时候投饵入河，据说这时候因为虾是活的，能引起鱼的注意，所以最容易有大鱼上钩。

每次穿鱼饵的时候，他都会背过脸去，极力不去想这件事情。但是他喜欢蹲在溪边看那电石灯吸引小虾的过程；四周高高的姜花，仿佛成了个小树林，在晚风里叶子摩来摩去，发出沙沙的声响，还有那清芬的花香，使得臭臭的电石味也被掩盖了。他也爱看那姜花宽大的叶子，透着细密的平行脉，有时候叶子破了，卷着，却还是那么美，尤其在灯火的映照下，那绿，竟有些像是梦里的，蒙蒙的，泛着一抹雾白。通常到十点钟，如果父亲的钓兴仍浓，就会把他叫过去抱在怀里先睡。父亲宽阔的胸膛和微微隆起十分柔软的肚子，以及母亲千叮万嘱带去的小毛毯，虽然在野外，却觉得比在家里的床还来得温暖而舒服。他很快就能入梦，但是梦里仍有着大人们不断的讲话声、清脆的鱼铃、冷冷的溪水和那幽幽的醉人的姜花。

第一次在外地看到姜花，是二十六岁那年出差到香港的时候。他采访到一条新闻，赶着送回台北，却在机场里怎么也找不到寄影片的地方，碰巧有位空姐迎面过来，便趋前请教。女孩子十分热心，亲自带他穿出客运大楼，沿着机场的便道，走向货运的地区。匆匆之中，他突然嗅到一种熟悉的香味，不觉驻了足，女孩诧异地回头看他，他笑了，赶紧跟上去："我好像嗅到一股姜花的味道。""那有什么稀奇呢？这里多得很，因为机场就建在水边，你知道吗？姜花最喜欢长在水边了。"她岂晓得，那正是他童年的花。

他顺利地寄出了新闻影片，临别，要了女孩子的电话。不过接下来的几天，都因为采访工作的忙碌而未能拨过去，直到告一段落，才突然想起那女孩说要带他逛逛港九。

当晚突然刮起了狂风，还夹带着豪雨，他依约站在旅馆大厅里等，又猜她八成不可能从九龙赶来，只怕打电话到房间没人接。正焦急，她却出现了，若不是她直直地走过来，他几乎没能认得出。换掉了空中小姐圆顶的帽子和制服，全然不一样了，尤其当她穿着一身绿底白花的旗袍，在大厅柔和的灯光下，竟然是一片童年的水湄。

他们在酒店的顶楼吃晚餐，临着高大斜角的玻璃窗，窗内是大厅中间的婆娑舞影，外籍女歌星的演唱和桌上平静的烛光；窗外则是呼啸的风雨，和香江的万家灯火。

大家都说香江的夜景最美，他想风雨中的应该尤其美，凄迷得有些如梦，那点点灯火对比着风雨，竟有些飘摇乱世而偏安海隅，歌舞升平的感觉。

这不就是真正的香江吗？如果你盯着远处的高楼看，每一扇小窗中都有着一个故事，倏地几盏灯灭了，几盏灯又在同一时间点亮。当你惊觉到有些灯光消逝时，在那千百扇窗间，已认不出是哪几户人家；而当你意识到有些灯蓦地点亮时，又已经无法辨认到底是哪些窗子。于是明明灭灭，每一刻都在换，每一刻都在变。那高楼总还是亮着，只是后来的，已不是先前的。这正是世间的人海，生生死死！

他突然想起已经死去十六年的父亲。有一夜把他搂在怀里，指着对面河岸钓鱼人的点点灯火，在水里颤颤地拉成一条条小光柱，所说的话："几年来，那灯光似乎没变，实际却可能换了人。有两个钓友，总在那儿下竿，前些时先后死了，但是又有后来的补了他们的位置，于是我们也就当他们还活着。人死了，活着的人只当隔了条溪而难得碰面，不就好了吗？"只是每回父亲在深夜跟钓友小饮几杯驱寒的时候，总不忘记洒些酒在溪里："给对面的朋友，先走了的！"那酒浓醇的香气和姜花的香气，融成一种说不出的味道。她把酒斟满，轻轻放在他眼前。

第二天早上，前夜的风雨全过了。他们约好去九龙逛逛，经过香港隧道，她突然提议要为他做午饭吃。车子停在一个菜场的门口，才开车门，他就嗅到一股熟悉的香味，原来是由菜场里一个卖花的担子传来。成把的姜花啊！高高地插在一个水桶里。对于几乎不曾上过菜场，也忙得难进一次花店的他，这景象居然有着几分震撼。

第三天每一朵都是那么白，那是一种他自小就无法了解的白，他曾经试着把花瓣掐破，看看会不会有白色的乳浆流出来，见到的却是透明的汁液，而那被掐破的花瓣也便顿时失去了清香。然则是什么使它白？又是什么使它香呢？他开始了解，莹洁无损的美好，有时竟然会是一种短暂的、假象的存在。

他买了大大一把，卖花的妇人在把花交到他手上时，紧紧地多看了他两眼，似乎不了解这个西装笔挺的年轻人，为什么会买上那么一堆野生的贱花。大概许多人对姜花都有同样的感觉吧！虽然它的花瓣结构像极了兰花，那冷冷的香味又几近于昙花，却只怪它是那么随便，且大片大片地聚生在山边、水湄，既不如兰花的幽奇，又不如昙花的惊心。

如此，也就怪不得没有人把它移回窗前供养，或彻夜守着花开了。当他抱着花转过身，正见女孩汗淋淋地跑回来，手里提着大包小包的菜；才惊觉到，为了那花，竟然忘记了她的存在。

他们走出菜场，看见不远处聚着一群人，原来中间正有个走江湖的耍猴戏，那人拿着小锣敲敲打打，间带着吆喝，猴子居然十分人模人样地应着节拍，做出许多滑稽的动作。"看那猴子多听话！"他说。"我看不见得，否则也就用不着拴着绳子了，还不是怕猴子跑掉。"这时他才注意到，果然那猴子的脖子上套了根细绳，虽然不断地耍把戏，绳子的一端却总在戏猴者的手里。

戏猴的已经白了头发，满脸深深的皱纹，拉着沙哑干破的嗓子，一脸跑江湖的风霜相。只是，在港九，哪里有江？哪里有湖？就算跑，又跑得了多远呢？突然，那老头把手上的锣交到了猴子的手中，猴子立时蹲坐下，居然神气活现地敲打了起来，换成那老人绕场学着猴子原先的模样，又蹦又跳地打转。四周响起如雷的掌声和哄笑。他却愣愣地，想那戏猴者与猴子之间的绳子——是谁在牵呢？就像父亲钓起的鱼，人在钓丝的这一头，鱼在钓丝的那一端，彼此都在挣扎。

自从父亲死后，母亲把渔具全送了人，九岁的他吵着要留下那箱鲜丽羽毛制成的假鱼饵，却换来狠狠一句："你老子就是钓鱼钓死的，整夜坐在那么潮湿的水边，怎么能不生直肠癌？"从此，他便不曾再去父亲钓鱼的水滨，只是此刻隔着胸前抱着的姜花，那拴猴的绳子，竟幻化成父亲的钓丝。

看完猴戏，竟然已经快一点钟，怎么也叫不到一辆计程车，大概此刻司机全去吃午饭了。他们沿街朝着女孩子的住处走。他突然有些饥肠辘辘，才想起早上匆匆出门，居然忘了吃早饭。抬头正看见一家饭馆，想回家还有一大段路，烹调也要费时，便建议在外面吃了，买的菜留待晚上。

他们在餐馆的一角坐下，把姜花放在靠墙的空椅子上，女孩则将提着的菜搁在脚边。姜花的香气随着店里的风扇，迅速地泛滥出去，引来许多好奇的目光，使他竟然有些腼腆不安，而下意识地挪挪椅子，突然脚下的塑胶袋里传来一阵水声和震动。

"那是我在菜场买的活鱼，打算做给你吃的，我的红烧鱼做得很棒呢！"女孩子兴奋地说。

他没有听见，只低头看见那绿底白花的旗袍和椅背上靠着的姜花。这九龙的街头，竟幻成了他童年的那条河，而河里有鱼，水湄有花。

它总是比我们更轻易地抛弃掉不好的记忆，所以总是比我们更多地感受着生命的喜悦。

离春天只有二十公分的雪兔

✽李　娟

我们用模模糊糊的哈萨克语和顾客做生意，顾客们也就模模糊糊地理解，反正最后生意总会做成的。不擅于对方的语言没关系，善于表达就可以了。若表达也不擅于的话就一定得善于想象。而我一开始连想象也不会，卖出去一样东西真是难于爬蜀道。你得给他从货架这头指到那头：“是这个吗？是这个吗？是这个吗？是这个吗……”再从最下面一层指到最上面一层：“是这个吗？是这个吗？是这个吗？是这个吗……”折腾到最后，对方要买的也许只是一毛钱一匣的火柴。

在我看来，我妈总是自以为是地去处理种种交流问题，我敢肯定她在很多方面的理解都是错误的。可是，照她的那些错误的理解去做的事情，做到最后总能变成正确的。我也就不好多说些什么了。

也许只是我把她的理解给理解错了而已，她的理解是正确的，但是她对她的理解的表达不太准确。当然，也许是准确的，只是不适用于我的理解，没法让我理解……呃，都把自己给绕糊涂了。我不是故意要把简单的事情弄得如此复杂……这一切本来就很复杂嘛！大家却如此简单地活着，居然还一直过得很好，什么问题也没有。太奇怪了，实在太奇怪了。

然后说雪兔。

有一个冬天的雪夜，已经很晚了，我们围着火炉安静地干活，偶尔说一些远远的事情。这时门开了，有人裹挟着浓重的寒气和一大股雾流进来了。我们问他干什么来，这个看起来挺老实的人说了半天也没说清楚，于是我们就不理他了，继续干自己的活。他就一个人在那儿苦恼地想了半天，最后终于组织出了比较明确的表述：

“你们，要不要黄羊？”

“黄羊？”

我们吃了一惊。

“对，活的黄羊。”

我们又吃了一惊。

我妈和她的徒弟建华就立刻开始讨论羊买回来后应该圈在什么地方。我还没反应过来，她们已经商量好养在煤棚里。

我大喊：“但是我们养黄羊做什么啊？”

“谁知道，先买回来再说。”

我妈又转身问那个老实人：“你的黄羊最低得卖多少钱？”

“十块钱。”

我们吃了第三惊。黄羊名字里虽说有个“羊”字，其实是像鹿一样美丽的野生动物，体态比羊大多了。

我也立刻支持：“对了！黄羊买回来后，我就到阿汗家要草料去。他家春天欠下的面粉钱一直没还……”

见我们一家人兴奋成这样，那个老实人满意极了，甚至很骄傲的样子。我妈怕他反悔，立刻进柜台取钱，并叮嘱道：“好孩子，你们以后要再有了黄羊嘛，还给我家拿来啊，无论有多少我都要啊！可不要去别人家啊……去了也是白去。这种东西啊，除了我们谁都不会要的……”虽然很丢人，但要是我的话，也会这么假假地交代两句的。便宜谁不会占啊。

给了钱后，我们全家都高高兴兴地跟着他出去牵羊。

门口的雪地上站着个小孩子，怀里鼓鼓的，外套里裹着个东西。

“啊，是小黄羊呀。”

小孩把外套慢慢解开。

“啊，是白黄羊呀……”

……

事情就是这样：那个冬天的雪夜里，我们糊里糊涂用十块钱买回一只野兔子，而要是别人的话，十块钱最少也能买三只。

这就是为什么一开头就拉扯那么多有关理解啊误区啊之类的话。沟通真的是一个很重要的问题啊！

不管怎么说，买都已经买回来了，我们还是挺喜欢这只兔子的。太漂亮了，不愧是十块钱买回来的！比那些三四块钱的兔子们大到哪儿去了，跟个羊羔似的。而且还是活的呢，别人买回来的一般都是冻得硬邦邦的。

更何况它还长着蓝色的眼睛！谁家的兔子是蓝眼睛？（但后来才知道所有的野兔子都是蓝眼睛，家兔才红眼睛……）

这种兔子又叫“雪兔”，它的确像雪一样白，白得发亮，卧在雪里的话一点儿也看不出来。但听说到了天气暖和的时候，它的毛色会渐渐变成土黄色，这样，在戈壁滩上奔跑的时候，就不那么扎眼了。

既然有着这么高明的伪装，为什么还会被抓住？看来它还是弱的呀。那些下套子的家伙实在太可恶了——后来我们一看到兔子后爪上被夹过的惨重伤痕就要骂那个老实人几句。

我们有一个没有顶的铁笼子，就用它反过来把兔子扣在煤棚的角落里。我们每天都跑去看它很多次，它总是安安静静地待在笼子里，永远都在细细地啃那半个冻得硬邦邦的胡萝卜头。我外婆跑得最勤，有时候还会把货架上卖的爆米花偷去拿给它吃，还悄悄地对它说：“兔子兔子，你一个人好可怜啊……”我在外面听见了，鼻子一酸，突然也觉得这兔子真的好可怜。又觉得外婆也好可怜……天气总是那么冷，她只好整天穿得厚厚的、鼓鼓囊囊的，紧紧偎在火炉边，哪儿也不敢去。自从兔子来了以后，她才在商店和煤棚之间走动走动。经常可以看到她在去的路上或回来的路上小心地扶着墙走，遍地冰雪。她有时候会捂着耳朵，有时候会袖着手。

冬天多么漫长。

但是我们家里多好啊，那么暖和，虽然是又黑又脏的煤棚，但总比待在冰天雪地里舒服多了。而且我们又对它那么好，自己吃什么也给它吃什么，很快就把它养得胖胖的、懒懒的，眼珠子越发亮了，幽蓝幽蓝的。这时若有人说“你们家兔子炒了够吃几顿几顿”之类的话，我们一定恨他。

我们真的太喜欢这只兔子了，但又不敢把它放出去让它自由自在地玩，要是它不小心溜走的话，外面那么冷，又没有吃的，它也许会饿死的。也许会再被村子里的人给逮住。反正我们就觉得只有待在我们家才会好好的。

我妈常常从铁笼子的缝隙里伸手进去，慢慢地抚摸它柔顺乖巧的身子。它就轻轻地发抖，深深地把头埋下，埋在两只前爪中间，并把两只长耳朵平平地放了下来。在笼子里它没法躲，哪儿也去不了。但是我们真的没有恶意啊，怎样才能让它明白呢？

日子一天天过去，天气渐渐暖和了许多，虽然每天还是那么冷，但冬天最冷的时刻已经彻底过去了。我们也惊奇地注意到洁白的雪兔身上果真一根一根渐渐露出了灰黄色的毛来！它比我们更迅速、更敏锐地感觉到了春天的来临。

然而就在这样的时节里，突然有一天，这只性格抑郁的兔子终于还是走掉了。

我们全家人真是又难过，又奇怪。

它怎样跑掉的呢？它能跑到哪里去呢？村子里到处都是雪，到处都是人和狗，它能到哪里找吃的？

我们在院子周围细细地搜寻，走了很远都没能发现它。

又过去了很长时间，每天出门时，仍不忘往路边雪堆里四处瞧瞧。

我们还在家门口显眼的地方放了块白菜，希望它看到后能够回家。过了很久，竟然一直都没把那块已经冻得梆硬的白菜收拾掉。

那个铁笼子也一直空空地罩在原处，好像还在等待有一天兔子会再回来——如同它的突然消失一样，再突然从笼子里冒出来。

果然，有一天，它真的又重新出现在笼子里了……

那时候差不多已经过去一个月了吧，我们脱掉了棉衣，一身轻松地干这干那。窗户上蒙的毡子、塑料布什么的统统扯了下来，沉重的棉门帘也收起来卷在床底下，等来年冬天再用。我们还把煤棚好好地拾掇了一下，把塌下来的煤块重新码了码。

就在这时，我们才看到了兔子。

顺便说一下，煤棚的那个铁笼子一直扣在暗处角落里的墙根处，定睛看一会儿才能瞧清楚里面的动静，要是有兔子的话，它雪白的皮毛一定会非常扎眼，一下子就可以看到的。可是，我们从笼子边来来去去了好几天，才慢慢注意到里面似乎有个活物，甚至不知是不是什么死掉的东西。它一动不动地蜷在铁笼子最里面，定睛仔细一看，不是我们的兔子是什么！它原本浑身光洁厚实的皮毛已经给蹭得稀稀拉拉的，身上又潮又脏，眉目不清。

我一向害怕死掉的东西，但还是斗胆伸手进去摸了一下，一把骨头，只差没散开了，不知道还有没有气。看上去这身体也丝毫没有因呼吸而起伏的迹象。我便更加害怕……比起死去的东西，这种将死未死的才更可怕，总觉得就在这样的时刻，它的灵魂最强烈、最怨恨似的。我飞奔着逃离，跑去告诉我妈，她急忙跑来看。

“呀，它怎么又回来了？它怎么回来的？……”

我远远地看着我妈小心地把那个东西——已经失踪了一个月的兔子抱出来，然后用温水触它的嘴，诱它喝下去，又想办法让它把我们早饭时剩下的稀饭慢慢吃了。

至于她具体怎么救活这只雪兔的，我不清楚，实在不敢全程陪同，在旁边看着都发毛……实在不能忍受死亡。尤其是死在自己身边的东西，一定有自己的罪孽在里面……

不过好在后来我们的兔子还是挣扎着活了过来，而且还比之前更壮实了一些。五月份时，它的皮毛完全换成土黄色的了，在院子里高高兴兴地跳来跳去，追着我外婆要吃的。

现在再来说到底怎么回事。

我们用来罩住那只兔子的铁笼子没有底，紧靠着墙根，于是兔子就开始悄悄地在那里打洞。到底是兔子嘛。而煤棚又暗，乱七八糟堆满了破破烂烂的东西，谁知道铁笼子后面黑咕隆咚的地方还有一个洞呢？我们还一直以为兔子是从铁笼子最宽的那道栅栏处挤出去跑掉的呢。

它打的那个洞很窄的，也就手臂粗吧，我把手伸进去探了探，根本探不到头，又持着掏炉子的炉钩伸进去探了探，居然也探不到头！后来，用了更长的一截铁丝捅进去，才大概估算出这个小隧道约有两米多长，沿着隔墙一直向东延伸，已经打到大门口了，恐怕再有二十公分，就可以打出去了……

真是无法想象。当我们围着温暖的饭桌吃饭，当我们结束一天，开始进入梦乡，当我们面对其他的新奇而重新欢乐时……那只兔子，如何孤独地在黑暗冰冷的地底下，忍着饥饿和寒冷，一点一点坚持重复一个动作——通往春天的动作……整整一个月，没有白天也没有黑夜，不知道在这一个月里，它一次又一次独自面对过多少最后时刻……那时，它已经明白生还是不可能的事了，但还是继续在绝境中，在时间的安静和灵魂的安静中，深深感觉着春天一点一滴地来临……整整一个月……有时它也会慢慢爬回笼子里，在那方有限的空间里寻找吃的东西。但是什么也没有，一滴水也没有（唯有墙根蒙着的一层冰霜）。它只好攀着栅栏，啃咬放在铁笼子上的纸箱子（后来我们才发现，那个纸箱底部能被够着的地方全都被吃没了），嚼食滚落进笼子里的煤渣（被发现时，它的嘴脸和牙齿都黑乎乎的）……可我们却什么也不知道……甚至当它已经奄奄一息了好几天后，我们才发现它的存在……

都说兔子胆小，可我所知道的是，兔子其实是勇敢的，它的死亡里没有惊恐的内容。无论是沦陷，是被困，还是逃生，或者饥饿、绝境，直到弥留之际，它始终那么平静淡漠。面对生存命运的改变，它会发抖，会挣扎，但并不是因为害怕，而是因为不能明白发生了什么事。但是兔子所知道的又是些什么呢？万物都在我们的想法之外存在着，沟通似乎绝无可能。怪不得外婆会说：“兔子兔子，你一个人好可怜啊……”

我们生活得也多孤独啊！虽然春天已经来了……当兔子满院子跑着撒欢儿，两只前爪抱着我外婆的鞋子像小狗一样又啃又拽——它好像什么都不记得了！它总是比我们更轻易地抛弃掉不好的记忆，所以总是比我们更多地感受着生命的喜悦。

奶奶是1980年去世的，爷爷1993年去世。中间的这十几年，大部分时间爷爷就坐在家门口的椅子上打瞌睡。

申赋渔

看青

一

由于担心有人或者小动物偷庄稼，小队长请了我爷爷去“看青”。

申村大片的耕地，在半夏河的南岸。干活的人们，每天都要踩着吱呀作响的小木桥过去。一过小木桥，在左手边的河岸上，有一棵高大的刺槐。刺槐的底下搭了一个小草棚，爷爷就住在这个棚子里。因为“看青”的人夜里是要守在地头的。

棚子是我的木匠爷爷自己搭的。他用两排长长的树干，架成了一个“人”字形的骨架，再在上面铺上高粱秆和稻草。棚子里面的泥地上铺着麦秸，软软的，透着一股清香。爷爷比较讲究，所以奶奶又给他在麦秸上铺了一张草席，荞麦枕头也是专门从家里拿来的。

每年春天的时候，草棚边的刺槐树上会开出一串一串白色的花。花是甜的，村里人很喜欢吃。因为树上有刺，采摘很不方便，所以采摘时要在长竹竿的顶端绑一把张着口的大剪刀，夹着花枝子一扭，一串花就落下来了。自家要不了那么多，就分一把给你，分一把给他。把槐花拿回家，在开水里烫一下，立即捞出来，再在冷水里泡一泡，沥干，然后调在蛋液里，放入油锅一炒，一盘槐花鸡蛋就好了；或者加上小葱和盐，和在面粉里，煎成槐花饼，也好吃。

有时候爷爷会亲手采槐花，但不是为了做槐花鸡蛋或者槐花饼。伯父从半夏河里抓到鱼了，用草穿着鳃送过来，鱼还活蹦乱跳。如果正好是刺槐开花的时候，爷爷就采一把回来，做槐花清蒸鱼。

半夏河里有好多鱼，这些鱼都是属于村里的。平时钓上一两条可以，或者钻到水底徒手捉几条也行，但不能用网。撒网捕鱼是个大场面，都是在过年之前进行的。全村人一起出动，热闹地站在半夏河的两岸。河上撑来两条船，几个精壮的小伙子向河里撒下渔网，再沉重地拖上来，一网又一网。船撑到哪里，人群就跟到哪里。网到一条特别大的鱼了，捕鱼的人就双手捧着举过头顶，站在两岸的人会大声喝彩：“好！好！”

捕来的鱼堆在小木桥北岸的晒场上，家家户户拎着篮子过来。鱼是按人头分的，一人两斤。雕匠称鱼，小队长喊到谁家，谁家的人就过来，欢天喜地拎了鱼回去。过年分鱼是传统。大年三十晚上，家家把鱼煮好，可是不能吃，要放着，冻起来，大年初一再端上桌——这叫“年年有余”。大年初一也不能吃鱼，这一天忌荤腥，要吃素——这叫“吃斋”。因为大年初一这一天，神灵都在，这是最庄重的一天，必须“斋戒沐浴”。初一吃素，同时也表明这是“惜生积德”的一家。

从捕捞到大年初一，已经盼了好几天的鱼，到大年初二端出来待客时，才可以真正享用。这一天，姑妈们拎着茶点、礼品回家来拜年。爷爷、奶奶朝南坐在椅子上，等孙子们一个个磕头。磕完头，给每人一个红纸包，里面只有一角钱。可是对那时的孩子们来说，这是一个大数目。

初三、初四、初五，天天有亲戚来拜年。而早先置办的年货，就是给拜年的人准备的。过年这几天，最高兴的是我们这些小孩，有好吃的，还能疯玩。爷爷奶奶也很高兴，一众晚辈天天围着他们，嘘寒问暖，送吃食、送烟酒、送他们最拿得出手的礼物。往往这个时候，爷爷会拿出他的权威，命令道："来，给我捶个背。"小孩子们一哄而上，在他的背上乱打。他就哈哈大笑："行了，行了。林儿妈，给小伢儿拿吃的。"

"林儿"是我大伯的小名，"林儿妈"是我奶奶。奶奶答应一声，就从厨房端了山芋糕、糍粑、花生糖等好吃的过来。所有这些好吃的，都是奶奶做的。小孩子们并不敢立即伸手拿，要等爷爷拿一块，放在嘴里尝过了，点点头说："不错，吃吧。"这时我们才会把手伸出来，看着奶奶在每个人的手心里放一块。吃完了，还可以再要。

村里面的妈妈们，也会在过年这几天来我家，说是拜年，其实是想让爷爷"看青"的时候，不要太严厉。爷爷对每一位都是客客气气的，但是不送她们出门，都是奶奶一个一个把她们送到院子外面。

"看青"这件事，爷爷也才做了一年。当时，他正因为什么事跟奶奶赌气，正好小队长找人"看青"，他就去了，这样便可以不住在家里。算是一个老人的"离家出走"。他去"看青"之后，庄稼没有大的损失。村里人都很满意，他自己得到了更多的尊重，也高兴，虽然与奶奶早已和好，但还是继续住在野地里。

二

小满过后，爷爷把大槐树底下的棚子收拾好，背着铺盖住了过去。我和奶奶每天晚上去给他送饭。奶奶迈着小脚，拎着一只竹篮子，里面是一盘菜、一碗饭、一把长嘴的白瓷茶壶和一只茶盏。我抱着一个竹壳的热水瓶，走在她的旁边。家里的小黄狗也跟着过来了，一会儿跑到前面，一会儿跑到后面。

我们到了，如果爷爷不在，到地里巡视去了，我们就在桥头坐下来等。小黄狗则"呼"的一声跑没影了，它去找爷爷了。

奶奶把碗盘茶盏从竹篮里拿出来，摆在桥板上，然后从长嘴的白瓷茶壶里倒出一盏茶。茶还没凉，小黄狗回来了，对着我们直摇尾巴。这时候，就听到爷爷轻轻咳嗽一声，不紧不慢地从庄稼地里走了出来。我朝他大喊："爷爷，今天有红辣椒。奶奶说要辣你，你怕不怕？"

爷爷边说"好，好"，边走过来用手拍拍我的头，然后靠着桥上的栏杆坐下来。他要先喝一盏茶，喝完了，看着河水定一定神，才拿起筷子吃饭。他吃饭很仔细，很认真，碗里从来不剩一粒饭。

吃好了，奶奶把碗筷拿到桥下的河里洗。洗碗的时候奶奶抬头问爷爷："不曾有事吧？"爷爷掏出他的水烟壶，应道："不曾有事。倒是有个人，我咳了一声就走了。""不曾打照面吧？""不曾打照面。我走远了才咳的，不会难为情。"

一般从田地里顺手牵羊，捞点粮食回家的，都是妈妈们。她们知道爷爷就在附近，也知道爷爷看得到她们，所以她们下手并不过分。只要不过分，爷爷就不会过去。实在有不自觉的人，爷爷才会在远处咳一声，提醒她离开。

爷爷吧嗒吧嗒地吸着水烟，烟壶上的火星在他的呼吸间，一明一灭。这在夏夜的河上是十分协调的。河面上到处都是萤火虫，一层薄薄的雾贴着水面流动着，使得萤火虫的闪烁一会儿迷蒙一会儿清晰。黑暗里，虫鸣如潮水般涌起，又骤然停下，像是有人拿着指挥棒在指挥。我们有一句没一句地扯着闲话，等到爷爷烟吸好了，茶也喝好了，他带着小黄狗去田地里走一走，我就随着奶奶回家了。

我10岁的时候，奶奶去世了。奶奶去世后，就埋在半夏河北岸的一块坟地里，离爷爷"看青"的那个小棚子不远，隔着河，斜斜地对着。奶奶去世的时候，村里的田地刚刚分到各家各户，再也不需要"看青"了。可是爷爷不让把那个棚子拆掉，他还要住在那里。伯父和父亲怎么劝都没有用。

父亲先是请了雕匠去说，爷爷不听。又请了剃头匠去说，爷爷还是不听。这两个人是跟爷爷最要好的，他们说不通，就真没办法了。

伯父带了工具，想把槐树底下的小棚子修理得结实些，爷爷不看他，搬了一个凳子，坐在大槐树底下看半夏河的水。

我一放学，就去看爷爷，喊他一声，他抬起头，应一声，然后又专心地用小刀和凿子雕刻手上一个扁扁的盒子。

在我们老家，一个人去世之后，他的名字会被写在一块细细长长的小木牌上，再在这个木牌下面加一个小小的木头座子，让它立着。这叫“木主”，也叫“牌位”。牌位放在每家堂屋里的香案上，逢年过节，或者亡人忌日时，都要烧香祭拜。家里最重要的物件就是这个牌位。如果要搬家，什么都可以扔下，唯有牌位一定要带着。没有牌位，跟去世的亲人就真正割断联系了。

爷爷雕刻的，是罩着奶奶牌位的一个木盒子。我从来没有见过任何一家的牌位上罩这么一个盒子，最多就是在上面扎一小块红布。爷爷是想把奶奶的牌位装扮得更堂皇、更珍贵些。

三

奶奶去世后，爷爷不再吃早饭，午饭也不按时吃。他不定什么时候就会来到伯父家或者我家，伯母和母亲，当时无论在做什么，看到他回家了，便会立即停下手里的活计，给他做饭。他则静静地在桌子旁边的椅子上坐着。伯母和母亲常常是给他下一碗面条、炒两个鸡蛋，这样最快。

每天晚上都是我给爷爷送饭。爷爷吃过饭，自己到河边去洗碗筷，洗好了，递给我，然后就在槐树底下的凳子上坐着。小黄狗缩在他的脚边，一动不动。他既不喝茶，也不抽烟，原先那套讲究的仪式完全没有了。我陪他坐了一会儿，他起身，说：“回吧。”我们一起过小木桥，我往家走，他拐弯往西，沿着半夏河的北岸往奶奶坟地的方向走去。

他每天晚上都要到奶奶的坟地那边转一圈儿。奶奶的坟离河岸有几十米，在许多坟的中间，没有路通过去。爷爷每次只是沿着河岸走过去，走到坟地附近，站一站，看一眼，就又折回他的小草棚了。

那年冬天很冷，过了小寒，一连下了好几天的雪，雪积得厚厚的，都不好走路了。

爷爷的草棚在大槐树底下，离大槐树不远，就是小木桥。过了小木桥到半夏河的北岸，往前走上几十米，左手边是一排房子。那是村里的猪舍——养猪、养牛的地方，有五大间草房，结结实实，有屋顶，有墙。养牛的篾匠一个人住在这里。分田到户了，照理这个猪舍要拆掉，老黄牛也要卖掉。篾匠舍不得，到处求人，大家就说算了，还让他住在这里，一牛一人为伴。

小木桥上积满了雪，篾匠烤了几只山芋拿过来送给爷爷。爷爷躺在被子里，没有起床。篾匠掀开门帘子喊：“木匠，木匠。”

爷爷轻轻答应了一声。篾匠走到他旁边，蹲下来，用手在他头上一摸，额头滚烫。

篾匠赶紧回村子喊我伯父。伯父跟伯母正在门口铲雪，把铁锹一扔，急急忙忙往小木桥跑。

伯父帮爷爷穿好衣服，伯母扶着，让他趴在伯父的背上。伯父把爷爷背回村，送到我们家。爷爷的房间在我家，他以前一直跟着我们过。父亲在学校里上课，有人给他捎了信，他连忙请了看病的荷先生，陪着一起回家。

荷先生给爷爷开了几副中药。妈妈在厨房的角落里侧着竖起两块砖头，在上面放一个陶盆，给爷爷熬药。过了十多天，爷爷的重感冒才好。伯父和父亲也早已把他的棚子拆掉了。

爷爷走到半夏河的岸边，看了看对面孤零零的大槐树，叹了口气，不再提要住过去的话。

奶奶是1980年去世的，爷爷1993年去世。中间的这十几年，大部分时间爷爷就坐在家门口的椅子上打瞌睡。

1993年，我在珠海。

高中毕业之后，我就到外地打工去了。我离开家的那天，天还没有大亮，爷爷也还没有起床。前一天，爷爷一直坐在槐树底下的椅子上，双手握着拐杖上的龙头，下巴搁在手背上打着瞌睡，蝉的叫声由远而近连成一片。这是我最后见到的爷爷的样子。

篱下

萧乾

他已把一只脚迈出门槛了，但看到妈愁苦的脸，又唤回适才那悲哀来。城市多寂寥啊，听不见一声牛叫，听不见一句田歌，总是哇呀哇呀的人声。

住姨家和住姥姥家有什么不同呢？姥姥死了，当然只好住姨家。环哥认为妈路上的嘱咐是多余的。他蹦着闹着，小耳朵就没听进那句辛酸话：“咱日子这下可苦了。你放规矩点儿就算心疼妈啦！”

妈和爸吵嘴，甚而动手，村儿里谁没听惯了。爸爸半年不在家，回来当然得吵一阵嘴的。吵了嘴后，环哥照例应享有一次随了妈到新鲜地方的旅行。一向总是去姥姥家。姥姥家离村儿十来里。总是镇上秃王的牲口驮去的。姥姥家龛上供着小小铜菩萨。可是，去年姥姥跟菩萨走了。不然，今天那白头发老太太又该拄了九连环拐杖迎出来了。

环哥的爸由那大地方回来的第二天就和妈吵了。吵着吵着啪嚓一声，一只粗碗向妈头上砸去。妈忙用胳膊搪开。妈的头发勒在爸的手里如一束胡麻，爸打起妈来。妈哭。环哥夹在中间跺着小脚也哭，吓得卧在薯秧垛上的狗也叫了起来。还是村儿里的长工把爸搀了出去。妈就伏在土炕沿上，委屈地抽噎着，间或骂着：“没良心的男人。”

到黑，爸回来了。拿着一张托人写就的红帖子，逼妈画押。闹腾了一夜哪。天亮，环哥就由熟睡中被拖下炕来。一条褥套和一只柳条箱都系在秃王的牲口的背上了。环哥记得快出房门时，爸挥着镰刀瞪着眼问他：“兔崽子，跟她还是跟我？”环哥往妈怀里一扑，登时一个尖尖硬硬的指头就由脑后戳来：“给我滚，连老带小的。打官司我不在乎！反正你他妈的画押了。滚，滚你臭娘家的蛋。”

路上秃王问：“三嫂，三哥在京里的事不挺有油水吗？”妈咽着泪水，任那松松软软的驴背把身子揉得前俯后仰，默默无言。直到出了村儿，秃王才勒住缰绳问：“老太太是过去了，咱们这回该奔哪儿呢？”妈用干干的嘴唇说：“驮我到城里北门，投奔我妹妹家去吧。”

于是，过了张家庄，环哥就看见高粱穗上露出一座破旧的城门楼。“上城里去哩！”环哥乐得直颤着身子。那畜生感到背上的担负起了变动，长长的耳朵即刻竖了起来。妈忙抱住环哥，咬着牙床说：“你个没心的烧猪！”

把带来的那份小行李安放在才腾出的一间厢房后，妈就开始呜咽着跟姨数落起来。姨口口声声地说：“离了倒好。可不能就这么离！”

这时，姨家表弟进来了。一个推了学士头，白嫩，腼腆，丝毫没有村野气的体面书生。两天来不息的呜咽声已把环哥的耳朵哭钝了。经过大人的引见后，环哥就跑去和体面的同伴亲昵起来。努了努嘴，趁那老姊妹密谈的时候，两个人便溜了出去。

直到晚饭时分两个才转了来。四只泥污的手伸给两个愁苦着的母亲看。环哥笑嘻嘻地还直夸这里护城河的泥鳅大，讥笑着表弟多么胆子小呢，姨父早把眼睛瞪圆了，要打表弟。姨忙在那正颜厉色的男人臂上搪了一把，转过头来叫他们洗了手换好了衣服再来吃。

天不早了，环哥的小肚子噜噜噜地响了起来，他饿得恨不得这时有一大柴锅冒蒸气的玉米给他啃，但姨家的锅是在另一间叫作厨房的屋子里。摆在眼前的是盘碗碟筷，整齐地排在罩了白布的方桌上。当大人们正谦让上下座的当儿，环哥已爽快地把自己那小身躯安置在桌子方便的一角。冷不防妈把他拖了下来，恶狠狠地瞪他两眼。“妈变样儿了！”环哥心里奇怪着。

姨父嘴唇上有黑压压的那么两撇，怪不得人家说城里吃衙门饭的老爷们都留胡子呢。环哥听姨父用极客气、极有礼貌的样子劝妈放心，说：“地方有的是，都是一家人。”对这和善的男人，妈仿佛倒要哭了出来。环哥顾不得这许多，只用小手握住那红漆筷子，就把塞在喉咙间的米粒顺溜溜地滑进小肚囊里去，并不时地伸长胳膊，扯着小脖子，用筷子遥遥地捕捉一片颜色别致的菜。这时，和善的姨父把大大的一块肉夹进他碗里去，跟着妈狠狠地瞪了他一眼。

晚上，在姨给妈送来一件城里人穿的褂子走了后，妈气冲冲地指着环哥的鼻尖说：“给我丢人来啦！”

睡在一张木床上哩。姨家的什么都讲究——比姥姥家强多了。环哥躺在那张木床上，晃着小脑袋，想着姨家堂屋条案上那玻璃盆景，花花绿绿的。瓶里还插有大大荷叶托着的纸莲花。他翻过身来问：“妈，妈，姨家八仙桌上响着的是什么呀？”焦急着的妈听到这琐碎的话自然会生气的，就推了他一掌：“小鬼，睡吧。烧猪！”

环哥挨了妈的搡，就赌气用被角把头蒙了起来。他算计着在这黑暗严密的角落里做梦一定不会遭到妈妈干预了。他就闭上眼想：姨家的门口还有三层台阶呢！台阶下成天过着车呀马的。哪像家里：出门就黑压压一片绿庄稼，要不就一片死寂寂的坟堆子。姨家院里还养了肥胖的龙睛鱼哪！姨家房檐底下有燕窝，老燕儿不时地咕叽咕叽地叮咛着小燕儿。还有呢，姨家表弟会唱学堂里的曲儿。表妹穿的是有花纹儿的皮鞋……

天一亮，妈就坐在床沿裹脚，还给环哥盖被呢。这孩子正闭了眼睛温习着小脑袋里所贮藏的一些新鲜事物哪，经妈一盖，就索性踢开被子，坐了起来。

“睡吧，环哥！”妈低声说。

“妈，妈，姨家后院那棵枣树结的是长的还是圆的？比咱……”

“你管哪！可不准在这儿撒野。这不比咱家。这儿是城里，又是别人家。瞧，你昨儿个把表弟胡带，惹祸啦！”

“去河边玩玩算啥？妈，你平常还让我去窑坑里摸螃蟹呢！”

“要命鬼！这不比平常啦。这是别人家！”

“不比平常”“别人家”，环哥似乎听懂了而又不真懂。横竖，若在家里，这时鸡就该叫了。环哥躺不住。他要看那肥胖的龙睛鱼去。他要起来。

“给我睡下，小鬼。”

“干吗，平常这时我不已经该去拾粪了吗？”

“又说平常！这是城里。人家还没起呢，你不能胡闹！”

环哥一定要爬起来。他睡不住了。那柔软的棉被像是生了刺，老扎着他那粗皮肉。他的后脖颈没有练成和枕头摩擦的功夫，照例是一醒来就得爬起的，他哪睡得下去。

但妈死命地按住他，直到他答应起来也不出房门。

系好了鞋带，可就不能不下地了。哪里闲得住呢！环哥在房里揉着眼睛，转了转，对妈说：“妈，我要去撒尿。”这回妈真没法子拴住他。环哥把妈那无可奈何的眼色解释作应允了，咚的一声就把门推开。等到妈跑向门边想嘱咐他什么时，孩子已牵了裤腰，奔向庭院中央那用细砖垫高起来的鱼缸去了。

上房里有了一声沉闷的咳嗽。环哥回过头来看，门严严地被秦琼把守着，仅有的那块通亮的玻璃窗也还用花花的布遮了起来。看了这死闷劲儿，环哥吐了口唾沫，像是说：“懒骨头，起来吧，这儿多凉爽！”

又是一声带些黏痰的咳嗽，跟着是都市小孩才醒时的一声慵懒、娇气的咦咦声。环哥不屑地扯开了裤带，对准一株花——在他，那也是菜园子里的货——撒起尿来。

他还悠闲地仰了头，看看游动着的晨云会不会凑起一阵雨来呢，上房里却有了声音：“这是谁呀！”

环哥的妈听到了，赶紧跑出房门把他扯回房来，咬牙切齿地说：“丢人啊，这不是田里！”

环哥懊丧地低了头。真倒霉，大清早的！

这晦气直到吃早粥时看到了表妹梳好的圆滚滚的辫子才消掉。看到那缠了红绒头绳的辫梢，环哥不知道该怎样逗逗这女孩才好。

吃过早粥，表弟挟了书包去念“人之初，狗咬猪”去了。环哥问妈“有啥活儿干啊”，意思是该背起柳筐拾粪去呢，还是拿了镰刀去割草。可是，这是城里，城里的人是只念书的。连妈想找事做还没有头绪呢。就说：“小兔崽子，你给我乖乖儿地在房里待着就是干活儿了。”

这，环哥哪儿成，一个爬惯了树钻惯了高粱地的孩子！一转眼，他就丢下纳鞋底子的妈，溜出房去了。

一出房门，就见到梳了黑漆漆、圆滚滚辫子的表妹蹲下两条小腿，低着腰，在花丛里拾些什么。环哥赶紧跑了过去。看到那小手正捡花丛下细碎的小黑花籽，就也帮起忙来。小姑娘告诉他是夜里风吹下来的茉莉籽。环哥不在意这些。种子他见到的多了：红豆、茄子、芝麻，什么的都看见过。这算啥，不稀罕。他不过是要陪陪小表妹就是了。果然，不一会儿表妹就和他熟得环哥长环哥短地叫了起来。

环哥和谁一熟，就得先试试他。意思是：就得逗逗他，看他到底急不急。他帮表妹拾完花籽，就说：“该叫我掐两朵给我妈了！”表妹摇起头来。环哥居心逗她嘛，就索性把顶大的一朵掐了下来。登时，小姑娘就忘掉了适才的友谊，哭了起来。呜咽着，嘟囔着“这是我们的家，这是我们的家”，走进厢房来。她揉着辫梢，噘着小嘴告状说，“你们的环哥”怎样怎样的“缺德”。

妈听了多扎心哪。明知道这小官司不必再分她已碎的心了，而且，她哪有心去戴那抢得已碎成八瓣的花！但为了告状人的身份，她只好用手拍拍外甥女抽搐着的小肩膀，腾出另一只手来，再在亲生的肉上拧两下。

疼啊，环哥一向对付身体上折磨的办法是一阵巨大而无泪的号啕（这也许是他由村儿里驴子那学来的）。当前，虽然是在别人家，他也不肯收住自己的嗓门。

于是，午饭的时候，姨父好心地劝妈还是别打孩子。

没有了同伴，环哥后悔起来。悔不该招惹经不住逗的表妹。如今，她被监在房里，握了一管细毛刷子画起横竖的红道子来了。环哥用忏悔的心伏在窗口，守着那一个个红的字都被那刷子严严实实地涂黑了。她挺着辫子，一点儿也不回头。环哥腿都立酸了，就怅然地走下阶来。

阶前正蠕动着一簇黑乌乌的蚂蚁。他即刻蹲了下来，用涎水淹那正在向同一方向前进着的蚂蚁。看那些纤细的小腿一着涎沫即失了动弹能力的可怜，他出神地笑。笑着笑着石阶上一阵皮鞋声传来。他忙抬起了头，却是那一丝笑容也不带的姨父的脸。

“积点儿德！唾沫多脏啊！”

“唾沫哪儿脏啊！”环哥心想：你那痰才脏呢。

“站起来吧！”姨父很少遇到敢和他顶嘴的人。他的妻子，他的儿女都是他的服从者。“今儿早晨谁在院里小便？”

“小便？我倒撒了泡尿。”环哥顽皮地笑着。

“哼，拐过角去就是茅房。以后别再——”

听到这番责问的妈，赶忙走了出来。先问问妹夫是去衙门吗，接着承认这孩子不懂规矩，然后才转过头来，悻悻地说：“环哥，你——你给我立刻进房里去。”

环哥擦着鞋跟，不甘心地踱回房去。

“这下你可好了。姨父不让我打你，你就放手闹开啦。鬼，我哪辈子欠下你家的债，受你们老的小的欺负。叫我在娘家妹妹家也躲不安。要命啊，我一死你就好了——”环哥的妈数落着哭了起来。几日的委屈，由于她这孩子一时的不体贴，都勾引出来了。她坐在床沿上，呜呜地哭。

环哥乖了。他呆呆地倚着床沿，开始感到这次出游的悲哀。他意识着寂寞了。热恋了两天的城市生活，这时他小心坎懂得了“狭窄”“阴沉”是它的特质。妈以为他老实了呢，他却在想着家里那条体己的黄狗。他想着黄昏的高粱怎样一仰一俯地向他点首，豌豆地里爬了多少勇敢苗条的螳螂。他想着二秃子快积足了的一百单八将洋烟画片。他想起杜家的大棕驴要下小驴儿了，杜家的猫又快要生养了，还答应给环哥一只小猫呢。他想起这场雨秋瓜要完了，梁家园的枣快熟了吧，该约谁扛了小竹竿去偷呢。

想到枣，环哥凑近窗口，对着那山屋脊背后伸出来的枣树出神。看到那挂满了红绿果实的树枝，他下意识地感到家乡味来。一个由田间原野来的孩子看了那颜色，即刻就体会到身体该如何动作才能攀到那果实最繁多处。

他已把一只脚迈出门槛了，但看到妈愁苦的脸，又唤回适才那悲哀来。城市多寂寥啊，听不见一声牛叫，听不见一句田歌，总是哇呀哇呀的人声。直等到好久好久，才有了一阵敲门声。

表弟下学了。这是他唯一的同伴，还不曾吵过架的。这书生的背影是太大的诱惑了。他发誓不再惹恼他。他要好好地留着这同伴。

鬼鬼祟祟地，又给他混出房门了。

"干吗玩儿呢？"这被老师监了一天的白面书生忘掉了昨天的事，趁爸不在家，就又贪玩起来。

于是，环哥问："你会打辘轳吗，那圆滚滚，噜噜噜的玩意儿？"

"不会。"

"你会撅甜棒儿吗？"

"不知道说的是什么。"

环哥一抬头，高兴起来了，两只粗手抓着表弟文弱的肩膀问："你会爬树吗？"

"不会。"

"来。"环哥牵了表弟的袖头往后院走。"我爬给你看。"

表弟羞怯怯地倚在院门。这不是他常来的地方。

"你待在底下。我去打，你捡。"环哥盘了双臂熟练地嘱咐着。

"不，不。我爸爸不准动这树。他留八月节雇人打下来，送衙门上司的礼。"书生记起年年张老爷一口袋，赵老爷一蒲包地送，留在家里的只有两饽饽盒子，而且是小个儿的。

"干吗雇人打呢，真是饭桶！来吧。瞧——"环哥朝拳头吹了口气，便把一只脚蹬定那枣树的一块疤痕，双手一抱，就离开地面了，吓得立在地面上的同伴直嚷留神。

"算什么！这白玩儿！"说着，环哥敏捷地调换了三脚两脚，小小身子已隐在果实累累的树枝里了。随后运用了小身躯所有的气力在那树枝上蹦跳，立时树叶如暴雨般刷刷地摩擦了起来。长圆的枣，满红的，半红的，甚而青青的，都如雹子似的噼里啪啦地坠到墙根下，坠到熟菊花茎下，坠到表弟脖子上了。立时，羞怯的孩子也为这阵枣雨兴奋起来，乐得屈下腰去，选红的向兜里揣。

树杈上的环哥也忙爬了下来，用更捷敏的眼光选拾地上的果实。

环哥一边脆脆地嚼着，一边骄傲地说："这，这不算什么！我们家里的树比这两棵还壮。结的圆枣有这么大——"说着环哥用两个手指圈成一个大大的圆环。

"你爸让你上树吗？"表弟关切环哥在家中的自由。

"我爸有半年多不在家了，"环哥夸耀地说，"我爸在北平有大事情。北平是顶大顶大的地方。比这儿还阔多了。北平有一千辆一万辆车。什么都有——"忽然，环哥记起昨晚妈嘱咐过的话来。

"别瞎吹，你没有爸爸的"。

"你敢说！你才没有呢！"

"我昨儿晚上听我妈和我爸说——"

"说什么？"

"说你爸不要你们了！"

"放屁！"环哥挽起袖子来了。

"还说，说你爸是个该死的东西。丢下了大姨，在北平娶了一个顶坏顶坏的女人。"

"你瞎说我揍你！"环哥一把就抓着表弟的领子，啪的一声，环哥的手掌落在那细嫩的皮肉上，随着是表弟的哭声。

环哥丢下领口被扯破的表弟，丢下那些"臭"枣，狼狈地走出院门，和慌忙奔来的姨母撞了个满怀，就一直逃回厢房去。

看了环哥身上的泥迹，妈着起急来了。

"又造什么孽了，小鬼！"

"妈，"环哥噙着热泪扑到妈怀里，"爸不要咱们了吗？"

环哥委屈地学说了一遍刚才的事，问："妈，妈，顶坏顶坏的女人是谁？是偷咱鸡的张大妈，还是赵家那不讲理的丫头？"

妈只托着腮，由窗口望着飘在暮色里的炊烟，茫然地摇头。

晚上，姨到房里和妈说呀说呀说到半夜。环哥蜷在被窝里酣睡了。朦胧中，他只听姨说了许多声："姐姐，只怨我拿不了你妹夫的主。"

等环哥醒来，那只柳条箱又已捆好立在门口了。姨父微笑着走进来，摸着下巴，用极温善又礼貌的语调说："地方有的是。都是自家人。干吗这么忙着走？"

环哥用赞同的眼色瞅着妈，但妈却用勉强的微笑朝这温善的人摇着头。

愿相随

我想和你一起生活

我度量时间的方式不是三餐四季，
不是昼夜交替，而是是否和你在一起。

我度量时间的方式不是三餐四季，
不是昼夜交替，而是是否和你在一起。

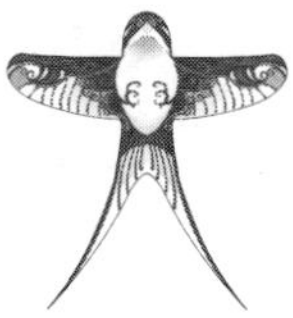

我的世界，不同少爷的世界；
少爷的世界，又不同小姐的世界。
我的世界很浅很薄，但是我满足；
小姐的世界很广很宽，她很快乐；
少爷的世界太阴沉了，深不见底，
我也弄不清楚他到底是高兴抑或不满意。

少爷

亦舒

那一年夏天，我记得婆婆来“借人”。婆婆并不是真的婆婆，全村的人都这么叫她，她又住在我们隔壁，于是我们也叫她婆婆。

妈妈不肯让她借我。

妈妈说：“她都快嫁人了，飞机票都定好了，还出城去做什么，说不定又见些不应当见的东西。像王家的阿英，出城一次，如今还穿什么迷你裙。婆婆，你找别人去吧。”

婆婆说：“这么急，你叫我去哪里找？不过是帮几个礼拜，收拾点家务，难道玉桂不肯去？我那东家，是极好的，不然我怎么一做就十八年？如今他们大少爷要回来了，我一个人忙不过来，人家要找一个清爽的孩子，待遇绝不会差的，包在我身上。我知道玉桂要嫁人，这又不误事,算是帮我一个忙吧。"

妈妈很为难,"她又没做过这种事……"

"是。"婆婆抢着说,"但只是家里平常事儿,难道也干不了?帮我一个忙。"

妈妈说:"你这老货,真拿你没办法,玉桂,你说如何?"

婆婆人很好,照说帮她这个忙是应该的。她主人家忽然多添一个人,工作自然吃不消,又有酬劳,于是我点点头。

婆婆笑了,"好孩子!"

在船上,我看着海上的风景,正逢炎暑,大家都热得熬不住,婆婆也解了领口取凉。她问我:"嫁到外国去,你放心?"

我笑笑。其实伯父伯母都移民十多年了,我嫁的是表哥,虽然多年未见,却还记得他是个头等老实的孩子。以前老是护着我,不让其他的顽童欺侮我,如今照片也见过,他并没有变,帮着伯父伯母开了一间中国餐馆,去了,也可以回来,我有什么不放心的?

我觉得有点尴尬,便把话题扯开了去。

婆婆说:"我那家东主,姓赵,一位小姐,一位少爷,少爷自幼送到外国读书,两年回来一次。今年暑假,恰巧他回来,本来也没什么,偏偏他家小姐订婚,忙这忙那,应付不过来,天天客人多,我成天钻在厨房里,连倒茶的空当也没有。你去了,不过是做做这种事,重活另有人来干,放心好了。晚上跟我睡,我那房间收拾得很干净,又有电视机。"

我还是点着头,在家等着嫁人,多难为情,不如出来见见世面。

赵家住在半山,虽不是洋房,却是很豪华的住宅,我们乘电梯上去的。婆婆开了大门,先让我见了赵太太,太太倒是很和蔼可亲,吩咐我打扫,抹灰尘,换一换花,或是买点水果、点心,收拾房间之类的工作,我静静地听着。

赵小姐斜斜躺在沙发上,正在涂指甲油呢,一边竖着十指尖尖的手,一边笑着跟她母亲说话。我从没见过这么好看的女子,约莫廿四五岁,穿一条极短的短裤,一件毛巾衫,那脸上的明媚,是很难得的。

婆婆很忙,连忙准备起晚饭来,忽然说少了葱,没办法蒸鱼,连声嚷死。我笑:"哪里就死了呢,我去替你买。"

婆婆说:"你不晓得,这里半山,菜市场在山下,绕石阶下去,来回都半小时,怎么好叫你走?"

我说:"没关系的,我走一次好了。"

婆婆说:"既然去了,再买点水果,无论什么,越多越好。"她一边把钱塞给我,一边吩咐着。

我出了大门,向山下走去。婆婆年纪大了,自然要走半小时,我廿分钟就回转来了。回到赵宅,客厅一个人也没有,我依婆婆嘱咐,把水果放在玻璃盘内,只见饭桌上放着一副筷子。

我愕住了,不是说很忙,客人很多吗?怎么只有一个人吃饭?

婆婆解释:"本来有人请吃饭,一家子都要去的,少爷说不要见人,不肯去,所以独自在家,他爱吃鱼,所以非蒸鱼不可。这位少爷,每次回来,脾气都怪了一点,饭后你给他泡一杯茶,就没事了,看看有什么要收拾的,就收拾收拾。"

我点点头,这份差使倒也容易。

摆上了饭菜,少爷自露台进来,向婆婆道谢,看了我一眼,我立在他身后,他吃完饭,我伸手去接碗。他说:"我自己会盛饭,你别站我后面,我吃饭叫人看着,还怎么吃呢?你走开。"

我吓老大一跳,不知道是什么意思,只好退到婆婆房里去看电视。看来婆婆做这份工也不简单,多多少少受人气,由此可知吃人家一口饭,终究是难的。

婆婆问:"他不准你替他盛饭?"

我说:"是。"

"他跟太太说'最看不惯是家里请用人,难道人家不是人?谁没手没脚呢?偏偏要人侍候,看妹妹,连床铺都不理了,像什么样子',这位少爷,是个怪人。"

我微笑:"原来是这样呀。"

第二天清早,我收拾了客厅,安排早点,待他们一家出去了,又收拾房间,婆婆下去买菜。你别说,琐琐碎碎地干起来,也很多事。我在少爷床边见到两双脏皮鞋，便趁着空当，替他拿到后面去擦。

才在太阳下面干着，就有人问："你在做什么？"声音很不高兴。

我抬头，是少爷，他怎么找到这里来了？

"少爷，你等鞋穿？"我急问。

"你干吗替我擦鞋？"他蹲下来，拿了布，自己抹了起来。

"我是来帮工的。"我说。

"你服侍小姐去。"他看我一眼，"别管我。"

我僵在那里，不知道说什么才好。

他又看我一眼，"你几岁了？"

"十八。"我只好答。

"不念书，跑出来做工干什么？快跟你父母说去，要读书，人不读书是没有用的。"

婆婆提着菜篮回来了，听见这话，就笑，"少爷，你真是，玉桂就快嫁人了，女孩子，念什么书？"

少爷白婆婆一眼，"我小时候看你，倒很好，如今年纪大了，反而糟得很，什么话都不能说了。"

婆婆放下菜篮，坐在小凳上说："少爷，我是看着你长大的，你每次回来，总不高兴，害得太太老爷担心，干吗不听听他们话呢？留在家中，娶房媳妇——"

"得了得了！"少爷说，"你懂什么？也帮着说这些。"

婆婆笑，"我不懂，难道老爷也不懂？"

"他也不懂！"少爷霍地站起来。

他瞪我一眼，"你站在太阳底下干什么？昨天为了一根葱，奔了半日还不够？"

我真呆住了，没见过这样的人呢。

婆婆把他推出去，"你去干你的正经事，难道你又不是在太阳底下，你别理咱们下人的事！"

"下人。"他喃喃地说，"谁是上人？"

这少爷，真是怪怪的，长得清秀，怎么这种脾性。

又过一天，小姐带了几个女朋友回来，那相貌那装扮，真正花团锦簇，我看女明星也未必有这么美呢，看样子是特地为少爷来的。但是少爷独自待在录音机边，用耳机听着音乐，四大皆空，和尚似的。

忽然少爷向我招招手，我走过去，他把杯子给我，说："麻烦你，替我泡个茶，要昨天那龙井，你泡得好。"

我点点头。

"谢谢你。"

我刚说不用，他已把耳机又套上了。我只好替他泡茶。

婆婆做了七个人吃的饭菜，一大群女孩子嘻嘻哈哈拥上来就吃，个个小姐似的，一动也不动，等着我们侍候。这一顿饭，我与婆婆走得脚底都磨薄了——一会儿要毛巾，一会儿要橘子水，一个要可乐，一个问有没有葡萄酒。虽然是个热闹的场面，但是弄得杯盘狼藉，我与婆婆看了只好摇摇头，慢慢地收拾。她们退到书房去吃水果了，只有少爷一人，还在听音乐，他根本没有吃饭，只喝着我泡的那杯茶。

没多久小姐出来说："小妹，你给我们泡一壶咖啡，要热的，可是不要滚，快点！"

少爷忽然摘了耳机，向着他妹妹喝道："你自己不会弄？你的手断了？"

小姐一怔，我傻在那里，也忘了收拾碗筷。

小姐说："大哥，你发什么神经？回来就找我的碴儿，我吩咐用人做事，你当着这么多人面嚷嚷什么？我哪里得罪你了？"

"我看不惯你们那些好吃懒做的德性，一会儿全给我出去！看着这些女的，烦都烦死了！"

我连忙躲到厨房去做咖啡，吓得半死，他们两兄妹犹自在客厅吵闹，等我捧着咖啡出去的时候，小姐与那群女朋友，已经全走了。

婆婆看我一眼，"不喝了，收拾了吧。"

我莫名其妙，只好闷声不响地又把杯子、瓶子、壶子拿回厨房，这一家人真怪，叫我们怎么做好呢？

我用湿布抹桌子，婆婆又在劝少爷了。婆婆因在赵家做久了，说话很有一点分量，少爷也不出声。

婆婆说："妹妹是妹妹，都要嫁了，她是掌上明珠，千金小姐，自幼惯了的。她又不知道咖啡放哪儿，你把她轰出去，这可也是她的家啊。"

少爷说："让她们出去喝个够，带了群脂粉妖怪来，真受不了，借故赶走她们也好。"

婆婆说："那都是给你介绍的对象。"

"要命了！"少爷忽然笑了起来，那笑脸是很漂亮的。

婆婆转头说："玉桂！别发呆，去煮碗面给少爷，他还没吃饭呢。"

我应了一声。没想到少爷跟了进厨房，自己弄了起来，倒头头是道，我与婆婆只有看的份儿。

少爷说："掌上明珠，嘿！谁不是谁父母的掌上明珠，有几个钱，就可以吆五喝六了？"

他一边说着，一边把青菜虾仁放在面中，一下子弄好了香喷喷的面，捧出去吃了。

婆婆说："少爷是真好，老爷也一样，据说老爷白手起家，开了一家小小的厂，与太太熬到今日的。少爷事事亲力亲为，品格好，相貌好，学问好，真正难得的一个男孩子，谁要是嫁了他，福气。"

我笑了。是的，这位少爷，与众不同。其实小姐也不算过分，不过少爷实在太好了。

每天他不是看书就是写字，穿一件旧的白色布衫，一条洗得发白的牛仔裤，一双拖鞋。他很少上街，要不就听音乐，不吸烟不喝酒，除了跟他妹妹抬杠之外，一点不良嗜好也没有。

一日在家闲坐，他帮我们包饺子，婆婆赶他不走。

他说："暑假过后，回去包给同学吃！"他用手擦擦鼻子，很得意的样子，鼻子上沾了面粉还不知道。

婆婆说："老爷太太见了，我这份差使就丢了。"

我默默地笑。

他看我一眼，"你总不说话。"

"我？"我一怔。

"是！你呀，穿着唐装短衫裤，头发短短齐齐，一眼看上去，真像廿多卅年前的打扮，仿佛不是现代的人，是以前的人，闯到这里来了，一定不惯吧。"

婆婆说："少爷说的话，我们听不懂。"

"玉桂，你懂吗？"他问我。

我说："少爷说我是个过了时的人。"

他笑了，"还少爷少爷的，真过时了，我倒问你，你念书念到几时？"

"满中二。"我说，"不过是乡间中学，作不得准的。"

他笑，"真对不起，我又走了眼了。"

婆婆瞪他，"你以为乡下人都不识字，好欺侮？"

"我可没欺侮你，婆婆。"少爷说。

"说出来可别脸红，十五年前我第一天上工，拿橡皮筋弹我的是谁？"婆婆笑。

少爷红了脸，包的饺子益发歪七扭八了。

婆婆一手拍开他的手，"少爷，别玩了，一会儿等着吃吧！都叫你弄坏了。"

他洗了手，还在厨房坐着。他说："婆婆，这次回来，只觉你还可以谈谈话，其他的人，益发乏味了。"

婆婆说："少爷，你娶了老婆，组织个小家庭，精神有了寄托，就不会这么慌慌张张了。"

少爷白她一眼，又是那句老话，"你懂什么！"

婆婆也气了，"你再说这话，我告诉太太去！"

他笑了。

我转过身子，也笑。

婆婆差我去买姜花，他要开车送我去。

我连忙摆手不敢答应，他没好气了，说："我在外国，还给店铺送汽水呢！又不是没做过这些工作，将来你嫁了去做老板娘，说不定我还来讨假期工做，那时候，又怎么说？"

我的脸红得像火烧似的。

婆婆摇头说："这孩子越发疯了，跟他去吧，他们自外国回来的人，另有一套，没上没下，什么都不理的，没奈何。"

我于是跟他下楼取车，坐上他的车，我看看自己，像什么呢？身为乡下妹，也就像个乡下妹，穿着短衫裤，一双最老式的皮鞋。我的世界，不同少爷的世界；少爷的世界，又不同小姐的世界。我的世界很浅很薄，但是我满足；小姐的世界很广很宽，她很快乐；少爷的世界太阴沉了，深不见底，我也弄不清楚他到底是高兴抑或不满意。

照理说他做人好像是十全十美了，简直没有遗憾，应该是很开心的。读书读得这么多，地方又走得远，见识广……为什么他还是看不过眼许多事呢？

车子向山下驶去。

他说："你不说话，为什么？"

"我也不知道说什么才好。"我说，"我不会说话，怕说错了，你见怪。”

“谁不说错几句话？真是！”他说，“你年纪还小，这么谨慎，有什么好？”

“少爷你年纪也不大，怎么一直训人啊？”我鼓起勇气说。

他笑了，“嫁到外国去，你情愿啊？”

我点点头，“是我表哥，每个人都问这个问题，为什么呢？”

“这不是盲婚吗？”他笑问。

“盲婚？”我涨红了脸，“怎么会呢？我是见过他的。”

“没有了解的婚姻，都是盲婚。”他说。

“什么叫了解？”我糊涂地问。

“你知道他想什么，他也知道你想什么。”他说。

车子已经停了下来，市场已经到了，但是我还是傻傻地说：“少爷，为什么我要知道他在想什么呢？有什么好处呢？他自想他的事，我为什么要管他呢？我不要了解他。”

他忽然呆住了，一手把着车门，一动也不动，大热的太阳晒在他头上，他汗淌下来，然而浑然不觉，他就那么站着一动不动。

我急了，这次可说错话了，可是说错了什么呢？

少爷忽然说：“玉桂，咱们回去了。”

我急说：“买花呢，来到这，不买就回去了？”

“不买了，走。回家有话跟你说，咱们说话要紧。”

他上车，我也只好上车，他飞车到了家，婆婆见我俩空手回去，也不敢问，只是一脸惊讶。少爷吩咐她做两杯冰冻柠檬茶，然后他把我叫到露台上，叫我坐下。

我看着少爷，不知道他要跟我说什么话。他是大学生，我是他家帮工的，有什么话可说？

婆婆捧来了茶，放下，稀奇地看了我们一眼，走开了。

少爷用手帕抹了抹汗，他说：“玉桂，我想问你几个问题，你听了就回答我，不要想太久，好不好？”

我怀疑地问：“是什么啊？是我答不出的吗？”

他笑了：“不，不是。”

“你有什么不懂的？”我很纳闷地看着他。婆婆说他有点怪怪的，我看不只怪呢。

他问我：“你爱你未婚夫吗？”

我松口气，原来问这些，虽然很难为情，但少爷是个正经人，绝不会讨我便宜。“现在还不知道，如果见了面，他是值得爱的，当然爱他。”

少爷问：“可是你一去就嫁他了，你怎么知道他是不是一个值得爱的人？如果错了，岂非太迟了？”

我摇头，“错不了的，我父母说他好。”

“你信你父母？”

我诧异，“不信父母，信谁？”

他又不响，隔了很久，他问：“父母能力有限，你信不信上帝？”

我笑，摇头，“信上帝的人不外想上天国，因为地狱可怕，我从不想那么远的事。做完了人，就做完了，人人都会做完的，哪怕得了那么多，不如不想，多想也没用。少爷，我没念过什么书，我是不大想的，我只要有饭吃，有衣穿，就很高兴。我觉得妈妈把我嫁出去，很好，若不嫁时，在家帮工，也很好。对我来说，少爷，没有不好的事。”

他看了我很久，然后低下头，问我：“你觉得活着有意思吗？”

我耐心地答：“少爷，咱们已经活了这些年了，再没意思，也活了。没死，总得活下去啊，活着跟有没有意思，有什么关系呢？”

“唉！玉桂！”他倒在藤椅子上。

我慌忙站起来。

只见他躺在藤椅上大笑，“唉！我弄明白了，总算弄明白了，多谢玉桂，多谢玉桂！”

我不知他谢我什么，见他笑就好，我就没得罪他。

后来老爷太太小姐回来了，大家就吃晚饭，我忙着帮婆婆做菜，一身的汗。没多久，小姐的未婚夫也来了，长得真漂亮，我跟婆婆说：“这间屋子里进进出出的年轻男女比画报里的明星好看得多呢。”

婆婆说：“长得太好了，也未必是什么美事，小姐那夫君，也很浮，你看久了就知道，小姐将来未必幸福。我看最好是少爷，没有一处不好，就是那股傻劲，也是难得的，我在他们家做了这么些年，他对我，真是好，倒是我，有时候反来教训他几句。这次他走了，又不知几时回来，他是越来越不耐烦待在家里了。”

我笑说：“婆婆，上菜吧，别说了。”

这天以后，少爷说他不久要离开家，到很远的地方去，要带我到处走一走。婆婆不反对，我也不反对。我很喜欢与少爷接近，与他说话、讲笑，都是很有趣味的。老爷太太也不说什么。小姐投来活泼的一眼，她以她一贯的娇憨说：“其实哥哥最坏，最坏的人是看不出来的。”

少爷带我到浅水湾山顶去。

我虽然也住在香港，却没去过这些地方。

我仍穿着我的唐装衫裤。有些人看我，有些人不看我，有些外国游客问我是什么地方买的，他们也想要。

少爷说：“我从来没见过像你这么自然纯朴的人，玉桂。”

我笑答：“这不过是换句话，说我土罢了。”

他不出声，只是微微笑着，他说：“你是个有大聪明的人。”

我说：“少爷，开什么玩笑。”

因为他是这么和蔼可亲，所以渐渐我说话无拘无束起来，他说了很多事给我听，说一个物体最小是原子，原子要还有电子、中子和质子，我只好听着。

后来他问：“你去了外国干什么？”

我答：“在他们家的餐馆帮工。”

少爷想了一想说：“唉，大概不会用得到原子问题。”他停了一停，“大概什么都用不到呢，你看婆婆，十年前我问她：‘婆婆，你晓得水为什么会滚？’婆婆瞪我一眼说：‘放在火上煮，当然就滚了！傻子。’”

我笑了，说：“但婆婆是一个好人，这一点也不影响她。”

“是呀。你高兴吗？走得累不累？”

“还好，不累。”

“只有你，听我的话，从来不腻，我妹妹说我是个痴子。”少爷含笑说。

我笑笑。我不相信。那些漂亮的小姐们，如果他肯对她们说话，我相信她们也一定非常耐心地听，只是他不说罢了，有时候我真想知道：将来少爷娶的，会是个什么样的太太？

少爷的假期到了，他开始收拾行李。我帮着他。

他问我：“玉桂，将来你会不会想起我？”

我点点头。

“为什么想起我？”他问。

“因为你与别人不一样，因为你对我很好。”我说。

他也点点头。

老爷太太买下很多东西给他带过去，都得很小心地收拾。

他又说：“玉桂，将来你结婚生子，儿女叫什么名字？”

“我不知道呢。”我笑说，很不好意思。

“我写两个名字给你，如果你家里不反对，就用这两个名字。”他在纸上写了四个大字。

我看了一眼，一个名字叫凤仪，女孩子的；另一个叫龙现，男孩子的。

我笑了。

“笑什么？”他问。

“我的孩子，将来又不做皇后、皇帝，取这种名字做什么？”我笑道。

他叹口气，“说你聪明，原是不错！”

少爷走了。

他走没几天，我也走了。伯父伯母他们催我走的。

到了那边，我与表哥结婚，表哥人很好，我们的小家庭很开心。餐馆的生意也不错，生活清苦一点，但是我很能适应新环境。

没过几年，就添了两个孩子，一男一女，并没用少爷给的名字，名字是孩子祖父取的，叫明儿与英儿。可是不知道为什么，我总是想起那一年婆婆来借人的事。那位少爷，真是个不可多得的人物，我常常想：他结了婚没呢？他的妻子，是不是完美如他呢？

我想再隔三十年，我还是会在路上把他认出来的，他是那么的一个好人。这少爷。

遇见

拉丽萨·普罗斯库林娜

她四处旅行，也并不缺乏异性的关注，但终究未能成家。后来就仅仅是活着，不再幻想，不再等待奇迹，不再期望幸福来敲门。

地铁猛地停住了。

她没来得及抓住扶手。如果不是被人扶住，她就摔倒了。她回过头，要感谢及时出手相助的人，但看到的却是一张熟悉的面孔。她心头一颤，感觉这张脸似曾相识。

在拥挤的车厢里，他们目光相交。他微笑着点头，她微笑着回应。她确定自己认错人了，再也不朝他那边看……到站后，她下了车，从容地四处张望，不再想刚才发生的事，心里盘算着明天要做什么，就回家了。

每天都是如此。

晚上，她在凉台的茶几上铺好桌布，把茶杯斟满，就在那里静静地坐着，听绿叶簌簌，听细雨潇潇，忘却了早已凉掉的茶。习惯了悠然的生活节奏，她自己也像杯中的茶一样失去了温度。活着，不以物喜，不以己悲。

今晚有些不同往常。她忽然想来一杯咖啡，浓浓的，用咖啡壶精心煮制的，让咖啡的香气弥漫整个凉台。

她呷了一口茶，走进花园。暖湿的夜晚，久居花园的夜莺在动听地鸣唱，仿佛要把她从多年的噩梦中叫醒。

她也曾经爱过、幸福过，后来他参军了，就如同所有十七八岁的男孩子。他写信，她回信。他经常来信，后来有一天，来信忽然中断了。她等待着，可是再也没有收到一封信，她鼓足勇气去了他家。

这之后她追悔莫及，眼泪是徒劳的。他妈妈如此解释："他爱上别人了，很快就会有孩子……"

她不记得当时说了什么。回到家，她把自己锁在房间里哭了很久，不理会家人的敲门声。

很快，他的父母搬走了。她依然在盼他的来信，盼他来解释为何如此。她依然不能相信这种无情的背叛。重阅以往的信件，她始终无法释怀，为什么青梅竹马的恋人会移情别恋?

她终究没有等到他的来信，也不知道他后来怎样了，但会永远记得他。之后一年内，她的父母相继去世，她变得更加孤独。她刻苦学习，全身心投入事业。她觉得一切都还在前方，她肯定会遇见命中注定的那个他，但是时光荏苒，直到有一天，在地铁车厢里有人给她让座……

她的生命就像落日一般，本该是正当空的红日却逼近了地平线，只需一刻，便是黄昏。

清晨伴着屋顶的雨声到来。她想起今天是周六，无须出行。她走到门前的台阶上，呼吸着花园里潮湿的新鲜空气，然后进屋做早餐。这个下雨的早晨，连花园里的鸟啼也有些不寻常，她忽然想歌唱，想变得更漂亮。久久被遗忘的喜悦感并没有变淡，反而使人不安。谜底很简单——她在想着昨天地铁上遇见的那个男人。

她吃着早餐，一边怨恨着自己过于木讷，不会与男人交往，一边打算出去散散心。

下雨天，微风轻拂着湿漉漉的树叶。她走得很慢，因为心中若有所思，简单的散步也显得别有意味。不时有邻居和她打招呼，她微笑着回应他们。

今天她散步的时间比以往要长。她贪婪地呼吸着混合着杂草清香的空气，思考着自己的生活。当然，许多事情都不如人意，但是应该承认，生活并没有抛弃她。她四处旅行，也并不缺乏异性的关注，但终究未能成家。后来就仅仅是活着，不再幻想，不再等待奇迹，不再期望幸福来敲门。

散步归来，门前站着一对年轻男女。他们想在夏天租用她的别墅。她觉得男子的样子非常熟悉，像是来自她遥远的年轻时代——他现在就站在这里，看着她。简单的问候之后，她不失时机地问了他父亲的名字。听到答案之后，她跌坐在门旁的长椅上——腿软了。

她一反常态，生硬地答复他们："不租。"但随即补充了一句，"谁让你们来的？"

话一出口，她意识到了自己的无礼，又问道："就你们俩吗？有孩子吗？"

感受到了她的敌意，年轻男子有些局促，但还是礼貌地回答："有个儿子，才一岁半。还有我父亲——他是个残疾人。"

"残疾人？他怎么了？"

年轻男子有些激动地说："阿富汗战争……在坎大哈负伤了，弹片留在身体里。医生不敢动手术。"

"那你母亲在哪儿？"

"去世很久了。"

她不说话了，年轻男子还在讲述："父母在战场相识，母亲为了救父亲踩中地雷，被炸断了脚骨。"

风不停地吹动纷乱的枝叶，年轻男子的话像从很远的地方飘来："按照父亲的意愿，当年他们就结婚了，而母亲已经完全绝望。她不适合生育，却坚持生下我，不久就去世了。"

"你父亲后来再婚了吗？"

"没有。我从小和爷爷奶奶在一起，而父亲经常住院。听说父亲有过未婚妻，父亲非常爱她。她以前就住在这一带。"

她艰难地忍住即将夺眶而出的泪水，几乎哽咽着问道："你爷爷奶奶还好吗？"

年轻男子无奈地苦笑了一下："如果他们还活着，我们也没有必要找个临时住所了。"

她在心里对眼前这个孤苦伶仃的年轻男子陡然生出些许柔情。她故意不看他，严肃地说："我可以把厢房租给你们，就在花园另一头。过去看看合不合适？"

年轻男子显然没料到会有这样的转机，甚至因为终于找到住处而高兴得脸色微红："谢谢您！不然我们还要继续奔波辗转，无处安身。我们这就把父亲和儿子叫过来。"

这时她才发现，离大门十米远的地方站着一个老人和一个孩子。她的心脏几乎停止跳动了。她大声招呼他们："喂，别站在那儿了，过来看看房子吧。"他们走过来了，老人一瘸一拐地领着小孩。

小孩仰脸看着她，伸出手，奶声奶气地喊道："奶奶，奶奶……"

"我还没做过母亲，就直接成了奶奶。"她如此想着，抓住了孩子的手。她抬起头，透过满眼的泪水，看到了很久以前抛弃她的人。

谁是她孤独的源泉？谁让她铭记一生，爱恋一生？

她看着他，认出了他就是昨天在地铁上遇见的那个人。

金蔷薇

✿康·帕乌斯托夫斯基

生所未赐予的，而死却给补偿了。

以前，沙梅听过很多当兵的说谎话，但是他自己从来没说过。并不是因为他不会说谎，只不过是没有这种需要。而现在他认为使苏珊娜快活是他的神圣的职务。

沙梅把小姑娘带到了里昂，当面把她交给了一位皱着黄嘴唇的高个子妇人——苏珊娜的姑母。这位老妇人满身缀着黑玻璃珠子，好像马戏班子里的一条蛇。

小姑娘一看见她，就紧紧地挨着沙梅，抓住了他的褪了色的军大衣。

“不要紧！”沙梅低声地说，轻轻地推了一下苏珊娜的肩膀。“我们当兵的也不挑拣连里的长官。忍着吧，絮姬，女战士！”

沙梅走了。他好几次回头张望这幢寂寞的屋子的窗户，连风都不来吹动这里的窗幔。在窄狭的街道上，能听见小店里的倥偬的时钟报时声。在沙梅的军用背囊里，藏着絮姬的纪念品——她辫子上的一条蓝色的揉皱了的发带。鬼知道为什么，这条发带有那么一股幽香，好像在紫罗兰的篮子里放了很久似的。

墨西哥的热病摧毁了沙梅的健康。军队也没给他什么军衔，就把他遣散了。以一个普普通通的大兵身份，去过老百姓的生活了。

多少年在同样贫困中过去了。沙梅尝试过各种卑微的职业。最后，成了一个巴黎的清洁工。从那时起，灰尘和污水的气味，总没离开过他。甚至从塞纳河飘过来的微风中，从街心花园中衣衫整洁的老太婆们兜售的含露的花束里,他都嗅到了这种气味。

日子溶成为黄色的沉滓。但是有的时候在沙梅的心灵里,在这些沉滓中,浮现出一片轻飘的蔷薇色的云——苏珊娜的一件旧衣服。这件衣服曾有一股春天的清新气息,也仿佛在紫罗兰的篮子里放了很久似的。

苏珊娜,她在哪儿呢? 她怎么了? 他知道她现在已经是一个成年的姑娘了,而她父亲已经负伤死了。

沙梅总想要到里昂去看看苏珊娜。但每次他都延期了,直到最后他明白已经错过了时机,苏姗娜完全把他忘记了。

每逢他想起了他们临别时的情景,他总骂自己是笨猪。本来应该亲亲小姑娘,而他却把她往母夜叉那边一推说:"忍着吧,苏珊娜,女战士!"

大家都知道清洁工是在夜深人静的时候工作。这有两个原因:首先是因为由紧张而并不是常常有益的人类活动所产生的垃圾,总是在一天的末尾才积聚起来,其次是巴黎人的视觉和嗅觉是不许冒犯的。夜阑人静的时候,除了老鼠之外,差不多没有人会看到清洁工的工作。

沙梅已惯于夜间的工作,甚至爱上了一天里的这个时辰。尤其是当曙光懒洋洋地冲破巴黎上空的时候。塞纳河上弥漫着朝雾,但它从来也没越出过桥栏。

有一次,在这样雾蒙蒙的黎明里,沙梅由荣誉军人桥上经过,看见了一个年轻的女人,穿着淡紫色镶黑花边的外衫。她站在栏杆旁边,凝望着塞纳河。

沙梅停下了步子,脱下了尘封的帽子说道:"夫人,这个时候,塞纳河的河水是非常凉的。还是让我送您回家去吧。"

"我现在没有家了,"女人很快地回答说,同时朝着沙梅转过脸来。

帽子从沙梅的手里掉下来了。

"絮娅!"他绝望而兴奋地说。"絮娅,女战士!我的小姑娘!我到底看到你了!你恐怕忘记我了吧。我是约翰·埃尔奈斯特·沙梅,第二十七殖民军的战士,是我把你带到里昂那位讨厌的姑母家里去的。你变得多么漂亮了啊!你的头发梳得多好呀!可我这个勤务兵一点也不会梳!"

"约翰!"这个女人突然尖叫一声,扑到沙梅身上,抱住了他的脖子,放声大哭。"约翰,您还和那个时候一样善良。我全都记得!"

"咦,说傻话!"沙梅喃喃地说。"我的善良对谁有什么好处?你怎么了,我的孩子?"

沙梅把苏珊娜拉到自己身旁,做了在里昂没敢做的事——抚着、吻着她那华丽的头发。但他马上又退到一边,生怕苏珊娜闻到他衣服上的鼠臊味。但苏珊娜挨在他的肩上更紧了。

"你怎么了,小姑娘?"沙梅不知所措地又重复了一遍。

苏珊娜没回答。她已经止不住痛哭。沙梅明白了,暂时什么也不要问她。

"我,"他急急忙忙地说道,"在碉堡那边有一个住的地方。离这里有些儿路。屋子里,当然,全是空的,什么也没有。然而可以烧烧水,在床上睡睡觉。你在那儿可以洗洗脸休息休息。总之,随你愿意住多久。"

苏珊娜在沙梅那里住了五天。这五天巴黎的上空升起了一个不平凡的太阳。所有的建筑物,甚至最古旧、煤熏黑了的,每座花园,甚至沙梅的小巢,都像珠宝似的在这个太阳的照耀下灿烂发光。

谁没体味过因浓睡着的年轻女人的隐约可闻的气息而感到的激动,那他就不懂得什么叫温柔。她的双唇,比湿润的花瓣更鲜艳,她的睫毛因缀着夜来的眼泪而晶莹。

是的，苏珊娜所发生的一切，不出沙梅所料。她的情人，一个年轻的演员，变了心。但苏珊娜住在沙梅这里的五天时间，已经足够使他们重归于好了。

沙梅也参与了这件事。他不得不把苏珊娜的信送给这位演员，同时，当他想要塞给沙梅几个苏作茶钱的时候，他又不得不教训了这个懒洋洋的花花公子要懂得礼貌。

不久，这个演员便坐着马车接苏珊娜来了。而且一切都应有尽有：花束，亲吻，含泪的笑，悔恨和不大自然的轻松愉快。

当年轻的人们临走的时候，苏珊娜是那样匆忙，她跳上了马车，连和沙梅道别都忘记了。但她马上觉察出来，红了脸，负疚地向他伸出手来。

“你既然照你的兴趣选择了生活，”沙梅最后对她埋怨地说，“那就祝你幸福。”

“我还什么都不知道，”苏珊娜回答说，突然眼眶里闪着泪光。

“你别激动，我的小娃娃，”年轻的演员不满意地拉长声音说，同时又重复道：“我的迷人的小娃娃。”

“假如有人送给我一朵金蔷薇就好了！”苏珊娜叹息说。“那便一定会幸福的。我记得你在船上讲的故事，约翰。”

“谁知道呢！”沙梅回答说。“可是不管怎样，送给你金蔷薇的不会是这位先生。请原谅，我是个当兵的。我不喜欢这种绣花枕。”

年轻人互相看了一眼。演员耸了耸肩膀。马车向前开动了。

通常，沙梅把一天从手工艺作坊扫出来的垃圾统统扔掉。但是在这次跟苏珊娜相遇之后，他便不再把那从首饰作坊扫出来的垃圾扔掉了。他开始把这里的尘土悄悄地收到一起，装到口袋里，带到他的草房里来。邻居们认为这个清洁工“疯了”。很少有人知道，在这种尘土里有一些金屑，因为首饰匠们工作的时候，总要锉掉少许金子的。

沙梅决定把首饰作坊的尘土里的金子筛出来，然后把这些金子铸成一块小金锭，用这块金锭，为了使苏珊娜幸福，打成一朵小小的金蔷薇。说不定像母亲跟他说过的，它可以使许多普通的人幸福。谁知道呢！他决定在这朵金蔷薇没做成之前，不和苏珊娜见面。

这件事沙梅对谁也没说过。他怕当局和警察。狗腿子们什么事想不到呢。他们会说他是小偷，把他关到牢里去，没收他的金子。怎么说也罢，金子本来是别人的。

沙梅在没入伍之前，曾经在村子里给教区神甫当过雇工，所以他懂得怎样筛簸谷子。这些知识现在用得着了。他想起了怎样簸谷子，沉甸甸的谷粒怎样落到地上，而轻的尘土怎样随风远扬。

沙梅做了一个小筛机，每天深夜，他就在院子里把首饰作坊的尘土簸来簸去。在没有看到凹槽里隐约闪现出来的金色粉末之前，他总是焦灼不安。

不少日月逝去了，金屑已经积到可以铸成一小块金锭。但沙梅还迟迟不敢把它送给首饰匠去打成蔷薇。

他并不是没有钱——要是把这块金锭的三分之一作手工费，任何一个首饰匠都会收下这件活计，而且会很满意的。

问题并不在这里。跟苏珊娜见面的时辰一天比一天近了。但从某一个时候起，沙梅却开始惧怕这个日子。

他想把那久已赶到心灵深处去了的全部温柔，只献给她，只献给絮姬。可是谁需要一个形容憔悴的怪物的温柔呢！沙梅早就看出来，所有碰上他的人，唯一的愿望便是赶快离开他，赶快忘记他那张干瘪的灰色的脸、松弛的皮肤和刺人的目光。

在他的草房里有一片破镜子。偶尔沙梅也照一下，但他总是发出痛苦的骂声，立刻把它扔到一边去。最好还是不看自己——这个蠢笨的、拖着两条风湿的腿蹒跚着的丑东西。

当蔷薇终于做成了的时候，沙梅才听说絮姬在一年前，已经从巴黎到美国去了，人家说，这一去永不再回来了。连一个能够把她的住址告诉沙梅的人都没有。

在最初的一刹那，沙梅甚至感到了轻松。但随后他那指望跟苏珊娜温柔而轻快地相见的全部希望，不知怎么变成了一片锈铁。这片刺人的碎片，梗在沙梅的胸中，在心的旁边，于是他祷告上帝，让这块锈铁快点刺进这颗羸弱的心里去：让它永远停止跳动。

沙梅不再去打扫作坊了。他在自己的草房里躺了好几天，面对着墙。他沉默着，只有一次，脸上露出一点笑容，他立刻拿旧上衣的一只袖子把自己眼睛捂住了。但谁也没看见。邻居们甚至都没到沙梅这里来——家家都有要操心的事。

守望着沙梅的只有那个上了年纪的首饰匠一个人，就是他，用金锭打成了一朵非常精致的蔷薇，花的旁边，在一条细枝上，还有一个小小的、尖尖的花蕾。

首饰匠常常来看沙梅，但没给他带过药来。他认为这是无益的。

果然，沙梅在一次首饰匠来探望他的时候，悄悄地死去了。首饰匠抬起了清洁工的头，从灰色的枕头下，拿出来用蓝色的揉皱了的发带包着的金蔷薇，然后掩上嘎吱作响的门扉，不慌不忙地走了。发带上有一股老鼠的气味。

晚秋时节。晚风和闪烁的灯火，摇曳着苍茫的暮色。首饰匠想起了沙梅的面孔在死后是怎样改变了。它变得严峻而静穆。首饰匠甚至觉得这张面孔的痛楚，是非常好看的。

“生所未赐予的，而死却给补偿了。”好转这种无聊念头的首饰匠想到这里，便粗浊地叹息了一声。

首饰匠很快就把这朵金蔷薇卖给了一位不修边幅的文学家；依首饰匠看来，这位文学家并不是那么富裕，有资格买这样贵重的东西。

显然，首饰匠给这位文学家叙述的金蔷薇的历史，在这次交易中起了决定性的作用。

我们感谢这位年老的文学家，多亏他的杂记，有些人才知道从前第二十七殖民军的兵士约翰·埃尔奈斯特·沙梅一生中的这段悲惨的经历。

顺便提一提，这位老文学家在他的杂记中这样写道：

“每一个刹那，每一个偶然投来的字眼和流盼，每一个深邃的或者戏谑的思想，人类心灵的每一个细微的跳动，同样，还有白杨的飞絮，或映在静夜水塘中的一点星光——都是金粉的微粒。

“我们，文学工作者，用几十年的时间来寻觅它们——这些无数的细沙，不知不觉地给自己收集着，熔成合金，然后再用这种合金来锻成自己的金蔷薇——中篇小说、长篇小说或长诗。

“沙梅的金蔷薇，让我觉得有几分像我们的创作活动。奇怪的是，没有一个人花过劳力去探索过，是怎样从这些珍贵的尘土中，产生出移山倒海般的文学的洪流来的。

“但是，恰如这个老清洁工的金蔷薇是为了预祝苏珊娜幸福而做的一样，我们的作品是为了预祝大地的美丽，为幸福、欢乐、自由而战斗的号召，人类心胸的开阔以及理智的力量战胜黑暗，如同永世不没的太阳一般光辉灿烂。”

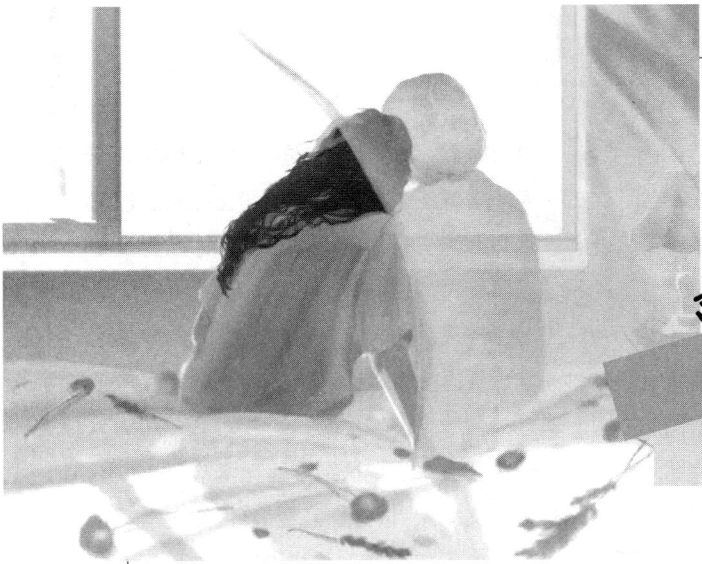

假如世界上真有所谓不朽的爱，这也就是极限了。

爱，是不能忘记的

张 洁

一

我和乔林相处将近两年了，可直到现在我还摸不透他那缄默的习惯到底是因为不爱讲话，还是因为讲不出来什么。逢到我起意要对他来点智力测验，一定逼着他说出对某事或某物的看法时，他也只能说出托儿所里常用的那种词汇——“好”或“不好”，就这么两档，再也不能换换别的花样儿了。

当我问起“乔林，你为什么爱我”的时候，他认真地思索了好一阵子。对他来说，那段时间实在够长了。凭着他那宽阔的额头上难得出现的皱纹，我知道，他那美丽的脑壳里面的组织细胞，一定在进行着紧张的思维活动。我不由得对他生出一种怜悯和一种歉意，好像我用这个问题刁难了他。

然后，他抬起那双儿童般的、清澈的眸子对我说：“因为你好！”

我的心被一种深刻的寂寞填满了：“谢谢你，乔林！”

我不禁想：当他成为我的丈夫，我也成为他的妻子的时候，我们能不能把妻子和丈夫的责任、义务承担到底呢？也许能够。因为法律和道义已经紧紧地把我们拴在一起。而如果我们仅仅是遵从着法律和道义来承担彼此的责任和义务，那又是多么悲哀啊！那么，有没有比法律和道义更牢固、更坚实的东西把我们联系在一起呢？

逢到我这样想着的时候，我总是有一种古怪的感觉，好像我不是一个准备出嫁的姑娘，而是一个研究社会学的老学究。

这时，我还会想到我的母亲，如果她还活着，她会对我的这些想法，对乔林，对我要不要答应他的求婚说些什么。

我之所以习惯地想到她，绝不因为她是一个严酷的母亲，即使已经不在人世也依然用她的阴魂主宰着我的命运。不，她甚至不是一个母亲，而是推心置腹的朋友。我想，这多半就是我那么爱她，一想到她已经离我远去便悲从中来的原因吧。

在她最后的那些日子里，她总是用那双细细的、灵秀的眼睛长久地看着我，仿佛在估量着我有没有独立生活下去的能力，又好像有什么重要的话要叮嘱我，可又拿不准主意该不该对我说。准是我那没心没肺、凡事都不大有所谓的派头让她感到了悬心。她忽然冒出了一句：“珊珊，要是你吃不准自己究竟要的是什么，我看你就是独身生活下去，也比糊里糊涂地嫁出去要好得多！”

照别人看来，一个母亲对女儿讲这样的话，似乎不近情理。而在我看来，那句话里包含着母亲以往生活里的痛苦经验，真是一句至理名言。我倒不觉得她这样叮咛我是看轻我或是低估了我对生活的认识。她爱我，希望我生活得没有烦恼，是不是？

“妈妈，我不想嫁人！”我这么说，绝不是因为害臊或是忸怩作态。说真的，我真不知道一个姑娘什么时候需要做出害臊或忸怩的姿态，一切在一般人看来应该对孩子隐讳的事情，母亲早已从正面让我认识了它。

“要是遇见合适的，还是应该结婚。我说的是合适的！”

“恐怕没有什么合适的！”

“有还是有，不过难一点——因为世界是这么大，我担心的是你会不会遇上！”她并不关心我嫁得出去还是嫁不出去，她关心的倒是婚姻的实质。

“其实，您一个人过得不是挺好吗？”

“谁说我过得挺好？”

“我这么觉得。”

“我是不得不如此……”她停住了说话，沉思起来。一种淡淡的、忧郁的神情来到了她的脸上。

“为什么不得不如此呢？”

“你的为什么太多了。”她在回避我。她心里一定藏着不愿意让我知道的心事。我知道，她不告诉我，并不是因为她耻于向我披露，而多半是怕我不能准确地估量那事情的深浅而扭曲了它，也多半是因为人人都有一点珍藏起来的、留给自己的东西。想到这里，我有点不自在。这不自在的感觉迫使我没有礼貌、没有教养地追问下去：“是不是您还爱着爸爸？”

“不，我从没有爱过他。”

“他爱您吗？”

“不，他也不爱我！”

“那你们当初为什么结婚呢？”

她停了停，准是想找出更准确的字眼来说明这令人费解的反常现象，然后显出无限悔恨的样子对我说：“人在年轻的时候，并不一定了解自己追求的、需要的是什么，甚至别人的起哄也会促成一桩婚姻。等到你再长大一些、更成熟一些的时候，你才会明白你真正需要的是什么。可那时，你已经干了许多悔恨得让你感到锥心的蠢事。你巴不得付出任何代价，只求重新生活一遍才好，那你就会变得比较聪明了。人说‘知足者常乐’，我却享受不到这样的快乐。”说着，她自嘲地笑了笑，“我只能是一个痛苦的理想主义者。”

“您为什么不再结婚呢？”

她不大情愿地说：“我怕自己还是吃不准自己到底要什么。”她明明还是不肯对我说真话。

二

我不记得我的父亲。他和母亲在我很小的时候便分手了。我只记得母亲曾经很害羞地对我说过他是一个相当漂亮的、公子哥儿似的人物。她对我说过：“晚上睡不着觉的时候，我常常迫使自己硬着头皮去回忆年轻时代所做过的那些蠢事、错事！为的是使自己清醒。固然，这是很不愉快的，我常会羞愧得用被单蒙上自己的脸，好像黑暗里也有许多人在盯着我瞧似的。不过这种不愉快的感觉里倒也有一种赎罪似的快乐。”

我真对她不再结婚感到遗憾。她是一个很有趣味的人，如果她和一个她爱着的人结婚，一定会组织起一个十分有趣味的家庭。虽然她生得并不漂亮，可是优雅，淡泊，像一幅淡墨的山水画。文章写得也比较美，和她很熟悉的一位作家喜欢开这样的玩笑：“光看你的作品，人家就会爱上你的！”

母亲便会接着说：“要是他知道他爱的竟是一个满脸皱纹、满头白发的老太婆，他准会被吓跑了。”

到了这种年龄，她绝不会是还不知道自己到底要什么。这分明是一句遁词。我之所以这么说，是因为她有些引起我生出许多疑问的怪毛病。

比如，不论她上哪儿出差，她必得带上那二十七本一套的、一九五〇年到一九五五年出版的契诃夫小说选集中的一本，并且叮咛着我：“千万别动我这套书。你要看，就看我给你买的那一套。”这话明明是多余的，我有自己的一套，干吗要去动她的那套呢？况且这话早已三令五申地不知说过多少遍了。可她还是怕有个万一的时候。她爱那套书爱得简直像着了魔一般。

我们家有两套契诃夫小说选集。这也许说明爱好契诃夫是我们家的家风，但也许更多的是为了招架我和别的喜欢契诃夫的人。逢到有人想要借阅的时候，她便拿了我房间里的那套给人。有一次，她不在家的时候，一位很熟的朋友拿了她那套里的一本。她知道了之后，急得如同火烧了眉毛，立刻拿了我的一本去换了回来。

从我记事的那天起，那套书便放在她的书橱里了。别管我多么钦佩伟大的契诃夫，我也不能明白，为什么那套书就那么百看、千看、万看不厌？二十多年来有什么必要天天非得读它一读？

有时，她写东西写累了，便会端着一杯浓茶，坐在书橱对面，瞧着那套契诃夫小说选集出神。要是这个时候我突然走进了她的房间，她便会显得慌乱不安，不是把茶水泼了自己一身，便是像初恋的女孩子头一次和情人约会便让人撞见似的羞红了脸。

我便想：她是不是爱上了契诃夫？要是契诃夫还活着，没准真会发生这样的事。

当她神志不清，就要离开这个世界的时候，她对我说的最后一句话是："那套书……还有，写着，'爱，是不能忘记的'……笔记本，和我，一同火葬。"

她最后叮咛我的这句话，有些，我为她做了，比如那套书。有些，我没有为她做……比如那些题着"爱，是不能忘记的"笔记本。我舍不得。我常想，要是能够出版，那一定是她写过的那些作品里最动人的一篇。不过它当然是不能出版的。

三

起先，我以为那不过是她为了写东西而积累的一些素材。因为它既不像小说，也不像札记；既不像书信，也不像日记。只是当我从头到尾把它们读了一遍的时候，渐渐地，那些只言片语与我那支离破碎的回忆交织成了一个形状模糊的东西。经过久久的思索，我终于明白，我手里捧着的，并不是没有生命、没有血肉的文字，而是一颗充满了爱情和痛苦的心，我还看见那颗心怎样在这爱情和痛苦里挣扎、煎熬。二十多年了，那个人占有着她全部的情感，可是她却得不到他。她只有把这些笔记本当成他的替身，在这上面和他倾心交谈。每时，每天，每月，每年。

难怪她从没有对任何一个够意思的求婚者动过心，难怪她对那些善意的愿望或是恶意的闲话总是淡然地一笑付之。原来她的心已经填得那么满，任什么别的东西都装不进去了。我想起"曾经沧海难为水，除却巫山不是云"的诗句，想到我们当中有人多半不会这样去爱，而且也没有人会照这个样子爱我的时候，我便感到一种说不出来的惆怅。

我知道20世纪30年代，他在上海做地下工作的时候，一位老工人为了掩护他而被捕牺牲，撇下了无依无靠的妻子和女儿。他，出于道义和责任，毫不犹豫地娶了那位姑娘。

他一定是她那机关里的一位同志。我会不会见过他呢？从到过我家的客人里，我看不出任何迹象，他究竟是谁呢？

四

大约1962年的春天，我和母亲去听音乐会。剧场离我们家不远，我们没有乘车。

一辆黑色的小轿车悄无声息地停在人行道旁边。从车上走下来一个满头白发、穿着一套黑色毛呢中山装的、上了年纪的男人。那头白发生得真气派！他给人一种严谨、一丝不苟、脱俗、明澄得像水晶一样的印象。

他走过来，对母亲说："您好！钟雨同志，好久不见了。"

"您好！"母亲牵着我的那只手突然变得冰凉，而且轻轻地颤抖着。

他们面对面地站着，脸上带着凄厉的，甚至是严峻的神情，谁也不看着谁。母亲瞧着路旁那些还没有抽出嫩芽的灌木丛。他呢，却看着我："已经长成大姑娘了。真好，太好了，和妈妈长得一样。"

他没有和母亲握手，却和我握了握手。而那手也和母亲的手一样，也是冰冷的，也是轻轻地颤抖着的。我好像变成了一路电流的导体，立刻感到了震动和压抑。我很快地从他的手里抽出我的手，说道："不好，一点也不好！"

他惊讶地问我："为什么不好？"

我看了看妈妈的面孔。是，我真像她。这让我有些失望："因为她不漂亮！"

他笑了起来，幽默地说："真可惜，竟然有个孩子嫌自己的妈妈不漂亮。记得吧？1953年你妈妈刚调到北京，带你来机关报到的那一天，她把你这个小淘气留在了走廊外面，你到处爬楼梯，扒门缝，在我房间的门上夹疼了手指头。你哇哇地哭着，我抱着你去找妈妈……"

"不，我不记得了。"我不大高兴，他竟然提起我穿开裆裤时代的事情。

"啊，还是上了年纪的人不容易忘记。"他突然转身向我的母亲说，"您最近写的那部小说我读过了。我要坦率地说，有一点您写得不准确。您不该在作品里非难那位女主人公……要知道，一个人对另一个人产生感情原没有什么可以非议的地方，她并没有伤害另一个人的生活……其实，那男主人公对她也会有感情的。不过为了另一个人的快乐，他们不得不割舍自己的爱情……"

这时，有一个交通民警走到停放小汽车的地方，大声地训斥着司机车停错了地方。司机为难地解释着。他停住了说话，回头朝那边望了望，匆匆地说了声："再见！"便大步走到汽车旁边，向那民警说："对不起，这不怪司机，是我……"

我看着这上了年纪的人，也俯首帖耳地听着民警的训斥，觉得很是有趣。

当我把顽皮的笑脸转向母亲的时候，我看见她是怎样窘迫呀！就像小学校里一个一年级的小女孩站在严厉的校长面前一样，好像那民警训斥的是她。

汽车开走了，留下了一道轻烟。很快地，就连这道轻烟也随风消散了，好像什么都没有发生过，而我，不知道为什么却没有很快地忘记。

五

他爱不爱我的母亲呢，我猜不透。要是他不爱她，为什么笔记本里会有这样一段记载呢？

"这礼物太厚重了。不过您怎么知道我喜好契诃夫呢？"

"你说过的！"

"我不记得了。"

"我记得。"

原来那套契诃夫小说选集是他送给母亲的。对于她，那几乎就是爱情的信物。

没准，他这个不相信爱情的人，到了头发都白了的时候才意识到他心里也有那种可以称为爱情的东西存在。

关于他，能够回到我的记忆里来的就是这么一小点儿。

她那么迷恋他，却又得不到他的心情有多么苦呀！为了看一眼他乘的那辆小车，以及从汽车的后窗里看一眼他的后脑勺，她怎样煞费苦心地计算过他上下班可能经过那条马路的时间；每当他在台上作报告，她坐在台下，隔着距离、烟雾、昏暗的灯光、攒动的人头，看着他那模糊不清的面孔，她便觉得心里好像有什么东西凝固了，泪水会不由得充满她的眼眶。为了把自己的泪水隐瞒，她使劲地咽下它们。逢到他咳嗽得讲不下去，她就会揪心地想到为什么没人阻止他吸烟，担心他又会犯了气管炎。她不明白为什么他离她那么近而又那么遥远。

他呢，为了看她一眼，天天，从小车的小窗里，眼巴巴地瞧着自行车道上流水一样的自行车，闹得眼花缭乱，担心着她那辆自行车的闸灵不灵，会不会出车祸；逢到万一有个不开会的夜晚，他会不乘小车，自己费了许多周折来到我们家的附近，不过是为了从我们家的大院门口走这么一趟；他在百忙中也不会忘记注意各种报刊，为的是看一看有没有我母亲发表的作品。他不能明白，为什么生活偏偏是这样安排着。

可是，临到他们难得在机关大院里碰了面，他们又在竭力地躲避着对方，匆匆地点个头便赶紧走开。即使这样，也足以使我母亲失魂落魄，失去听觉、视觉和思考的能力，世界立刻会变成一片空白……如果那时她遇见一个叫老王的同志，她一定会叫人家老郭，对人家说些连她自己也听不懂的话。

六

然而，他在20世纪60年代死于非命。这件事一定发生在1969年的冬天。因为在那个冬天里，才刚五十岁的母亲一下子头发全白了。而且，她的手臂上还缠上了一道黑纱。那时，她的处境也很难。为了这条黑纱，她挨了好一顿批斗，说她坚持“四旧”，并且让她交代这是为了谁。

“妈妈，这是为了谁？”我惊恐地问她。

“为一个亲人！”然后怕我受惊似的解释着，“一个你不熟悉的亲人！”

“我要不要戴呢？”她做了一个许久都没有对我做过的动作，用手拍了拍我的脸颊，就像我小的时候她常做的那样。她好久都没有显出过这么温柔的样子了。她恍惚而悲凉地笑了笑，说：“不，你不用戴。”

她那双又干又涩的眼睛显得没有一点水分，好像已经把眼泪哭干了。我很想安慰她，或做点什么使她高兴的事。她却说：“去吧！”

我当时不知为什么生出了一种恐怖的感觉，我觉得我那亲爱的母亲似乎有一半已经随着什么离我而去了。我不由得叫了一声：“妈妈！”

我的心情一定被我那敏感的妈妈看透了。她温和地对我说：“别怕，去吧！让我自己待一会儿。”

我没有错，因为她的确这样写着：

你去了。似乎我灵性里的一部分也随你而去了。

我独自一人，走在我们唯一一次曾经一同走过的那条柏油小路上。听着我一个人的脚步声在沉寂的夜色里响着、响着……我每每在这小路上徘徊、流连，哪一次也没有像现在这样使我肝肠寸断。那时，你虽然也不在我身边，但我知道，你还在这个世界上，我便觉得你在伴随着我，而今，你的的确确不在了，我真不能相信！

我走到了小路的尽头，又折回去，重新开始，再走一遍。

我走过那道栅栏，习惯地回头望去，好像你还在那里，向我挥手告别。

我们曾淡淡地、心不在焉地微笑着，像两个没有什么深交的人，为的是尽力地掩饰我们心里那刻骨铭心的爱情。那是一个没有一点诗意的初春的夜晚，依然在刮着冷峭的风。我们默默地走着，彼此离得很远。你因为长年害着气管炎，微微地喘息着。我心疼你，想要走得慢一点，可不知为什么却不能。

我们走得飞快，好像有什么重要的事情在等着我们去做，我们非得赶快走完这段路不可。我们多么珍惜这一生中唯一的一次“散步”，可我们分明害怕，怕我们把持不住自己，会说出那可怕的、折磨了我们许多年的三个字——“我爱你”。除了我们自己，大概这个世界上没有一个活着的人会相信我们连手也没有握过一次！更不要说到其他！

不，妈妈，我相信，再没有人能像我那样见过你敞开的灵魂。

那条柏油小路，我真不知道它是充满了辛酸的回忆的一条小路。

我想，我们切不可忽略世界上任何一个不起眼的小角落，谁知道呢？那些意想不到的小角落会沉默地缄藏着多少隐秘的痛苦和欢乐呢？

当她写东西写得疲倦了的时候，她还会沿着我们窗后的那条柏油小路慢慢地踱来踱去。有时是彻夜不眠后的清晨，有时甚至是月黑风高的夜晚，哪怕是在冬天，哪怕峭厉的风像发狂的野兽似的吼叫，卷着沙石噼里啪啦地敲打着窗棂……那时，我只以为那不过是她的一种怪癖，却不知她是去和他的灵魂相会。

她还喜欢站在窗前，瞅着窗外的那条柏油小路出神。有一次，她显出那种奇特的神情，以至于我以为柏油小路上走来了我们最熟悉的、最欢迎的客人。

我连忙凑到窗前，在深秋的傍晚，只有冷风卷着枯黄的落叶，飘过那空荡荡的小路。

好像他还活着一样，用文字和他倾心交谈的习惯并没有因为他的去世而中断，直到她自己拿不起来笔的那一天。在最后一页上，她对他说了最后的话：我是一个信仰唯物主义的人。现在我却希冀着天国，倘若真有所谓天国，我知道，你一定在那里等待着我。我就要到那里去和你相会，我们将永远在一起，再也不会分离，再也不必怕影响另一个人的生活而割舍我们自己的爱情。亲爱的，等着我，我就要来了。

我真不知道，在妈妈行将就木的这一天，还会爱得那么沉重。像她自己所说的，那是刻骨铭心的。我觉得那简直不是爱，而是一种疾痛，或是比死亡更强大的一种力量。假如世界上真有所谓不朽的爱，这也就是极限了。

她分明至死都感到幸福：她真正地爱过。她没有半点遗憾。

现在，他究竟怎样了呢？

还住在那一间临湖的水阁里，悠闲地画他的荷花和竹子吗？

还能在屋里点起油炉煮面条吃吗？

还能用古色古香的宜兴茶壶，沏一壶浓浓香香的红茶款客吗？

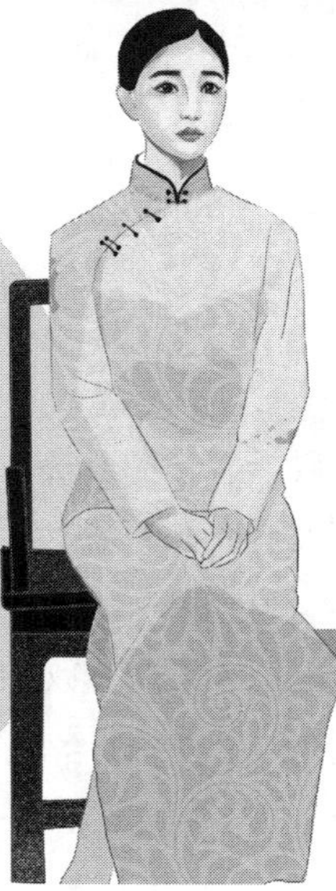

长沟流月去无声

琦 君

婉若批完最后一本周记，推开本子，看看腕表，已经是深夜一时。她伸伸懒腰，打了个哈欠，觉得肚子有点饿。打开壁橱，取出饼干盒来，一摇却是空空的，才想起在屋里蜷缩了一个下午，忘了去福利社买点心了。再拉开抽屉，抽屉里一个瘪瘪的报纸小包里还剩下几粒花生米。打开来拣一粒丢在嘴里嚼，偏偏又是烂的，一股油味直冲喉鼻，不由得咳呛起来。连忙去倒开水，热水瓶却只剩下小半瓶水。

倒一点在杯子里，喝了两口，一点不烫，在嘴里温吞地冒着一股消毒水的味儿。她最怕温吞开水。要喝就得是烫烫的红茶，浓浓的，香香的，那像醇酒似的颜色更美；就不喝，捧在手上，凑在鼻子尖上闻闻都好，那淡淡的幽香使她的心灵沉静、陶醉。可是现在，手里却是一杯不冷不热的白开水，淋在心口上凉森森的，屋子里也是凉森森的。早春的深夜，从窗外涌进一阵寒意，包围了她。她真后悔，应该买个电炉放在屋里，随时可以煮点开水，再买点红茶来泡泡。

红茶多好，可是她就是这么懒散。十多年的教书生活，十多年的单身宿舍生活，把她压缩得成了一台定时开放的留声机。

说话是刻板的，动作是刻板的，一回到宿舍，就像蜗牛钻进了壳，蜷缩成一团，心也像一团揉皱的纸，摊也摊不平直。她不知道自己为什么非住单身宿舍不可，台北有位像母亲一样慈善的姑妈，再三欢迎她，她就是不去，连周末也很少去玩儿，总说自己要改作业、要做这做那。其实她是什么也不想做，有时就在床上整整躺上一天，连饭都懒得起来吃。她不去姑妈家的原因是怕她唠叨："婉若呀，你也该打扮打扮，出去玩玩儿，散散心才好。年纪轻轻的，怎么变成这样。"姑妈不仅一次这样说过她。"年纪轻轻的"。

唉！都三十四岁了，还能说是年纪轻轻的吗！从二十四到三十四，整整十年的年华悄悄逝去了。还有那位比她小三岁的表弟彬如，总用一双奇异的眼神盯着她。常常在吃饭的时候，他们面对面坐着，她怎么也躲不开他的视线。她想他一定在注视她眼角渐渐出现的皱纹，一定在取笑她身上又长又大的黑毛衣。

小时候，表弟脸上挂着的眼泪鼻涕都是她给他擦的。如今表弟是国外学成归来的博士，大学知名教授。而她呢？一直在中学里教书，一教就是十年。来台湾以后，这颗心好像一直在等待中，一年又一年地，终于，她知道他不能来了。但那时每次见面，她都像有一句最重要的话不曾对他说出来，便匆匆分手了。当时，她总以为会有机会说的，谁知一别就是这么些年，这句话永远没机会说了。不说也好，她又对自己叹了口气。纵然说了，他也不会毅然和她一同来台湾的，因为那时他已有一个家。现在，他究竟怎样了呢？还住在那一间临湖的水阁里，悠闲地画他的荷花和竹子吗？还能在屋里点起油炉煮面条吃吗？还能用古色古香的宜兴茶壶，沏一壶浓浓香香的红茶款客吗？

她宁愿世上再没有一个人惦念她，让她无声无息地枯萎、消逝。因为在人世，她似已无所企盼了，如果说有的话，那么就是那一线几乎断绝的希望——心逸能来台湾。"如今，我们隔绝在两个世界里，您在我心中存亡未卜，这些年来，就是这一点点游丝似的希望在支持我，我在等您突然飞来一纸短简，告诉我您平安无恙。只要我的手能再放在您暖烘烘的手心里，只要听您说：‘婉若，你真好。’”

她坐起身，望望窗外，窗外正挂着一钩淡月，把疏疏落落的树枝的影子投在窗帘上。她侧身从抽屉里取出一个玛瑙图章，默默地一遍又一遍地念着上面的篆体字“长沟流月去无声”，这是她请心逸刻的。那一天她请他刻这枚图章时，心头是多么兴奋、紧张与羞涩。心逸微笑点头答应她时，眼神又是多么深情款款。他似乎在问她什么，又似乎在回答她什么；似在嘲笑她，又似在赞美她。

那眼神啊，既威严又和蔼，既洒脱又矜持，使她心慌，使她迷惑，使她感到幸福，也使她感到心酸。真的，她每次见了他，就会一阵阵心酸。尤其是他答应替她刻图章的那一次。

那是一个仲夏的傍晚，落日余晖洒落在浓密的林荫道上，她在课后散步到西泠印社，看看碑帖。她正准备打开一部石印的苏东坡手抄的陶渊明诗欣赏，见心逸远远地走过来，她连忙迎上前喊：“孙先生，您也来了。”

其实她刚听完他讲《词选》，下课后，她一直沉浸在他读词的铿锵音调里。带着半幻梦似的心情，来到这儿，没想到他也会出现。她喊他的时候，声音中有种抑制不住的兴奋，他也一定听出来了。她有点羞涩，脸也不免红红的。她每次面对他时，总是显得局促不安。

“我来选一枚刻图章的石头，买一盒印泥。你呢？”

“我只是随便看看。”她手里还捧着那部陶诗。

“这不是真迹，没有意思。”他说。他对什么都一目了然似的。

“您替我选一本字帖好吗？”

“你可以学黄道周的字。你的字与黄石斋比较近似。”

“是吗？您不是也喜欢黄石斋的字吗？”

“有点像，但我看的各种碑帖太多，已经变成不知什么体了。”

“孙先生，我真喜欢您的字，我学您的字，可以吗？”也不知是哪来的勇气，她会说这么一句半开玩笑的话。

“学我的？真是学不得，不知要变成什么样的字了。”

“孙先生，您肯为我画一幅荷花，题上您自己作的词，再盖上您自己刻的图章吗？”她已经把陶诗放回原处，随着他慢慢走到一片竹林中的石桌边坐下来。

“可以，不过得慢慢来，我应当把自认为最满意的东西给你。”他笑了，笑容里带着湖水的清凉。她深深地吸了一口气，似乎在吞下那一份清淡而又浓郁的情意。不知怎么的，她总感觉他对她有一份情意。也许是从他的眼神中感觉出来的。他的面容是非常严肃的：宽广的额，浓黑的双眉，一对灼烁的眼睛，使与他差不多年龄的男学生都有点怕他。可是她却时常好奇地向这对眼睛探索，当她的视线与他的接触时，她虽羞怯，却不躲开，因为她要用她的眼神告诉他，她是多么崇拜他，多么渴望他能多看她一眼。起初，他会把视线马上转开，可是渐渐地，他看着她时，似乎在对她微微点头，赞许她的用心听讲。可是尽管如此，他的眼神仍然是严肃的，带着冰一般的寒意。她却对自己说：“无论怎样，我都要探索他的眼神，我要融去那里面的冰。”

由于她火一般炙热的眼神不断地向他投望，由于她想尽种种机会向他请教，他感觉到这个女学生对他的迷恋。渐渐地他不再回望她了，他在逃避她的这份恋情。但是，为什么他要逃避呢？这原因她不久就清楚了。因为他已经有一位克勤克俭的妻子，更有一个可爱的女儿。为此，她曾伤心地痛哭过，除了这一对眼神，除了他的音容笑貌，她不会再对世界上任何人着迷。她发誓要使这对眼睛，有一天能无所顾忌地望着她，对她说：“顽皮的女孩子，我懂得你的心意，别再这样望我了，好不好？”她就会倔强地说：“不，我要这样望您一辈子。因为望着您，我才感觉自己有生命，有温暖，有爱。”可是这些话始终没机会说，因为他始终没有无所顾忌地望过她。

可是此刻，在寂静的西泠印社的竹林中，他是那么深情地看着她的脸，她的眼睛。他微笑着，不同于平常的笑，她似乎明白那笑里的意思了，于是她鼓足勇气说：“孙先生，肯为我选一枚图章，替我刻几个字吗？”

他又点点头，问她："你要刻什么字？"

"随便您，一句诗或是词都可以。"她又仰着脸，半醉微酡似的说："我真喜欢您刚才教的那首《临江仙》，'长沟流月去无声，杏花疏影里，吹笛到天明'。多么悠闲，又是多么孤高寂寞啊。"

"嗯，恰似苏东坡的'拣尽寒枝不肯栖，寂寞沙洲冷'。词人总是寂寞的。"

"您寂寞吗？"

"我不算词人。"他又对她一笑，他没想到她会这样坦率地问他，"何况我忙于读书，还来不及想到寂寞。"

"听说您有一个可爱的女儿，为什么不带到杭州来呢？"

"我父母亲年纪大了，内人要在家侍奉二老，女儿得跟着妈妈。"

"您真幸福，孙先生。"

他又笑笑，他承认他是非常幸福的，可是这微笑使她心酸。她希望他说："也不见得，人，总是在追求着一种得不到的东西。"但他没有那么说。她知道他是不会对她那么说的。他是她的老师，他又是那么矜持、高深莫测的一个人。他对任何人都不会说出心里所想的事情。他们对坐在石桌前，晚风吹着竹叶，飒飒作响。这里很静，没有什么游人经过，是个谈心的好处所，她原可把心事向他倾诉，但她想还是别说出来的好。他教她词的时候，总是说上乘的作品必具有含蓄的美，深意常在欲言未言之间。这是他对词的看法，也是对生活的看法。因此，她只淡淡地说："孙先生，就请您替我刻'长沟流月去无声'那一句词，好吗？"

"好，等你学好了画，用这枚闲章来补白。"

"画，您肯教我吗？"

"我只是偶尔画来消遣，没有功夫的，不能当你的老师，你的天分高，应当从名师学习。"

"我不要成为画家，我也只想像您一样，画荷花与竹子。"

"婉若，人应当发挥自己的独到之处，不要随他人脚跟，学他人言语，那都是没有意思的。"

他忽然摆出一脸的严肃，语重心长地说。眼中那一丝似询问又似答复的神情完全消失了。她心中一震，立刻站起身来说："孙先生，我们回学校吧。"

他们沿着湖堤回学校。一路上，潮湿的湖风吹拂着她的脸，夜色渐浓，她已看不清楚走在她身边的人的脸，但她感觉得到他那份带有歉意的微笑，她不想再逗他说话了。回到宿舍里，她无缘无故地流下了眼泪。

第二天上他的论语课，她就一直低着头不朝他看，只听他满口的仁啊智啊，她不喜欢听，这种声调恰恰与他头天傍晚说那句话时一样，不像他讲词时充满了感情。她一直没抬头，却似乎感到他曾好几次把目光投向她。当晚，他问她："婉若，你今天有点儿不舒服吗？"

她笑着摇摇头。

"到我屋里来取那枚图章，已经替你刻好了。"

"这么快？"

"你既然那么喜欢这句词，我就连夜给你刻了。"

"谢谢您，太谢谢您了。"

她随他到了寝室。去他的屋子，这不是第一次，但这是第一次被他正式邀请。他的屋子很小，很凌乱，桌上、椅上、床上全是书。每次她都想替他整理一下却又不好意思。

"你要喝什么茶，青茶还是红茶？"

"您还有两种茶？"

"嗯，都很好，是云南的雨前茶与茶砖，夏天宜喝青茶，冬天喝红茶。"

"我还是喜欢红茶，我自己来泡。"

"水瓶里的水不行，我来煮。"他插上了电炉，"煮茶应当用炭火，用电炉就差劲了。茶有助文思，令人清心，所以我要用好茶叶，可惜这儿的水不好。"

"西湖的水还不好？"

"你看多混浊，一定要虎跑或九溪十八涧的水才好。"

"您这样讲究喝茶吗？"

他笑着点点头，眼中那一丝似询问又似答复的神情又回来了。

他从抽屉里取出一幅画说："打开看看，送给你的。"她打开一看，原来画的是一个美人，依着一树疏疏落落的杏花在吹笛子。

"孙先生，没想到您还会画仕女。"她赞叹地说。

“这是我写的‘杏花疏影里，吹笛到天明’的词意。盖上‘长沟流月去无声’的章，你以为如何？”

“太好了，太好了，谢谢您，孙先生！”

他已经为她沏好红茶，她捧在手中，一阵阵清香扑鼻。那清香一直浸润着她的心田，直到如今。可是她现在桌上摆的是一杯冷的白开水。她陡然像从一个梦中惊醒过来，眼前景色迥异，那幅美人吹笛图，竟于匆忙中不曾带出来，幸得这枚图章还在手边，足够她追忆！

“婉若。”她听他悠扬的声音喊她，“我也喜欢这三句词，这表示一种执着的情操。尽管长沟中月影无声地流去，而她只顾弄笛，忘了夜深，忘了时光的流转，不知不觉已到了天明。这是风露终宵之意，你觉得如何呢？”

她站得靠他那么近，她希望能倚在他胸前，抬头仰望着他，对他说：“我懂这词的深意，我也更懂您的深意。”可是她没有说，她只是偷偷抹去眼角的泪珠，转脸望着窗外说：“孙先生，您看西湖的夜色多美。”

心逸默然半晌，然后叹息了一声说：“婉若，你真好。”

这三个字，包含了千言万语。她懂得，她不必再问什么了。她放下杯子，拿起画与图章，就回自己宿舍了。那一晚，她流了一夜甜蜜的泪水。如今想来，她是多么傻，她为什么一句都不问他就走开了呢？她不是渴望着他对她说些什么话吗？她为什么反而躲避开了呢？

又是一次他们一同喝茶的情景。那是她毕业以后，在杭州的最后一个严冬。那时局势已经很紧张，他特地约她去他宿舍喝茶。窗下的梅花枝上，压着沉甸甸的雪。他在屋中升起炭火，两人冒着雪，在蜡梅花枝上撮了些积雪，丢在小瓦壶中，用云南茶砖煮了一壶茶，倒出来的茶似醇酒，香味浓烈。他端一杯放在她手心里，说：“尝尝看，临湖赏雪，雪水烹茶，这才是真正地品味人生。”

她把杯子捧在手心，闻着香味，眼睛望着满是雾气的玻璃窗外。湖上的水、天、山色，都是一片朦胧的白。她再回过脸来，望着他，心里在搜索一个适当的字眼，对他说出自己的感受。可是她搜索不到那恰当的字，只好默然了。

“婉若，希望你好好保存那枚图章，连同那幅画。因为人生聚散无常。”

“怎么，您要离开这儿吗？”

“哦，我要回故乡看看，也许会把家人接出来。”

“假使老人家不愿出来呢？”

“那我就留在那儿照顾他们，因为局势不太好。”

她的心在往下沉，沉向一个凄冷的幽谷。她没有心情再问什么，只是默默地啜着那杯红茶。茶更浓，也更苦涩了。

“再给你加点儿热开水，蜡梅花上的雪水，恐怕别处不容易有。”

“我不会离开杭州，无论局势怎么乱，我也不打算离开。我年年可以饮蜡梅花上的雪水。”

“别说傻话，婉若，你太年轻了，适应不了环境的剧变，我不要紧，安顿好老年人以后可以设法走。”

“您可带家眷走吗？”

“当然可以，先向南走，然后到台湾。”

“到台湾？如果我也去台湾的话，我们还可以见面。”

“是的，婉若，无论如何，你应当走的，记得你以前作的一首诗吗？‘此夕灯前珍重别，天涯处处月明多’，我很喜欢你这两句。”

“现在真的要分别了。”

“我们会再见面的。”

她抬头望了下窗外，一轮圆月正挂在高空。这是台湾的明月，也是杭州湖上的明月。

“我等您，孙先生，我一定等您来。”她想说，“此生我不会再为第二人等待。”可是她咽下去了，也咽下了一口苦涩的红茶，和着苦涩的泪水。

“婉若，你真好，可是我……”他没有说下去。

“您怎么样？”她迫切地追问。

“没有什么，我感触很多，心很乱，我只希望你到台湾以后，能够比现在快乐，我们若能再见面，希望看见你明朗的笑容。”

“我能吗？孙先生。”她心里喃喃着，“一切都在您。只要您对我说一个字，只要您肯放弃一切，去台湾。”

他们就那么怅惘地分了手。不久，局势更紧，她随着姑妈一家离开了杭州。到火车站是深夜三时，车站上逃难的旅客惶惶然地乱挤着，行李堆得像一座座小山。母亲喊，孩子哭。火车班次已乱，随到随开，也不知车什么时候会来，车上有没有空位。她和姑妈表弟都手提行李，准备随时挤上车去。她望望黑黝黝的火车轨道，又回头望望车站进口处。她在期盼心逸能忽然赶来，因为她曾写信告诉他，也许明天一早走，没有想到会临时提前，来不及通知他了。但她多么盼望他来。他说过风露终宵那句话，难道他不能为她等一夜吗？

车来了，人潮涌上去，她被抛在后面，姑妈喊叫她，表弟彬如奔来扶她，行李从窗口扔进去，车背上黑压压的满是人，车门口也挂了一串串的人。她挤不上去，被表弟送到敞篷的堆煤货车上，气筒里吐出来的煤烟熏得她窒息，也睁不开眼。

可是她还在望车站进口处。车马上要开，他不会来了。当车子开始蠕动时，她看见他了，他急忙奔进来，绝望地到处张望，她挥手大声喊他，可是他听不见。他跑到后面车厢去找了，心逸，您为什么不早一点点来？早一分钟也好。

现在太晚了，车越开越快越开越远，一切都在烟雾中迷失了。

那一片烟雾萦绕在她的心头，直到如今。烟雾中只有一个印象是清晰的，那就是心逸的身影。可是这么多年了，心逸没有来台湾，他不会来了，可是他现在怎么样了呢？

婉若在抽屉里取出印泥，这只是一盒普通的印泥，颜色暗滞，哪有她在西泠印社买的印泥好。可是她在匆忙中竟来不及收拾那些心爱的东西。那是一个精致的红木小盒，盖面上刻着篆字。朱红的印泥色泽鲜艳，正中有一片四方的飞金。这是他特地为这枚图章买的，却偏偏没有带出来。她用图章在这暗滞的印泥上按了一下，盖在一张白纸上，“长沟流月去无声”几个字笔力依然，却色泽黯淡。

已经凌晨四点多了，她收起图章，和衣倒在床上，拉上被子随便盖着，靠在枕上蒙眬睡去。醒来时，阳光已涌进窗帘，疏疏落落的花影，散落在书桌上。她看看腕表已经七点半，吃早餐的时间也过了。宿舍里静悄悄的，她才想起今天是星期天，原本答应星期六就去姑妈家的，可是这样的无情无绪，不去也罢，好在姑妈一向不勉强她。

她正在对镜梳洗的时候，门外走廊里响起了脚步声，那是一种轻快的脚步，她分辨得出来，是彬如来了。彬如怎么这么早就来了呢？他一定又是逼她回去的。

门敲了两下，声音很柔和，显得彬彬有礼。她答应一声“进来”，彬如进来了，爽朗的笑容，关切的眼神，询问的语调：“婉姐，您这么早就起来了？”

“你这么早就来了？”她反问他，望了他一眼。他不常喊她婉姐的，当着人，他总喊她表姐，可是今天他又喊婉姐了，她听起来特别亲切入耳。她感觉自己很喜欢见到彬如，但两人相对时，她又躲躲闪闪的，有一种被怜悯的感觉，这让她最受不了。彬如的英俊、洒脱、快乐，越发使她感到自己老了，他的关注，越发使她不安。

“来抓您，怕您跑了。”他顽皮地说。

“我跑哪儿去，我哪儿也不想去。”

“妈昨天等了您一下午，今天一早就要我来请您，要您一定回家。”

“我头有点儿痛，不想动。”

“又来啦。您昨天晚上一定又没睡好。”

“赶着批改作文本子。”

“您就只想把自己埋葬在工作里，不要轻松一下吗？记不记得今天是什么日子？”

“今天？是——星期天。”

彬如指着自己的鼻尖说：“猜猜看。”

“今天，”婉若回头看看挂历，阴历二月十六，“哦，我想起来了，是你的生日。”

“对啦，我的三十一岁大庆，您都忘了。”

“今天是十六，昨天是十五，怪不得月亮那么圆，那么亮。”

“您昨夜一定一个人在赏月，是不是？”彬如看了下她的眼睛，她自己知道，一定微微有点儿肿，他笑了一下。“妈常说十五的月亮不及十六圆，今晚才是最好的。”

“哦，花好、月圆、人寿，都被你占全了。”

“谢谢您，但愿如此，您居然说这样吉利的话，妈听了可高兴了。”

“怎么，难道我常说丧气话吗？”

“可不是，您常常叹气，妈总担心。”他已经坐在书桌前，拿起那张盖着图章的纸，“比如说这句词，就有点儿——有点儿萧瑟。‘长沟流月去无声’，什么叫流月呢？我就不懂，我也不喜欢。”

“我非常喜欢，我还打算把我这小房间命名为流月楼呢！”

“不好不好，婉姐，还不如叫作留月楼的好。”

“世上什么留得住？你真傻。”

“我傻，但我看您比我更傻。”

“算了，我不跟你咬文嚼字了，你先出去，我换件衣服就走。”

彬如点头出去了。她敷上一层脂粉，换了件紫罗兰色的旗袍，披上一件淡灰色毛衣，这是她特地为彬如穿的，因为今天是他的生日，这件毛衣是他从国外带回来送她的。

她走下楼梯，看到彬如站在校园里观赏花木，满院的扶桑和美人蕉开得鲜艳夺目。她这件紫罗兰色的旗袍和他送的毛衣，一定使他非常高兴。他喊道：“婉姐，您就应该穿这鲜艳的衣服，老是穿蓝的黑的干什么呢？”

“我喜欢那颜色，今天是为你穿的，因为是你的大寿呀，而且也让姑妈高兴点儿。”

“谢谢您，婉姐，您真好。”

他也说：“您真好。”这是心逸说过多次的话。她的眉峰不由微微一蹙，敏感的彬如似乎已感觉出来。

“又在想什么了？”

她没有回答。

“刚才我对着这明媚的春光，倒胡诌了两句不通的句子，把流月改为留月，‘小楼一角，留月待君来’如何？”

“好得很，想不到你也作起词来了。”

“我也不知是诗还是词，反正，我是被您传染了。不过，我总觉得做这玩意儿伤神得很，还是玩玩山水好。今天我为您安排了很好的节目，去碧潭划船拍照，晚上看电影，回家后再消夜赏月。”

“一定还有很多客人。”

“您是我唯一的客人，我和妈说好的，今天只有我们一家三个人，尽一日之欢。”

“一家三个人。”彬如的语调是如此亲切，真挚，热情。

“好，我们一定高高兴兴地玩儿，为你庆祝生日。”

“别忘了您自己的生日就在下星期六。”

“你记得这么清楚，我自己倒忘了。”

“妈跟我都不会忘记的，下星期六可得早点儿回来啊。”

她点点头，心像沉浸在醇酒里，昨夜的凄凉寒冷，都被彬如的笑语驱散了。

他们并肩走着，脚步声在光滑的柏油马路上拍打出和谐的韵律，快到家门口的时候，在树荫浓郁的人行道上，她感觉到彬如渐渐放慢脚步，眼睛款款地望着自己，轻声地喊了声婉姐，却又不说话了。

“你要说什么？”

“我想问您，‘流’月和‘留’月，究竟哪一个字好？”

“都好。”

“那么，从今以后，我恳求您收起那题‘长沟流月去无声’的图章，我再为您刻一颗新的‘留月待君来’。”

“你一个研究理工的，还酸溜溜地学作词，学刻图章？”

“生活的情趣原该是多方面的，我也喜欢旧诗词，偶尔玩玩可以，只不过别太伤神了。我倒很喜欢顾贞观赠吴兆骞《金缕曲》里的两句，‘词赋从今须少作，留取心魂相守’。婉姐，留取心魂相守该多好。”

婉若默然良久，抬头望望晴朗的天空，青翠的树木，嫣红的花朵。十年来，她第一次重新感觉到春光是如此明媚可爱。她回头望着彬如，慢慢低下了头。

“婉姐，您的眼睛像碧蓝的潭水。”

“你也这样说吗？”

“有人这样赞美过您吗？”

“没有，唉！也许有，但我现在已经模糊了，真的十分模糊了。”

如果她的生活里真丢了老头儿，会变成什么样子？

老夫老妻

✽冯骥才

他俩又吵架了。年近七十岁的老夫老妻，相依为命地生活了四十多年。大大小小的架，谁也记不得吵了多少次。但是不管吵得如何热闹，最多不过两小时就能和好。他俩仿佛倒在一起的两杯水，吵架就像在这水面上划道儿，无论划得多深，转眼连条痕迹也不会留下。

可是今天的架吵得空前厉害，起因却很平常——就像大多数夫妻日常吵架那样，往往是从不值一提的小事上开始的——不过是老婆子把晚饭烧好了，老头儿还趴在桌上通烟嘴，弄得纸片呀，碎布条呀，粘着烟油子的纸捻子呀，满桌子都是。老婆子催他收拾桌子，老头儿偏偏不肯动。老婆子便像一般老太太们那样叨叨起来。老婆子们的唠唠叨叨是通向老头儿们肝脏里的导火线，不一会儿就把老头儿的肝火引着了。两人互相顶嘴，翻起许多陈年老账，话愈说愈狠。老婆子气得上来一把夺去烟嘴塞在自己的衣兜里，惹得老头儿一怒之下，把烟盒扔在地上，还嫌不解气，手一撩，又将烟灰缸打落在地上。老婆子更不肯罢休，用那嘶哑、干巴巴的声音喊：

“你摔呀！把茶壶也摔了才算有本事呢！”

老头儿听了，竟像海豚那样从座椅上直蹿起来，还真的抓起桌上沏满热茶的大瓷壶，用力“啪”地摔在地上。老婆子吓得一声尖叫，看着满地的碎瓷片和溅在四处的水渍，直气得她冲着老头大叫：

“离婚！马上离婚！”

这是他俩都还年轻时，每次吵架吵到高潮，她必喊出来的一句话。这句话头几次曾把对方的火气压下去，后来由于总不兑现便失效了。六十岁以后她就不再喊这句话了。今天又喊出来，可见她已到了怒不可遏的地步。

同样的怒火也在老头儿的心里翻腾着。只见他一边像火车喷气那样从嘴里不断发出声音，一边急速而无目的地在屋子中间转着圈。他转了两圈，站住，转过身又反方向转了两圈，然后冲到门口，猛地拉开门跑出去，还使劲带上门，好似从此一去就再不回来了。

老婆子火气未消，站在原处，面对空空的屋子，还在不住地出声骂他。骂了一阵子，她累了，歪在床上，一种伤心和委屈爬上心头。她想，要不是自己年轻时得了那场病，她会有孩子的。有了孩子，她可以同孩子住去，何必跟这愈老愈混账的老东西生气？可是现在只得整天和他在一起，待见他，伺候他，还得看着他对自己耍脾气……她想得心里酸不溜秋，几滴老泪从布满细皱纹的眼眶里溢了出来。

过了很长时间，墙上的挂钟当当响起来，已经八点钟了。正好过了两个小时。不知为什么，他们每次吵架过后两小时，她的心情就非常准时地发生变化，好像节气一进“七九”，封冻河面的冰就要化开那样。刚刚掀起大波大澜的心情渐渐平息下来，变成浅浅的水纹。“离婚！马上离婚！”她忽然觉得这话又荒唐又可笑。哪有快七十的老夫老妻还闹离婚的？她不禁“扑哧”一下笑出声来。这一笑，她心里一点褶皱也没了，之前的怒意、埋怨和委屈也都没了。她开始感到屋里空荡荡的，还有一种如同激战过后的战地那样的出奇的安静，静得叫人别扭、空虚，没着没落的。于是，悔意便悄悄浸进她的心中。像刚才那么点儿小事还值得吵闹吗？——她每次吵过架冷静下来时都要想到这句话。可是……老头儿也应该回来了。他们以前吵架，他也跑出去过，但总是一个小时左右就悄悄回来了。但现在已经两个小时了仍没回来。外边正下大雪，老头儿没吃晚饭，没戴帽子，没围围巾就跑出去了，地又滑，瞧他临出门时气冲冲的样子，不会一不留神滑倒摔坏了吧？想到这儿，她竟在屋里待不住了，用手背揉揉泪水干后皱巴巴的眼皮，起身穿上外衣，从门后的挂衣钩上摘下老头儿的围巾、棉帽，走出了房子。

雪正下得紧。夜色并不太暗。雪是夜的对比色，好像有人用一支大笔蘸足了白颜色，把所有树枝都复勾了一遍，使婆娑的树影在夜幕上白茸茸、远远近近、重重叠叠地显现出来。于是这普普通通、早已看惯了的世界，顷刻变得雄浑、静穆、高洁，充满鲜活的生气了。

一看到这雪景，她突然想到她和老头儿的一件遥远的往事。

五十年前，他们同在一个学生剧团。她的舞跳得十分出众。每次排戏回家晚些，他都顺路送她回家。他俩一向说得来，却渐渐感到在大庭广众之下有说有笑，在两人回家的路上反而没话可说了。两人默默地走，路显得分外长，只有脚步声，真是一种甜蜜的尴尬呀！

她记得那天也是下着大雪，两人踩着雪走，也是晚上八点来钟，她担心而又期待地预感到他这天要表示些什么了。在河边的那段宁静的路上，他突然仿佛抑制不住地把她拉到怀里。她猛地推开他，气得大把大把抓起地上的雪朝他扔去。他呢？竟然像傻子一样一动不动，任她把雪打在身上，直打得他像一个雪人。她打着打着，忽然停住了，呆呆看了他片刻，忽然扑到他身上。她感到，有种火烫般的激情透过他身上厚厚的雪传到她身上。他们的恋爱就这样开始了——从一场奇特的战斗开始的。

多少年来，这桩事就像一张画儿那样，分外清楚而又分外美丽地收存在她心底。曾经，每逢下雪天，她就不免想起这桩醉心的往事。年轻时，她几乎一见到雪就想到这事；中年之后，她只是偶然想到，并对他提起，他听了总要会意地一笑，随即两人都沉默片刻，好像都在重温旧梦；自从他们步入风烛残年，即使下雪天也很少再想起这桩事了。但为什么今天它却一下子又跑到眼前，分外新鲜而又有力地来撞击她的心？

现在她老了。她那一双曾经蹦蹦跳跳、分外有劲的腿，如今僵硬而无力。常年的风湿病使她的膝总往前屈着，雨雪天气里就隐隐作痛；此刻在雪地里，她每一步踩下去都是颤巍巍的，每一步抬起来都十分费力。一不小心，她滑倒了，多亏地上是又厚又软的雪。她把手插进雪里，撑住地面，艰难地爬起来，就在这一瞬间，她又想起另一桩往事。

那时他俩刚刚结婚，一天晚上去平安影院看卓别林的《摩登时代》。散场出来时外面一片白，雪正下着。那时他们正陶醉在新婚的快乐里。瞧那风里飞舞的雪花，也好像在给他们助兴，满地的白雪如同他们的心境那样纯净明快。他们走着，又说又笑，接着高兴地跑起来。但她脚下一滑，跌倒在雪地里。他跑过来伸给她一只手，要拉她起来。她却一打他的手：

"去，谁要你来拉！"

可现在她多么希望身边有一只手，希望老头儿在她身边！虽然老头儿也老而无力了，一只手拉不动她，要用一双手才能把她拉起来。那也好！总比孤孤单单一个人好。她想到楼上邻居李老头，老伴早早去世了。尽管有个女儿婚后还同他住在一起，但平时女儿、女婿都上班，家里只剩李老头一人。星期天女儿、女婿带着孩子出去玩，家里依旧剩李老头一人——年轻人和老年人总是有距离的。年轻人应该和年轻人在一起玩，老人得有老人陪伴。

真幸运呢！她这么老，还有个老伴。四十多年里两人如同形影紧紧相随。尽管老头儿性子急躁，又固执，不大讲卫生，心也不细，却不失为一个正派人，一辈子没做过亏心的事，也没丢弃自己奉行的做人原则。她还喜欢老头儿的性格——真正的男子气派，一副直肠子，不懂得与人记仇记恨。粗线条使他更富有男子气……她愈想，老头儿似乎就愈可爱了。如果她的生活里真丢了老头儿，会变成什么样子？多少年来，尽管老头儿夜里如雷一般的鼾声常常把她吵醒，但只要老头儿出差在外，身边没有鼾声，她反而睡不着觉，仿佛世界空了一大半……

她在雪地里走了一个多小时，大概快十点钟了，街上已经没什么人了，老头儿仍不见，雪却稀稀落落下小了。她的两脚在雪地里冻得生疼，膝盖更疼，步子都迈不动了，只有先回去，看看老头儿是否已经回家了。

她往家里走。快到家时，她远远看见自己家的灯亮着，有两块橘黄色的窗形的光投在屋外的雪地上。她的心"怦"地一跳：

"是不是老头儿回来了？"

她又想，是她刚才临出家门时慌慌张张忘记关灯了，还是老头儿回家后打开的灯？

走到家门口，她发现有一串清晰的脚印从西边而来，一直拐向她家楼前的台阶前。这是老头儿的吧？

她走到这脚印前弯下腰仔细地看，却怎么也辨认不出那是不是老头儿的脚印。

"天呀！"她想，"我真糊涂，跟他生活一辈子，怎么连他的脚印都认不出来呢？"

她摇摇头，走上台阶打开楼门。将要推开屋门时，她心里默默地念叨着："愿我的老头儿就在屋里！"这心情只有在他们五十年前约会时才有过。

屋门推开了。啊！老头儿正坐在桌前抽烟。地上的瓷片都被扫净了。炉火显然给老头儿捅过，呼呼烧得正旺。顿时有股甜美而温暖的气息，把她冻得发僵的身子一下子紧紧地攫住。她还看见，桌上放着两杯茶，一杯放在老头儿跟前，一杯放在桌子另一边，自然是斟给她的……老头儿见她进来，抬起眼看她一下，跟着又温顺地垂下眼皮。

在这眼皮一抬一垂之间，闪出一种羞涩、发窘、歉意的目光。这目光给她一种说不出的安慰。

她站着，好像忽然想到什么，伸手从衣兜里摸出之前夺走的烟嘴，走过去，放在老头儿跟前。什么话也没说，赶紧去给空着肚子的老头儿热菜热饭，再煎上两个鸡蛋……

初夏

张诗群

是正正好的初夏，山风吹过来，也是正正好，没有人说过小满美好，但有些细碎的瞬间被植入生命时，她确信那就是美好，小满听到心底有东西呼啦一声开放。

小满在洗那个陶罐。整个春天，她每天早晨都在洗，然而春天很快就要过去了。我坐在一棵油桐树上看书，小满的背影在我俯下去的眼角余光里，像池塘边的一蓬蘑菇。那是1990年的初夏。

水艾的青草气混杂着很多植物的气息有一阵没一阵地漾开，闻起来有生涩的味道。然而也有花香。坡下的杉林里，点缀着白的红的叫不出名字的细碎花朵；还有木槿，粉粉地开在一丛正在长个的新竹旁；蛇目菊和千日红，在一簇簇矮灌木中，摇曳生姿得分外妖娆；而后是绿色，没有节制地四处涌动，让人想起油画的底色和海洋。

时令上，那是最美的山村，然而住在里面的人谁也不觉得特别，就像小满，她每天早晨提着陶罐把煮烂发黑

她去池塘洗父亲换下的衣物，顺带洗一大圈输液用的细长胶管。她蹲下来，对着水面长久发呆。水葫芦碧绿的叶子已日渐宽大，水汽弥漫起来，小满不知道是自己眼中的水汽还是水面的水汽。她看到水中自己的影子，保持着拘谨和张望的姿势。初夏的山色绿影憧憧，贴入水面变成模糊柔软的蓝绿屏风，绸缎般美好，却不可触摸。小满笑起来，又很想很想大哭一场。

小满坐在病房里编小鱼，用那些细长胶管。她把编好的小鱼挂在吊水的杆子上。范海青举起来托在手中，用拇指来回摩擦。“小满，你手好巧。”他看向她的目光有一种光芒。小满笑着不说话，编小鱼的手却不听话地颤抖。而后几天，她一直不停地编小鱼，又编其他稀奇古怪的小玩意儿。小满想，也许适当的时候，她要送他一些什么。

小满为自己突然而至的想法羞怯和激动。她对自己说，要勇敢一点。她躲开所有人的目光，在父亲熟睡的深夜，剪开那些细长的管子，在惨白的灯光和一地的胶管中编礼物。整整一夜，她编好了一个钱夹和一个钥匙扣，匙环上串吊着两条小鱼。然而，这并不够。

太阳升起来，小满安顿好父亲，去山坡上摘金银花。篱笆墙上藤萝缠绕，嫩白或金黄的小花朵香气袭人，小满一朵朵采下，装进水白色的胶管钱夹。是正正好的初夏，山风吹过来，也是正正好，没有人说过小满美好，但有些细碎的瞬间被植入生命时，她确信那就是美好，小满听到心底有东西呼啦一声开放。

挨过了一个上午又一个下午，傍晚，掏空枯萎的花朵，钱夹已经香了。小满揣着小鱼钥匙扣和金银花香的钱夹走完医院院子里的水泥路，来到范海青的宿舍外。屋外晾着一篙衣服，一件火红的连衣裙居然像一个站在那里的女孩，太过醒目以至有种刺痛的灼伤。屋里传来一个女孩甜甜的声音：海青，海青。

小满转过身，心底有什么簌簌地落。她不歇气地一直朝前走，天空有一些浮云，像结了个绚丽的茧子。初夏，快要过去了。

的药渣倒在经过的三岔路口，然后去池塘清洗。黄色的小蝴蝶跟随她向前飞舞，她熟视无睹，无从知晓那是一种可资回望的美好。小满不漂亮，细瘦，脸微黄，扎一根马尾，普通如道旁随处可见的尖叶草，却又清冽，安分守己，像她十八年的乡村岁月，说不清短暂还是漫长。

小满的父亲到底抵熬不住病痛，住进了镇医院。那个初夏，便在小满从家到医院的不停往返中渐次漾开。青春岁月中必然要经历的一些体验也骤然撞进小满的世界，让平静的生活呈现某种波纹。

她脸朝外坐在父亲病床边。门被推开，一道光进来了。小满后来这样对我说。实习医生范海青推门进来时，小满有一种短暂的窒息感。她忽然有种从未有过的慌乱和自卑。她把头转向窗外，一株古槐在阳光下满是明亮的细密叶子。范海青俯下身给父亲扎针，小满闻见他身上的某种气息，还有浓密黑发间的味道，甚至他身上簇新的白大褂都散发着冬天阳光中晒暖的棉被香气。范海青直起身，对回转头的小满笑起来，小满也笑起来，却迅速低下头。那一刻，她无法与他对视。

日子忽然间充满了期待。小满十八年的安静时光忽地涌进了许多声音和色彩，她在那些声音和色彩中沉陷，没有丝毫的挣扎。她聆听门外的动静，把每一种声音都联想成他的，心跳得发慌，却又沮丧得厉害。窗外走廊里走来走去的护士穿起了宽摆的裙子，高跟鞋的声音是一种有节奏的韵律，却像小锤子一样一下一下砸在小满的心上。她下意识地收拢两条腿，它们藏在皱巴巴的裤管里，却将一双脚连同紫红色塑料凉鞋委屈地晾在目光之下，小满觉得自己哪儿哪儿都那么不尽如人意。

一个春天的黄昏，少年在菜花地里见到女孩子走过，轻轻地一笑。姻缘的起源，可以如此简单，只因远远地相望，羞赧一笑。

一个春天的夜里，老婆婆独自吞下了金约指。爱之幻灭，可以如此绵长。也许，人生本就是一场幻灭的行旅吧。

金约指

✽张小砚

一

她是外婆家隔壁的邻居，五十多岁，因终身未嫁，不论老少皆称其秀姑姑。

友谊的开始，大约是孤独。我远离父母，周围幼童皆不熟稔，性格又孤僻，身上长满疮痂，连狗都嫌。她只有一条腿，另一条腿从大腿根处截去，接了木质的假腿，也颇受排挤，甚少与村人来往。我们不约而同离人群远远地，在人群之外悄悄地要好着。因她走动不便，我便主动帮忙跑跑腿，做些小事。她也偶尔揽我在怀里唱歌给我听，给我许多温暖。但我有种奇怪的心情，对外都不太好意思承认我们的交情。

有人取笑我："哎呀呀，烂体秀姑是你的好朋友吧？"

我立即跳起来争辩："才不是呢，你放屁。"

有人取笑她："跟那么个小孩连说带笑的，你们很谈得来嘛。"

她也立即说："瞎扯，跟个小鬼头有什么好说的。"

他们对别人说起的时候，总结：她们俩要好，是因为她们俩都很讨人嫌。

漫长的夏日午后，她和我说起她的腿。

十八岁那年岛上发洪水，她下水洗衣，脚被葛藤扎破，伤口感染，先用土方敷治不见效，再去看大夫的时候已经溃烂，要截肢了。

"头年已经下聘，二年春上就要出嫁了，日子都定了！可是，谁家要一个残废啊？我想着，可不能截肢啊！第二天就要截肢，我还是回来了。"

"后来呢？"

"买好多醋回来，倒盆里泡腿，说是能杀毒，臭得不能闻，家里人都嫌弃我。烂了的腿，已经不能挽回……"

她努力地回忆着，却又拙于表达，目光定定望着地上。

"终于，还是锯掉了小腿。截肢后，伤口不得收拢，又烂了，又截去了膝盖。重复截去三次，就成了现在这样。"

"那腿呢？"

她奇怪地看看我，突然温柔一笑："扔掉了。"

……

空荡荡的裤腿被风吹起，卷打着另一条腿，不依不饶，仿佛在说：扔哪去了？扔哪去了？

她眯起眼睛，抬头望着远处的沙洲，沙洲起伏延绵，一路迢递不断。秀姑姑说："这沙洲啊，从来都没有变过，一直看着，影绰绰地能看到老早的时候。"

二

三十年前。

秀姑姑的腿正在腐烂。

"赤脚医生"对翻滚的肉蛆蒙面而逃。秀姑姑躺在抬她的竹凉床上，腿已经没有知觉，感觉不到痛楚，腰肢以上却热烘烘地肿涌，脑子昏昏沉沉，失神的眼睛看着卫生院的墙，墙上写着几个大字：把医疗卫生工作的贡献放到农村去。一头猪走过来，对着竹凉床拱拱，嗅嗅，发现不能吃，又失望地走开了。

旁边父母兄弟在低声商量："到县里去，不晓得要花好多钱。那人家也应该出钱，治好了还不是他家的人？"

"还没过门，怕是不肯出钱……"

竹凉床草草搁在门口，一头拦里，一头占外，父兄的心情也是如此。将嫁未嫁的姑娘，娘家再赔钱在她身上有些吃亏，但婆家还没接手，自然不肯伸这个头。

三

眼角瞄到远处一棵柳树在风里飘飘摇摇。那棵树下，曾经有一个春天的黄昏。

那个他，菜花地里见到女孩子走过，晚春的风吹着柳条一样轻盈的身躯，不禁望失了神。女孩子冲他轻轻一笑。他知道她是某队的姑娘，却不知是哪一家。第二天托了媒人去打听，提亲。

姻缘的起源，可以如此简单，只因远远相望，羞赧一笑。

县医院的男医生掀开棉被检查，嫌恶地皱着眉头，回头跟她家人商量，指点："这里，这里，已经坏死了……"父兄点点头，又尴尬地转过头去。她觉得自己就像案板上的猪肉，白花花地露在众人眼前。病，是没有体面的，她再也不是什么未出阁的姑娘家，只是一截病体。

病体挣扎着扭头望向窗外，她对县城的想象不是这样的。虽然从没来过这里，但对县城的想象从定亲时就开始了——鲜亮的布料，糕点，水果糖，花头巾，供销社，照相馆……

医生从厚厚的口罩里发出刀片一样的声音："截肢。"

她忽然感觉到腿上的凉意，知觉瞬间出现，又如潮水般消失。那条腿很久都没有知觉，却在快要失去的瞬间，忽然和她交流了一次。

白花花的床单，白花花的墙，日头煌煌地晒着，好像过了千年万年之久。她还没有死，但也没有活，只是搁浅在这惫赖的人间。后来看到她父兄抬着竹凉床来接她，还恍惚，怎么抬的不是棺材。

已是秋深季节，涨水。船行江中，遇鬼头风，裹卷着渡船靠不了岸，船上人都惊慌祝告，跪拜水神。秀姑姑躺在竹凉床上，裹着棉被，露在外面的头发被风吹得飘飘洒洒，带着漆黑的阴影，对比脸色煞白，好像凄厉的女鬼。女鬼心里却平静，就这样终场，也是一种确定的结果。死，有时候已经不可怕，相对于生。

伸手摸索金约指，扣在手心，死死地攥住。定亲的时候他家送来的，曾引起许多姑娘的艳羡，不好意思戴在手上，因为还没过门。虽然只是一枚细细的韭叶戒，但那个年代谁家的家底都掏空了，拿出这样的重礼非常不易。用红绳系住挂在脖子上，藏在贴肉的衣襟怀里。有时换洗衣裳，金约指在胸前一荡，心里也会无端一阵荡漾。姑娘的心思却也因此而落定了。

媒人说，婆婆的意思是过门的时候，奉茶礼再给她，但是他坚持定亲就给。媒人的话让躲在房里的她脸红心跳，却也忍不住笑了。他啊，是那样心急的人。

他，也真是个心急的人。她还在县医院，就听说叫媒人来讨还金约指。虽然也瞒着她，到底到了她耳朵里。是腿没有了，又不是耳朵聋了。她娘几次试探她金约指放哪里了，她咬紧牙关就是不告诉。不，也许不是他，是他娘。他娘是队里出了名地泼辣，便宜要占尽，亏是一点不能吃。

出了院回家，就不再是病人了。命虽然保住了，到底还是残废了，父兄为花去的钱而痛惜，脸色不那么好看，催她娘下地做事，不能伺候她。一个倒下另一个陪着，耽误多少进项啊，又不是千金的小姐，小门小户地惯不起。她扶桌子试着站立，却站不起来，失去一条腿的身体仿佛失去了某种平衡，和蜷起一条腿站立不是一回事。

好多次，看到棉被一截瘪下去，还是会忍不住地心里狂跳，腿不见了？摸摸是真不见了。医生跟她说截肢初期的人，生理上的知觉还是惯性的，会觉得腿仿佛还在。老是记得那腿上有颗俏皮的红痣，像一滴胭脂，衬得皮肤白生生……那么好的一条腿！

她梦见自己从床上爬起来就跑，一直跑一直跑，见沟越沟，见坎跨坎，跑得跟风一样快，下意识里晓得自己不能低头。一低头看见空荡荡的裤管，就会马上跌倒。

媒人几次上门来讨订婚礼，男方的娘也亲自出马来要。骑坐在门槛上指天骂地，看热闹的人像流水一样，父母招架不住，劝她不要贪图，还了去。她就是不肯，从小性情婉顺的她，这时候像变了个人，扶着床沿，静静地坐着，不言不语，冷硬得油盐不进。她在等，等他出现，只要他开口，她就还。

但那男人从定亲礼上那天寒暄着，说说笑笑，离开她家，就像走进了空气，再也没露面。

家里打的嫁妆落满了灰尘，静悄悄地，百子桶、洗脸架、衣箱，虽是喜事家什，但还没来得及上漆就停工了，满堂白凄凄的，有种办丧事的气息。她时常在半夜里恍惚闻到香烛纸烟的气味。

这些物什，没有人去收捡，好像收也不是，不收也不好，走路都绕着过。桐油的味道很重，沉沉地淀在堂屋里，空气都不流通。

所幸几个月后又开了工，弟弟定了门亲事，这些家具正好可以用上，又请了木匠师傅来添置花床、桌柜，毕竟嫁女和娶媳排场不一样。那些东西经人手一拨弄，又活过来了，家里人也悄悄地松了口气。

秀姑姑的房门正对着木匠做工的堂屋，她坐在床沿上痴痴地看，看着花床，一点一点成型，看着满堂的家具渐渐堆满。似乎与自己相关，又不相关。望着满窗外的春光，阴影在墙上爬上爬下，那是光阴在移动流逝。望得人脖子都酸了，垂首看见床前齐整整地摆了一双布鞋，鞋底雪白，又觉得刺眼。

周遭都滔滔，只有自己留在了这里。日子如流水，窗外春花春柳都已开遍，一路开到长亭接短亭，远山远水漠漠寂寂，如同人生的无穷无尽。

做活计的木匠，是个年长的外乡人，察觉到她的难过，有时候歇息抽袋烟的工夫，也陪她说说话，开解她。总是说，她还年轻，往后路还长。她越发不能听这样的话，可怕！宁愿一死。

但现在死又有点不像话，已经过了那个时机，而弟弟马上要讨亲，筹备办喜事，家里也难为。真的，要死早就应该死了，白花了家里那么多钱！心里说不出的懊悔和深深的委屈。

她也常常想，命运如此，该怨哪一个？发现即便没有人可以怨，心里那种辛辣之气也去不掉。有时候望着那满堂的家具，喜气洋洋，倒是羡慕它们不管世事怎么变，都有可去之处。这场婚事赶不上，还有下一场。人不如物，失去一条腿，仿佛连人都不是了，连家里人也觉得她不再有人的感情，才19岁的好年华，都随着那条腿截去了。

家里给她在村头搭了间小屋，将她移过去，马上家里要办喜事，准备半年多了，不能出乱子。怕她寻死，万一死在家里，不好收作。

四

许多年以后，她已经是老婆婆了，终于一天，真不想活了，摸索着，扯下脖上挂的金约指，吞进肚子。

戏文里吞金子寻死，也许只是说书的瞎编。她吞下去几天几夜都死不了，痛得在地上爬，摸索着又吞了各种东西，麻绳、碎石子、破布头、头油、蜡烛、木渣……

解剖的法医说，老太太真是能吞，一肚子应有尽有。

她怀着必死之心，吞了许多物什，好像要将这一生所失都吞回来。

收殓时，家人将那枚金约指替她戴在手上，随她下葬。

人们叹息，秀姑姑一生就是有那样的怨！死也要和他结来生的缘。

一个春天的黄昏，少年在棉花地里见到女孩子走过。姻缘的起源，可以如此简单，只因远远地相望，羞赧一笑。

一个春天的夜里，老婆婆独自吞下金约指。生之幻灭，如此绵长。

我不等你，我等梅花落满南山

冷 莹

她太孤独了，孤独深入骨髓，已经不想在这世间再找温度了。

1

钟宇常在我朋友开的咖啡馆里看书看到打烊。他大概年近四十的样子，长得很清俊，给人最坚实的印象是斯文沉默。他在店里的那几年，店里的服务员们谁也没有听到过他大声说一句话。召唤服务员时他也不像别的客人那样出声叫人，总是等到服务员看过来时以微笑和手势示意，每次结账离店时也会对收银员点头致意。

店里的服务员都很喜欢钟宇，好几个女服务员第一次见他时都心猿意马的，直到看着他离店时拿起放在桌子内侧的一支黑拐杖时，她们才一一发出老天不公的感叹。

2

钟宇走路的姿势是有些倾斜的，一条腿很不利索，那是他5岁那年小儿麻痹落下的后遗症。

钟宇是8个月大的时候被父母抱养的。钟家抱养他两年多后，曾被医生诊断难以生育的他们有了自己的亲生女儿，不久钟宇又因小儿麻痹染上腿疾，从此彻底失了宠，养父母对他一天不如一天。

钟宇很小的时候就知道好吃的要让给妹妹吃，好玩的要让给妹妹玩，照顾好妹妹是自己的责任，凡事不能同妹妹争。比起那点好吃的好玩的不能碰触的失落，真正让钟宇觉得难堪的，是院子里那些邻居们充满八卦的怜悯。他们住的是厂里的宿舍楼，整个院子里都是同厂的职工，大家对相互间的情况都很了解。钟宇走到哪儿，总有人摸着他的头叹一声可怜孩子。这使得钟宇出入院子时常常躲着人走。

院子里的邻居们只有一个人是钟宇乐于见到的，那就是厂里的资料员蒋素秋。

蒋素秋那时三十来岁，独自一人住在钟宇家前排宿舍楼最尽头的一间。

蒋素秋那时在背地里有个很不雅的绰号，叫“上海坏女人”，名声很不好。名声不好的蒋素秋很有眼色，平日里基本不与厂里人来往，每日陪伴她的就是书，她也是厂里唯一一个热爱看书的女人。

蒋素秋其实衣物很简单，夏天基本就是一件蓝灰色碎花长裙和一身雪青衬衫搭黑长裤来回倒，春秋加一件黑色毛衣外搭，冬天则多半裹在一件洗得泛旧却熨烫挺阔的藏蓝色呢子长大衣里。她屋檐下的晾衣线上来来回回挂的就那几件衣服，厂里再也找不到第二件衣服比她还少的女人了，甚至厂里守门员老吴那从农村来的老婆也自吹衣服比她多得多。蒋素秋怎么看也不像个坏女人。

她也不是上海人，而是土生土长的重庆人。蒋素秋年轻的时候不知怎么和厂里那个上海下放过来的已婚技术指导好上了，等人家的老婆打上门的时候，厂里人才哗然，原来平时腼腆羞怯的小蒋竟有这样的一面。两人双双受了处分，不久技术指导就在岳父家的斡旋下调回上海，而小蒋不声不响在众目睽睽之下硬是掩饰住了自己的十月怀胎。大家都吃惊于小蒋那要豁出去一切去保住那个孩子的样子，可孩子却在出生第三天就夭折了。或许是出于同情，厂里网开一面没有开除她，只是把她从技术研发室调到了无人问津的资料室。大专毕业的蒋素秋从此就断了升迁的路，厂里搞研发的那几个文化程度比她低的人，后来一一都被提拔到领导层去了。

不知道为什么，钟宇暗自觉得蒋素秋其实是很骄傲的。他觉得她不跟厂里人来往，并不是愤恨他们在背地里喊她坏女人，他觉得她就是纯粹因为对外面的人不屑，而选择了活在自己的世界里，仅此而已。

厂里这几排宿舍楼都是老旧平房。蒋素秋住在最东边。钟宇回家时从西边更近，但他每次一个人的时候都走东边绕，尤其是夜晚，因为那样他能路过蒋素秋的窗口，而蒋素秋夜晚一定是坐在窗边的书桌前看书的。钟宇喜欢看到蒋素秋在窗前看书的剪影，他知道书里的那个世界对她有多好。她躲进去，一切就无关紧要了，他们叫她坏女人也是不打紧的事。他知道。因为他也是那样的。看书的时候有一千一万个化身，让自己躲进书里去。

3

在钟宇那寂寥的年少里，蒋素秋对他来说是一场无言的慰藉。为什么呢？钟宇问过自己。他想，或许是因为他知道她在人群中和他一样孤独吧。

钟宇觉得，世间的孤独都是相仿的，并不会因为十来岁的少年和三十来岁的女人就面目不同。

使钟宇和蒋素秋有交集的，是新华书店。钟宇不喜欢待在家，也没什么朋友，经常躲到书店里看书。在离家半小时路程的那家新华书店，钟宇发现经常能遇到蒋素秋。

钟宇没有钱，去了经常拿本书躲在角落里直到看完了才走。那时候的书店还不像现在这样开明，大多数营业员都很嫌弃那些只看不买的书虫，经常大声吆喝不要把书翻烂了，有时心情坏了也直接赶人。这使得钟宇有时候很难堪。

或许是蒋素秋经常在那买书的缘故，店里的营业员对她都非常尊重，每次见她来都微笑着点头。每每那个时候，钟宇在角落里看着，心情就很美好，觉得营业员的脸也变得可爱起来。他想，这里不会有人在背地里叫蒋素秋坏女人了，蒋素秋本来就应该是个配得上很多敬意的女人。

钟宇以为蒋素秋没有注意过他，就像她平时在厂里走路常常旁若无人一样。但是有天蒋素秋在路上喊住了他：“钟宇，我那有些书，你想看的话可以借给你。”那天蒋素秋在书店碰见了钟宇灰头土脸地被营业员甩脸色了。钟宇有点愣地看了看站在面前的蒋素秋，她竟然知道他的名字。他心里的那点尴尬也被忘记了，傻傻地冲她咧嘴一笑，蒋素秋也笑了，她揉了揉他的头发，说：“这么爱看书，你和别的小孩不太一样啊！”

那天钟宇就跟着蒋素秋回家挑了本书，蒋素秋推荐给他一本诗集。那天晚上，钟宇抱着书有点睡不着觉。

那之后他开始陆续去蒋素秋的房子里，起初每次换了书就走，后来也慢慢留下来聊几句，或者就坐下来，两人默不说话各自看上半天的书。

蒋素秋对钟宇那种淡淡的随意的态度让钟宇觉得很舒服，他觉得她不像那些把他当成一个小孩而居高临下的大人，也没有把他混同厂里那些熟悉却不相干的面孔。

钟宇再也不用去书店提心吊胆地看书了，他有了一个更喜欢的去处。养父母是没什么心思在他身上，鲜少过问他的去向，因为嫌弃钟宇走路瘸腿的难看，他们去逛街和亲友家串门一般是不愿意带上钟宇的。年少的钟宇对孤独习以为常，却在走进蒋素秋的房子之后意外地感受到了自由带来的幸福感。

他喜欢待在蒋素秋身边，仿佛停顿的时光里，只有两人交错的轻轻翻书声。

4

在那个很多人一心惦记着改善餐桌生活的年代，蒋素秋不同于别人的一点还在于她非常喜欢花，她的书桌上总是有花。一枝月季，一把厂后面的田野里采来的野菊，有时干脆就是冬日里树上的一把乌黑女贞果。因为蒋素秋，钟宇走在路上也开始不自觉地留意起路边的花草来。

他摘过几把花带给她，藏在自己军绿色的旧书包里。春天小城后边山里的几枝野生油茶，白花黄蕊，香得轻盈；夏天里白色的茉莉和栀子；也曾在学校花坛里偷过一把含笑给她，黄玉一样的小花，满房间都盈着一种类似香蕉的香气。

蒋素秋见了花就高兴。她说：“钟宇，你喜欢有香气的花啊，那你长大以后去南山那边工作吧。南山上有很多蜡梅花，冬天里一开，走哪香气都跟着你。”

那一年，两个不怎么快乐的人，脸上的笑容都多了起来。

一个十来岁的瘸腿少年，和一个三十来岁的名声狼藉的中年女人，满屋子似乎永远也看不完的书。厂里人简单粗暴地把它归总成了一桩艳闻。

风言风语刮到养父母耳朵里，钟宇收到了很多旁敲侧击。

大概因为不是亲生，养父母是从来不对他动手的，就是批评他的时候说话也会注意语气和措辞，仿佛很介意在这种不消成本的事上跟他闹坏了关系。不像对他们亲生的姑娘，虽然有时候也打骂，但他们爱她爱到了骨子里。钟宇知道，有时候打骂也是讲资格的。

钟宇是个乖小孩，但唯独这件事，他不想听养父母的。他开始有点懂了蒋素秋骨子里的睥睨，他也同样不屑于理会四周那些龌龊卑劣的眼神。他仍然去蒋素秋那里，只是去得更低调而小心，因为不想蒋素秋受到更多的污言污语，虽然他知道蒋素秋既不曾留意也不会在意。

那个时候，钟宇不知道，命运的阴影已经悄然投落在他们之间。

5

那一年过年的时候，钟宇父母回他成都的外婆家过年，因为只打算住两晚，便懒得带上钟宇，留他在家看屋。蒋素秋知道了，年三十晚上烧了两个菜下了一盘饺子，叫上钟宇一起吃。很简单的一顿饭，却是钟宇人生记忆里最温暖的一顿饭。

吃完饭后，他们围着一炉炭火对坐着看书，钟宇记得他那天看的是海子的《土地》。海子写道：缄默者在天堂的黄昏，在天堂这时正是美好的黄昏。

昏黄的炉火在他和蒋素秋脚下，笼得每个字都暖醺。那种昏黄是钟宇一生记忆中最绝艳也最凄凉的颜色。

他不记得，那晚是谁先从书里抬起头来，他们放下书聊起了天。那天蒋素秋说了很多话，她向他讲了她几乎所有的故事，出身于知识分子家庭，被父母珍爱的童年，自杀的父亲和因病去世的母亲，那个曾给她很多温暖又临阵脱逃的上海男人，以及一个在她怀中一点点失去呼吸的婴儿。钟宇几乎不敢出声打断她，害怕惊扰了她。他知道，她孤独得太久太久了。

后来蒋素秋看着钟宇说："如果那孩子活下来，说不定现在也快有你这么高了，他爸爸个子很高的。"蒋素秋的脸是微笑的，眼角却流了泪。

就在那时候，钟宇神差鬼使地站起来拥抱了她。那是一个无比纯洁又意味复杂的拥抱，他拥抱她，像拥抱一直生长在自己想象中未曾谋过面的生母，又像一个年长的男性拥抱自己怜爱的女儿，或者说更像一个孤独者拥抱另外一个更孤独者。在那个时刻，钟宇愿意把自己一生所能拥有的暖意都馈赠给她，面前这个年长自己一轮多的女人。

蒋素秋没有推开他。

窗户和门就是在那个长长的拥抱里几乎同时被砸响的。

首先冲进来的是钟宇的养父母，他们搭的便车坏了，便杀了回马枪；其次是他们身后飞快蜂拥而至的邻居们。

养母一把将钟宇拉到了自己身后，然后在围观的人群面前飞快地向蒋素秋吐出一串串极其连贯的侮辱字眼。在钟宇那时轰然作响的大脑里，只记得坏女人那几个字一遍遍地敲打着他的耳膜。

那一晚的混乱之后，钟宇再没有去找过蒋素秋，他羞于面对她，在养母每日对她的唾骂声中疏远她。有一次，钟宇放学回来的路上，在巷道口遇见了蒋素秋。她刚从书店回来，手里抱了几本新书，见了他，远远就停下了脚步。钟宇怔怔地看了她几眼，然后飞快地转身拐进了另一条巷道。那是钟宇最后一次看见蒋素秋。

不久，蒋素秋就烧炭自杀了。

钟宇知道，蒋素秋自杀根源不在于他。她太孤独了，孤独深入骨髓，已经不想在这世间再找温度了。而他在她身边的时候就明白，她以一个成年女人的聪慧和温厚之心暖了他，他于她而言，却不过是一个需要成长慰藉的弱小少年，他的火焰微之又微。

但钟宇的年少，终究是随着蒋素秋的死曳然结束了。

6

钟宇后来考的是本地的大学，大学毕业后一直留在重庆工作。刚开始工作时租了间旧民房，窗口向着南山。后来工作做得顺，买房又换房，也都在南山附近。

"蒋素秋说得对，南山上蜡梅多，冬天里没事走一走，一阵一阵梅花香。"钟宇笑着说。

钟宇后来一直没谈恋爱，不知道为什么，他觉得自己似乎没有去爱的欲望和能力。养父母催过他很多年，后来也渐渐死心，放弃了。

或许是很害怕与这个没有血缘关系的儿子生疏，他们没有去远嫁成都的女儿身边，反而在几年前搬进了钟宇的房子，与他同住，顺带照料他的生活起居，很是精心。

钟宇对他们很客气，逢年过节送礼物包红包，偶尔陪他们旅行。只是大多数时候他习惯了一个人独处，所以工作闲暇的时候很少在家待，更喜欢一个人在南山上到处走一走，或在这间自己熟悉的咖啡厅点杯咖啡看书到打烊。

钟宇没恨过他的养父母。他想，他们到底养大了他，让他吃饱穿暖，没动过他一根手指头，又供他上完大学，既然没有血缘关系，那就是人生再造之恩。他感激他们，但学不会热爱。就如同他们对他。这个真相就像一个贴着封条的谜底，彼此心知肚明，而又永远不会在那个家中揭示。

在这个物质不再匮乏的年代，人们可以爱上的事物很多。如今的重庆到处是花店和书店，甚至还有了24小时不打烊书店。重庆的冬天，常常有人扛着一捆捆的蜡梅花出来卖。钟宇常常想，如果蒋素秋活到了这个年代，一定会喜欢它的吧！

如果她还在，他一定会常去看她，夏天带路边老太太竹篮里卖的把把黄桷兰，冬天拎一捆绑得柴火一样却香气傲人的蜡梅花。他知道，她一定会喜欢。

钟宇略略倾着头，沉在自己的记忆里。咖啡馆的台灯下，他的脸上露出一种极静极远的微笑，他身后的窗外，南山在夜色里青影绵伏。

我想，或许钟宇也是幸福的吧，与这尘世热闹相拥的男女比起来，他只是幸福得不一样罢了。至少，他拥有这满南山的蜡梅，和永远不会在尘世里被玷污的清幽梅花香。

桔梗

×××

所有的人都认为我长大了会娶孤独，就连父母和外祖父好像也默认了这事。

✽龚房芳

××××××

我喜欢孤独。

孤独是个女孩子的名字。

一开始，我以为她的名字叫咕嘟。“咕嘟，把右边第三个盒子打开，抓些药材递给我吧。”

“我不叫咕嘟，我叫孤独！孤单的孤，独立的独。”她一本正经地纠正我，直到我抱歉地笑笑，说声记住了，她才开始帮我拿东西。

“一些是多少？你说清楚呀。这些是什么药材，你怎么不告诉我呀？”她显然还在不依不饶。我告诉她一些就是她的小手抓一把的量，她看看自己的手，笑了。

我接过孤独递过来的那些草根，温和地说：“这是桔梗，有宣肺、祛痰、利咽、排脓的功效。”我注意到，我说到痰和脓的时候，孤独微微皱了下眉头，但只在瞬间又展开了。

我开始把那些桔梗的根竖着剖开，而不是像一般人那样横着切片，这是用来泡茶的。

“原来又是药啊，这么好听的名字，竟然是药！”孤独嘟囔着，声音很小，我还是听到了。我笑着说：“其实你也可以把它当作花，把我们的园子当作花园。去花园里看那些桔梗花吧。”

孤独发出欢快的笑声，转眼就如同风一般飘向了后院的园子。

我知道，她是喜欢花的，任何花。

1

我们家开的不是药铺，是茶馆，镇上唯一的茶馆。除了那些常见的红茶绿茶花茶什么的，父亲更喜欢自己炮制一些有药用功能的茶。此地不产茶，所有的茶叶都是从外地购进的。但是这里盛产各种花，其实也不是盛产，只是父亲善于发现那些花的功效罢了。

当年父亲落脚在这个小镇上，并没有打算长期驻留。他在一个黄昏向镇子外面的田野走去，也许是散步，也许是想发现些什么。结果他就看到了大片的野花，那些野花肆意地开放着，已经不是一年两年了，它们在山脚下，在田野边，在河坝上，甚至挤在树底下和庄稼的缝隙间自生自灭着，从来没被人正眼瞧过，也从没被人毁坏践踏过。

父亲这个异乡人留下了，没有人知道他是为了那些镇外的野花而留。他一开始只是打零工，间或去茶馆帮忙。他在茶馆的时候，从不喝那里的茶，只是用那里的细瓷茶碗来泡自己晒干的花瓣。很快茶馆老板就喜欢上了这个年轻人，把女儿连同整个茶馆都送给了他。我的父亲是继承了外祖父的产业。

父亲把外祖父的菜园子给荒废了，这是母亲当时埋怨他时说的，父亲只嘿嘿地笑，也不解释。母亲把求援的目光投向外祖父，外祖父也不作声，他只端着茶壶，拎着马扎儿，哼着断断续续的小曲儿，踱到城墙根儿下去晒太阳了。

直到我出生的时候，母亲才明白父亲的心思。那天，父亲没有开茶馆的门，却去了后院的园子，他开始清理杂草，只留下那些盛开的野花。父亲刚把园子整好，就传来了我的第一声啼哭，外祖父因此给我取名花生。父亲头一回把脸喝得通红，他不停地给外祖父倒酒，说：“岳丈果然了解我，这个园子以后就是花生的了。”

我一点儿也不喜欢这个名字，总让人感觉我是土里结出来的花生果。可我没有自主权，这个名字就一直跟随着我，不管我乐意不乐意。母亲也觉得花生这个名字很土，只叫我生儿。

尽管我不喜欢自己的名字，可我喜欢那个园子，那个从我生下来就属于我一个人的园子。

2

撕扯完了桔梗根，我也来到园子里。桔梗正在开花，孤独在跟桔梗花说话。见我手里提着个小铲子，她慌了："你干什么？"

我微微地扬起嘴角："不干什么，就是弄些桔梗根。"

"你要挖了它们？"孤独更加惊慌地问。见我点头，她一下子跳到我面前，挥动着双手，气势汹汹地说："你怎么可以这样残忍？"

"残忍？"我忍不住笑，"我种它们就是为了挖根呀。你吃的米饭不是人家种的吗？难道你不残忍吗？那是水稻的种子呀，也是从它们身上得来的。"

孤独咬着嘴唇不说话，把眼泪使劲憋在眼眶里。我不急着去挖桔梗的根，而是小心地把每一朵花都摘下，递到孤独的手里。孤独的手不同于镇上女孩子的手，那些女孩的手不白不细腻，还长着大大的骨节。孤独的手是白的细腻的，像竹笋似的越来越细。

"拿着这些花，晒干了泡茶喝吧。"我对孤独说。孤独这才笑了，她捧着那些花，小心地捧着。

我每挖一棵桔梗，就先摘下那些花，孤独手里的花越来越多，多到她不敢动了，唯恐走动会晃掉手中的花，太多了。我再次笑笑，走到院子里去拿来一个小箩筐，她这才把双手放低，让那些花撒在箩筐里。她端着小箩筐，询问哪一棵是我要动手的桔梗，她先去摘花。

太阳从旁边的银杏树叶子间透过来，落在孤独的身上、脸上、睫毛上，也落在她的鼻子上、嘴边的花上……我扭转脖子，望着她，竟然呆了。

"嘿！你看什么呢？"孤独看到我的傻相，也傻傻地问。她摸摸自己的头发，早上梳得光溜溜，现在也一丝不乱。她整整衣襟，那件碎蓝花布的上衣卡住她的腰身，没有什么不妥。她拂拂脸，以为有花粉蹭到了脸颊和鼻尖，其实没有。

她把自己检查了一遍，没有什么发现，就也站在那里发呆。她的脸有些微红，呼吸有些不均匀。我突然扑哧笑了："你要是快点长大就好了。"

"长大？我现在还不够大吗？"孤独歪着头问。我又不知道如何回答了。

3

孤独是外祖父从城墙根下捡回来的。

外面连年战乱，我们这个小镇却似乎和外界的联系太少，从未受到过任何影响。从我记事起，镇上的人们只是会在鸡鸣的时候起床打扫庭院，在日上三竿时荷锄而出，午饭就在田头解决，西山飘霞时，他们才会回来，牛背上驮着捡来的干柴，自己身后背着给牛备下的青草。

过往避难的人很多，外祖父捡回过几个小孩子，都送给镇上的人家去养着。他对那些收养孩子的人家说："这些孩子可怜哪，和父母走散了，如果将来他们的家人来寻，不管怎么样，一定要让人家领走。就当你们做善事了。"

这一回，外祖父捡来的是个女娃，恐怕是没有人家愿意要了。母亲给她洗了手脸，看出她的白皙。

"几岁了？"

"十二岁。"

"哦，比我们生儿小两岁呢。"母亲说着，轻轻地笑。再问，那女孩儿就不说话了。第二天，她告诉我她的名字叫孤独。

果然没有人家收留孤独，这正合了母亲的心意，她只有我这一个儿子，巴不得有个女儿呢。父亲和外祖父没有就这件事表过态，孤独就这样留在了我家。

母亲曾悄悄地说："孤独可能是大户人家的丫鬟，我看着她不像那些干粗活的女子。"是的，孤独洗了澡，换了母亲小时候的衣服，就是一个文静秀气的小美人儿了。

最令母亲满意的是，孤独眼里有活儿，总是抢着去帮母亲洗洗涮涮。这就更让母亲肯定了自己的看法，孤独是大户人家里出来的。外祖父对此不置可否，只交代母亲要善待她。外祖母早在母亲小时候就过世了，母亲此刻就把自己的万般柔情都倾注到了孤独身上，我倒觉得自己后退了一射之地。

捡来的孩子里，孤独是最享福的，那些婆娘就打趣说："花生以后就娶了这小妮子吧，是个有福相的呢。"母亲听了就无声地笑，我不知道她是怎么想的。我每每听了这话，就偷偷去看孤独，孤独真是和这里的女孩子不一样，她眨眨眼睛，好像人家说的不是她而是别人。

4

母亲毫无征兆地病了，她喘息着半倚在床头，吃饭说话都费力。父亲紧张得不行，外祖父的脸色始终阴沉着，整个家里变得没有了生气。屋子里弥漫着中药的味道，孤独跑前跑后地忙碌着。

病倒的不只是母亲一个人，镇上还有几个妇女也都这样吃力地挣扎着。郎中来过了，他在数次摇头之后，怀疑那些逃难的人把瘟疫带了过来。我听到逃难二字，就扭头去看孤独。孤独的身子抖了一下，手里的药碗险些洒出汤水来。

街口传来一声撕心裂肺的哭喊，那是男人的嚎叫。我奔出去，看到扎根的娘被抬了出来，她的男人像狼一般哭号着，拿荆棘条抽打着扎根。

扎根是捡来的孩子。

郎中治不好病，就有一些神秘的传言从神汉那边传出来，说那些收养的孩子是克父母的。那几个妇女果然都是收养了孩子的，于是就开始恐慌。有几家还逼着孩子用花椒水洗澡，说是驱邪祛毒。

荆棘条打在扎根身上，孤独就跟着哆嗦。我不忍再看，拉着孤独回了家，把那些哭喊和咒骂关在门外。

有的人开始在野外的田里搭建棚子，他们把收养的孩子撵到那里去住，不让他们的晦气再沾染到更多的人。每到夜里，棚子里的微弱火光，如同鬼火一般闪烁着。我常听到野狗在镇外狂吠，甚至怀疑还有狼在山脚下窥视。我最担心的是家里人也把孤独送过去，她会怎样和那些男孩子一起心惊胆战挨到天明。

我的担心是多余的，虽然家里变得沉闷了，可父母和外祖父都没有赶走孤独的意思。我在一个夜晚还听到邻居来劝外祖父，但是外祖父以沉默回答了他们，赶走了他们。

孤独不再大声地说笑，除了照顾母亲，她最爱做的事情就是发呆。她呆着的时候我不敢突然叫她，她总是像受惊的小鹿，警觉地支棱着耳朵，打探一切风吹草动。

母亲开始剧烈地咳嗽，都是干咳。在深夜里，她常常隐忍着，可是那种忍耐会把她憋得喘不过气来，有一次差点昏过去。孤独日夜守着母亲，她会在夜里突然醒来，揉搓母亲的胸口，或者轻轻拍打她的后背，直到母亲把那一阵子咳嗽挨过去。

5

时间在煎熬中缓慢流淌，小镇里到处弥漫着草药的气味，那是一种死亡和希望交替夹杂的感觉，让人不敢大口地呼吸。田里的棚子成了野人窝，那些孩子开始在夜里糟蹋庄稼。扎根干脆去了山里，听说是跟着猎户学打猎了，也有人说他跟着过路的流浪汉走了。

茶馆依然是大家交流信息的场所，但现在往往在传播着谣言，总之已经很久没有好的消息了。

父亲在尝试了许多野花之后，让我拿出桔梗根，细细地剖开，泡茶给我们全家喝。母亲的那份，又加了甘草和鱼腥草。母亲如今基本上不吃东西了，只能喝点汁水。

一周之后，母亲开始咳出脓痰来，那一次，她咳得胸口都疼了，手死死地抓着孤独。一阵喘息后，母亲总算平静下来，她的脸色潮红。孤独收拾着母亲咳出的污物，眉头没有动一下，我不知道她是不敢流露，还是因为没被赶走而强忍着恶心。

父亲和外祖父却显得轻松起来。第二天，第三天，他们的脸上有了欣喜。直到第五天，母亲突然说她想吃面鱼儿，父亲和外祖父在外屋直搓手。孤独马上做出了最细嫩最精巧的面鱼儿，端上来的时候，母亲暂时还无力拿碗，孤独就一口一口地喂给她吃。母亲像小孩似的，一口气吃完了一碗，看她还想再吃，却被外祖父阻止了："两个月没好好吃东西了，不能一下子吃太多，会伤脾胃的。"

接下来，我们家的气氛就一下子好转了，孤独的脸上也开始有了笑容。母亲可以出来晒太阳的时候，父亲已经张罗着让我把所有的桔梗都翻出来，剖好，分装起来，给镇上所有的人送去。外祖父再次赞许地看着父亲，听着人家说"茶伯选女婿选对了人"

的夸赞话，心满意足地去城墙根消遣了。

母亲已经能够独立走动，剖桔梗根的活儿就是我和孤独的了。孤独的手还是那么细腻，看不出她曾为照顾母亲出了大力。她不说话，嘴角始终藏着笑意。看得出，她为母亲高兴，也为那些谣言的不攻自破而高兴。

6

“孤独，恨不恨那些镇上的人？”我忍不住问她。她不说话，也没有摇头或点头，我知道，扎根的养父抽打他的画面已经定格在孤独的脑海里了。那些田里的棚子已经空了，那些被收养的孩子已经被接回来了，除了跑走的扎根。那些曾经的丧门星，被唾骂的弃儿，重新又奔跑在镇子的小巷里，完全忘记了那些日子里的恐惧与无助。

整个镇子都恢复了生机，人们和以往一样继续生活着。我们家拿出了所有的桔梗根，还是不够用。吃晚饭的时候，父亲说他打算去山里寻找，遭到了全家的反对，一是父亲并不是山里人，独自进山很不妥；二是兵荒马乱的，到处都有土匪出没。我不知道哪来的勇气，站起来说：“我去山里好了，我对桔梗也熟悉。父亲是万不可去的，咱们全家都靠您了。”

还没等母亲和外祖父反对，孤独开腔了：“那个，桔梗花能用吗？”父亲眼前一亮，大声说：“能，能，能用。”孤独没说话，转身跑了出去，旋即又回来了，手上多了一个蓝花布的袋子。

母亲和父亲看着那些干了的桔梗花，高兴得连声说好。外祖父对着孤独拱拱手：“你是我们家的恩人呢。”我知道，以父母和外祖父的为人，只要有人还没拿到桔梗根，他们是会舍命找寻的，关键时刻，外祖父也可能去山里寻药。现在，有了孤独晒的这些干花，谁都不需要去冒险了。

花的功效一点也不比根差，父亲派送救命的药，没有漏掉一家。当他为此松了一口气的时候，街坊们把一块“济世善人”的匾额送来了。父亲再三推脱不过，只能把孤独叫出来说：“你们要感谢这女娃儿呀。”众人都拉着孤独，夸她善美。孤独起先还笑着，接着就笑不出来了，最后，她突然大哭起来。一屋子人全愣在那里……

我忙出来哄劝孤独，并扶着她去了里屋。人们这才又回过神来，渐渐地又开起玩笑来：“茶伯该娶孙媳妇了，茶老板也该娶儿媳妇了吧。”父亲打着哈哈不置可否，母亲已经开始泡茶招待大家了。

7

我听了那些话心里痒痒的，忍不住就笑出声来。孤独也停了哭声，侧耳听了听，突然冲着我大吼：“臭花生，你笑什么？”

我忙为自己开脱道：“我，我没有啊，只是在听屋檐下的鸟儿说笑话。”“哼，鸟儿说笑话？亏你想得出。”孤独说着，自己先脸红了，腮上还挂着没擦去的泪珠。

所有的人都认为我长大了会娶孤独，就连父母和外祖父好像也默认了这事。我的心里格外高兴，常常不自觉地笑出声来，被孤独称作疯子。

谁也不会想到，战争结束以后，孤独的父母寻了来。直到这时，我们才知道，她们家是省城的首富。孤独当然不叫孤独，她是顾家大小姐，叫顾嘟嘟。

顾嘟嘟走的那天，没有太阳，风让很多人的眼里进了沙子，大家就不得不总是揉眼睛。母亲眼里的沙子最多，总是揉个不停。她忍住了哭声，给顾嘟嘟收拾衣物，其实她做那些都是徒劳的，省城里的大小姐还会再穿小镇上的粗布衣裳吗？顾嘟嘟的眼里没进沙子，一直亮亮的。她和母亲抱作一团，不肯分开。临走时，顾嘟嘟褪下手腕上的银镯儿还给母亲，被母亲拦住了。

顾嘟嘟走的时候，回头望了三次。母亲眼里的沙子一次比一次多，直到哭得倒在父亲怀里。那三次，分别是顾嘟嘟和母亲、父亲、外祖父告别的。她没有回第四次头，没有回望我。

那天，我根本没出现，一早就躲出去了。其实，我就在银杏树的叶子下。这里没有沙子进我的眼，我也没哭。

许多人和我一样，都想知道孤独会不会再来。

“那就要看他们的造化了。”外祖父说着，往他的茶壶里放了一撮干了的桔梗花。

那是母亲收了晒干的。

✽苏枕书

雁声远过青绵去

人这一生啊，也不过一场赌。赢了呢，功德圆满，输了呢，万劫不复。

年画十六岁的清晨，家里突然发生一件大事。只听见前院里一片嘈杂，仿佛还有她母亲的哭叫。

年画扯过被子蒙住头，但母亲的哭声更响亮。母亲是很要面子的，她究竟怎么了？年画起床了。她看见窗边的夹竹桃开得很艳，冬青树上晾着昨天没收的金银花。晨起的薄雾湿润沁凉，宛如天空迷蒙的泪影。她深深呼吸，看见了铜镜里那个眉眼细腻的小姑娘。她有点埋怨母亲，但还是拖拖拉拉去前院看个究竟。

母亲坐在前院砖地上，扑地哭号。她觉得不可思议，而后就忍不住想笑。但她很快发现全家上下都很严肃地围在这里，就乖乖闭嘴。然后，她见到了父亲，还有仅着一件薄衫脸色煞白的姐姐。

母亲不是年画的生母。年画很早就没有妈妈。父亲再娶的，就是现在坐在地上的许曹氏。许曹氏带来的，还有她的亲生女儿珠米。珠米姐姐对她很凶，她漂亮伶俐，样样都抢年画风头，连父亲都更疼她。

年画在许妈那里学了一手好绣艺，父亲四十大寿，她熬了很多个日子，绣成了四只玲珑小巧的荷包，分别是梅兰竹菊的图像。珠米送的是一条羊毛围巾。父亲很喜欢年画的礼物，年画也有种出口恶气的快意。可是当天，珠米就撒娇向父亲要走了四只荷包，天天炫耀着挂在身上，差点儿把年画气吐血。

母亲仍在大哭，她含糊不清地骂许家的祖宗十八代，各种恶毒的言辞都来了，年画觉得好笑，她从来没看过母亲撒泼，也从来没看过衣冠不整狼狈不堪的珠米。

母亲开始诅咒许家，她的声音已经哑了，一直沉默的父亲突然上前抽了她一个嘴巴。父亲叫下人，把这个疯婆娘关起来！

可是没人理会。母亲更得意，抓住父亲的袍襟把眼泪鼻涕全部抹上去。她突然看见了年画。她停下来，眼神诡异尖利。年画想溜也来不及，自己已经被母亲按在地上，劈头盖脸地又掐又打。年画毫无招架之力。许妈和梅子慌忙来帮忙。

当太阳懒洋洋升起来时，整个青绵镇的人都知道了，许老爷睡了续弦的女儿，续弦打昏了许老爷的嫡女。人们愉快地谈论着这件新鲜事，还饶有兴趣地对细节进行渲染和联想。

只有年画知道，自己是装昏的。她想试试看父亲到底在不在乎自己。她很满意，父亲果然重重踢了母亲一脚，抱起她大叫请大夫。

她愉快地缩在被子里，听见父亲吩咐把母亲锁到房间里，她更加开心。年画吃到了久违的莲子银耳粥，得到了父亲久违的关怀。她真想被母亲多打几次。

珠米来了。她似乎跪在父亲身旁，呜咽着，爷……救我……你要对得起我……

父亲说，下去。年画听见珠米被踹倒的声音，她几乎心花怒放。而后，就是珠米被拖走的哭喊。

珠米当天晚上失踪了，母亲凄厉地号叫，最后她疯了。

年画掩饰起自己的失落，她觉得很没意思，没有珠米，她也没有必要再每天处心积虑梳好看的辫子，画修长的眉，扑娇俏的胭脂，熨平整的裙褶，绣玲珑的花样。

她懒懒地问梅子，我姐真的走了啊？梅子在梳妆盒里仔细挑拣绢花：我也不知道。姑娘，你看今天戴哪个好？

她看也不看拈起一朵，叹口气，又把花儿扔在地上，我要睡觉。一面说，一面解开了梅子为她梳了半天的辫子，如缎的长发刹那披泻。

她走到床前，又折身回来，往门外走。梅子叫，哎呀，头没梳！她不理，径自到院里，摘下一朵一朵夹竹桃，统统插在发间。那边石榴也开了，花火红火红。她抬手去折枝子，突然看见自前院来了两个木匠，一老一少。父亲指着母亲的房门对他们说，我家有个疯子，你们给我把门封死，留个口儿送饭就好了。

老木匠点头，一言不发去干活儿。小木匠无意中偏过头，看到了石榴树下的年画，长发披零满鬓花朵一身碎花裙衫的小姑娘年画。年画也吓了一跳，小木匠太俊秀了，几乎超出了年画的想象。年画有一丝晕眩。她微微笑了，小木匠也对她好看地笑了。

母亲在撞门。被钉死的房间仿佛一口巨大的棺材，老木匠的打钉声就是钉棺木了。母亲用完全哑掉的嗓子喊，珠米，珠米——啊——救救娘啊——珠米——

年画感觉这是叫魂，喘着气溜走了。

没有了姐姐，她觉得生活像少了一根弦，她懒散下来，看书，睡觉，打盹，喂鱼，看猫狗打架，听鸟儿叽叽喳喳。

入梅了，天阴沉着，雨忽止忽下，空气湿润，玉兰花和栀子花的香气搅和在一起，把年画熏得又陶醉又舒服，却也渐渐烦躁。她用指甲来回拨弄雕花木床的床柱，突然说，哎呀，床柱裂缝了，得叫木匠来修修。许妈忙来看，找了半天，哪儿？年画又不说话，只拿绢帕子蒙住脸，兀自想心事。

天还在下雨。池塘都快满了，荷叶挤了一池。岸上的蒲苇葱茏摇曳，太湖石上遍生翠绿的青苔。花树下铺落厚厚的花朵。栀子将败，玉兰却依旧不知疲倦地开着。阶下有凤仙花，年画却没有染指甲的兴致了。她不住地捶打木床，希望把床拍出裂缝，好让爹请木匠来修。

珠米真的再也没回来。她想，如果珠米也看到了这个小木匠，也一定会放下骄傲，天天对他念念不忘的。如此一想，小姑娘年画心里无比幸福。

七月的一天，年画被父亲卖了，卖给了一个她从没听说过的男子。

父亲在赌桌上兴头正高，赌到酣时，他对赌友说，就赌各自的女儿吧。大家都叫好，说怎么赌？有人建议，谁输了就把女儿嫁给镇上的书呆子陈剑如。大家拍手说好。各自立了字据，按了手印。

父亲输了，就只有向陈家提亲了。

年画就这样糊里糊涂地嫁了。她没有哭，没有埋怨，她觉得自己也大了，既然父亲为她找了婆家，她也就乖乖领命吧。蒙上喜帕的那一瞬，她已彻底将小木匠俊美的容颜忘记了。她想，或许那个陈剑如，比小木匠还要俊美。

她的猜想没有错。陈剑如的确潇洒无比，根本不是传说中的书呆子。当她的花轿到陈家门口时，她意外地得知，那个匆匆闯进门大叫娘的男子，是陈剑如。原来，陈老太太为了使他回家，骗他说自己病重。

他逃不了了，只有与她拜堂。

晚上，她由梅子陪着，坐在床边等他。她心里有淡淡的喜悦。

这一等，就是一夜。那晚，陈剑如把自己锁在书房里，任陈老太太怎么劝说斥骂也不出来。老太太只好自己为年画掀喜帕，含泪说，媳妇，对不住了……年画不作声，她痴痴坐着，她要等他。

这样一等，就是一生了。

陈剑如次日清晨就留下书信和钱物走了。信上说，他要争取婚姻自由，他不愿做旧式礼教的殉葬品。年画读信给婆婆听，婆婆一听就哭了，姑娘啊，老太婆对不住你，你还是走吧……

年画心一酸，摇了摇头。她要等他。

花开了花谢了，月圆了月缺了，雁来了雁去了，几度春秋，多少个日夜，就这样过去。年画在陈剑如的书房里摩挲丈夫的书籍手稿，她对他倾慕不已，他是心怀大志之人啊，年画自知不配他。于是，她心甘情愿地等，心甘情愿地消磨自己的岁月。

春节时，他回来了。他在老太太房里说话。她路过时听见，他在北方有了爱人，已经办了文明婚礼。老太太大怒，骂他没有良心。她骂着骂着，发出剧烈的咳喘。

年画表现得很大度，柔声告诉婆婆，不管怎样，这也是陈家子息旺盛的征兆……话未落音，她就感觉到他痛心不解的注视。她意识到，自己说错话了，在他的书稿里，有关于爱情婚姻的论说，其中他表示，最为反感的就是婚姻以传宗接代为目的。她忙噤声。

婆婆开口了：剑如，你在外面的事我们管不了，但你好歹也该在这里留下子嗣吧。她可是你明媒正娶的夫人！

她几乎被感动淹没了。而她却听见他说：许姑娘，你还是另外去寻找爱人吧。我不能毁了你。你很善良，但我们没有任何感情基础，我觉得，这对我们来说都不公平……

她听不清了。她用舌尖死死抵住牙床，几乎要昏厥。

当晚，他走了。

来年四月，陈老太太病逝。不久，许妈也去世了。古老的陈家大院冷清幽森。她辞退不少下人，只留了梅子和几个老家仆。六月，她又帮梅子找了婆家。七月，她那疯子母亲死了。她回去穿孝。

她礼节性地拭泪，突然，看见了当年的——小木匠。小木匠也带徒弟了，小木匠很冷漠地钉棺材板。她木讷地说：娘，躲钉啊。

她瞥一眼小木匠，小木匠没有像当年那样对她纯纯地微笑。他干完活儿，和徒弟规规矩矩领了赏钱，走了。他的背影如榆木那般僵硬沉重。

蝉声聒噪。

下雨了，天仿佛千疮百孔的水瓢。年画在幽暗的房间里刺绣。她很安静，日子就在她的丝线里牵走了。

她听说，剑如是很有名的文人，在全国门生无数。她很骄傲，邻居也很尊敬她，说她恪守妇道。十月，青绵镇的上空有大雁飞过时，有人捎信说，陈剑如有儿子了。她的心一阵剧痛，几乎要咬牙切齿。但她很快认命，写信给剑如，为她的“儿子”寄去长命锁。剑如回信说：许姑娘，你还是快点嫁人吧。对不起。

一句对不起，年画看上去心满意足。其实年画心里是不甘的，甚至是恨的。但她想，既然如此，不如一生就留下个贤德美名吧。她只能这样想，自从父亲把她当成赌注起，她就看开了，人这一生啊，也不过一场赌，赢了呢，功德圆满，输了呢，万劫不复。她认了。她也只有守着空房，守着她远在天边的神，守着她的贤惠名声。至于仇恨，来生再还。

陈老太太忌日，剑如和妻儿回青绵镇。年画悄悄把房间让出来，默默收拾着一切。她要做给那个女人看，她许年画才是陈家真正的大夫人，宽容忍让，大家风范。不料回来的只有陈剑如和孩子。剑如说，她在驿馆住着，因为老太太不喜欢她。年画在心里用最恶毒的语言把她诅咒得体无完肤，但她依旧大度地派下人给她问安。她感觉到剑如眼里的敬意与惊异。她心满意足。

小孩子很喜欢年画，他叫生母为妈妈，叫她是娘。

这年冬天，天出奇的冷。剑如突然病逝，他的妻子悲伤过度，不久亦步其后尘。

有人接年画去整理他的遗物。

天很冷，寒风刺骨。剑如的朋友对年画很恭敬，叫她大夫人。听到这声称呼，年画心里说不出的欣慰。

她第一次来到丈夫生活到去世的家。屋子很窄，不是她想象中的富丽模样，远没有陈家大院宽敞。桌上书稿累累，她鼻尖一阵酸楚，忍不住将一叠书稿抱在怀中。她又恨又爱。

她突然看见，书桌上，有一抹鲜亮细腻的色彩。多年的寂寞生活多年的辛苦刺绣，使她眼力不济。她拉亮灯，眼睛是剧烈的疼痛——

四只荷包，梅兰竹菊。

书桌上还有一张全家福，那个女人，眉眼姿丽。年画一眼便认得了她。

年画软软地歪倒下去。

旁人听见她说：把……我和他……葬一起，可好……

大家无不落泪。

白露

✽张秋寒

她明白，世上的人很多，她有她长长的情，他只会短短地痛。

1

白露刷牙时朝外瞄了一眼，那老姊妹两个正在天井里择韭菜说闲话。门开着，二人的身影在白茫茫的逆光中显得绰绰不清。她们喜欢开门做事，觉得青天白日关着门像家里有鬼。她说：“那大城市里门对门都不认得又怎么说。日子是自己的，关起门来自己过。”任月萍不屑，说那是大城市的规矩，和她们无关。

凡事，她们都讲规矩。没有规矩，不成方圆。

有街坊路过，看到她泊在门口的车，朝里问道：“白露还没走啊？”

任月萍说：“她还连着请了几天假呢，在家歇歇。”

那人大约又要揣测，久不露面的她在家待这一阵子是做什么。就像阅兵放假前她跟老姜请假一样，老姜也要多问一句为什么请这么久。

她说：“我三年没休过长假了，我就想休息休息。”

老姜脱口而出：“胡说！”意思是他哪回出去度假没有带她。那一次在巴黎就逗留了半个月。他不点破就算了，真要讲明，她也不是没嘴回——和他出去，本身就是工作。

她说了实情：“我有个高中同学九月六号要结婚了。我要去出礼。”

外人听到她同龄人嫁出去的消息大多一惊一乍。老姜只是轻轻点头，说：“好，你去吧。”在躲避关键话题这一点上，他真的纯熟得不能再纯熟了。大事他历来都有移山倒海的本领，对小细节却斤斤计较。没过一会儿她就听到他在电话中发怒，好像是主办方打错了席卡上的名字。

她劝道：“算了，老姜。”

2

白露到堂屋里来吃早饭。一碗粥，一钵豆瓣酱，两只蒸饺，还有一根重新加热过所以不太脆的春卷。家里还在用吊扇。她从小就不喜欢，老是担心它会掉下来。事实上，她也的确看到过教室的吊扇掉下来砸伤学生的新闻。

任月萍说："你四姨奶奶前一阵子送了一瓶自己腌的咸瓜子来，你要吃到碗篮里拿。"

白露摇摇头，也不管她看没看见。

任月珍伸起长长的颈子，看她穿了什么衣服："要我说还是来家的那一天穿的衣裳好看。那个红颜色抬肤色。"

白露正好吃完了，收拾了碗筷到院子里来洗："穿红的去，人家不说吗——这女的大概急死了想要嫁人。"

任月萍低头冷语："你是不急，你要急哪能到今天？"

任月珍一转头见白露脸上有愠色，立即停下："好了啊，说这些话还有什么用？"她帮她妹妹整理好了最后一把韭菜，站起来捶了捶后腰，说要家去了。任月萍说："你带一把家去吃吃。"任月珍说："我不要，家里现成的。老太婆还种了那么些冬瓜，不吃全要烂了。我弄不动，白露有个车子，马上到我家拖两个来你们吃。"临走想了想，又吩咐白露，"见见呗，谈得来就处处，谈不来也不碍事。"

她老早就跟家里说过，她的事不要她们插手。任月萍忽硬忽软，一会儿暴跳如雷摔她的电话，一会儿又温言细语慢慢规劝。

"你姨娘也是一片好心，听媒人说有这么个人，连忙跑过去打听，一听工作不错，家里条件也不错，人也不是二婚，赶紧跑来告诉我。她一片好心啊，你不要拂了她一片心。"

白露听到"不是二婚"，一阵哭笑不得。到了今天，她们大概以为她只能找一个二婚的了。也是到了今天，她们还没有放弃对形式和门面的追求。

再落魄也有底线——白露倒又有些钦佩她们了。

3

照理，头一天结婚，第二天回门，里里外外有一大套繁文缛节的。但是听说白露下午要从镇上到城里来相亲，栗颖还是坚持要来陪她。

栗颖坐在副驾驶上画眼线，像是她自己去相亲。白露问栗颖这样跑出来，家里人还有陈伟会不会生气。栗颖说："我就这个性格，他习惯了。不习惯也不会和我结婚。"

栗颖手上的戒指换回了原先那只玫瑰金的。昨天在喜宴上，她一直说钻戒太重，戴得不舒服，现在看来，倒不是炫耀。想想也不需要炫耀，陈伟包下一整家酒店的排场在这小县城里就足够别开生面了。只可惜始终是土豪，人前背后讲话总是不过脑子，到处嚷嚷："我又不是公务员。做买卖的，炫耀一下怎么了？"

栗颖在花台上和他相拥相吻，泪流满面。后来到包厢补妆，一进门就拍拍胸口呼出一口气："我的天，我刚才害怕死了，我就担心我哭不出来。"化妆师是个小年轻，他说他都要哭出来了，新娘怎么会哭不出来呢。栗颖说："等你到我这个岁数你再来哭哭看。"

她倒觉得不是岁数的事，相反高龄新娘终有所托更应该激动才对。只是，司仪早先就带他们彩排了好几遍，台下是数千只眼睛，台上是好几个摄影师掌镜，这真的很难哭。

何况，栗颖根本还没有想好要不要嫁给他。这次的身孕来得太急太突然，被这个孩子牵住了鼻子，一切才匆匆忙忙地开展。而且年初她被陈伟一个大耳光扇倒在地，额角缝了几针还没完全复原，以致造型师试了十来个盘头的方案才巧妙遮掩。

栗颖全程用椰奶敬酒。敬完了，旗袍换了下来。白露对栗颖说："这是结婚啊，滴酒不沾好没意思。"栗颖就和白露两个人单独开了一瓶红酒喝。喝着喝着，栗颖眼泪掉了下来，伏到她怀里说："我这就先结婚了啊？以后没法再陪你了。我晓得你也扛不住了。算了，找个人算了啊白露。"她被她说动了，差点也要哭，却只是轻轻弹了下栗颖的脸颊："你真哭假哭啊？"

4

到了咖啡厅，栗颖大吃一惊："是你啊。"随即给她介绍，说这是二中的杨老师。白露和杨老师握握手，坐下来。小地方的相亲总是官方得和谈判一样，她十分庆幸有栗颖作陪。

栗颖娴熟地切了抹茶蛋糕到他们的碟子里："怎么回事啊杨老师，我前一阵子听龚阿姨说你谈了一个女孩子呢，说是中医院的护士。"

杨老师的眼镜并没有下滑，他推了一下，说是有这么个事，只是对方父亲过世不久，照地方习俗，要不就热孝里结婚，要不就要等上三年。言下之意，他急于成婚，等不了那么久。

白露听得心凉。又是习俗。在习俗、规律、惯例之外的人，真的要被命运推向灭绝之境吗？

她问他："那个护士怎么样？"

杨老师说："人蛮好的。"

她说："那就再等三年嘛，反正这么多年都等过去了。"

杨老师说："事情没那么简单，三年说长不长，说短也不短，谁也不知道会生出什么变数。"他怕竹篮打水一场空。

栗颖说："所有事都是有风险的啊，炒股还会亏，做手术还会送命，更不要说人的缘分和感情。要想谈了就能结婚，恐怕都没人敢给你做媒了。"

杨老师讪讪一笑："你现在脱离苦海了，全都看破了。"

栗颖叠起纸巾擦了擦嘴："什么脱离苦海！不过是从一片苦海跳到另一片苦海。"

三个人一直聊到暮色四合，话都说尽了，嘴都说干了，人人都有些伤感，也不能不说是受到了时辰和光线的感染。她知道，一个欠缺拥抱的女人，到了这个年纪就是迟暮了。她自尊过剩自信不足，常常恍然，觉得无法活到七老八十牙齿掉光，又固执地认为，女人的寿命止于绝经。那么，她的人生已经报销了大半。

写书的人们动辄振臂一呼，说什么如今就是最好的时光。可最好的时光过去了就真的是过去了，你不承认，你掩耳盗铃粉饰太平，都是强弩之末，没用的。

5

杨老师想请白露吃饭。白露婉言谢绝。一是栗颖要回家去了。二是这个男人太像白露二十年前的父亲，她承受不起他严肃与慈爱并举的目光。他又这样爱惜羽毛，唯恐虚掷光阴，她得秉持相亲老手的职业道德替他省着点精力。

她一个人，吃了份小直径的比萨，又在水果超市买了点新西兰的猕猴桃。任月萍大概又会说她乱花钱，可每次吃猕猴桃她都说很好吃，剥皮都格外仔细，怕多剥了肉。她只会反反复复说她乱花钱。钱不能乱花，要攒，这也是规矩。问攒了干吗，会说以后置办大事了才有钱用。她冷眼旁观这么多年，家里唯一的大事就是父亲的死。死了要花钱请阴阳先生参看下葬的日子，请和尚念经，要买香烟给街坊邻居抽，要买最好的墓地和骨灰盒。父亲生前和任月萍一样节俭，衬衫穿到领子磨成两半才肯拿来当抹布，死后终于结结实实地享受了一把。

"你什么时候回来的？"

白露接过收银员的零钱一抬头，见门外站着聂志军——他一点也不畏畏缩缩的，笑着说："正好想吃奇异果呢。"

她也放下负担："猕猴桃就猕猴桃呗，洋不洋土不土的。"

他还是笑："怕你们文人听不懂。"

"你少来。"她拿起一只猕猴桃对他做扔手榴弹状。

他说老婆孩子到丈母娘家去了，他下楼买点吃的。白露看他手里拎着泡沫碗，像是份凉粉。仿佛香烟点燃，自然而然就有青色的烟雾升起一样，往事在二人之间袅袅盘旋开来。

他们边走边聊，一直走到了卿河大堤上。她再也没有想到这次回家会和他发生这样的情节，毕竟她处处规避，防患于未然，为了不和他碰面，甚至还拦截了栗颖的请柬，放狠话"请他就别请我"。

"你现在上班要骑电瓶车咯，工业园区那么远。"她问。

"肯定的。从家到公司起码一刻钟。"他说。

"现在都叫公司咯？"

"你走那一年不是都改制了？几个大厂现在全是私人的了。"

他们在一块大青石上坐下来。温柔的月华里有早桂若隐若现的清香在徜徉。河水汩汩，月亮在它之上铺出一条波光粼粼的路，通往未卜之处。

他还是习惯性地说“你走那一年”。她听着如鲠在喉，却没有歉疚。那一年，任月萍抱着丈夫的遗像在堂屋里哭天抢地：“我不得命咯，你快来看看哦。你姑娘要跟人家跑咯不认亲娘哦。你走得早什么事都不问，可怜的是我哦。上一顿下一顿我烧给她吃也没得用哦……”

任月珍把她的行李箱往楼上拿，关起门来劝她：“我做姨娘的说句公道话，她阻拦你谈恋爱是不对，但是你说那些话气她就更不对。退一万步讲，哪个为人父母的不望着儿女好？你是硬正正的大学生，小军子高中都没上得下去在玻璃仪器厂里洗瓶子。你爸爸是人民教师，他爸爸是大痞子。这个就叫门不当户不对。”

人到了那个境地，什么话都听不进去。白露还是一鼓作气去找他。他倒埋怨她，问她为什么和家里撕破脸，激化矛盾。两面夹击，一头雾水，她没力气再和他解释，只问他走不走。他说家人身体都不好，他不能走。

白露转身就走。一走就是十年。

她永远都忘不了那一天在车站，她走上前想把多余的那张票送人，老太太投来一个“你神经病啊”的眼神之后就避瘟疫似的躲开了。

那是种“全世界的人都不相信你不理解你”的孤独。

之后的某一天，她偶然听到了他的婚讯。她再三确认是不是白螺中学的那个聂志军，是不是同名。都说没错。她的心好像一下子坠到了胃里。空旷和堵塞齐头并进，来势汹汹。那个晚自习上偷偷溜出去走很远的路为她买一碗凉粉的人最后娶了别人——她花了整整一年的时间去接受这个事实。此后她明白，世上的人很多，她有她长长的情，他只会短短地痛。

他把塑料袋解开，把泡沫碗捧在手里，说：“你吃过了吧？”

白露说：“还没。”他把筷子递给她。她掰开，搓了搓，挑起一筷。还没含到嘴里，眼泪就一下子涌了上来。

6

回镇里的路上，老姜发了一条短信来，问她明天是否按时回去，打头的三个字是他无聊时才会用的“宝贝儿”。白露想了想，没回复。手一划看到了之前的几条消息，她在绿得刺眼的对话框里或是威逼利诱或是打滚撒娇，主题却只有一个。他一开始是说等女儿上幼儿园再说，后来是上小学再说，现在眼看着就要上高中，他和太太倒从昔日的吵吵闹闹化作相敬如宾。虽然她也深知毫无可能，却乐此不疲，因为跟他实在也没有什么别的话可说。

到家时，任月萍在灯下帮她收拾行李。手洗的衣服摸着还有股韧劲，散发着甘菊的芬芳。她说：“我自己来，你去睡吧。”

任月萍说：“衣裳还是买全棉的。别的料子，女孩子穿多了不好。”

不论过到多大年纪，她都是她的女孩子。她听着别扭，却快慰地点头。

任月萍还想说什么的，大约是问她下午的情况，想了想还是没问，慢慢走回自己房间去了。临睡前任月萍又来敲门：“你明天几点走？我起来给你煎蛋。”

她说：“我起来了叫你。”

7

早晨她五点半起床，没叫她，轻声洗漱，悄悄出发。

返程高峰早已过去，上了高速，一点都不拥堵。她一路畅通，却重新感到了十年前一走了之的那种孤独。

到了出口收费站，她看到LED屏上写着古历的日期，原来是白露节气。往年今日，少不了会有人来问：“白露，你是这一天生的吗？”此刻，她独行在路上，没人来问，没人在意她的身份。

凉风有信，秋月无边，白露是个好节气。

只是她生于四九寒冬，和它没有半点关系。